国家科学技术学术著作出版基金资助出版

跨语言信息检索
——翻译优化理论与技术

Cross-Language Information Retrieval:
Translation Enhancement Theory and Technology

吴 丹 著

图书在版编目(CIP)数据

跨语言信息检索:翻译优化理论与技术/吴丹著. —北京:科学技术文献出版社,2011.9

ISBN 978-7-5023-6963-7

Ⅰ.①跨… Ⅱ.①吴… Ⅲ.①情报检索-研究 Ⅳ.①G252.7

中国版本图书馆 CIP 数据核字(2011)第 133034 号

跨语言信息检索

| 策划编辑:周国臻 | 责任编辑:马 帅 | 责任校对:赵文珍 | 责任出版:王杰馨 |

出 版 者 科学技术文献出版社
地　　址 北京市复兴路 15 号 邮编 100038
编 务 部 (010)58882938,58882087(传真)
发 行 部 (010)58882868,58882866(传真)
邮 购 部 (010)58882873
网　　址 http://www.stdp.com.cn
发 行 者 科学技术文献出版社发行　全国各地新华书店经销
印 刷 者 北京雁林吉兆印刷有限公司
版　　次 2011 年 9 月第 1 版　2011 年 9 月第 1 次印刷
开　　本 787×1092　16 开
字　　数 382 千
印　　张 17
书　　号 ISBN 978-7-5023-6963-7
定　　价 65.00 元

版权所有　违法必究

购买本社图书,凡字迹不清、缺页、倒页、脱页者,本社发行部负责调换

序

　　语言在信息交流中起着举足轻重的作用。人们有效地使用信息的前提是对信息的正确理解,而语言则在理解信息的过程中扮演着媒介的重要角色。随着互联网深入到全球化经济和多元化社会的方方面面,人们在享受获取信息便利的同时,也日益感受到获取的信息尤其是相关的感兴趣的信息,在很多情况下是用他们不能理解的外语,而不是他们的母语来表达的。为了帮助人们获取这类无法理解的信息,多语言技术应运而生。多语言技术被定义为一系列让信息传播不局限于用户能够理解和使用的语言——从而超越了语言的界限的信息处理能力和工具。过去近20年的发展表明,信息化的经济和社会生活的每一个方面都越来越需要多语言技术的帮助,因此研究、开发多语言技术和资源以帮助人们从可能相互关联的多语言信息对象中获取、认识和使用相关信息,是一个很重要也很有意义的课题。

　　同机器翻译系统、多语言语料库和词库等一样,跨语言信息检索是多语言技术中的一个重要成员。它研究应用一个语言的查询式(如中文)来检索另一个语言的文章(如英文文档)所需要的技术和资源。同时跨语言信息检索还是检索和自然语言处理相结合的产物。随着检索逐步成为人们信息交流的核心手段之一,跨语言信息检索也因日益受人瞩目而成为热门研究课题。

　　尽管跨语言信息检索技术最早起始于20世纪60年代,但它真正的发展是在20世纪90年代中期。经过10多年的耕耘,跨语言信息检索技术已经得到了长足的发展。这首先表现在跨语言信息检索技术的多样化上。例如翻译在跨语言信息检索中发挥着核心作用,由于翻译对象的不同,跨语言信息检索可分为基于查询式翻译的方法、基于文档翻译的方法和基于中间表达的方法;或是由于使用翻译资源的不同,跨语言信息检索又可以分为应用机器翻译的方法、应用词典的方法和应用平行语料库的方法。其次表现在检索的成功率上。在研究的初期,跨语言信息检索的成功率一般只有单语言检索的一半,而现在跨语言信息检索的成功率通常可以很接近单语言检索的成功率,或是有时超过一点。第三表现在在互联网上提供跨语言信息检索系统和服务上。有些商业公司已经提供系统和服务,两个典型的例子是 Google 的 Google Translate 系统和 Yahoo! 的 Babel Fish 系统。

但是,跨语言信息检索中的相关反馈技术的研究还不完善,而且用户参与的交互式跨语言信息检索技术也有待提高。吴丹博士的这本专著很好地弥补了这两个重要方面的不足。

《跨语言信息检索——翻译优化理论与技术》是一部专门论述跨语言信息检索技术的专著。吴丹博士基于她多年在跨语言检索上的研究成果,并综合了相关领域在国内外的最新发展,在这本书中对跨语言信息检索的理论、技术方法和研究进展进行了全面介绍。此书既有作者对跨语言检索理论的深刻理解,也有作者在跨语言检索实验中获得的第一手实践心得。此书对跨语言检索领域的专家们有借鉴比较的作用,对刚刚踏入此领域的学者和学生有介绍指导的作用。

这里尤其想要指出此书的两个重要创新点。第一点是对翻译优化技术的提出和检验。相关反馈技术在单语言信息检索中被广泛使用,在跨语言检索里也有很多研究。而翻译优化则是一种很特殊的相关反馈机制,它与跨语言检索中的翻译机制和资源紧密结合,是一种有效的和专对跨语言检索的相关反馈技术。翻译优化机制的建立及其与查询式扩展的结合还明显地稳定了相关反馈技术在跨语言检索中应用的有效性,使得相关反馈技术更能适应不同种类的查询需求。第二点是对交互式跨语言检索的研究。跨语言检索系统最终是要为用户服务的,要帮助用户找到相关的多语言信息。因此用户直接参与系统的检验是一个很重要的和很必要的环节。但由于用户实验的不确定性、复杂性和巨大开销,用户参与的实验并不多。此书中对翻译优化的检验有自动化的指标实验,更重要的是吴丹博士开发了 ICE-TEA 跨语言检索系统,实现了翻译优化技术,然后在此基础上进行了较大规模的用户实验,所得到的结果就很有说服力。

我有幸在吴丹博士 2006 年到美国匹兹堡大学访问时和她认识,并与她建立了长期和稳定的合作关系。我很欣慰地看到当年许多想法和设计都逐步实现并得到验证。这本书是对这些优异成果的一个总结。吴丹博士能这么快地把想法转化成为经检验是成功的研究成果,令我十分敬佩。对能从一开始就参与这些成果的研究,并有幸在此作序把这些成果介绍给广大读者,我感到十分荣幸。

何大庆
2011 年 2 月 14 日
于美国匹兹堡

前　言

多语言性是网络社会交流的重要特征之一,跨语言信息检索旨在通过以某种语言来检索表达为另外一种语言的信息,达到消除信息检索中语言差异的目的,从而成为近年来信息检索领域很活跃的研究方向。我们对国内外相关研究进行了全面调研,发现目前跨语言信息检索在查询翻译消歧问题上还有待进一步改善,而有关跨语言信息检索的中文研究则缺乏局部的技术实现以及整体的理论框架。鉴于此,本书的研究重点是引入相关反馈技术来提高英汉跨语言信息检索的精准度,尝试对基于相关反馈的翻译优化技术进行一些开创性的研究。

本书全面深入地介绍了跨语言信息检索技术的理论、重要方法和研究进展,重点探讨了基于相关反馈的翻译优化理论与技术,对交互式跨语言信息检索进行了研究。在此基础上,通过将翻译优化技术与查询扩展技术进行比较研究,并结合系统相关性与用户相关性理论,构建了一个跨语言检索相关反馈综合模型理论框架(RFIM模型),开发并实现了一个基于相关反馈的交互式英汉跨语言信息检索系统。最后,进行了一系列实验研究,其中包括:(1)通过自动相关反馈与用户相关反馈两组实验,验证了翻译优化技术的有效性与RFIM模型的合理性;(2)将翻译优化技术与其他技术如命名实体翻译、机器翻译、数据融合等技术进行比较与结合,验证了翻译优化技术在众多优化技术中的效果。相信翻译优化这种新的跨语言信息检索技术可以帮助用户跨越语言障碍从而无缝获取信息。

本书的创新之处主要体现在以下3个方面:一是提出了一种崭新的跨语言相关反馈技术——翻译优化技术。基于相关反馈的翻译优化技术完全不同于单语言检索中传统的相关反馈思想,它是利用检索结果中相关文献对来优化跨语言检索的查询翻译,解决了部分查询翻译的歧义性问题。二是建立了一个全新的跨语言检索相关反馈综合模型理论框架(RFIM模型)。具有三层结构的跨语言相关反馈综合模型结合了系统与用户相关性理论、各项相关反馈技术、影响相关反馈的各种因素以及用户行为因素。RFIM模型的建立合理地解释了在跨语言信息检索中各种相关反馈方法之间的关系及其应用环境。三是开发了一个新颖的具有相关反馈功能的交互式英汉跨语言信息检索系统ICE-TEA,并首次进行了跨语言检索的自动相关反馈与用户相关反馈比较实验研究,同时将翻译优化技术与其他技术进行了比较与结合研究。ICE-TEA 系统的构建和一系列实验的结论为翻译优化技术在跨语言信息检索中的实际应用提供了参考。

本书是一部论述跨语言信息检索技术的专著。书中既有对跨语言信息检索技术的理论方法研究的全面、深入的综述,又有针对其中翻译优化理论与技术的专门论述,还结合了大量系统实现与实验研究。因此,本书是一部理论与实践相结合的著作。本书适合高等院校信息管理专业、计算机科学技术专业以及相关专业的教学科研人员、高年级学生和研究生阅读参考,也适合工作范围涉及该领域的工程技术人员参阅。

全书共分 11 章。第 1 章"导论"介绍了跨语言信息检索的意义和国内外研究现状,提出了翻译优化技术,并介绍了全书的内容、技术路线、研究方法与结构。第 2 章"跨语言信息检索基础理论"和第 3 章"跨语言信息检索关键技术"分别概述了跨语言信息检索领域的基础理论与关键技术问题。第 4 章"跨语言信息检索的相关反馈技术"描述了相关性理论与相关反馈技术及其在不同检索模型中的应用,提出了跨语言查询扩展。第 5 章"基于相关反馈的翻译优化技术"重点论述了翻译优化技术的理论基础、处理过程、相关算法与数学模型。第 6 章"跨语言检索相关反馈综合模型构建"将翻译优化与查询扩展进行了对比与结合,提出了跨语言检索相关反馈综合模型理论框架(RFIM),并对模型的各层次进行了要素分析。第 7 章"基于相关反馈的英汉跨语言检索系统实现"详细介绍了所构建系统的功能、结构、设计与评价方法。第 8 章"基于自动相关反馈的翻译优化实验"和第 9 章"基于用户相关反馈的翻译优化实验",分别采用自动相关反馈方法和用户相关反馈方法对翻译优化技术进行了实验检验。第 10 章"其他优化技术的跨语言信息检索实验"是将翻译优化技术与命名实体翻译、机器翻译、数据融合等技术进行比较与结合,并给出了实验检验结果。第 11 章"结论与展望"总结了全书的研究内容,指出了未来的研究方向。

本书是在我的北京大学博士毕业论文的基础上,补充了近几年的最新研究成果写成的。在此,首先衷心感谢我的博士导师——中国科学技术信息研究所的王惠临研究员,他的悉心教导和不断鼓励,使我在读博士期间收获了很多知识和经验。本书涉及的研究是在美国匹兹堡大学何大庆教授的直接指导与长期合作下完成的,他点明了方向,给了我许多新的思考,并帮助我在美国完成了部分实验,在此,对他表示衷心的感谢。同时,本书内容中的后续研究是我在武汉大学从事博士后工作期间完成的,在此期间得到了博士后合作导师——武汉大学陈传夫教授的中肯指导与大力帮助,他对本书内容提出了许多切合实际的建议,并为我提供了良好的工作条件,在此,表示衷心的感谢。另外,武汉大学信息管理学院信息检索实验室、中国科学技术信息研究所语言技术实验室、美国匹兹堡大学信息科学学院信息检索实验室都为本书的撰写提供了大力帮助,为本书部分实验内容的完成提供了条件,在此对所有提供过帮助的人深表感谢。本书在撰写和出版过程中得到了科学技术文献出版社周国臻编辑的大力支持,武汉大学信息管理学院的领导和同事们对本书的出版给予了热情鼓励和指导,北京大学信息管理系的老师与同学们给予了我支持与帮助,我的家人给了我极大的关心和爱护,以及其他诸多有关人士付出了辛勤劳动,特此一并致以衷心谢忱!

此外,本书的出版还得到了 4 个项 30 目的资助,分别是:2009 年度国家科学技术学术著作出版基金项目"跨语言信息检索:翻译优化理论与技术"、2009 年度国家社会科学基金项目"网络学术信息的多语言表示与获取模式研究(项目编号:09CTQ026)"、2009 年度教育部人文社会科学研究项目"多语言信息获取中的用户相关反馈研究(项目编号:09YJC870022)"、2010 年武汉大学人文社会科学"70 后"学者学术发展计划项目"跨语言环境下的细粒度信息检索及可视化研究"。本书的出版是上述项目的研究成果之一。

吴 丹

2011 年 2 月于武汉珞珈山

作者简介

吴丹，女，1978年生，博士，现为武汉大学信息管理学院副教授，珞珈青年学者。2008年毕业于北京大学情报学专业，获管理学博士学位。2006年至2007年公派赴美国匹兹堡大学从事跨语言信息检索研究。近年先后在国内外发表学术论文60余篇，其中被SCI和SSCI检索4篇，参编著作8部，主持国家级、省部级、校级科研课题10项。主要研究领域为跨语言信息检索、语言处理技术、数字图书馆、知识组织等。

目　　录

第1章　导论 ··· 1

　1.1　跨语言信息检索的意义 ··· 1

　　1.1.1　网络资源呈现多语言特征 ·· 1

　　1.1.2　用户对跨语言信息检索的需求 ·· 4

　1.2　国内外研究现状述评 ·· 5

　　1.2.1　国外跨语言信息检索研究历程 ·· 6

　　1.2.2　国内跨语言信息检索研究现状 ·· 7

　1.3　翻译优化技术的提出 ··· 11

　　1.3.1　翻译优化的依据 ··· 11

　　1.3.2　翻译优化的意义 ··· 13

　1.4　本书的结构 ··· 14

　　1.4.1　研究内容 ·· 14

　　1.4.2　技术路线 ·· 15

　　1.4.3　研究方法 ·· 16

　　1.4.4　结构安排 ·· 16

第2章　跨语言信息检索基础理论 ··· 19

　2.1　跨语言信息检索基础 ··· 19

　　2.1.1　跨语言信息检索的概念 ·· 19

　　2.1.2　跨语言信息检索的应用 ·· 20

　2.2　跨语言信息检索的语言预处理 ·· 32

　　2.2.1　中文信息处理 ·· 32

　　2.2.2　欧洲语言信息处理 ·· 35

　　2.2.3　其他语言信息处理 ·· 36

　2.3　跨语言信息检索模型 ··· 37

　　2.3.1　检索模型及其分类 ·· 37

　　2.3.2　检索模型在跨语言信息检索中的应用 ······································ 46

2.4 跨语言信息检索相关资源 …………………………………………… 53
    2.4.1 相关会议 ……………………………………………………… 53
    2.4.2 相关语料 ……………………………………………………… 55
2.5 跨语言信息检索研究展望 …………………………………………… 56
2.6 本章小结 ……………………………………………………………… 58

第3章 跨语言信息检索关键技术 …………………………………………… 59

3.1 跨语言信息检索中的翻译策略 ……………………………………… 59
    3.1.1 翻译策略的选择 ……………………………………………… 59
    3.1.2 翻译资源的构建 ……………………………………………… 63
    3.1.3 翻译歧义性问题 ……………………………………………… 68
3.2 查询翻译消歧方法 …………………………………………………… 70
    3.2.1 利用结构化查询消歧 ………………………………………… 70
    3.2.2 通过语言分析消歧 …………………………………………… 71
    3.2.3 借助语言资源消歧 …………………………………………… 73
    3.2.4 基于用户交互消歧 …………………………………………… 74
3.3 命名实体识别与翻译 ………………………………………………… 77
    3.3.1 命名实体的识别方法 ………………………………………… 78
    3.3.2 命名实体的翻译方法 ………………………………………… 79
3.4 机器翻译与跨语言信息检索 ………………………………………… 79
    3.4.1 机器翻译在跨语言信息检索应用中的基本问题 …………… 80
    3.4.2 统计机器翻译与跨语言信息检索 …………………………… 81
3.5 数据融合 ……………………………………………………………… 82
    3.5.1 查询表达式融合 ……………………………………………… 82
    3.5.2 检索结果融合 ………………………………………………… 83
3.6 本章小结 ……………………………………………………………… 84

第4章 跨语言信息检索的相关反馈技术 …………………………………… 85

4.1 相关性理论与相关反馈技术 ………………………………………… 85
    4.1.1 相关性与相关性模型 ………………………………………… 85
    4.1.2 相关性判断 …………………………………………………… 88
    4.1.3 相关反馈技术 ………………………………………………… 89
4.2 相关反馈技术在不同检索模型中的应用 …………………………… 93
    4.2.1 基于经典模型的相关反馈 …………………………………… 93
    4.2.2 基于语言模型的相关反馈 …………………………………… 96
    4.2.3 基于语义模型的相关反馈 …………………………………… 97
4.3 跨语言查询扩展 ……………………………………………………… 98

    4.3.1 不同翻译资源下的查询扩展 …………………………………………… 100

    4.3.2 不同语言转换中的查询扩展 …………………………………………… 105

    4.3.3 翻译资源质量对查询扩展的影响 ……………………………………… 105

  4.4 基于语言模型的跨语言相关反馈 ……………………………………………… 107

  4.5 跨语言相关反馈中存在的问题 ………………………………………………… 108

  4.6 本章小结 ………………………………………………………………………… 109

第 5 章 基于相关反馈的翻译优化技术 ……………………………………………… 110

  5.1 翻译优化技术的基础理论 ……………………………………………………… 110

    5.1.1 翻译优化的前提假设 …………………………………………………… 110

    5.1.2 翻译优化的基本思想 …………………………………………………… 112

    5.1.3 翻译优化的理论依据 …………………………………………………… 113

  5.2 翻译优化技术的处理过程 ……………………………………………………… 115

    5.2.1 从相关文献对中抽取检索词及其翻译关系 …………………………… 116

    5.2.2 利用检索词及其翻译关系优化查询翻译 ……………………………… 121

  5.3 相关文献集合中检索词的翻译概率估计算法 ………………………………… 123

    5.3.1 基于词对齐的翻译算法 TWA …………………………………………… 123

    5.3.2 保留所有翻译的算法 KAT ……………………………………………… 124

    5.3.3 保留最好翻译的算法 K1T ……………………………………………… 125

    5.3.4 保留最高频率翻译的算法 KFT ………………………………………… 126

  5.4 翻译优化的数学建模 …………………………………………………………… 128

    5.4.1 对齐模型 ………………………………………………………………… 128

    5.4.2 翻译概率重新估计模型 ………………………………………………… 130

  5.5 本章小结 ………………………………………………………………………… 131

第 6 章 跨语言检索相关反馈综合模型构建 ………………………………………… 132

  6.1 翻译优化与查询扩展的比较研究 ……………………………………………… 132

    6.1.1 翻译优化与查询扩展的对比 …………………………………………… 132

    6.1.2 翻译优化与查询扩展的结合 …………………………………………… 134

  6.2 跨语言检索相关反馈综合模型(RFIM)的构建 ……………………………… 135

    6.2.1 模型要解决的问题 ……………………………………………………… 135

    6.2.2 跨语言检索中已有的相关反馈建模分析 ……………………………… 135

    6.2.3 层次分析法 ……………………………………………………………… 136

    6.2.4 具有层次结构的跨语言相关反馈综合模型总体框架 ………………… 137

  6.3 跨语言相关反馈综合模型各层次要素分析 …………………………………… 137

    6.3.1 用户行为层 ……………………………………………………………… 137

    6.3.2 方法技术层 ……………………………………………………………… 139

  6.3.3 影响因子层 …………………………………………………… 140
 6.4 模型的检验 ………………………………………………………… 141
 6.5 本章小结 …………………………………………………………… 141

第7章 基于相关反馈的英汉跨语言检索系统实现 …………………… 143

 7.1 系统功能与资源 …………………………………………………… 143
  7.1.1 系统功能设计 …………………………………………… 144
  7.1.2 系统实现的流程与环境 ………………………………… 145
  7.1.3 系统的语料 ……………………………………………… 146
 7.2 系统体系结构设计 ………………………………………………… 148
  7.2.1 查询翻译模块 …………………………………………… 150
  7.2.2 文本预处理模块 ………………………………………… 151
  7.2.3 检索模块 ………………………………………………… 151
  7.2.4 结果显示模块 …………………………………………… 154
  7.2.5 相关反馈模块 …………………………………………… 154
 7.3 人机交互接口设计 ………………………………………………… 157
  7.3.1 交互性设计 ……………………………………………… 157
  7.3.2 多级相关性判断 ………………………………………… 159
 7.4 系统评价体系 ……………………………………………………… 159
  7.4.1 跨语言信息检索评价模型 ……………………………… 159
  7.4.2 跨语言信息检索评价指标 ……………………………… 160
 7.5 本章小结 …………………………………………………………… 162

第8章 基于自动相关反馈的翻译优化实验 …………………………… 163

 8.1 实验设计 …………………………………………………………… 163
  8.1.1 实验目标 ………………………………………………… 163
  8.1.2 实验内容 ………………………………………………… 163
  8.1.3 实验数据收集 …………………………………………… 164
 8.2 基准(Baseline)实验结果分析 …………………………………… 166
  8.2.1 单语言检索基准实验结果 ……………………………… 166
  8.2.2 跨语言检索基准实验结果 ……………………………… 166
 8.3 翻译优化实验结果分析 …………………………………………… 167
  8.3.1 基于词对齐的翻译方法TWA的实验结果 …………… 168
  8.3.2 保留所有翻译的方法KAT的实验结果 ……………… 169
  8.3.3 保留最好翻译的方法K1T的实验结果 ……………… 169
  8.3.4 保留最高频率翻译的方法KFT的实验结果 ………… 170
  8.3.5 四种翻译优化方法的实验结果比较 …………………… 171

8.4 查询扩展实验结果分析 …………………………………………………… 172
    8.4.1 翻译前查询扩展方法 Pre-QE 的实验结果 ………………………… 172
    8.4.2 翻译后查询扩展方法 Post-QE 的实验结果 ……………………… 173
    8.4.3 混合式查询扩展方法 Comb-QE 的实验结果 …………………… 174
    8.4.4 3 种查询扩展方法的实验结果比较 ………………………………… 175
8.5 **翻译优化与查询扩展相结合的实验结果分析** ……………………… 177
    8.5.1 翻译优化与查询扩展的实验结果对比 …………………………… 177
    8.5.2 翻译优化与查询扩展相结合的实验结果分析 …………………… 178
8.6 实验结论 …………………………………………………………………… 179
8.7 本章小结 …………………………………………………………………… 180

第 9 章 基于用户相关反馈的翻译优化实验 …………………………………… 181

9.1 实验设计 …………………………………………………………………… 181
    9.1.1 实验目标 ……………………………………………………………… 181
    9.1.2 实验内容 ……………………………………………………………… 181
9.2 英汉跨语言信息检索用户相关性标注实验 …………………………… 182
    9.2.1 实验数据收集 ………………………………………………………… 182
    9.2.2 实验步骤 ……………………………………………………………… 182
    9.2.3 用户个体差异与相关性判断结果分析 …………………………… 185
    9.2.4 翻译优化的实验结果分析 ………………………………………… 187
    9.2.5 用户对系统的评价分析 …………………………………………… 190
9.3 用户全程参与的英汉跨语言信息检索相关反馈实验 ……………… 191
    9.3.1 实验资源准备 ………………………………………………………… 192
    9.3.2 实验步骤 ……………………………………………………………… 193
    9.3.3 实验结果分析 ………………………………………………………… 196
    9.3.4 用户的评价分析 ……………………………………………………… 201
9.4 实验结论 …………………………………………………………………… 205
9.5 本章小结 …………………………………………………………………… 206

第 10 章 其他优化技术的跨语言信息检索实验 ……………………………… 207

10.1 基于命名实体翻译的跨语言信息检索实验 ………………………… 207
    10.1.1 实验概述 …………………………………………………………… 207
    10.1.2 基于信息抽取的命名实体识别与翻译 ………………………… 208
    10.1.3 命名实体翻译在跨语言信息检索中的应用 …………………… 209
    10.1.4 实验结果分析 ……………………………………………………… 210
10.2 基于机器翻译的跨语言信息检索实验 ……………………………… 214
    10.2.1 机器翻译用于查询翻译 …………………………………………… 214

    10.2.2 实验概述 ·· 215
    10.2.3 实验结果分析 ·· 216
  10.3 基于数据融合的跨语言信息检索实验 ······························· 219
    10.3.1 实验概述 ·· 219
    10.3.2 实验结果分析 ·· 220
  10.4 实验结论 ··· 221
  10.5 本章小结 ··· 221

第 11 章 结论与展望 ·· 223
  11.1 研究结论 ··· 223
  11.2 研究展望 ··· 224

附录 1 相关反馈实验的英文检索主题(标题) ·························· 226
附录 2 相关反馈实验的中文检索主题(标题) ·························· 227
附录 3 四种翻译优化方法的平均查准率均值 MAP ·················· 228
附录 4 ICE-TEA 系统用户研究调查问卷 ······························· 234

参考文献 ·· 241

第 1 章 导 论

1.1 跨语言信息检索的意义

作为一个正式的学术概念，信息检索（Information Retrieval）于 1948 年由美国学者 Mooers[1] 在其硕士学位论文中首次提出。经过半个多世纪的研究，信息检索的发展演变可以看作是不断消除一道道信息存取障碍的过程。首先，从脱机批处理到计算机检索系统的产生，是超越了信息存取的速度障碍；其次，从单机到网络平台，从集中式网络到分布式、异构性、动态 Web 环境的迁移，是打破了信息存取的空间障碍；再次，从分类法、主题词表到本体（Ontology）的出现和应用，是跨越了信息存取的语义理解障碍。即便如此，在全球信息共享的迫切要求下，依然还有一道障碍未被攻克，即信息存取的语言障碍。

1.1.1 网络资源呈现多语言特征

进入 21 世纪以来，网络技术的发展日新月异促使多语种网络信息资源以惊人的速度丰富起来。据全球标准互联网用户调查和分析权威机构 Nielsen//NetRatings[2] 统计，以及在 Internet World Stats[3] 上的发布显示，从 2000 年到 2010 年，在短短 10 年时间内，全世界各种语言的网络使用增长率达到 444.8%，其中各大洲的统计数字分别为：中东地区 1 825.3%，非洲 2 357.3%，拉丁美洲/加勒比海 1 032.8%，亚洲 621.8%，欧洲 352.0%，大洋洲/澳大利亚 179.0%，北美洲 146.3%（如图 1-1 所示）。由此可见，第三世界国家如非洲、中东和拉美语言的网络使用率增长最快，亚洲和欧洲也保持着高速增长，网络信息资源不再是英语一统天下的局面，而是体现出越来越明显的多语言化特征。目前，网络用户语言的前十位如图 1-2 所示，英语仍是网络世界中使用人数最多的语言，到 2010 年用户数达到 5.36 亿；中文用户位居第二，人数为 4.44 亿。

尽管目前英语仍是网络世界中使用人数最多的语言，但非英语语言的比例也呈现出逐年上升的趋势。图 1-3 反映了进入 21 世纪以来，近 10 年内十大网络语言使用的变化趋势。如图 1-3(e)，在 2001 年，英语在网络语言中占近一半的比例；而在图 1-3(d)中，到 2004 年，英语所占比例已下降至 35.2%；在图 1-3(c)中，2007 年英语所占比例为 31.2%；如图 1-3(b)，到 2008 年，非英语语言占网络语言的比例超过 70%；如图 1-3(a)，在 2010 年，英语比例继续下降，直降至 27.3%，中文及其他语言的比例继续上升，这种语言多元化的趋势还在进一步深化。比较 a、b、c、d、e 这 5 幅图，十大网络语言也发生了变化。21 世纪前期排进前 10 位的荷兰

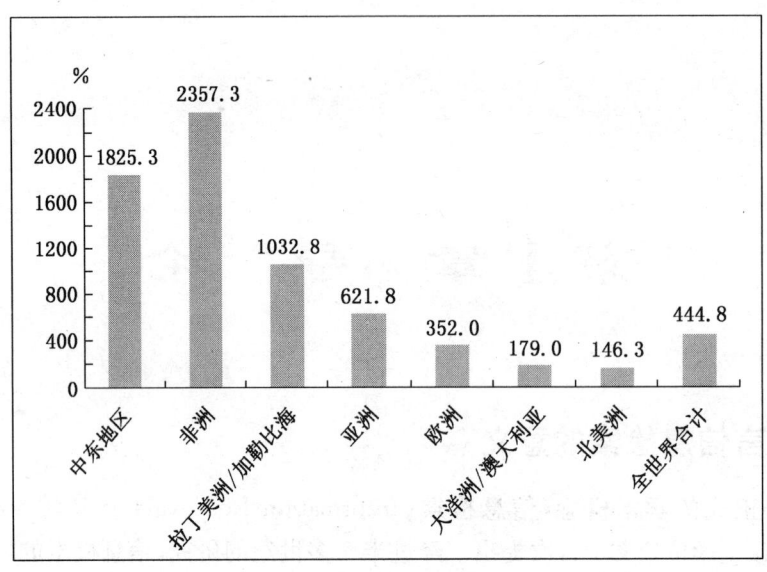

图 1-1 2000—2010 年世界各大洲网络语言使用增长率
(数据更新时间:2011 年 1 月 30 日)

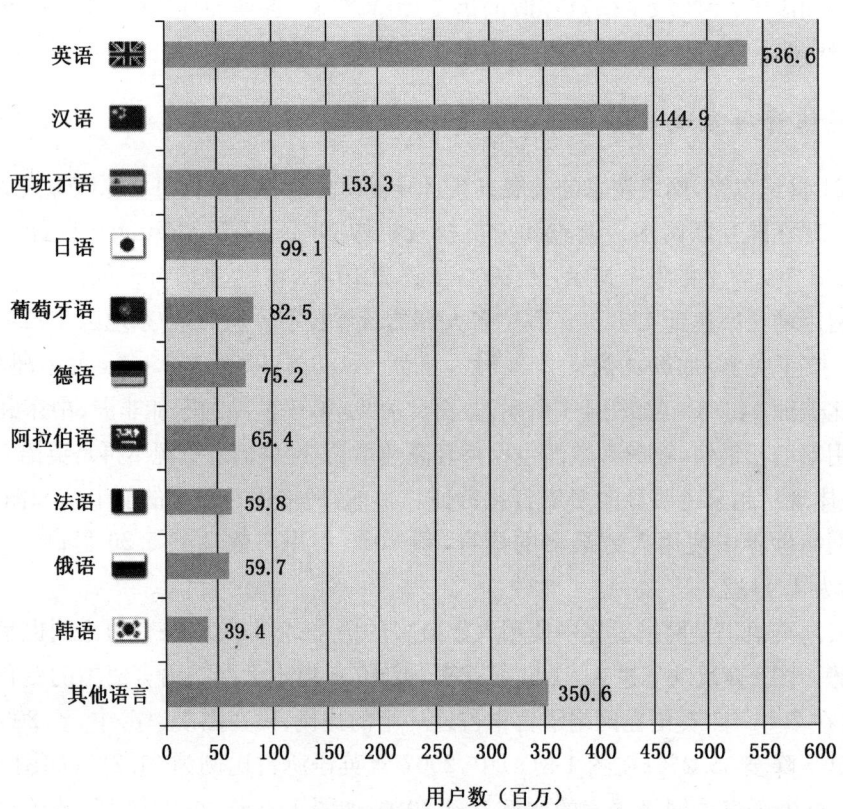

图 1-2 2010 年世界前十位网络语言用户数(数据更新时间:2011 年 1 月 30 日)

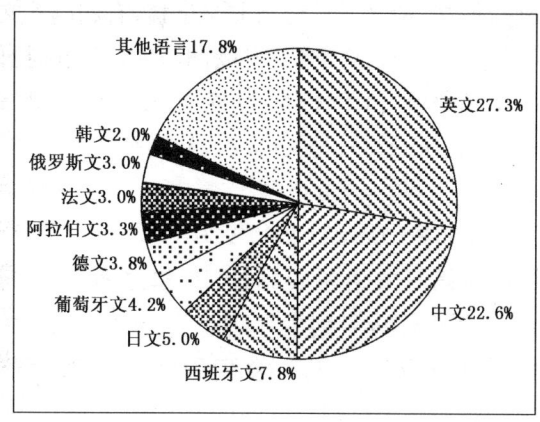

(a. 2010年十大网络语言用户分布图)

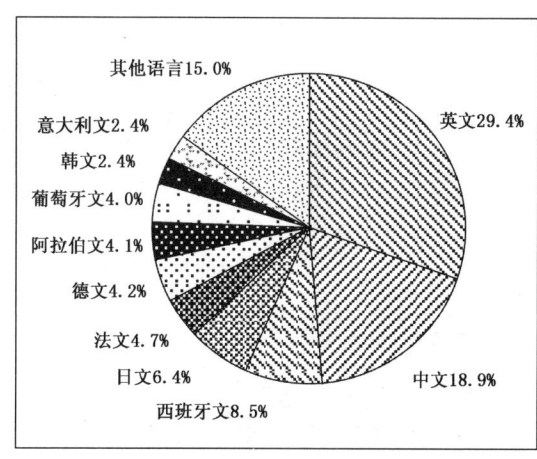

(b. 2008年十大网络语言用户分布图)

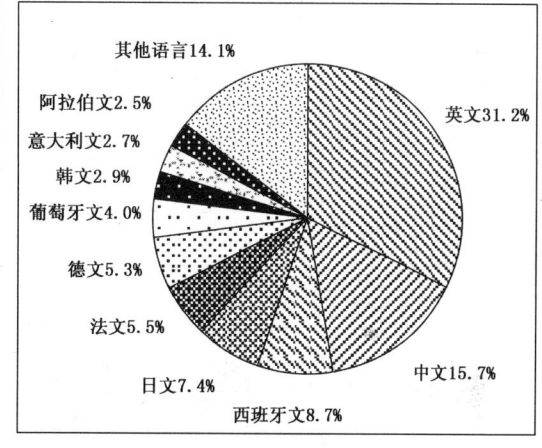

(c. 2007年十大网络语言用户分布图)

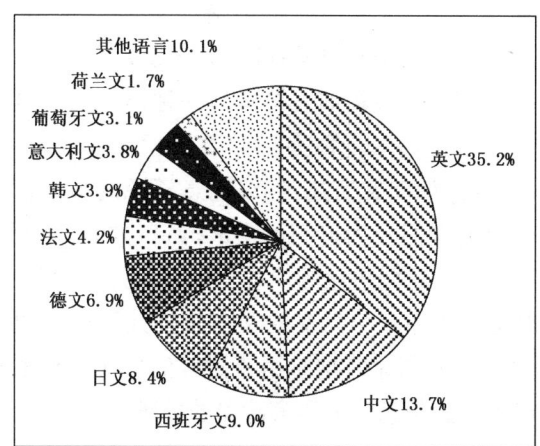

(d. 2004年十大网络语言用户分布图)

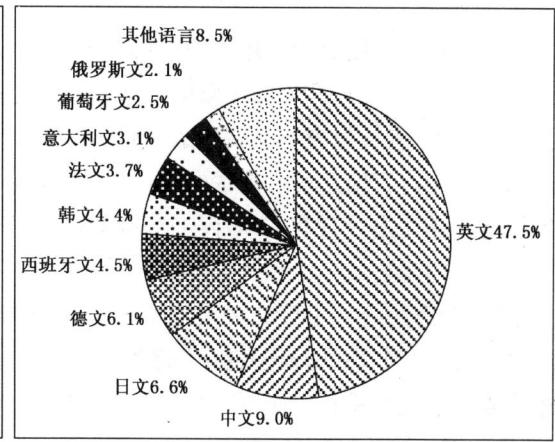

(e. 2001年十大网络语言用户分布图)

图1-3　2001、2004、2007、2008、2010年十大网络语言用户比例(数据更新时间：2011年1月30日)

文、意大利文现已让位于阿拉伯文,中文增长势头非常迅猛,有超越英文的趋势,其他语言也呈上升增长趋势。图1-3(a)显示,近年来,亚洲语种、欧洲语种,以及阿拉伯文都是在网络中使用率较高的语言,在2010年,其中前10位依次为英文(27.3%)、中文(22.6%)、西班牙文(7.8%)、日文(5.0%)、葡萄牙文(4.2%)、德文(3.8%)、阿拉伯文(3.3%)、法文(3.0%)、俄罗斯文(3.0%)、韩文(2.0%)。

在前10位网络语言中(如图1-4所示),2000—2010年,阿拉伯文的增长速度最快,达到2 501.2%,其增长速度是世界第一大语种英语的10倍之多,其次是俄罗斯文,增长率为1 825.8%,这也是这些语种近年来逐步受到世界广泛关注的原因之一。因此,如何将如此繁多的网络资源用不同的语言提供给需要的用户,如何用可互换的语言形式描述相同或相似内容的信息资源,成为近年来信息检索研究领域中的前沿课题。

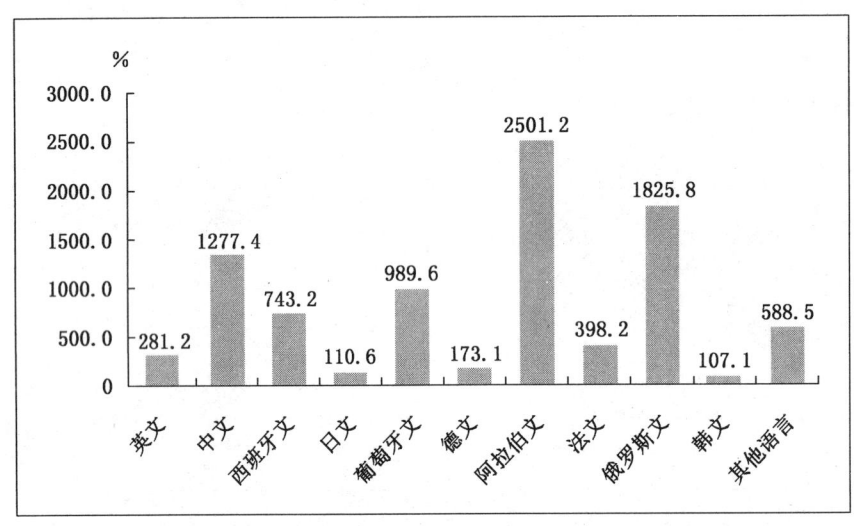

图1-4 2000—2010年十大网络语言增长率(数据更新时间:2011年1月30日)

为了消除网络资源利用中的语言障碍问题,跨语言信息检索技术(Cross-Language Information Retrieval,CLIR)应运而生。这种技术是以一种语言的查询去检索另一种语言的信息资源的技术,查询语言称为源语言(Source Language),文档语言称为目标语言(Target Language)。跨语言信息检索技术的应用十分广泛,一方面,如前文所述,网络信息资源的多语言特征越来越突出,跨越语言障碍去获取网络信息已成为人们极为迫切的需求;另一方面,即便单个文本的描述也可能涉及到多种语言,例如一篇讲述互联网进化的中文文章,有可能只用中文书写,也有可能用中英文表述,如"Internet的进化",又如一个日文的文本在描述同样的概念时,可能用到"Internetの進化"或者"インターネットの進化",这时用跨语言信息检索技术来检索这类文本就很有必要。目前,这一技术已成为突破信息存取语言障碍的关键。

1.1.2 用户对跨语言信息检索的需求

2011年1月19日,中国互联网络信息中心(CNNIC)发布的《第27次中国互联网络发展状况统计报告》[4] 显示,截至2010年12月底,我国网民规模达到4.57亿,我国手机网民规模达

3.03亿,网络购物用户年增长48.6%,预示着更多的经济活动步入互联网时代。随着网络用户的增加和网络活动的丰富,中国网民在学习、生活、工作、娱乐等方面对跨语言信息检索的需求会日益增长,主要体现在如下方面:

(1)多媒体信息获取。目前网络中的音频、视频和图片等多媒体信息已经大大超过了文本信息的数量,各大搜索引擎也设有专门针对多媒体信息进行检索的工具。多媒体信息检索主要有两种方式:基于文本的多媒体信息检索和基于内容的多媒体信息检索。目前基于文本的多媒体信息检索是最常应用的方法,而基于内容的多媒体信息检索则还只局限于学术研究领域。在基于文本的多媒体信息检索中,多媒体信息的内容通常用文字来描述,有时还被描述或标识为另外一种语言的文字。当用户试图去寻找有关某种主题的图片、照片和视频时,更关心的是多媒体信息本身,而非这个多媒体是否被标识为该用户的母语。因此现在基于文本的多媒体检索系统确实有使用跨语言信息检索来找寻用不同语言描述的相关的图片、视频和音频等信息的需求。

(2)专利检索。在一些特定情况下,用户追求的不是信息检索的查准率而是查全率,即希望找到所有相关信息,而不管这些信息用何种语言来表示。一个典型的例子就是专利检索。在专利检索中,用户通常希望找到在世界各地申请的相关专利。例如,当一个专利检索专业人士希望确定某一项技术是否有相关专利时,他的对应检索应该不希望只局限在一种语言,而是扩展到多种语言。再如,一个公司试图找寻在国际市场上是否有竞争对手或合作者,这时的检索也不应局限于同一个国家或同一种语言。

(3)单语言用户获取其他语言信息。目前,世界上大多数国家都是多民族的国家,即使在同一个国家里也存在信息存取的语言障碍,比如我国有56个民族,除了我们熟悉的汉字外,还有满文、藏文、蒙古文等多种文字的文献;除了普通话之外,还有粤语、客家话、湘语、闽语、赣语、吴语等六大方言区。相关的信息也许不存在于用户的母语中,例如一个说英语的游客希望找到在洛阳举办的一个文化艺术节,而洛阳是我国的一个中等城市,有可能在英语中找不到任何信息,相关信息只在中文中出现。为了找到这个信息,用户的查询式必须翻译成中文,或者将文本翻译成英文,这就是一个跨语言检索问题。

(4)多语言用户减轻负担。有很多用户是可以理解多种语言的。对于这些用户来说,通常阅读外文文本相对容易,而构建良好的查询式则比较困难或者显得不自信。这是因为他们的被动词汇(Passive Vocabulary)量可能很大,而能用来生成查询式的主动词汇(Active Vocabulary)量却很小。比如人们想查阅有关"贝拉克·侯赛因·奥巴马"的一些英文网站和网页,而对于它的英文拼写可能不是很清楚或记不全,必须借助于词典或其他翻译工具,才可以查到其英文全名为"Barack Hussein Obama II";或者人们想了解意大利小镇"Alberobello"的相关旅游信息,而这个专有名词却很难从词典上查到。这时,对这些掌握了多种语言的用户来说,一个跨语言信息检索工具就很有用,这样他们就不需要用不同语言去构建查询式了。

1.2 国内外研究现状述评

国内外近年来有关跨语言信息检索的理论和实践研究都十分活跃,相继召开了一系列专门的学术会议,研究和探讨跨语言信息检索,也研发出了一些实验性的跨语言信息检索系统。

特别是大型搜索引擎通过多语言工具真正实现了跨语言信息检索,使其研究与应用达到了一个新的高度。

1.2.1 国外跨语言信息检索研究历程

通过对外文文献的全面调研,本书将国外跨语言信息检索的研究历程按时间跨度分为3个阶段[5]:

(1)针对国际联机检索的跨语言信息检索(20世纪70年代初～80年代中)

这一时期的研究特点是普遍采用受控词表方法,利用多语种叙词表(Multilingual Thesauri)来使查询语言和文献表示语言达到一致。总体而言,该时期的研究体现出明显的地区特性,基本上都是美国和欧洲的学者在从事研究,针对的也大多是欧洲语言。

1970年康奈尔大学的Salton[6]利用手工编制的英德双语词表,对其SMART检索系统进行了扩充,最先对跨语言检索的效率进行了评价。1973年,针对国际联机检索,Salton[7]又利用一个英法多语种词表进行实验,在建立一个共同的概念集之后,单独开发针对每种语言的相应部分,以使词表达到更完整的覆盖效果。1972年Pevzner[8]用布尔精确匹配受控词表文本检索系统进行了英俄跨语言检索实验,再次证实了Salton的结论。1978年国际标准化组织ISO颁布了关于多语叙词表的国际标准ISO5964,并于1985年进行了修订[9]。

(2)基于实验测评的跨语言信息检索(20世纪80年代末～21世纪初)

在这一时期,跨语言信息检索研究活动空前活跃,主要表现在以下几个方面:

1)理论方法不断创新。1988年,潜语义标引(Latent Semantic Indexing,LSI)技术被用于跨语言信息检索[10]。1991年,Radwan[11]等提出一种使用人工编码的知识翻译方法,采用以查询翻译为策略的跨语言检索技术。上述两项研究确立了跨语言信息检索的两种主要方法——基于语料库(Corpus-Based)的方法和基于知识(Knowledge-Based)的方法。1996年,相似性叙词表(Similarity Thesaurus)被应用于跨语言信息检索[12]。同年,马萨诸塞大学和施乐公司采用了基于词典的跨语言信息检索方法[13]。1997年,卡耐基梅隆大学将广义向量空间模型(Generalized Vector Space Model,GVSM)应用于跨语言信息检索[14]。1998年,Pirkola[15]提出结构化查询(Structured Query)的方法来消除查询翻译的歧义。

2)研究论文急剧增多。每年公开发表的有关跨语言信息检索的论文达数百篇之多,提出了很多新的方法,开发出大量跨语言检索实验系统,并进行了实验。

3)研究队伍逐渐壮大。除欧美地区之外,亚洲学者也开始表现出对这个领域的关注。汉语、日语、韩语、越南语、印尼语等语言进入了跨语言检索的研究视野之内。"九·一一事件"之后,美国开始重视研究用英语查询检索阿拉伯语信息。

4)有关会议相继召开。1996年8月,美国计算机学会(ACM)信息检索特别兴趣小组(Special Interest Group on Information Retrieval,SIGIR)[16]召开的跨语言信息检索专题研讨会是较早的一次关于跨语言检索的专题会议。从1997年开始,文本检索会议(Text REtrieval Conference,TREC)[17]将跨语言检索正式接纳为一个专题。1997年3月,美国人工智能学会(AAAI)[18]在斯坦福大学举办了一次跨语言文本和语音检索高级会议。1999年,由美国国防高级研究计划局(DARPA)资助的第一个大型跨语言信息获取研究项目TIDES(Tanslingual

Information Detection, Extraction, and Summarization)[19]正式进入研究阶段。1999年8月,在日本东京举行了第一届日本国家科学信息系统中心跨语言信息检索测评会议(NII-NACSIS Text Collection for IR Systems,NTCIR)[20],侧重于亚洲语言(如汉语、日语、韩语)跨语言信息检索问题的研究。2000年9月,第一届跨语言评价论坛(Cross-Language Evaluation Forum,CLEF)[21]在葡萄牙召开,主要内容是欧洲语言之间的跨语言检索评价。

(3) 面向大规模应用的跨语言信息检索(21世纪初至今)

进入21世纪以来,跨语言信息检索无论在理论还是在应用方面都取得了突破性进展。几个主要会议,如CLEF、NTCIR等都将研究方向从即兴跨语言信息检索(Ad-hoc CLIR)转向更明确的、更特定的检索任务研究,如跨语言问答(Cross-Language Question Answering)、交互式跨语言检索(Interactive CLIR)、跨语言图像检索(Cross-Language Image Retrieval)、医学信息跨语言检索(Medical CLIR)、多语言语音检索(Multi-Lingual Speech Retrieval)等。

在理论方面,统计语言模型(Statistical Language Model)[22]、短语翻译(Phrase Translation)[23]、语义匹配(Meaning Matching)[24]、概率结构化查询(Probabilistic Structured Query)[25]等新兴技术被应用于跨语言信息检索研究,并取得了丰富的成果。

在应用方面,这一时期的特点是大型搜索引擎通过"语言工具"实现了跨语言信息检索。大多数搜索引擎都很重视对多语种的支持,纷纷推出适合不同语言的本地化搜索引擎,或者通过在线翻译机制对网页进行语言转换。Yahoo! 曾于2005年7月发布跨语言搜索引擎Yahoo Germany[26]和Yahoo France[27],只限于德文和法文。全球最大的搜索引擎公司Google于2007年5月24日发布了其跨语言搜索引擎Google Translated Search[28],支持包括英文、中文(简体、繁体)、阿拉伯文、法文、德文、西班牙文、葡萄牙文、荷兰文、俄文、希腊文、意大利文、日文、韩文在内的13种语言,标志着跨语言信息检索技术的正式实用化。Google的跨语言搜索引擎采用查询翻译的方法,将用户输入的查询由源语言翻译成目标语言后进行检索,最后将检索结果再翻译成源语言,提供给用户浏览。

纵观检索到的外文资料,国外的研究主要分为以下几个方面:

• 跨语言信息检索理论研究,包括翻译策略的选择、翻译资源的构建、跨语言检索模型、歧义消除方法、查询扩展、文档语言的识别、文档标引方法等;

• 跨语言信息检索应用研究,包括跨语言检索实验系统与商业系统、跨语言搜索引擎等;

• 跨语言信息检索评价研究,包括评价模型、评价指标、测试集的选择、测试平台的运行状况等。

1.2.2 国内跨语言信息检索研究现状

相对于国外如火如荼的研究状况,我国在跨语言信息检索领域无论是从科研队伍,还是从论文数量上来看,都表现出明显的落后。这种滞后主要与中文语言的特殊性有关,因为中文词语之间没有明显的分界,从而使得语词分割问题成为中文跨语言信息检索的关键点。本书对以中文形式发表的研究成果进行了全面调研,文献调研结果见表1-1。除了中国科学院早在20世纪90年代开展的多语言相关研究外,国内的研究成果大多集中在21世纪以后,尤其是在2006年之后,国内对跨语言信息检索的研究才逐渐开始多了起来。

表 1-1　中文"跨语言信息检索"相关文献调研表(数据更新时间:2011 年 1 月 30 日)

文献形式	数量	检索文献源	文献内容			
			时间分布	领域分布	内容分布	主要期刊
期刊论文	70	中国期刊全文数据库、万方数据数字化期刊全文数据库、重庆维普中文科技期刊全文数据库、网络资源	2010:10 2009:14 2008:15 2007:5 2006:11 2005:6 2004:5 2003:1 2002:1 2001:2	计算机:23 图书情报:47	综述:30 现有方法评述:16 新技术提出:6 检索实验:3 系统开发:6 文献计量:1 可视化:1 应用研究:2 基础资源构建:5	中文信息学报、计算机应用、计算机工程、情报学报、现代图书情报技术、情报理论与实践、情报科学
			时间分布	会议名称	内容分布	
会议论文	13	中国期刊网中国重要会议论文全文数据库、万方数据中国学术会议论文数据库、网络资源	2008:4 2007:1 2006:3 2005:1 2004:1 2003:2 2002:1	中国信息技术与应用学术论坛 中文信息处理国际会议 中文信息学会二十五周年学术会议 全国网络与信息安全技术研讨会 全国信息检索与内容安全学术会议 全国计算语言学联合学术会议 学生计算语言学研讨会	算法研究:8 实验研究:2 综述:1 应用:2	
学位论文	14	国家图书馆学位论文库、万方数据学位论文库、中国优秀博硕学位论文全文数据库、国家科技图书文献中心学位论文库、北京大学学位论文库、网络资源	基于邻近关系的汉语及汉英跨语言文本检索研究(1998 年中国科学院软件所博士论文) 汉英双向跨语言元搜索引擎 CELANSE 垂直化应用方法研究(2001 年中国科技信息研究所硕士论文) 汉英双向跨语言元搜索引擎 CELANSE 的设计与实现(2001 年中国科技信息研究所硕士论文) 跨语言信息检索研究(2003 年北京大学硕士论文) 中英文跨语言信息检索模型研究(2006 年黑龙江大学硕士论文) 基于本体的跨语言全文检索模型的研究(2006 年北京邮电大学硕士论文) 基于查询翻译的跨语言信息检索研究(2006 年武汉大学博士论文) 基于相关反馈的英汉跨语言信息检索查询翻译优化技术研究(2008 年北京大学博士论文) 跨语言信息检索中消歧算法的研究(2008 年上海大学硕士论文)			

续表

学位论文	14	国家图书馆学位论文库、万方数据学位论文库、中国优秀博硕学位论文全文数据库、国家科技图书文献中心学位论文库、北京大学学位论文库、网络资源	潜在语义分析在跨语言信息检索中的应用研究(2008年广西大学硕士论文) 基于本体的WEB跨语言信息检索研究(2008年华北电力大学硕士论文) 基于中间语义的跨语言信息检索研究(2008年江西师范大学硕士论文) 基于统计语言模型的跨语言信息检索(2009年大连理工大学硕士论文) 基于潜在中间语义的多语言信息检索研究(2009年江西师范大学硕士论文)
课题项目	11	国家自然科学基金、国家社会科学基金、863国家高技术研究发展计划、973国家重点基础研究发展计划、网络资源	基于互联网络环境的汉英跨语言信息检索研究(2000年中国科学院软件所国家自然科学基金项目) 面向数据的英汉双向跨语言信息检索关键技术研究(2002年复旦大学国家自然科学基金项目) 面向特定领域基于ONTOLOGY的跨语言信息检索技术研究(2003年哈尔滨工业大学国家自然科学基金项目) 面向奥运的多语言智能信息服务系统(2003年首都信息发展股份有限公司牵头的863项目) 文本内容理解的数据基础(2004年北京大学973课题) 基于本体的跨语言信息检索理论与实验研究(2006年中国科技信息研究所国家社会科学基金项目) 面向英汉双向跨语言信息检索的若干自然语言处理底层关键技术研究(2007年复旦大学国家自然科学基金项目) 中文为核心的多语言处理技术(2006—2010年863重点项目) 基于双语文档反馈的跨语言信息检索研究(2008年黑龙江工程学院国家自然科学基金项目) 高精度的跨语言信息检索查询词自动翻译技术研究(2009年苏州大学国家自然科学基金项目) 基于潜在语义对偶空间的跨语言信息检索理论和算法研究(2009年江西师范大学国家自然科学基金项目)

此外,还有很多研究团体也在致力于跨语言信息检索系统的研究工作。中科院、哈尔滨工业大学、复旦大学和微软亚洲研究院等都有跨语言信息检索试验系统问世,并参加了相关的测评会议。例如,作为亚洲语言处理平台的扩展,微软亚洲研究院正在开发一系列实用的机器翻译技术以帮助亚洲用户读写英语。在此基础上,微软亚洲研究院开发的跨语言信息检索系统达到了当前技术发展的最高水平,并为微软新一代多语言互联网检索平台奠定了技术基础[29]。2005年7月,华建集团(隶属于中科院)发布了我国第一个网上跨语言信息检索处理平台[30],支

持英汉互译、日汉互译、俄到汉等语种间的跨语信息检索,标志着我国跨语言信息检索系统逐步进入商业化阶段。相对来说,我国台湾地区对跨语言检索的研究要比大陆地区多一些,台湾中央研究院资讯科学研究所、台湾大学资讯科学系和资讯工程学研究所等都将跨语言检索作为他们目前的一个重要研究方向,并在国际会议上发表了一些论文,著名的研究者包括台湾大学的陈信希教授。

纵观检索到的中文资料,国内的研究主要分为以下几个方面:

- 针对受控语言及主题词表的研究,主要集中在多语词表的转换方面。包括早期武汉大学的张琪玉教授、周宁教授,南京农业大学的侯汉清教授,湖南医科大学的方平教授等学者在20世纪90年代对于机器翻译、词表转换系统等做过的研究和论述。但由于当时网络还没普及,所以主要针对的是受控语言和主题词表转换应用于计算机单机和联机检索领域。此外,由中国科学技术信息研究所和北京图书馆主持研制的《汉语主题词表》,包括英汉双语对照索引,可用于跨语言信息检索。近年来,在词表的基础上,由于多语言本体引入了跨语言同义词规范,使不同语种的概念之间能够相互对照,并将检索提问式与文献的匹配提升到语义层面,从而消除了不同语言的转换带来的歧义性,因而受到学者们的广泛关注。多语言本体的构建及其在跨语言信息检索、机器翻译等多语言科技信息服务中的应用成为热门研究领域。

- 跨语言信息检索理论方法研究。国内第一篇论述跨语言信息检索的中文论文出现在2001年《中文信息学报》上,而后出现的期刊论文、会议论文和学位论文也为数甚少。这些论文大致可以分为两个领域——图书情报学界和计算机学界。图书情报学界发表的关于跨语言信息检索方面的文章,大多属于介绍性的,一般不涉及技术问题,包括跨语言信息检索的实现方法、理论研究进展、实际应用、相关重大国际会议等。相对而言,计算机科学界发表的论文则更多侧重于理论研究和实验操作方面,并在一些基础研究领域做了大量工作,比如语料库的建设、双语词典的编撰、翻译系统的开发等,如北京大学计算语言研究所开发的人民日报切分-标注语料库、中科院计算所开发的汉语分词系统 ICTCLAS 等均被广泛应用于跨语言信息检索中。

- 跨语言信息检索实验测评研究。尽管国内在跨语言信息检索的应用方面做的工作不够,但还是有一些单位如复旦大学、哈尔滨工业大学、中国科学院、微软亚洲研究院等参加了相关测评会议。例如,2000 年在 TREC9 会议上,微软亚洲研究院获得跨语言信息检索测评的第 2 名,复旦大学获得第 3 名,香港中文大学获得第 4 名。中科院软件所参加了 2001 年的第二届 NTCIR 会议,其开发的中英文跨语言信息检索实验系统采用了矢量空间模型,基于二元字和基于词的两种索引方式,索引结构为倒排文档,并使用了 TF/IDF 进行排序。该实验系统在长查询式测试中获得第 4 名(共 30 组结果),在短查询式测试中获得第 4 名(共 12 组结果),在极短查询式测试中获得第 3 名(共 27 组结果),在标题查询测试中获得第 7 名(共 29 组结果)。

综上所述,我国目前在跨语言信息检索领域的研究较国外相比起步较晚,深入的创新性研究较少,综述类的研究过于泛滥,相关的学术会议和学位论文也较少,研究项目数量尚可,但未见相应的研究成果。尤其在中文和其他语种,以及我国各民族语言之间的跨语言信息检索研究方面还较落后,但这恰恰是我国很需要的研究。因此,有必要借鉴国外的最新研究成果,在总结跨语言信息检索理论与实践的基础上,探讨新的技术与方法,特别是中文与其他语种跨语言检索的机制和优化策略,从而设计与开发出实用的跨语言信息检索系统。

1.3 翻译优化技术的提出

1.3.1 翻译优化的依据

一般认为,跨语言信息检索是信息检索与机器翻译相结合的技术[31]。跨语言信息检索除了要解决一般信息检索的问题之外,关键是要在查询和文献表示匹配之前采取措施使二者的表示语言达到一致,最终转化为单语种检索模式。因此,传统的信息检索理论和技术为跨语言信息检索奠定了重要的基础,机器翻译领域已有的研究成果也同样可为跨语言信息检索提供借鉴。

然而,与单语言信息检索不同的是,跨语言信息检索不仅仅需要处理检索技术问题,更需要解决不同语言之间转换的翻译歧义性(Translation Ambiguity)问题。例如,某个查询中包含"bank"这个词,但这个词的中文含义有"银行"、"河岸"等多个不同译项,究竟哪个才与用户真正的检索需求相关,这就需要通过一定的方法来辨别。目前学者们已经研究出许多翻译消歧的方法,例如,结合词法学、句法学、语法学、语义学等方面的知识,通过语言分析帮助消歧;借助机读化的语言资源,如词典、主题词表、语料库、本体等进行消歧等等。尽管这些方法的使用对提高跨语言信息检索结果的精度起到了一定的改善作用,但仍然不能达到令人满意的效果。翻译歧义性问题依然存在并日益突出,成为了制约跨语言信息检索技术发展的瓶颈。同时还应认识到,语言是文化的一部分,跨语言信息检索也可以看作是跨文化信息检索[32]。因此,解决不同语言之间的翻译歧义就需要对不同语言的词汇进行语义(Semantic)上的匹配,这种匹配实则可以看作是不同文化间的交流,所以最终还是要借助于人的参与来完成。

跨语言信息检索技术发展到今天,研究者越来越意识到用户参与的重要性。毫无疑问,研究超越检索系统而面向用户的跨语言信息检索技术,将"人机交互"的理念引入跨语言信息检索,才能够突破检索技术发展的瓶颈。相关反馈(Relevance Feedback)正是一种通过充分的人机沟通与交互来提高检索系统的灵活性、易用性,以及检索准确性的技术。将相关反馈机制引入跨语言信息检索中,能够利用用户判断的相关文献信息更准确地来对翻译进行消歧,更明确地让用户表达其需求,从而更好地满足其需求,真正达到从语义上跨越语言障碍来获取信息的目的。

从现有研究情况来看,目前将相关反馈技术应用于跨语言信息检索主要是用于查询扩展(Query Expansion,QE)方面,即从相关文献集合中选择最重要的若干个语词增加到新的查询中,这种扩展可以是对源语言查询的扩展,也可以是对经过查询翻译之后的目标语言查询的扩展。总的来说,在跨语言信息检索中,其扩展原理与单语言查询扩展相同,可以看作是对单语言信息检索中查询扩展方法的简单继承。除了利用相关反馈信息进行查询扩展,在跨语言信息检索中,是否可以利用其他相关反馈技术来优化查询翻译? 这是本书要重点研究的问题。

在传统的跨语言信息检索系统研究中,通常用源语言查询去检索目标语言文档集,然后通过测评平台对系统的检索性能进行评价,无需用户的干预。而对于用户而言,其母语通常是源语言,他们之所以需要借助于跨语言信息检索系统来帮助他们查找信息,正是因为他们无法直接用目标语言进行检索。因此,一个真正面向用户的跨语言检索系统除了将用户输入的源语言查询翻译后来检索目标语言文档集外,还需要把检索结果翻译成用户可识别的源语言形式,以供用户对检索结果进行操作。所以无论是交互式跨语言信息检索的研究者,还是大型商业搜索引擎的开发者,都已经意识到这一点,并非常看重用户参与所起到的作用。

  Google作为全球最大、使用范围最广的搜索引擎,在这方面所取得的进展就是一个很好的例子。Google Translated Search采用查询翻译方法,将用户输入的检索词由源语言翻译成目标语言后进行检索,再将检索结果翻译回源语言,最后将目标语言结果与源语言翻译结果同时提供给用户。如图1-5所示,用户输入查询"cross language information retrieval",检索路径选择为"English to Chinese (Simplified)"。Google首先将源语言查询翻译为目标语言,但其翻译机制对用户而言并不透明,一个查询只给出一个翻译结果。从结果来看,Google对查询的翻译不是逐词翻译,而是就词组进行翻译,且选择一个最优的翻译结果,例如"cross language information retrieval"就被翻译为"跨语言信息检索"。然后,Google对目标语言文档集进行检索,并对检索结果进行全文翻译。如图1-5中结果的右半部分是"Original Chinese",即含有"跨语言信息检索"的中文页面,而左半部分为"English Translation",即对检索出的中文页面的英文翻译。不懂中文的用户可以直接在翻译的结果上进行浏览、选择、查看全文等操作。这样,对于一个毫无中文能力的用户而言就没有任何检索障碍。同时,我们还可以获得经过用户选择的、一一对应的原文与其译文的检索结果,这将是一个非常有用的、类似平行语料库的翻译资源。

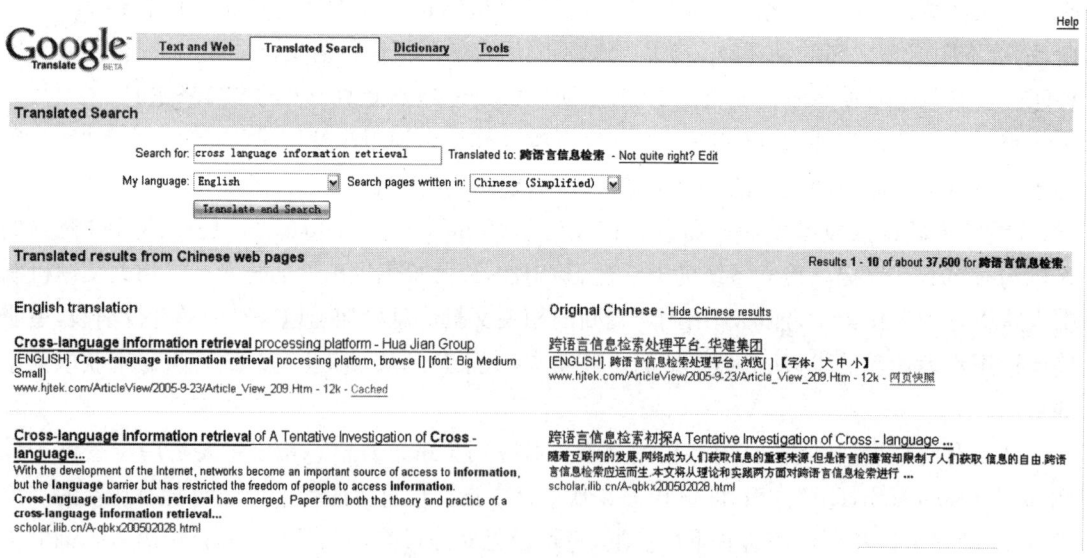

图1-5 Google跨语言搜索引擎的检索结果

  类似Google这种提供检索结果译文的思路启发我们:用户判断的检索结果互译文献信息,应该可以用来进行查询翻译优化,简称翻译优化(Translation Enhancement,TE)。其基本思想是从用户选择的相关文献及其对应的译文中找出检索词及其相应的翻译,并将这种互译信息用于调整每个检索词的翻译及其翻译概率,以期达到翻译消歧的目的。

综上所述,本书的研究目标是在跨语言信息检索中,探索出一项利用相关文献的互译信息来优化查询翻译的技术。围绕这个目标,本书还着力研究以下问题:这种技术与其他相关反馈技术的关系如何?它们是否能够结合起来使用?这些相关反馈技术能否综合起来构建一个理论模型?有哪些重要因素对相关反馈模型构成影响?这项翻译优化技术是否与跨语言信息检索的其他优化技术的效果具有可比性与可融合性?等等。希望通过本书的研究工作,能够为跨语言信息检索的进一步发展提供一些支持和参考。

1.3.2 翻译优化的意义

本书的重点研究工作在于跨语言信息检索中的翻译优化理论与技术研究,该研究具有理论方面和现实方面的双重意义。

1. 理论意义

本书研究跨语言信息检索和相关反馈的有关理论、方法和技术,将跨语言信息检索与相关反馈进行结合研究,提出一种基于相关反馈的跨语言信息检索翻译优化技术,并构建了一个跨语言检索相关反馈综合模型,这将极大地丰富传统的信息检索,特别是跨语言信息检索的理论体系。

2. 实践意义

(1)解决查询翻译歧义性问题,提高跨语言信息检索结果的精度

在跨语言信息检索中,由于缺乏足够的语境信息,查询的翻译通常会产生较大的歧义性。本书所提出的基于相关反馈的翻译优化技术主要是利用经过用户判断的相关文献的互译信息来对查询翻译进行消歧。这种方法能够使查询翻译更贴近用户当前的检索需求,从而使查询翻译变得更加精确,进而提高跨语言检索结果的精度。

(2)探索一种新的跨语言信息检索相关反馈技术

尽管相关反馈已经被证明是一项能够提高信息检索结果精度的技术,但其在跨语言信息检索领域的应用主要表现为跨语言查询扩展。从本质上说,跨语言查询扩展与单语言查询扩展一样,只是将查询扩展技术运用到了跨语言信息检索的不同阶段。然而事实上,跨语言查询扩展忽略了跨语言检索最核心的问题——查询翻译。因此,查询扩展应该并不是跨语言相关反馈的唯一技术。本书试图探索一项新的跨语言相关反馈技术,它能够将用户提供的相关反馈信息运用于解决跨语言检索最核心的查询翻译歧义性问题。因此,这种技术不同于单语言检索中的相关反馈,而是一种新的跨语言信息检索相关反馈技术。

(3)帮助恰当选择不同的相关反馈技术

本书尝试将基于相关反馈的翻译优化技术与查询扩展技术相结合,证明它们不仅在跨语言信息检索中是不矛盾的,并且结合起来能达到更好的效果。为此,本书构建了一个综合各种技术的跨语言相关反馈模型,并融入了与相关反馈有关的用户因素及其他影响相关反馈的因子。该模型的建立,将帮助跨语言信息检索的研究者更好地在不同情况下恰当选择应用不同的相关反馈技术。

(4)提高各种跨语言信息检索优化技术的综合运用

为了提高跨语言信息检索的效果,解决查询翻译的歧义性问题,研究者们曾实验过多种优

化技术,如用机器翻译系统进行查询翻译、检索结果列表的融合、通过对命名实体识别与翻译解决未登录词(Out of Vocabulary Term,OOV terms)的问题等。本书将在同一实验环境下,对上述技术和翻译优化技术分别进行实验和比较,以检验各种跨语言信息检索优化技术的综合运用效果。

(5) 指导跨语言信息检索系统的设计

在本书的研究中,我们实现了一个具有相关反馈功能的交互式英汉跨语言信息检索系统,并进行了相关反馈实验,以及一系列优化技术的对比与结合实验。这一研究成果将有效地指导跨语言信息检索系统的设计、开发与完善,特别是考虑用户因素在内的交互式系统的设计与开发。

1.4 本书的结构

1.4.1 研究内容

本书旨在对跨语言信息检索中的翻译优化技术的有关问题进行系统探讨,在全面深入地介绍了跨语言信息检索技术的理论、各种方法和研究进展的基础上,重点探讨了基于相关反馈的翻译优化理论与技术,对交互式跨语言信息检索进行了研究。在此基础上,通过将翻译优化技术与查询扩展技术进行比较研究,并结合系统相关性与用户相关性理论,构建了一个跨语言检索相关反馈综合模型理论框架 RFIM,开发并实现了一个基于相关反馈的交互式英汉跨语言信息检索系统。最后,进行了一系列实验研究,包括:通过自动相关反馈与用户相关反馈两组实验,验证了翻译优化技术的有效性与 RFIM 模型的合理性;将翻译优化技术与其他技术,如命名实体翻译、机器翻译、数据融合等技术进行对比与结合,验证了翻译优化技术与其他技术在跨语言信息检索中的效果。主要研究内容包括:

1. 对跨语言信息检索理论与技术进行全面研究

这是本书进行创新性研究的基础。本书首先对跨语言信息检索涉及的相关理论问题进行系统分析,归纳已有研究成果,介绍跨语言信息检索的基础、不同的检索模型、相关资源,以及研究进展。然后对跨语言信息检索的相关技术进行系统分析,包括翻译技术、翻译消歧技术,以及其他优化技术,特别是综合分析相关反馈技术在跨语言信息检索领域的应用。将相关反馈技术引入跨语言信息检索是一个比较年轻的领域,因此许多理论问题还缺乏系统、深入的研究。

2. 提出一种基于相关反馈的翻译优化技术

这是本书研究的主要核心内容。即研究基于用户判断的相关文献对(Relevant Document Pair)对查询翻译进行优化的技术,主要研究问题包括:1)如何从相关文献及其翻译文献中获得检索词对应的翻译信息;2)如何将获得的检索词的翻译信息用于改进查询翻译的准确性。除了需要提出一个可行的算法外,还需对其进行数学建模与编码实现。

3. 构建一个结合翻译优化与查询扩展的相关反馈模型

这是本书的另一核心研究内容。即对翻译优化技术与现有的查询扩展技术进行比较,探讨如何将二者相结合,以及各种影响因素,如翻译资源的类型、翻译资源的质量、检索模型、查询的长度、用户行为等对其的影响。在所有这些分析的基础上,构建一个结合翻译优化与查询扩展的跨语言相关反馈模型。

4. 设计一个具有相关反馈功能的英汉跨语言信息检索系统

这是本书进行实验的基础。为了检验基于相关反馈的翻译优化技术的有效性以及相关反馈综合模型的合理性,必须进行文本检索实验,并需要一个跨语言信息检索系统作为支撑。本书将讨论一个交互式英汉跨语言信息检索系统 ICE-TEA。它实现了基于查询翻译策略的英汉跨语言检索(输入英文查询,通过从大型平行语料库中获得的带有翻译概率的英汉双语词典来翻译查询,再检索中文文献集合),以及翻译优化与查询扩展两种相关反馈功能。

5. 进行跨语言信息检索相关反馈实验及与其他优化技术对比与结合实验

这是检验本书结论的关键。本书讲述三组实验,一是在没有用户参与情况下进行的自动相关反馈实验;二是在用户参与情况下进行的用户相关反馈实验;三是将翻译优化技术与命名实体翻译、机器翻译、数据融合等优化技术相对比和结合进行的实验。实验目的除了检验翻译优化技术本身的有效性外,还包括检验翻译优化与查询扩展两种技术相结合的效果,相关反馈模型中的各种影响因素如何对相关反馈技术产生影响,以及翻译优化与其他优化技术相比较和结合的效果等。

1.4.2 技术路线

本书拟解决 3 个主要研究问题:
(1)基于相关反馈的翻译优化技术本身是否可行?
(2)如何构建结合翻译优化技术和查询扩展技术的相关反馈模型?
(3)在跨语言检索系统中如何验证相关反馈模型的效果?

围绕这些研究问题,本书拟采用理论研究和实验分析相结合,模型构建与系统开发相结合的方法,逐步开展研究工作。具体思路如图 1-6 所示。

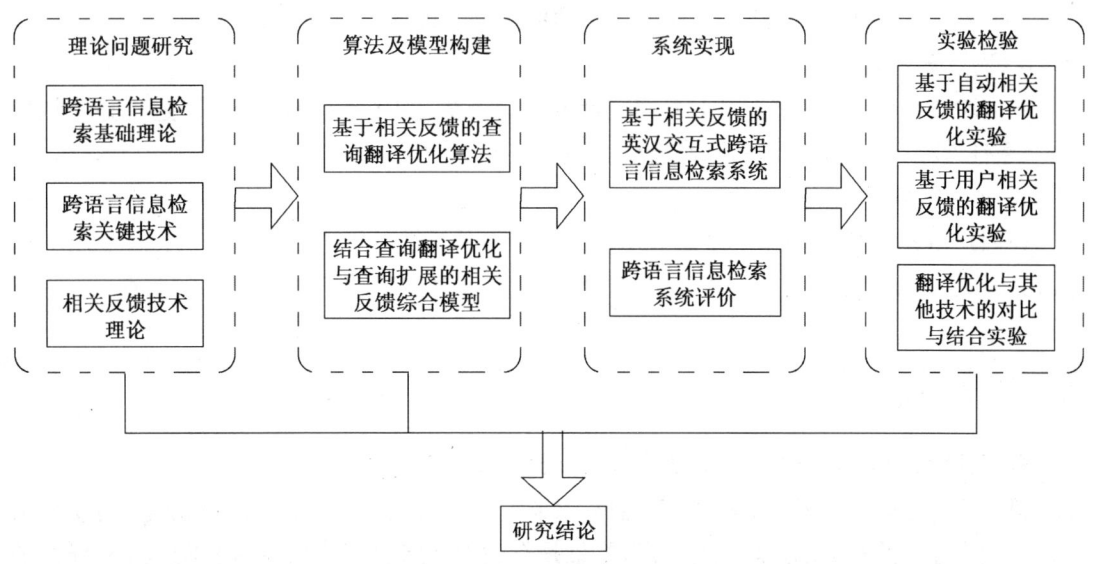

图 1-6 研究技术路线图

首先,对跨语言信息检索的基础理论问题进行归纳总结,梳理和明确现有理论方法的层次结构与不足;对跨语言信息检索的关键技术进行比较分析,了解各种优化技术的优劣和适用范围;重点分析将相关反馈技术应用于跨语言信息检索领域,并解决查询翻译歧义性问题的可行性。

其次,提出基于相关反馈的翻译优化技术,设计其具体算法,并进行数学建模,结合翻译优化和查询扩展构建一个跨语言相关反馈模型。

再次,开发一个英汉交互式跨语言信息检索系统,实现各种相关反馈功能,并对跨语言信息检索系统进行评价。

最后,通过自动相关反馈实验和用户相关反馈实验来检验相关反馈模型的效果。前者用于检验翻译优化技术、查询扩展技术、二者相结合的效果,以及各种影响因子;后者用于检验在用户参与结果相关性判断的情况下翻译优化技术的效果,以及用户行为对相关反馈的影响。通过翻译优化技术与其他优化技术的对比与结合实验来进一步检验翻译优化技术较其他技术相比较和结合的效果。

在分析实验结果后得出研究结论。

1.4.3 研究方法

本书综合了多种研究方法,主要有:

1. 数学建模法

在分析其理论依据的基础上,对基于相关反馈的翻译优化技术的算法进行了数学模型构建,对该技术各步骤的实现,特别是查询翻译概率的估计进行了量化表示。

2. 系统实验法

开发了一个英汉跨语言信息检索系统,并在系统中实现了各种相关反馈功能。同时,利用该系统进行了文本检索实验,具体包括系统实现、检索实验前期的文本预处理、人机交互界面设计、翻译优化算法的编码实现、查询扩展算法的编码实现等。

3. 统计分析法

对实验获得的大量数据,本书采用统计分析的方法,利用统计软件 SPSS 进行显著性检验、一致性检验等分析,以及对比、结合研究等。

4. 问卷调查法

在用户相关反馈实验中,为了研究用户行为对相关反馈的影响,对用户进行了问卷调查,了解其背景,以及用户对每一个检索主题的认识程度和对检索系统的评价,并对调查结果进行了详细分析。

1.4.4 结构安排

全书共计 11 章,具体结构安排如图 1-7 所示。

第 1 章 导论。论述当前跨语言信息检索研究的迫切性,以及国内外研究现状,分析跨语言信息检索存在的查询翻译歧义性问题,特别是有关中文跨语言信息检索的理论与实践需加强,引出本书的研究主题——利用相关反馈来优化查询翻译,指出翻译优化技术的依据和研究

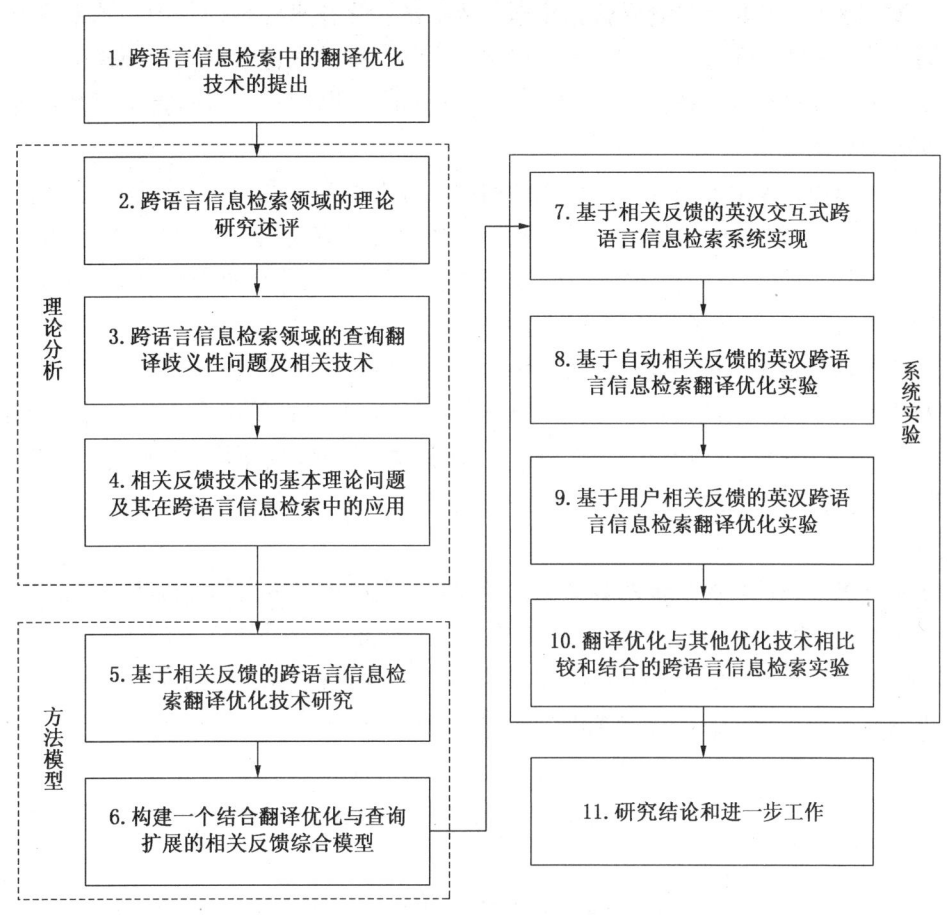

图 1-7 本书组织结构图

意义。阐明本书的研究内容,介绍本书的主要技术路线、研究方法与结构框架。

第 2 章 跨语言信息检索基础理论。对跨语言信息检索领域内相关理论研究的现状与问题进行综述和分析,包括跨语言信息检索的基本概念与跨语言信息检索中涉及的语言处理问题,以及不同检索模型下的跨语言信息检索技术,分析跨语言信息检索在不同领域中的应用,介绍与跨语言信息检索相关的会议和语料,并指出当前该领域的研究进展。

第 3 章 跨语言信息检索关键技术。分析跨语言信息检索中的翻译策略问题,包括翻译策略的选择、翻译资源的构建,以及翻译歧义性问题,并针对查询翻译的歧义消除问题,归纳国内外现有的各种消除歧义的方法,分析其适用范围与不足,并介绍其他诸如命名实体识别与翻译、机器翻译、数据融合等与跨语言信息检索密切相关的重要的优化技术。

第 4 章 跨语言信息检索的相关反馈技术。对相关反馈技术应用于跨语言信息检索领域进行研究,包括作为本书理论支撑的相关性理论,以及相关反馈技术的基本原理和在不同检索模型中的应用,重点讨论跨语言查询扩展,包括不同翻译资源、不同语言转换、翻译资源的质量对跨语言查询扩展的影响,以及基于语言模型的跨语言相关反馈等问题,分析新方法提出的依据。

第 5 章　基于相关反馈的翻译优化技术。从翻译优化技术的理论基础和基本假设入手，分析翻译优化技术的处理过程。针对如何从相关文献对中抽取检索词及其翻译信息，以及如何利用翻译信息改进查询翻译等问题，进一步分析每个步骤的具体方法，提出可操作的算法，并构建翻译优化的数学模型。

第 6 章　跨语言检索相关反馈综合模型构建。对比基于相关反馈的翻译优化技术与查询扩展技术，比较其区别与关联性，分析并建立一个统一的、具有层次结构的相关反馈综合理论模型。同时，考虑各种因素对模型的影响，如翻译资源的类型、翻译资源的质量、查询的长度、用户的行为等，详细分析各种方法的适用范围。

第 7 章　基于相关反馈的英汉跨语言检索系统实现。设计开发一个基于相关反馈的英汉交互式跨语言信息检索系统，该系统实现了包括翻译优化和查询扩展在内的各种相关反馈功能。研究内容包括系统结构设计与功能分析、文本信息预处理、翻译资源的构建与检索模型的选择、人机交互接口设计、翻译优化和查询扩展功能的实现，以及跨语言信息检索系统评价指标的选择等。

第 8 章　基于自动相关反馈的翻译优化实验。在没有用户参与的情况下进行自动相关反馈实验研究，分别检验基于伪相关反馈的翻译优化技术、查询扩展技术，以及二者相结合的效果，并分析相关反馈模型的各种影响因素对跨语言信息检索相关反馈的影响。

第 9 章　基于用户相关反馈的翻译优化实验。在有用户参与的情况下进行两组用户相关反馈实验研究，一组是让用户只对检索结果进行相关性判断；另一组是让用户全程参与跨语言信息检索，分别检验基于真实相关反馈的翻译优化技术、查询扩展技术，以及二者相结合的效果，并分析用户的检索行为。

第 10 章　其他优化技术的跨语言信息检索实验。在翻译优化技术的基础上，分别加上命名实体识别与翻译、机器翻译、数据融合等其他能提高跨语言信息检索结果的优化技术，检验翻译优化与这些技术所取得效果的比较，考虑这些技术各自的适用范围，以及如何将其结合起来使用，以进一步提高检索效果。

第 11 章　结论与展望。总结本书的研究工作，得出研究结论，分析存在的问题，并对该研究方向可进一步研究的内容与应用前景进行展望。

第 2 章　跨语言信息检索基础理论

本书的主要研究领域为跨语言信息检索,本章将主要探讨跨语言信息检索的相关基础理论研究,进而从总体上就跨语言信息检索领域的研究现状与进展进行概括和评述。

2.1　跨语言信息检索基础

2.1.1　跨语言信息检索的概念

对跨语言信息检索(Cross Language Information Retrieval,简称 CLIR)的定义基本上不存在争议,即指以一种语言的查询检索出另一种语言文档信息的检索方法。查询语言称为"源语言(Source Language)",要检索的文档语言称为"目标语言(Target Language)"[33]。学者 Kazuaki Kishida 认为[34],跨语言信息检索还可更细分为两类检索:双语言信息检索(bilingual information retrieval,简称 BLIR)和多语言信息检索(multilingual information retrieval,简称 MLIR)。如图 2-1 所示,在双语言信息检索中,文档的语言是与查询不同的另一种单一语言(如图所示,查询为中文,文档为英文,称为汉英检索);而在多语言信息检索中,其不同点在于文档是由 2 个或 2 个以上与查询不同语言的文档集构成的(如图所示,查询为中文,文档为英语、日语、阿拉伯语,检索的时候这几种语言的文档同时被检索)。总之,多语言信息检索 MLIR 要比双语言信息检索 BLIR 复杂得多。此外,跨语言信息检索的英文表示还有 Cross-Lingual Information Retrieval,Cross-Linguistic Information Retrieval,Translingual Information Retrieval 等,本书认为这些表示与 CLIR 没有区别。尽管在跨语言信息检索的术语统一问题上还没有完全达成一致,但现在比较公认的是以"跨语言"(Cross-Language)作为该研究领域显著特征的最佳描述。

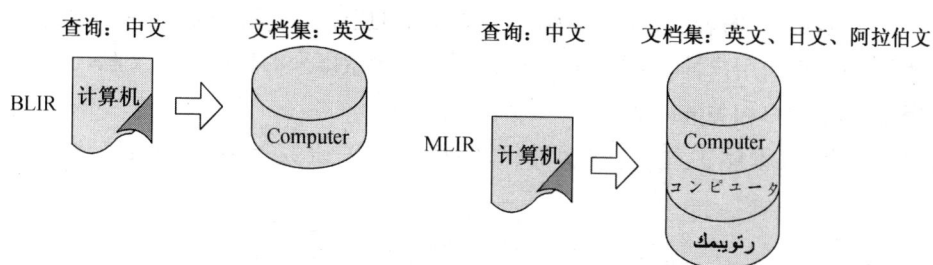

图 2-1　跨语言信息检索的概念

跨语言信息检索涉及许多相关研究领域。如图 2-2[35]所示,这些相关领域可以分为信息科学、人工智能及其他领域 3 大类,其中的信息检索、自然语言处理、人机交互等是其主要研究领域。这是因为跨语言信息检索实为信息检索领域的一个分支,其中又包含大量语言处理问题,而且跨语言信息检索系统又最终必须以帮助用户为目标。

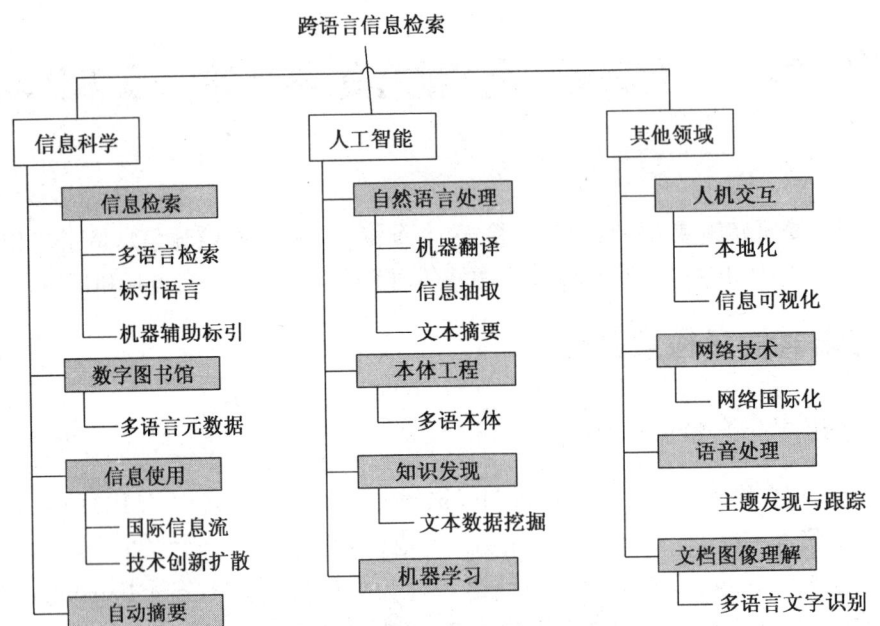

图 2-2　跨语言信息检索的相关研究领域

一般认为,跨语言信息检索是信息检索与机器翻译相结合的技术。首先,跨语言信息检索是信息检索的一个分支,除了要解决一般信息检索问题之外,关键是要在查询和文献表示匹配之前采取措施使二者的语言统一,最终转化为单语言检索模式。因此,传统的信息检索理论和技术同样适用于跨语言信息检索。其次,跨语言信息检索需要结合机器翻译技术,尽管两者都涉及不同语言之间的翻译,但跨语言信息检索对翻译的要求比机器翻译宽松许多。机器翻译不但要求每个词或词组的翻译都尽量准确,而且生成的句子或篇章都必须句法正确、文字通顺,而跨语言信息检索却可同时保留多个翻译,只需在多语种文本中匹配到与查询相同的文本集合即可。再次,跨语言信息检索需要融入用户研究,使用户在跨语言信息检索的各个环节都发挥作用,如检索需求的表示、查询的形成、检索结果的选择、查询的重定向等。因为跨语言信息检索最终是要面向用户,而用户往往不能识别系统检索出来的目标语言文献,所以需要通过翻译技术提供给用户相关的译文。

此外,语言学、本体工程、机器学习、数字图书馆等研究领域也都与跨语言信息检索相关。

2.1.2　跨语言信息检索的应用

跨语言信息检索的应用领域相当广泛,目前比较受关注且已有一定应用成果的领域主要有搜索引擎、数字图书馆、专利检索、图像检索以及电子商务等。下面将以一些比较典型的商业产品为例,来分析跨语言信息检索在这些领域的实际应用。

1. 在搜索引擎中的应用

互联网搜索引擎服务是最受关注的一个具有战略竞争意义的发展领域。在国际化越来越明显,人际沟通越来越重要的今天,语言障碍日益成为人们难以逾越的鸿沟。于是,跨越障碍,让语言无国界成为搜索引擎发展的必然趋势,它带来的将是无限的商机。2005年4月,由法国总统出资9 000万欧元所研发的欧洲跨语言搜索引擎Quaero发布;2007年5月,Google发布其跨语言搜索引擎Google Translate,目标是找到所有相关网页并翻译成多种语言;2008年5月,Yahoo! 发布了它的跨语言搜索引擎Yahoo Babel Fish,该项目最初是搜索引擎AltaVista研发的一个项目,后被Yahoo! 收购。据统计[36],2010年在美国,搜索引擎的市场份额如图2-3所示,Google和Yahoo! 基本占据了搜索市场绝大多数(超过85%)的份额。而随着这两家搜索引擎相继推出了跨语言搜索服务,标志着这项技术真正走入了实用化阶段。

2010	Google(%)	Yahoo!(%)	Bing(%)	Ask(%)	AOL Search(%)	Total(%)
2010-08-28	71.59	14.28	9.87	2.28	1.21	99.23
2010-07-31	71.43	14.43	9.86	2.32	1.19	99.23
2010-06-26	71.65	14.37	9.85	2.19	1.15	99.21

图2-3 2010年美国搜索引擎市场份额

Google与Yahoo! 的跨语言搜索引擎都支持12种语言之间的跨语言搜索,但其策略不同。Google Translate(http://translate.google.com)采取的是翻译与检索一步完成,即"Translate & Search"的方式,并且将检索结果翻译回源语言。例如,一个中文用户希望了解在猪流感暴发期间法国对此事件的相关报道,而他又不懂法语,这时,他可以用中文输入"猪流感"作为查询式,选择"简体中文→法语"的检索方向,直接在Google Translate里点击"Translate & Search"即可(如图2-4所示)。检索结果如图2-5所示,系统将中文查询式翻译成法语后在法语网页中进行搜索,搜索到的法语网页显示在检索结果的右边,同时,系统还将检索结果翻译成用户的母语,即中文,显示在检索结果的左边。而Yahoo Babel Fish(http://babelfish.yahoo.com)采用的是先翻译再检索两步完成,即"Translate+Search"的方式,并且未对检索结果进行翻译。例如,还是猪流感的例子,中文用户输入"猪流感"作为查询式(由于Yahoo! 不支持中文与法语之间的跨语言搜索,在此以中英跨语言检索为例),选择"简体中文→英语"的翻译方向,点击"Translate",如图2-6所示。系统给出如图2-7的翻译结果,此时,用户可以进一步修改其翻译,然后点击"Search the web with this text"按钮。最终用户将得到如图2-8的检索结果,该结果是有关猪流感的英文网页,未进行再次翻译。

相比这两种跨语言搜索引擎的模式,Google这种"Translate & Search"模式的优点在于:检索快速,便于用户理解检索结果;其缺点在于:用户无法修改翻译。而Yahoo! 这种"Trans-

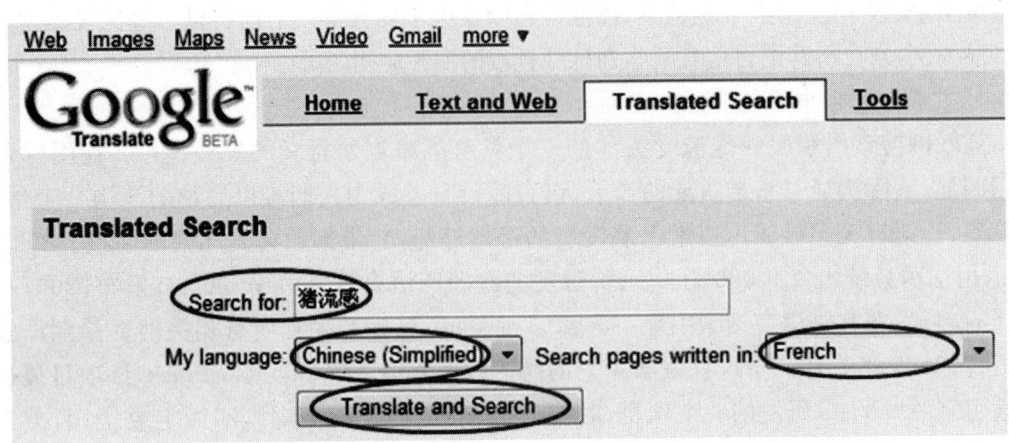

图 2-4　Google Translate 的跨语言检索界面

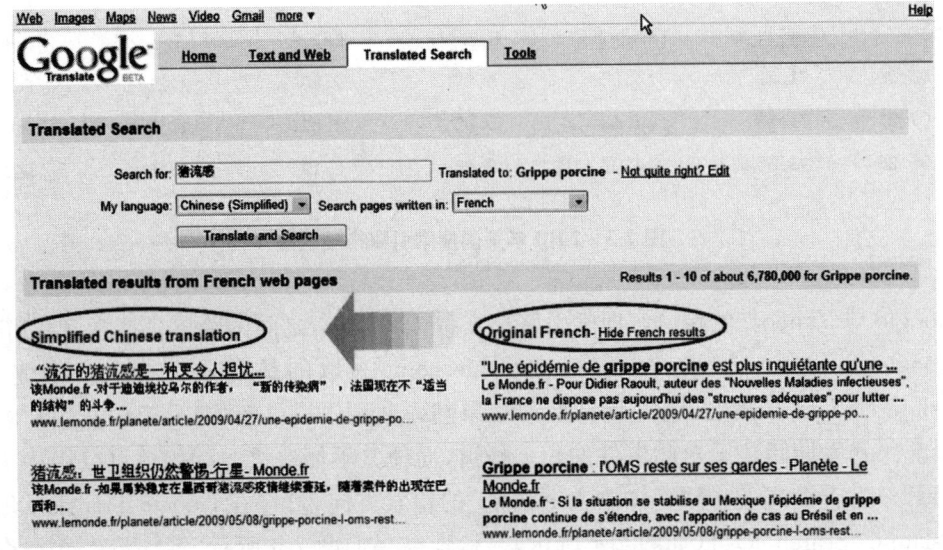

图 2-5　Google Translate 的跨语言检索结果界面

late+Search"模式的优缺点恰恰相反,优点:有中间步骤,用户可以修改翻译;缺点:操作复杂,检索结果无法识别。但是无论哪种模式,都表明跨语言信息检索已经在搜索引擎中得到了应用。正如 Google 搜索技术主管莫林·海曼斯(Maureen Heymans)和产品经理杰夫·秦(Jeff Chin)在博客中所说的:"现在用户在进行搜索时,都是使用自己的母语,但我们推出这项服务之后,用户也可以通过其他语言来进行搜索。目前我们正逐步将其融入到谷歌通用搜索当中,这样不仅可以扩大搜索范围,而且用户在使用的时候也会更加容易。"[37]

2. 在数字图书馆中的应用

数字图书馆(Digital Library)拥有大量数字化资源,在媒体丰富的社会生活中扮演着重要

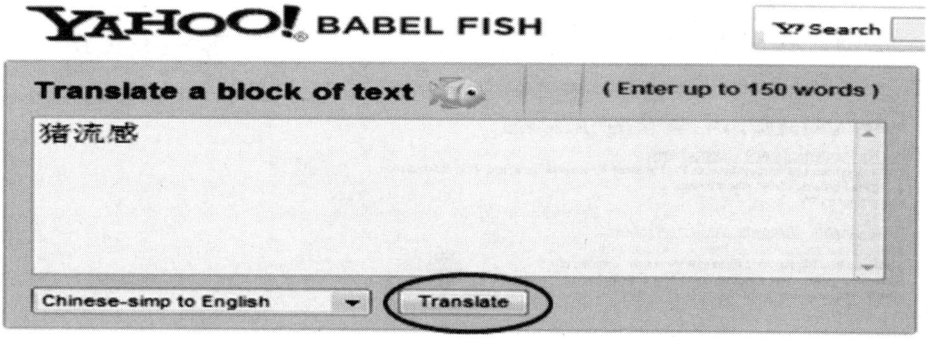

图 2-6　Yahoo Babel Fish 的跨语言翻译界面

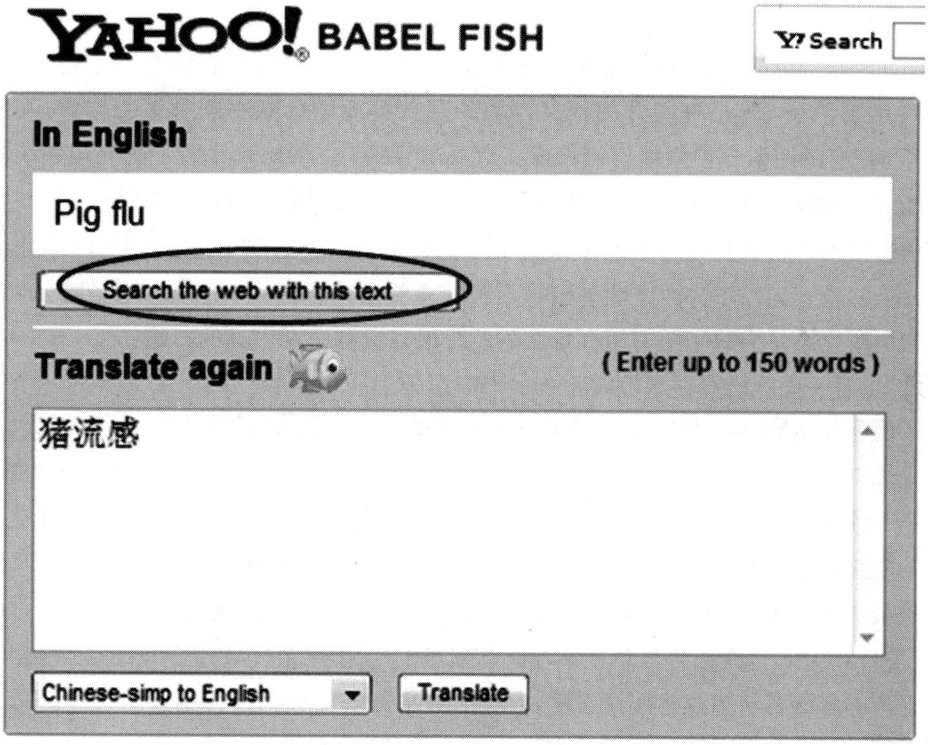

图 2-7　Yahoo Babel Fish 的跨语言检索界面

的角色。多媒体、多语言和多元文化是数字图书馆最主要的 3 个特征[38]。现在,越来越多的数字图书馆意识到了获取多语言信息资源的重要性。例如,欧盟委员会发起了"i2010 数字图书馆倡议"[39],提出了有关数字图书馆中多语言信息获取的议案,目的是方便用户对欧洲国家图书馆里的信息资源进行多种语言获取。

目前,国内外很多研究者也认识到了跨语言信息检索在数字图书馆中的重要性,开展了很多理论与实践研究。Oard[40]指出,用一种语言去检索大量多语言馆藏文献的方法可以提高数

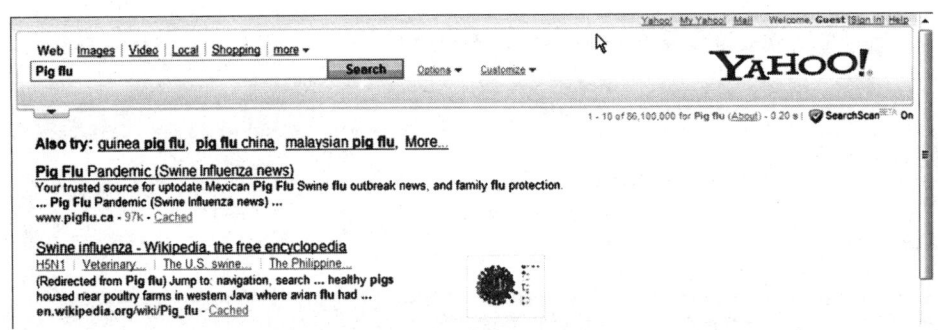

图 2-8　Yahoo Babel Fish 的跨语言检索结果界面

字图书馆用户搜索信息的能力,同时叙词表能够帮助解决对受控词汇进行检索中使用不同语言词汇的问题。Maybury 与 Griffith[41]描述了一种集成的、能鉴别大量多语言文献的信息分析环境。Chen[42]以台湾故宫数字博物馆为例,对数字图书馆中的跨语言信息检索进行了综述。Liu[43]等提出了 Arc——一种与开放信息存取相互兼容的联合数字图书馆的构想,并探讨了 Arc 如何与现有的跨语言检索组件相集成。Pavani[44]研究了 Maxwell 数字图书馆系统的一些特定功能,指出多语言数字图书馆应具备的基本功能与组成部分。Bian 与 Chen[45]探讨了使用跨语言信息检索来获取互联网上的多语言文献的技术。Wang[46]等调查了利用网络作为语料源来翻译未知检索词以解决数字图书馆跨语言信息检索问题的可行性。Richardson 与 Fox[47]提出了使用概念图作为数字图书馆大量文献的跨语言资源发现工具的方法。

此外,也有一些跨语言信息检索在数字图书馆中的应用项目。马里兰大学的一个研究小组设计了国际儿童数字图书馆,该图书馆选择和整理来自不同国家的图书,并将它们以不同语言同时呈现出来[48]。与世界其他地区相比,欧洲国家更加关注数字图书馆领域的多语言问题。在欧盟第 5 期架构计划[49]资助下的 14 个包含多语言文献的项目中:ETRDL 项目提供了包含 6 种语言的多语言界面以及多语言文本处理技术;SCHOLNET 作为 ETRDL 的延伸,包含了跨语言检索功能[50];ECHO 是包含 4 种语言的电影档案项目,它能通过受控词汇进行跨语言检索[51];MUCHMORE 是跨语言信息检索在医学领域的应用项目[52];MultiMatch[53] 项目是用于检索文化遗产的多语言与多媒体搜索引擎,它包括对文档以及查询进行翻译的组件。总之欧洲数字图书馆、博物馆、档案馆是欧洲多语言文化遗产的整合检索点。

最近的一个例子是于 2010 年 6 月 11 日在芬兰首都赫尔辛基举行的 ICSTI(国际科技信息理事会)夏季会议上发布的世界科学跨语言检索平台 WorldWideScience(http://worldwidescience.org/multilingual)。据介绍[54],该平台中 94% 的文献在别处是检索不到的,即使在 Google 上也只能检索到 6% 左右。这是因为 WorldWideScience 联盟的成员单位都是专业图书情报机构或科技信息事业的领导机构,如美国能源部科技信息局(OSTI)、美国国会图书馆、大英图书馆、加拿大科技信息研究所、韩国科技信息研究所、中国科技信息研究所,等等。该平台还可以自动进行跨语言跨库检索(如图 2-9 所示),中文检索词"针灸"被自动译为英语、法语、日语、俄语、德语、西班牙语等后进行跨库检索,并将检索结果合并展示。如图 2-10 所示,检索结果共有文献 709 篇,其中收藏针灸相关文献较多的单位包括:中国科技信息研究所的中文科技期刊数据库、美国联邦政府的 Scienc.org 科技文献平台、瑞典开放获取期刊总汇(DOAJ)、英国电子版目录、印度 Institute of Science 的硕博士学位论文数据库、日本 J-stage 等。如果用户不懂任何外语,点击"翻译结果"一键就可把检索结果的标题甚至文摘通过翻译软件译成中文。图 2-11 显示的是对前 2 条德语检索结果标题和摘要的中文翻译。

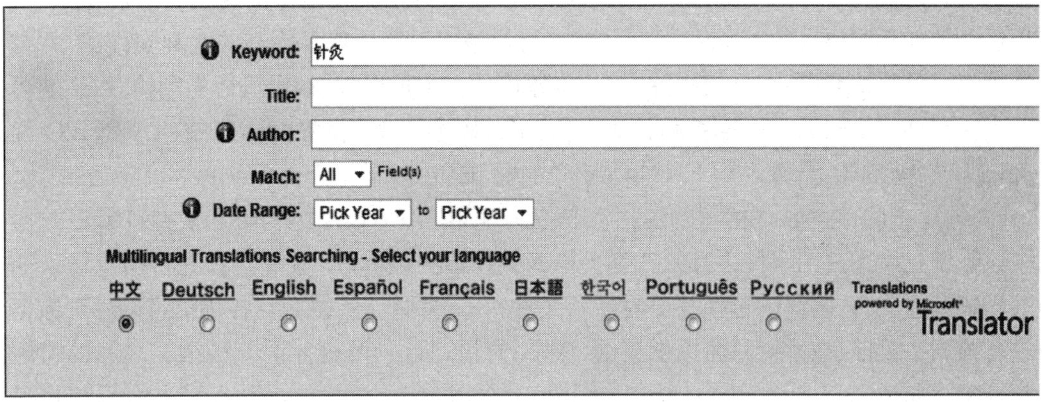

图 2-9　WorldWideScience 的跨语言检索界面

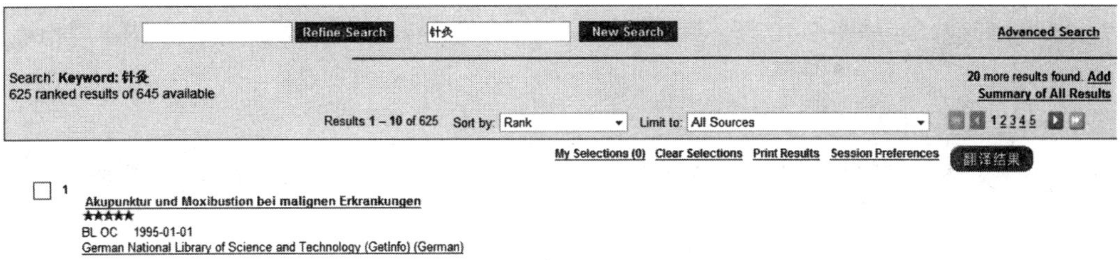

图 2-10　WorldWideScience 的跨语言检索结果界面

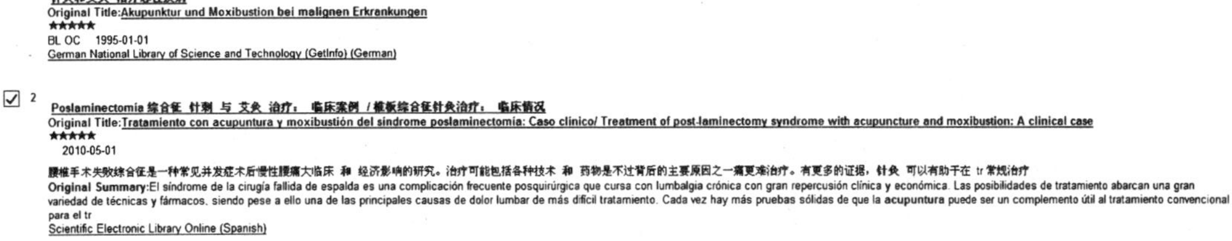

图 2-11　WorldWideScience 的跨语言检索结果翻译界面

3. 在专利检索中的应用

专利检索(Patent Search)是一类比较特殊的信息检索。根据世界知识产权组织(World Intellectual Property Organization,WIPO)报道,专利文件包含全世界 90%～95% 的科研成果,而其他技术文件(论文或期刊等)中只含5%～10%的研发成果。此外,WIPO还指出,在研究工作中若能善于利用专利检索可以缩短60%的研发时间,同时减少40%的研发经费。由于专利采取属地主义,即如果专利要受到保障的话,就必须到各国申请。而当企业或研发者在检索专利的时候,一般希望可以用同样的关键词检索到世界各地的专利。因此,跨语言信息检索在专利检索中显得尤为必要。但对专利文件的跨语言检索在2010年以前一直处于小规模实验阶段,如台湾的郑舜元和边国维[55]开发了一个结合网上翻译服务的跨语言专利检索系统,利用适合处理不同语言的bi-gram索引方法,通过检索引擎处理多语言的专利文件集,并结合网络翻译服务系统,利用查询翻译的方法,将原始的查询加以翻译,再进行专利检索,系统可以处理英文与日文之间的跨语言专利检索。直到2010年5月,世界知识产权组织WIPO发布了跨语言专利检索系统PATENTSCOPE的测试版(http://www.wipo.int/patentscope/search/en/clir/clir.jsp),才标志着跨语言信息检索在专利检索中的应用从实验室走向实用化。该系统允许用户用一种语言的查询去检索其他语言的专利,系统会首先将用户输入的查询翻译成其他语言,翻译的选择基于对专利文件和术语的统计,然后在各种语言的专利数据库中进行检索。目前,该系统只能提供英语、法语、德语、日语、西班牙语5种语言之间的跨语言专利检索。如图2-12所示,当检索词"intelligent information management"输入后,用户还可以进行"查准率"和"查全率"之间比例的选择,然后系统会首先将该查询翻译成如图2-13所示的其他4种语言,共同构成翻译后的查询,再进行检索。检索结果如图2-14所示,为各国与该查询相关的专利。同时,为帮助不懂外语的用户选择检索结果,系统嵌入了Google翻译来对检索结果进行翻译。如图2-15所示,在选择"original→Chinese"后检索结果即翻译成中文显示给用户。

图2-12 PatentScope的跨语言检索界面

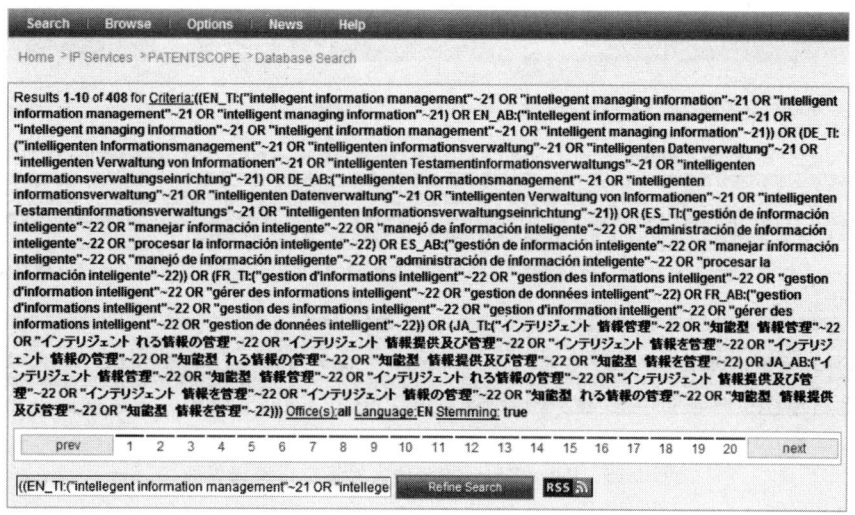

图 2-13 PatentScope 的查询翻译界面

图 2-14 PatentScope 的跨语言检索结果界面

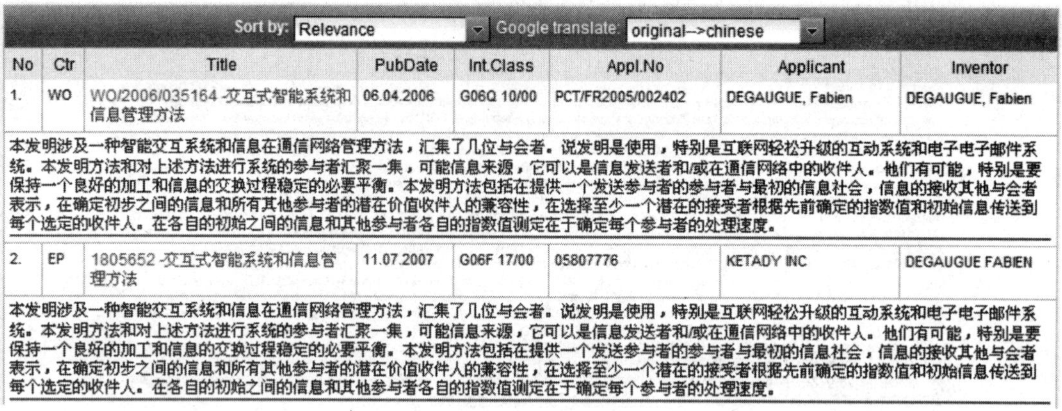

Sort by: Relevance　Google translate: original-->chinese

No	Ctr	Title	PubDate	Int.Class	Appl.No	Applicant	Inventor
1.	WO	WO/2006/035164 -交互式智能系统和信息管理方法	06.04.2006	G06Q 10/00	PCT/FR2005/002402	DEGAUGUE, Fabien	DEGAUGUE, Fabien
本发明涉及一种智能交互系统和信息在通信网络管理方法，汇集了几位与会者。说发明是使用，特别是互联网轻松升级的互动系统和电子电子邮件系统。本发明方法和对上述方法进行系统的参与者汇聚一集，可能信息来源，它可以是信息发送者和/或在通信网络中的收件人。他们有可能，特别是要保持一个良好的加工和信息的交换过程稳定的必要平衡。本发明方法包括在提供一个发送参与者的参与者与最初的信息社会，信息的接收其他与会者表示，在确定初步之间的信息和所有其他参与者的潜在价值收件人的兼容性，在选择至少一个潜在的接受者根据先前确定的指数值和初始信息传送到每个选定的收件人。在各自的初始之间的信息和其他参与者各自的指数值测定在于确定每个参与者的处理速度。							
2.	EP	1805652 -交互式智能系统和信息管理方法	11.07.2007	G06F 17/00	05807776	KETADY INC	DEGAUGUE FABIEN
本发明涉及一种智能交互系统和信息在通信网络管理方法，汇集了几位与会者。说发明是使用，特别是互联网轻松升级的互动系统和电子电子邮件系统。本发明方法和对上述方法进行系统的参与者汇聚一集，可能信息来源，它可以是信息发送者和/或在通信网络中的收件人。他们有可能，特别是要保持一个良好的加工和信息的交换过程稳定的必要平衡。本发明方法包括在提供一个发送参与者的参与者与最初的信息社会，信息的接收其他与会者表示，在确定初步之间的信息和所有其他参与者的潜在价值收件人的兼容性，在选择至少一个潜在的接受者根据先前确定的指数值和初始信息传送到每个选定的收件人。在各自的初始之间的信息和其他参与者各自的指数值测定在于确定每个参与者的处理速度。							

图 2-15　PatentScope 的跨语言检索结果翻译界面

4. 在图像检索中的应用

图像检索(Image Retrieval)也是跨语言信息检索的一个应用领域，因为人们在搜索图像时，并不关心图像是用哪种语言来描述的，而是希望获得内容上符合要求的所有图像。欧洲跨语言评价论坛 CLEF 于 2003 年开始举行跨语言图像信息检索，简称 ImageCLEF。从 2003 年到 2010 年，在 CLEF 会议上每年都有关于跨语言图像检索的分会场。2010 年，ImageCLEF[56] 讨论的主题包括 4 项主要任务：医学图像检索(Medical Retrieval)、图像标注(Photo Annotation)、机器人视觉(Robot Vision)和维基百科检索(Wikipedia Retrieval)。医学图像检索又分为形态分类(Modality Classification)、Ad-hoc 检索(Ad-hoc retrieval)和基于案例的检索(Case-based retrieval)。图像标注侧重用可视的信息或 Flickr 中用户所做的标签等信息对大量图片进行各种标注。机器人视觉是要求机器人根据由立体摄像机所拍摄的图像序列对房间和功能性区域进行分类，如"走廊"，"办公室"，"浴室"等。维基百科检索的任务是面向维基百科的图像集进行可视化信息检索，目的是探讨在网络上遇到的超大型、异构的图像集时，如何根据不同的用户需求来进行检索。ImageCLEF2010 会议的议题代表了跨语言图像检索的发展方向。

目前，跨语言图像检索走向实用化的代表是由华盛顿大学开发的一个跨语言图像搜索引擎 PanImages (http://www.panimages.org/)。PanImages 提供 100 多种语言的翻译，当用户输入关键字并选择其隶属于哪种语言以后，它会通过机器翻译将关键词转换成各个国家的语言，并让用户选择。用户点击相应语言翻译后，PanImages 就将翻译的关键词在目前世界上领先的图片搜索 Google 图片搜索和 Flickr 图片搜索中进行相应的搜索，并通过分栏的方式返回相应的搜索结果。例如，在图 2-16 中输入中文"飞机"作为查询，点击"开始翻译"按钮，就得到如图 2-17 的翻译结果，系统首先识别中文查询的若干解释，如在此例中"飞机"共有 4 个解释，然后系统对每个解释给出捷克语、荷兰语、英语、世界语、法语、德语、匈牙利语、意大利语、日语、波兰语、葡萄牙语、俄语、西班牙语等多种语言的翻译，并且允许对每个翻译进行添加或修改。若用户直接点击"显示图片"，系统则在查询翻译的基础上，检索 Flickr 和 Google 的图像,分两栏显示,左边是 Flickr 的检索结果,右边是 Google 的检索结果(见图 2-18)。

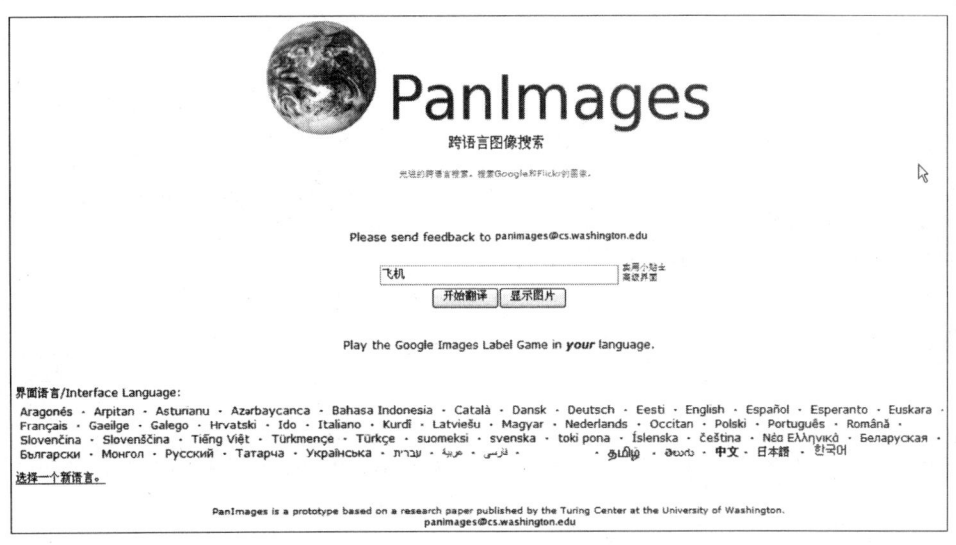

图 2-16 PanImages 的跨语言检索界面

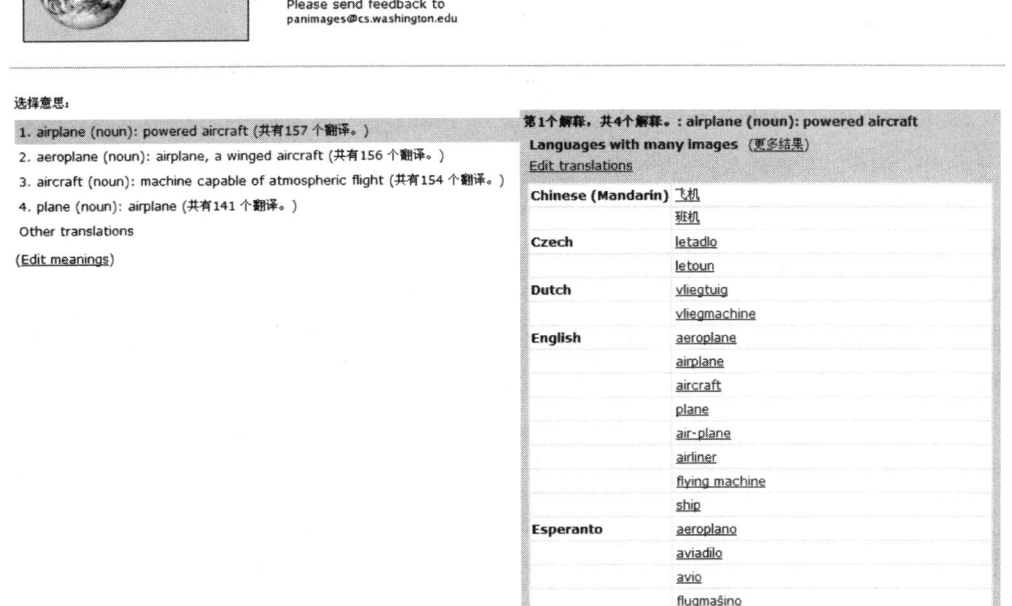

图 2-17 PanImages 的查询翻译界面

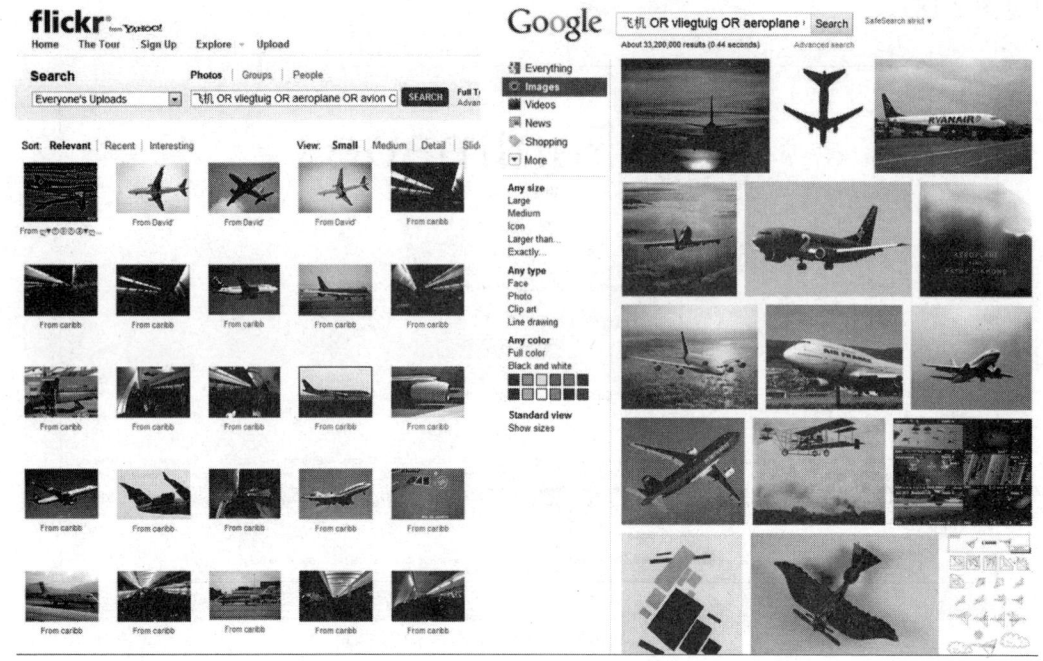

图 2-18　PanImages 的跨语言检索结果界面

5. 在电子商务中的应用

电子商务是经济全球化快速发展的必然产物，许多国际性组织、跨国企业集团都需要进行跨语言信息检索以搜寻世界各地的产品信息、销售渠道等商机。CINDOR（http://www.cindorsearch.com/home.html）是目前比较成功的一个商业跨语言信息检索系统。它主要的应用就是电子商务（e-Commerce）和企业内联网（Intranet）。CINDOR 系统拥有概念中间语言（Conceptual Interlingua）、语言分析（Language Analysis）、搜索管理（Search Management）三大核心技术。其基于概念中间语言来进行跨语言信息检索的技术已获得专利。CINDOR 目前支持英语、法语、西班牙语，正在研发对简体中文、俄语、阿拉伯语的支持系统。例如，在图 2-19 中，用户用英文输入"I would like to buy a bottle of wine."作为查询，选择"CINDOR cross language search"按钮，系统会显示如图 2-20 所示的英语、德语、西班牙语、法语的产品信息。在用户浏览时，系统会自动将德语、西班牙语、法语检索结果翻译成英语显示（见图 2-21）。

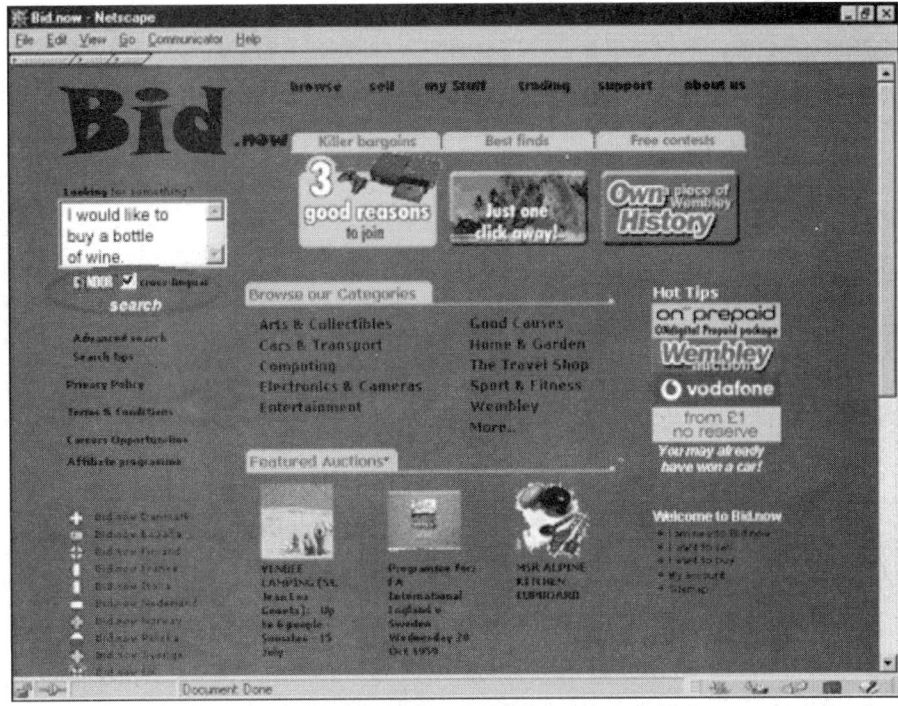

图 2-19　CINDOR 的跨语言检索界面

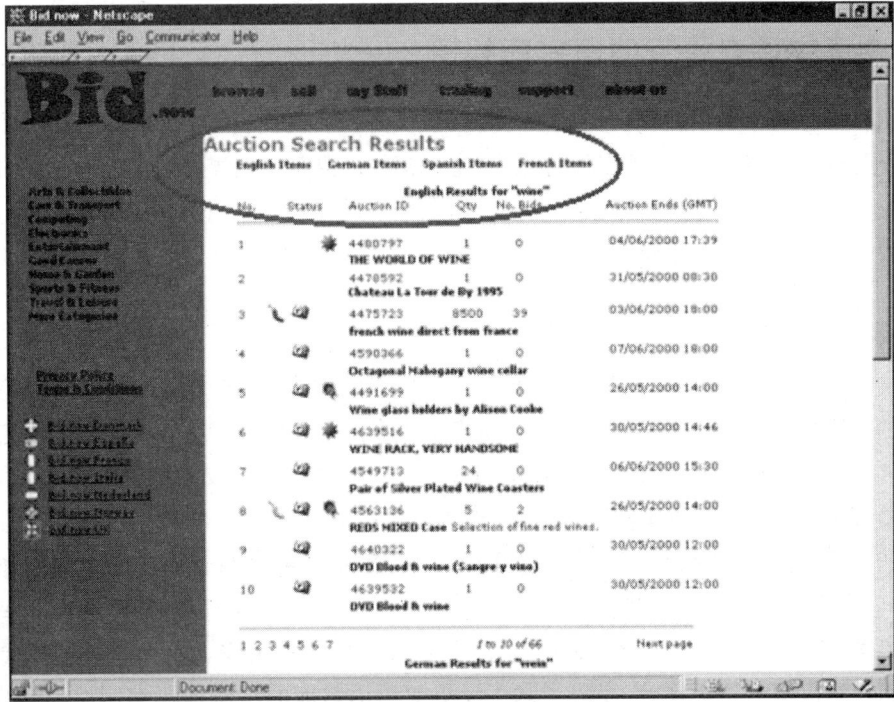

图 2-20　CINDOR 的跨语言检索结果界面

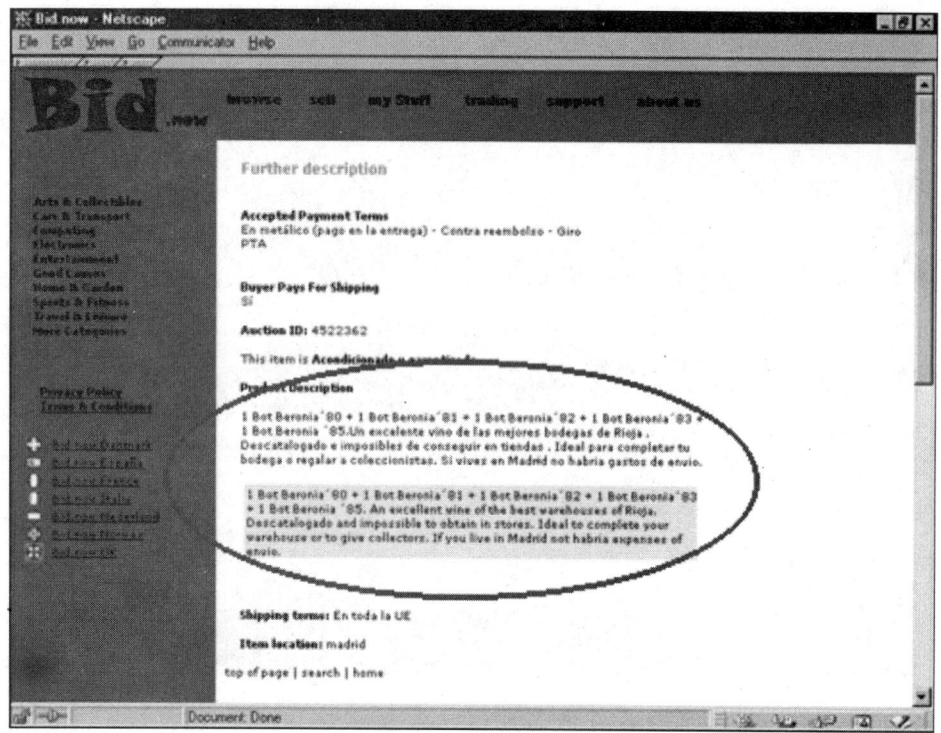

图 2-21　CINDOR 的跨语言检索结果翻译界面

2.2　跨语言信息检索的语言预处理

　　跨语言信息检索与语言密切相关。尽管在很长一段时间内，信息检索都主要是在研究欧洲语言，但随着网络信息的显著多语言化，一定规模的多语言文档集可以用越来越多种类的语言获得。当然在欧洲语言研究上获得的基本信息检索过程可以应用到其他语言上，但是，不同语言需要一些特定的语言处理。

2.2.1　中文信息处理

　　中文作为全球使用人数最多的语种受到了全世界的关注，有关中文与其他语言跨语言信息检索的研究也取得了一定的成绩，当然，研究得最多的还是中文与英文之间的跨语言信息检索。例如，在 2000 年第九届文本检索会议(TREC)中，复旦大学提交的研究结果显示，二元组索引的检索结果优于简单的词典分词，长查询优于短查询，英汉跨语言检索的平均查准率为单语检索的 58％[57]。中科院 Du Lin 等通过可比语料库解决了部分基于词典的查询翻译过程中的歧义问题，同时，在解决新词问题方面，通过查询扩展使汉英跨语言信息检索查准率达到单语种检索的 75.5％，比单纯机器翻译提高了 11％[58]。另外，哈尔滨工业大学利用现代计算语言学技术结合汉英双语语料库，完成了基于汉英双语语料库的汉英词典编制[59]。但就查准率而言，英汉跨语言检索与欧洲英德法意的跨语言检索相比尚有差距，其难点表现为汉字编码问题、地区用词问题、词的切分问题、中文信息标引问题等。

1. 汉字编码

汉语的基本单位是汉字,是一种表意文字,不同于基于字母的语言(如英语、法语等)。目前汉语有两种主要的编码系统,一种是 GB2312,即大陆使用的简体中文;另一种是 BIG5,即港台使用的繁体中文。国际标准化组织还制定有 Unicode 编码标准,此外还有一些零星的编码方案,如 HZ 码等。如果查询与文献使用的不是一种编码系统,就必须进行转换。在中文与其他语言的跨语言信息检索过程中,要想面向一个较大的文档库,首先要解决汉字内码的识别问题。但这个问题并不是那么容易解决,因为存在一对多的情况(BIG5 码的字库要大一些)。

2. 地区用词问题

不同地区在语言使用上也有差异,相同的事物往往有不同的名称,例如对于英文"Information"这个词,大陆常常使用"信息",而港台则多用"资讯",这种现象在科技术语检索方面尤为常见。汉语拼音的使用加快了普通话的普及和汉语的学习,现在主要用来对专有名词进行音译。使用拼音来进行音译已经被应用到中文与其他语言的跨语言信息检索中,主要是对一些人名、地名等进行音译。

3. 中文分词

中文与英语等印欧语不同,中文词与词之间没有空格区分,因此在检索之前需要解决分词问题。许多汉字本身就是具有意义的词,但是最常见的词是由 2~4 个汉字组成的,其中二字词是出现频率最高的。Nie 和他的同事[60]在 1996 年曾指出,在汉语词典中,两字词出现的概率是 63.6%。

分词是在中文跨语言信息检索中首先需要进行的文本预处理工作,即将中文句子分割成有意义的词语。例如,"跨语言信息检索"可以分割成"跨语言"、"信息"、"检索"3 个词。中文分词的难点在于还没有一个广泛认可的标准,对于正确与否的判断也存在分歧。例如,"跨语言信息检索"也可以分割成"跨"、"语言"、"信息"、"检索"4 个词。

同时,中文分词对于跨语言信息检索中的两个环节是非常重要的:一是对检索文档进行标引之前的分词处理;二是对用户输入的查询进行分词。错误的分词会导致对用户查询的错误翻译,以至于影响系统的检索性能。中文分词技术目前主要可以分为 3 大类:基于词典的分词方法、基于统计的分词方法及混合分词方法。

基于词典的分词方法最早是由原苏联专家在 20 世纪 50 年代末提出的,因为它们都是使用机器词典作为分词依据的,故称为基于词典的分词,也称为基于规则的分词。其基本思想是基于字符匹配的机械分词:按照一定的策略将待分析的汉字串与一个"充分大的"机械词典中的词条进行匹配,若在词典中找到某个字符串,则匹配成功,即识别出一个词。匹配方法根据方向不同、字串长度优先次序不同,分为正向最大匹配法、逆向最大匹配法、叠加匹配法、双向扫描法、逐词遍历匹配法、最少切分法、全切分等匹配方法。词典匹配法的效果比非词典匹配法好,实现简单、速度快,适合网络上实时的文档分析。这类方法的局限性是人工建立的分词词典的覆盖程度有限,无法覆盖所有词汇。

基于统计的方法是利用字与字之间、词与词之间的同现频率作为分词的依据,可以没有事先建立好的分词词典。这种方法的优点在于不受应用领域的限制,而且也不局限于事先建立的分词词典。但基于统计的方法需要大规模的训练文本,用以训练模型参数,而且无论是训练文本还是实际切分,一般都需要较大的计算量。另外,用于训练的文本的选择也将对分词结果产生明显的影响。近年来,国内采用统计方法的分词系统逐渐增多,而且统计信息也不再限于简单的词频信息,而是采用词性等层次比较高的信息来矫正切分歧义。然而实验证明,这种方法虽然不受文本的限制,也不依赖于词典的获取,但对于生僻字和专有名词的分词效果却并不好。

由于汉语分词十分复杂,许多研究人员综合运用统计方法、分词词典、语言学知识等来对中文文本分词。这种方法首先运用最大匹配法做初步切分,再对切分的边界处进行歧义探测,发现歧义,然后运用统计和规则结合的方法来判断切分的正确性,并采用不同的规则解决人名、地名、机构名的识别问题,最后运用词法结构规则来生成复合词和衍生词。目前这种方法可以解决汉语中最常见的歧义类型:交集型歧义,比如"成为了"可以切分为"成为"和"为了"两种不同的词。这种方法还能对人名、地名、机构名、重叠词、衍生词等词法结构进行识别处理,基本解决了分词所面临的最关键的问题,而且由于采用了优秀的词典结构和算法设计,分词速度非常快。

中文自动分词技术经过多年的研究,已取得了很大的进展,基本达到可实用的程度,但仍存在一些尚未彻底解决的问题[61]。其中之一是分词单位的确认问题,即中文的词与非词的界限问题。对于中文词的认识,从语言学家到普通人,差距非常大。理论上的认识一时不能统一,实践上也难于形成一个多数人都能接受的标准化中文词表。中文自动分词的另一个问题是歧义字段的处理。歧义字段在中文文本中普遍存在,如不能很好地处理,就会影响切分的准确程度。这些中文分词问题都对有关中文的跨语言信息检索产生着直接的影响。

4. 中文信息标引

在跨语言信息检索中,需要对中文文档建立索引,这就涉及到中文信息标引的问题。中文信息检索经历了从手工标引(词表)到自动标引的过程。在 TREC-5 会议上,首次进行了基于大规模真实文本的中文信息检索评价,当时采用的基本都是英文信息检索系统,如 SMART 系统、Okapi 系统、INQUERY 系统等。近年来也有不少中文检索系统问世,一些跨语言信息检索系统也支持对中文文本的检索。对于中文文本来说,目前主要有两种标引方法,即基于单汉字的标引和基于词语的标引。

目前很多搜索引擎和一些中文信息检索系统是基于汉字建立索引的,这会带来一些问题。首先,每个汉字所对应的位置表可能都很长,并且不能通过建立停用字表的办法节省存储空间。例如,如果把"的"字作为停用字,将会影响用户对"目的"等词的检索。其次,用户很少有单个汉字的检索需求,更多的是检索词或者短语,因为检索效率随查询表达式的长度增加而下降,所以以字为基础建立索引、检索词或短语时,效率必然受到影响,还会带来降低检索准确率的问题。例如,用户对有关"中将"的信息感兴趣,则检索结果中很可能包括一些错误的文档,如包括"地铁中将可使用手机"的文档。

如果按照词建立索引,就会带来词语切分问题,需要对中文文档进行分词预处理。根据前面的论述,目前中文分词技术不可能达到 100% 准确,所以错误的切分必然导致错误的标引和检索结果。

2.2.2 欧洲语言信息处理

这里介绍的欧洲语言主要指以英语为代表的印欧语系的语言,如英语、德语、荷兰语等[62]。

1. 词根还原

在一般的信息检索中,文本和查询要通过文字上的预处理来去掉与意义不相关的词形变换。欧洲语言词与词之间一般都有空格作为分隔符,词的界限很容易辨认。但是,由于欧洲语言的形态变化,造成了一个词根对应多个不同的字符串形式的状况。比如,manage,manages,managed,managing,management 等,它们具有共同的词根 manage。如果只以 manage 作为检索词进行检索,就会漏掉其他形式的词,从而降低了查全率。因此,需要对有词形变换的词进行词根还原(Word Stemming),再进行查询翻译和检索。

目前有几种比较通用的词根还原算法被开发和广泛应用。例如 Porter 词根还原器[63]和 Krovetz 词根还原器[64]。Porter 算法被扩展到 15 种欧洲语言,并可以从 Snowball 网站[65]下载。Savoy 和他的团队[66]对各种欧洲语言的词根还原做了大量研究,其中包括东欧语言,如匈牙利语。一般来说,词根还原是用一些词形变换的规则来去掉曲折变化(Inflectional Variations),例如,把 information 这个词中的 ation 去掉。

还有一些研究试图从语料库中自动生成词形变换的规则。Moreau 等[67]用类比的方法来自动生成词形变换规则,如:一个词 A(如 connector)被发现有一个变形 A'(如 connect),它们有一个共同的词根,但不同的曲折,那么另外一个词 B(如 editor)则可以利用相同的规则转换成 B'(如 edit)。Snajder 和他的同事[68]描述了另一个用来自动获取克罗地亚语中曲折变化规则的方法。

由于有这种使词标准化的作用,词形变换被证实可以提高检索的有效性,但却并不是所有地方都适用的。当前的搜索引擎通常不用很强的词根还原,但在研究领域,词根还原一般被用来作为预处理的一个标准步骤。

2. 复合词分解

在德文、荷兰文及芬兰文等语言中,复杂的词可以由几个简单的词复合在一起构成,例如德文词 hungerstreiks 是由 2 个词 hunger 和 streaks 构成;Literaturnobelpreistrager(诺贝尔文学奖获得者)这个词可以被写成 Literatur-Nobelpreistrager 和 Literaturnobelpreis-Tragerin;Literaturnobelpreis(诺贝尔文学奖)可以被分成 3 个词 Nobelpreis、fur 和 Literatur;荷兰词 gekkekoeienziekte(疯牛病)在 CLEF 里被用作一个测试查询式,但在文档中却并不存在这样的一个词。上述例子都表达了同样的信息:在文档和查询中,词的表示有可能不一样。有可能查询用的是复合词,而文档用的是 2 个或多个分开的词。这种情况下,就需要用到复合词分解(Decompounding)。

复合词分解过程试图在复合词中找出对应的简单词,然后把它们分别表达出来。但是,过程中有可能会产生歧义性,例如,德文词 hungerstreaks 在德文中可能对应以下词:erst,hung,hunger,hungers,hungerst,reik,reiks,streik,streaks。所以,问题的关键是如何找到正确的用来进行复合的词。Sheridan 和 Ballerini[69]提出的方法是用德文词典,以此来找到那些在词典里出现的词。Chen 和 Gey[70]的方法更先进,是用每个词在德文中出现的概率 $P(w_i)$

如对于一个复合词,目标是去找到一组最有可能的简单词 $w_1,\cdots\cdots,w_n$,使得:

$$w_1,\cdots\cdots,w_n = \mathop{\mathrm{argmax}}_{w_1\cdots w_n} \prod_{i=1}^{n} P(w_i) \tag{2-1}$$

除了概率,其他方法还有用到互信息(Mutual Information)来考虑各个词之间的相互依赖性。Chen 和 Gey 的实验表明,复合词分解在德文和荷兰文中很重要,检索有效性 MAP 在单语言检索和跨语言检索中都有显著提高(约 4%～13%)。Braschler 和 Ripplinger[71]也得出了同样的结论。Hedlund 等[72]检查了芬兰语信息检索中应用复合词分解和 n-grams 的效用,他们也发现复合词分解是一个必要的步骤。

此外,McNamee and Mayfield[73]将字符 n-gram 用在多个欧洲语言的信息检索中。字符 n-gram 在复合词分解中的应用其实对应的是一种伪复合词分解,这个方法不需要任何语言信息,但是所得到的 n-gram 有很多噪音。有些词的 n-gram(例如"consumption"所构成的 3-gram 为 sum,ump,mpt,pti,tio,ion)可以错误的和另一个词(如"assumption")匹配。一般来说,字符 n-gram 应用到欧洲语言信息检索上的检索效果比用词根还原和复合词分解的效果要差。

还有其他的一些方法被用来辅助复合词分解,例如 Alfonseca 等[74]考虑了几种通过从网站锚文本(Web Anchor Texts)获取信息,例如频率、复合词的概率、互信息,来确定正确的复合词分解的方法。他们在德文、荷兰文、丹麦文、挪威文、瑞典文和芬兰文的实验中发现,这些网上获得的相关信息是有用的。

所有这些研究都表明,在这类欧洲语言中,复合词分解起到了重要作用。

2.2.3 其他语言信息处理

除了上述语言外,日文、韩文、阿拉伯文等也是在跨语言信息检索中经常用到的语言。

日文的问题与中文类似。日文可以用 3 种字符来书写——汉字、片假名、平假名。例如句子"我喜欢运动"可以写成"私はスポーツが好きです"。其中,"私(我)"和"好(喜欢)"是汉字,"スポーツ(运动)"是片假名,其他的字符是平假名。和中文一样,日文在不同的词之间没有空格。所以日文与中文一样需要分词,中文分词中类似的方法也可以用到日文中。

在韩文中,不同的词之间被加入了空格,例如"我喜欢运动"可以写成"내가운동을 좋아합니다"。韩文中有空格,但并不代表分词就不重要。因为,尽管韩文词之间可以加空格,但并不是一定要加空格。例如,"计算机游戏"可以被写成 2 个词"컴퓨터 게임"或 1 个词"컴퓨터게임"。所以分词或复合词分解在韩文中还是有必要的。

在阿拉伯文中,根据在词中的位置不同,字符可以改变形状。一个词根可以加上前缀或后缀而形成其他的词,元音通常在书写中被省略。这些特殊性都需要进行词根还原和字母标准化处理。有许多关于阿拉伯文的检索和跨语言检索研究都是为了解决英文和阿拉伯文之间音译和词根还原的问题。

此外,还有关于印度语的信息检索。2008 年起召开的信息检索会议 FIRE (Forum for Information Retrieval Evaluation)就是研究印度语检索的测评平台。目前这些研究都还集中在词处理上,如词根还原。

随着互联网日益成为一个多语言的平台,当一种语言的文本达到一定数量时,其对应的检索问题就出现了。可以预见,在这些语言的检索和跨语言检索中,语言预处理将会变得越来越重要。

2.3 跨语言信息检索模型

2.3.1 检索模型及其分类

图 2-22 显示的是信息检索的一般模型[75]。可以看出,信息检索模型由以下 4 部分组成:(1)查询表示;(2)文档表示;(3)匹配机制;(4)反馈修正。用形式特征可以将信息检索模型表示为一个四元组的模型框架:$[D,Q,F,R(q_i,d_j)]$。其中,D 是文档表示;Q 是查询表示;F 是一种机制,用于构建文档表示、查询表示及它们之间关系的模型;$R(q_i,d_j)$ 是一个排序函数,该函数输出一个与查询表示 $q_i \in Q$ 和文档表示 $d_j \in D$ 有关的实数,这样就可以根据文档 d_j 与查询 q_i 之间的相似度进行排序。

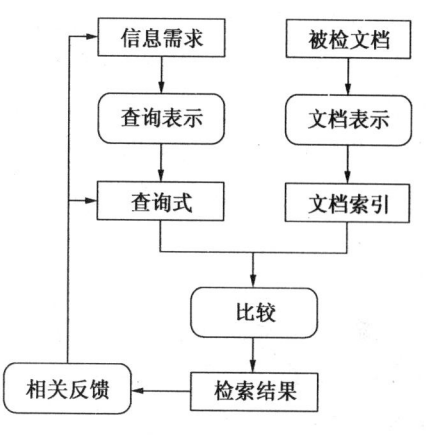

图 2-22 信息检索一般模型

信息检索模型由最初的经典布尔模型、向量空间模型、概率模型,发展到现在的多种模型综合运用——其中语言模型和语义模型等新兴模型表现出了很强的生命力。图 2-23 中概括出了这些模型的分类。

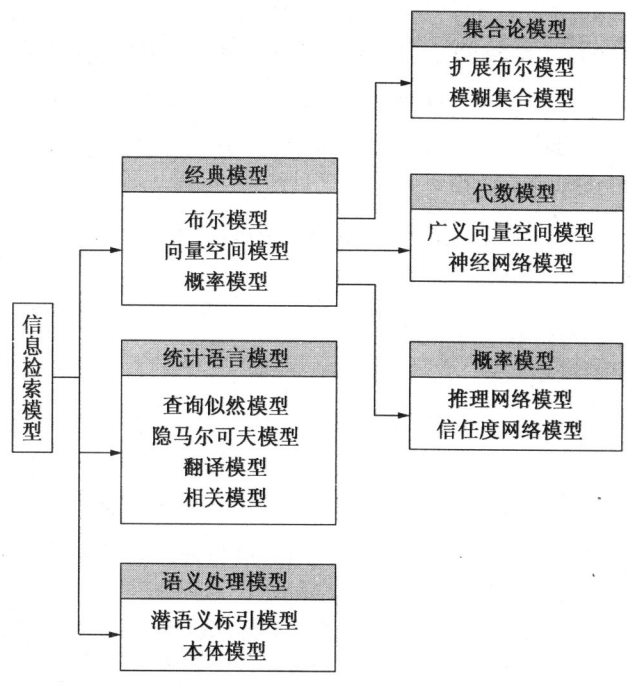

图 2-23 信息检索模型分类

1. 经典模型

经典的信息检索模型用称为标引词的关键词来表示一篇文档,令 k_i 表示一个标引词,d_j 表示一个文档,$w_{ij}>0$ 为二元组(k_i,d_j)的权值,用来衡量描述文档语义内容中标引词的重要性。在经典模型中存在一个普遍假设,即标引词是互相独立、彼此无关的。

(1)布尔模型(Boolean Model)

布尔检索模型是基于集合论的一种最早、最简单的检索模型。在布尔模型中,标引词在文档中出现或不出现,因此标引词 k_i 在文档 d_j 中的权值 w_{ij} 为二值数据,即 $w_{ij}\in\{0,1\}$。一个查询表示 q_i 由连接符 NOT、AND、OR 连接多个标引词组成,本质上是一个常规的布尔表达式 $q_{dnf}(k_1,k_2,\cdots,k_i,\cdots)$,可以表示为多个合取向量的析取 q_{cc}(q_{cc} 为 q_{dnf} 的任意合取分量),则文档 d_j 与查询 q_i 的相似情况表示为:

$$w_{i,j}=\begin{cases}1, q_{cc}\in q_{dnf},\text{表示文档 } d_j \text{ 与查询 } q_i \text{ 相似}\\ 0, q_{cc}\notin q_{dnf},\text{表示文档 } d_j \text{ 与查询 } q_i \text{ 相似}\end{cases} \quad (2\text{-}2)$$

布尔模型形式简洁、结构简单、容易实现,但只能判断文档相关或不相关,无法描述与查询条件部分匹配的情况。针对这些缺点,两个改进集合论模型,模糊集合模型和扩展布尔模型应运而生。

模糊集合模型(Fuzzy Set Model)[76]是将文档看成与查询在一定程度上相关,而且每一标引词都存在一个模糊的文献集合与之相关。对于某一给定的标引词,用隶属函数表示每一文档与该词的相关程度,即隶属度,其取值在[0,1]上,则标引词 k_i 在文档 d_j 中的权值可以定义为 $w_{ij}\in[0,1]$,文档对标引词的隶属度可以通过词-词关联矩阵来计算。模糊集合模型保留了传统布尔模型的结构化特点,同时还能对检索结果按相似度排序,但不能对查询中的检索词赋予权值。

扩展布尔模型(Extended Boolean Model)在保持传统布尔模型结构式查询的同时,也吸取了模糊集合模型和向量空间模型的长处。假定文档 d_j 仅有两个标引词 k_x 和 k_y 标引,并且 k_x 和 k_y 允许被赋予一定的权值 w_{xj} 和 w_{yj},点 $d(x,y)$ 表示文献向量 $d_j=(w_{xj},w_{yj})$,则文档 d_j 与查询 q_i 的相似度可以表示为:

$$\text{sim}(d_j,q_i)=\begin{cases}\sqrt{(x^2+y^2)]/2}, q_i=k_x\vee k_y\\ 1-\sqrt{[(1-x)^2+(1-y)^2]^2/2}, q_i=k_x\wedge k_y\end{cases} \quad (2\text{-}3)$$

(2)向量空间模型(Vector Space Model,VSM)

在向量空间模型中,标引词 k_i 在文档 d_j 中的权值 w_{ij} 是一个非二值正数,$w_{ij}\in[0,1]$。此外,标引词 k_i 在查询 q_i 中的标引词也要加权,用 w_{iq} 表示,也是一个非二值正数。文档 d_j 可以表示为一个文献向量 $d_j=(w_{1j},w_{2j},\cdots,w_{tj})$,查询 q_i 可以表示为一个查询向量 $q_i=(w_{1q},w_{2q},\cdots,w_{tq})$,其中 t 是系统中的标引词数目。这样,文档和查询都被表示成了 t 维向量,最常用的一种计算它们之间相似度的方法是计算文档向量与查询向量夹角的余弦:

$$\text{sim}(d_j,q_i)=\frac{\sum_{i=1}^{t}w_{ij}\times w_{iq}}{\sqrt{\sum_{i=1}^{t}w_{ij}^2}\times\sqrt{\sum_{i=1}^{t}w_{iq}^2}} \quad (2\text{-}4)$$

标引词的权重 w_{ij} 可以通过很多加权方法来计算,最常用的是 $tf\text{-}idf$ 函数,tf 是标引词在文档中出现的频率,用来衡量一个标引词在多大程度上描述了一篇文档;idf 是倒文档频率,体现标引词区分文档的能力大小,计算方法也有很多,如下公式是比较常用的:

$$f'_{ij}=\frac{tf_{ij}}{\max_j tf_{ij}} \qquad idf_i=\log\frac{N}{n_i} \qquad w_{ij}=f'_{ij}\times idf_i \qquad (2\text{-}5)$$

其中,N 为文档集合,n_i 为包含标引词 k_i 的文档篇数,tf_{ij} 为标引词 k_i 在文档 d_j 中出现的频率,f'_{ij} 为文档 d_j 中标引词 k_i 的标准化频率。

向量空间模型对标引词的权重进行了改进,并且能根据相似度对检索结果进行排序,有效地提高了检索效率。不过,该模型中依然存在的问题是标引词仍然被认为相互独立,会丢掉大量的文本结构信息,且相似度计算量大。考虑到这一点,人们由对向量空间模型的改进产生了广义向量空间模型、神经网络模型等,目的均为获得更高的检索效率。

广义向量空间模型(Generalized Vector Space Model,GVSM)由 Wong[77] 等于1985年提出。该模型认为标引词之间不是互相独立的,即不是两两正交的,而是存在着一定的相互关系,即标引词向量是线性独立的——这就是广义向量空间模型的基本思想。在广义向量空间模型中,标引词向量以一组更小的分量所组成的正交基向量来表示,词与词之间的关系可直接由基向量表示给出较为精确的计算。标引词 k_i 在文档 d_j 中的权值为 w_{ij},如果所有 w_{ij} 都是二值的,t 个标引词生产 2^t 个互不相同的最小项 m_i。广义向量空间模型将所有向量 m_i 的集合作为目标子空间的基:其中 $m_1=(1,0,\cdots,0),m_2=(0,1,\cdots,0),\cdots,m_2^t=(0,0,\cdots,1)$。标引词 k_i 的标引词向量是通过把所有最小项 m_i 的向量相加求和得出,然后利用余弦函数计算文献向量和查询向量之间的相似度。

神经网络模型(Neural Network Model)[78] 的主要思想:首先从文本空间中抽取文档及文档相关的标引词 k_i,并且对这些标引词进行概念关联分析;然后计算出任意两个标引词之间的关联权值,建立概念的词义关联权矩阵,以概念为节点,关联权值为节点的连接权,这样就构成了神经网络。当用户输入检索关键词后,查询语词节点通过向文献语词节点发出信号来做联想回忆进行推理,而且文献与此节点自身也可以向文献节点发出信号——如此不断重复这一联想回忆推理过程,直到信号衰减到无法激活联想回忆为止。

(3)概率模型(Probabilistic Model)

经典概率模型也称二元独立概率模型(Binary Independence Relevance,BIR),其基本思想是用户提出了查询,就有一个由相关文献构成的集合,通常把这个集合称为理想的集合 R。如果知道 R 的特征,就可以找到所有的相关文献,排除所有的无关文献。然而,第一次查询时并不知道 R 的特征,只能通过估计 R 的特征来进行查询。第一次查询完成后,可以让用户判断检索到的文档哪些是相关文献,根据用户的判断,可以更精确地估计 R 的特征。

在经典概率模型中,标引词 k_i 在文档 d_j 中的权值是二值的,$w_{ij}\in\{0,1\}$;标引词 k_i 在查询 q_i 中的权值也是二值的,$w_{iq}\in\{0,1\}$;R 为相关文献集,$\bar{R}$ 为不相关文献集;条件概率 $P(R|d_j)$ 表示文档 d_j 与查询 q_i 相关的概率,条件概率 $P(\bar{R}|d_j)$ 表示文档 d_j 与查询 q_i 不相关的概率;$P(k_i|R)$ 为标引词 k_i 在集合 R 的某篇文献中随机出现的概率,$P(k_i|\bar{R})$ 为标引词 k_i 在集合 $\bar{R}$ 的某篇文献中随机出现的概率。由于假设标引词之间无相关关系,则文档 d_j 与查询 q_i

的相似度表示为：

$$\text{sim}(d_j, q_i) = \frac{P(R \mid d_j)}{P(\overline{R} \mid d_j)} = \frac{P(d_j \mid R) \times P(R)}{P(d_j \mid \overline{R}) \times P(\overline{R})} \approx \frac{P(d_j \mid R)}{P(d_j \mid \overline{R})}$$

$$\approx \sum_{i=1}^{t} w_{iq} \times w_{ij} \times \left[\log \frac{P(k_i \mid R)}{1 - P(k_i \mid R)} + \log \frac{1 - P(k_i \mid \overline{R})}{P(k_i \mid \overline{R})} \right] \quad (2\text{-}6)$$

$P(k_i \mid R)$ 和 $P(k_i \mid \overline{R})$ 可以用如下方法来实现：假定 $P(k_i \mid R)$ 对于所有标引词 k_i 是恒定不变的，通常假设等于 0.5；假定不相关文献中标引词的分布可以通过集合的所有文献中标引词的分布来估计，则：

$$P(k_i \mid R) = 0.5 \qquad P(k_i \mid \overline{R}) = \frac{n_i}{N} \quad (2\text{-}7)$$

其中，n_i 为包含标引词 k_i 的文献数目，N 为集合中的文献总数。

许多研究者对上述 $P(k_i \mid R)$ 和 $P(k_i \mid \overline{R})$ 的估计方法进行了改进，但二元独立概率模型始终没有考虑词频 tf 和长度因素，因此，它还在不断完善和发展中。目前比较流行的 Okapi BM25 公式加入了 tf 因素和长度调整，计算公式如下：

$$\sum_{w \in q \cap d} (idf \times tf_{doc} \times tf_q) = \sum_{w \in q \cap d} \left[\ln \frac{N - df(w) + 0.5}{df(w) + 0.5} \times \frac{(k_1 + 1) \times c(w, d)}{k_1((1-b) + b \frac{L_d}{L_{ave}}) + c(w, d)} \times \frac{(k_3 + 1) \times c(w, q)}{k_3 + c(w, q)} \right] \quad (2\text{-}8)$$

其中，k_1、k_3、b 是经验参数。

概率模型有严格的数学理论基础，采用了相关反馈原理来克服不确定性推理的缺点。但其参数估计难度较大，最初没有任何先验知识。于是人们将统计学的认识论引入到概率模型中，形成了各种基于贝叶斯网络的检索模型。

推理网络模型(Inference Network Model)[79]模拟人脑的推理思维模式，将文档与用户查询匹配的过程转化为一个从文档到查询的推理过程。基本的文档推理网络包含文档网络和用户查询网络两部分，通过随机变量将标引词、文档以及用户查询联系在一起。与文档 d_j 相关的随机变量表示对该文档观测的事件，对文档 d_j 的观测可以为标引词的随机变量给出一个信任度，因此对文档的观测是标引词变量不断增加信任度的原因所在。标引词变量和文档变量用网络中的节点来表示，节点之间的边是从文献节点指向它的语词节点，以此来表示文献观测会不断提高标引词节点的信任度。

信任度网络模型(Belief Network Model)采用明确化的概念空间，用户查询 q_i 也被模型化为一个与二值随机变量 q_i 相关的网络节点，只要 q_i 完全包含概念空间 k，这个随机变量的值就为 1。文档 d_j 也被模型化为一个与二值随机变量 d_j 相关的网络节点，只要 d_j 完全包含概念空间 k，这个随机变量的值就为 1。通过这种形式，集合中的用户查询和文档都被模型化为标引词的子集，每个子集为概念空间 k 中的一个概念[80]。与推理网络模型相反，构成文献的标引词节点指向文献节点。

2. 统计语言模型

统计语言模型(Statistical Language Model,SLM)是关于某种语言所有语句或者其他语言单位的分布概率,也可以将统计语言模型看作是生成某种语言文本的统计模型[81]。语言模型通常用以回答如下问题:已知文本序列中前面 $i-1$ 个词汇,第 i 个词汇为单词 w 的可能性有多大?

语言模型根据马尔可夫链的阶数分为一元语言模型和多元语言模型。一元语言模型(Unigram Language Model)假设词与词之间是相互独立的,一个词出现的概率与这个词前面的词没有必然联系。多元语言模型(N-gram Language Model)假设词与词之间是相互关联的,一个词出现的概率与这个词前面的词存在一定的关联。根据目标词前面其他词个数的多少,多元语言模型可被划分为二元语言模型、三元语言模型等几种。

对于一个句子 $S=w_1,w_2,\cdots,w_i$(w_i 代表某个词),在语言模型 M 中,S 出现概率 P 用一元和多元模型可以分别表示为:

$$P(S\mid M) = \prod_{w_i \in S} P(w_i \mid M) \quad P(S\mid M) = \prod_{w_i \in S} P(w_i \mid w_{i-1},w_{i-2},\cdots,w_{i-n+1},M) \tag{2-9}$$

其中,$n-1$ 代表了马尔可夫链的阶数。

统计语言模型于 1998 年由 Ponte 和 Croft[82] 应用到信息检索中,之后不少学者在此基础上提出了一系列模型。统计语言模型现已成为信息检索领域里的主要研究方向,本书只概括性介绍其中几个主要的模型:

(1)查询似然模型(Query Likelihood Model)

Ponte 和 Croft 最初提出的语言模型被称为查询似然模型。该模型将相似度看作是每篇文档对应的语言模型下生成该查询的可能性,即利用查询的似然(Likelihood)来度量文档与查询的相似度。在该模型中,首先为每篇文档 D 建立一个语言模型 M_D,系统的目标是根据 $P(D|Q)$ 对文档进行排序。根据贝叶斯公式,我们得到:

$$P(D \mid Q) = P(Q \mid D)P(D)/P(Q) \tag{2-10}$$

其中,Q 代表查询条件,D 代表文档集合中某个文档。先验概率 $P(D)$ 和 $P(Q)$ 对于文档集合中每篇文档来说都是相同的。所以,关键是估计每篇文档的语言模型 $P(Q|D)$。

估计 $P(Q|D)$ 的一个最常用的方法是多项一元语言模型(Multinomial Unigram Language Model),即首先估计每篇文档的词汇概率分布,然后计算从这个分布抽样得到查询的条件概率,再按照生成查询的条件概率来对文档排序。此方法基于二值假设及独立性假设,前者假设如果一个词汇出现在查询中,代表该词汇的属性值被设置成 1,否则设置为 0;后者假设文档中词汇之间是相互独立的。这样,文档 D 可以看成是多项随机试验的观测结果,即:

$$P(Q \mid D) = \prod_{i=1}^{|Q|} P(q_i \mid D) = \prod_{w \in Q} P(w \mid D)^{c(w,Q)} \tag{2-11}$$

其中,q_i 是查询 Q 中的检索词,w 是文档集中的词项(term),$c(w,Q)$ 表示查询 Q 中 w 出现的次数。这样,要计算 $P(Q|D)$,必须先估计 $P(w|D)$,即估计文档 D 的一元语言模型。

$P(w|D)$ 可以通过一种非参数的方法计算,利用包含 w 的文档 D 中 w 出现的平均概率,如下公式:

$$P(w \mid D) = \frac{c(w,D)}{\sum_{w' \in D} c(w',D)} \tag{2-12}$$

其中,$c(w,D)$表示文档D中w出现的次数,$\sum_{w' \in D} c(w',D)$表示D中所有词项的个数。

与传统检索模型相比,语言模型检索方法能够利用统计语言模型来估计与检索有关的参数,在如何改善检索系统性能方面有更加明确的指导方向。但该方法隐含着词汇相互独立关系,没有考虑词汇间的相互影响。传统检索模型中常用的相关反馈技术在概念层面融入语言模型框架比较困难。

(2)隐马尔可夫模型(Hidden Markov Model,HMM)

Miller[83]等将隐马尔可夫模型引入统计语言模型。他们使用了两状态隐马尔可夫模型,一个状态表示直接从文档中选出一个词,另一个状态表示从通常英语语言中选出一个词,来估计文档D的一元语言模型$P(w|D)$。第一个状态的概率分布记为$P_{\text{document}}(w|D)$,第二个状态的概率分布用文档集中词项w的最大出现概率来近似估计,记为$P_{\text{collection}}(w)$。两个概率的计算方法均采用词频tf和文档频率df来计算,公式如下:

$$P_{\text{document}}(w \mid D) = \frac{c(w,D)}{\sum_{w' \in D} c(w',D)} \quad P_{\text{collection}}(w) = \frac{c(w,C)}{\sum_{w' \in V} c(w',C)} \tag{2-13}$$

其中,$P_{\text{document}}(w|D)$的计算方法与公式(2-12)相同,$c(w,C)$表示整个文档集合C中w出现的次数,文档集合$C=\{D_1,D_2,\cdots\}$,词汇表$V=\{w_1,w_2,\cdots\}$,$\sum_{w' \in V} c(w',C)$表示文档集合中所有词项的总数。

最后,将二者通过概率加权合并得到$P(w|D)$:

$$P(w \mid D) = \lambda P_{\text{document}}(w \mid D) + (1-\lambda) P_{\text{collection}}(w) \tag{2-14}$$

(3)翻译模型(Translation Model)

Berger[84]将机器翻译领域中的统计翻译模型引入到语言模型中,目的在于将词汇间的同义词因素考虑进来,将信息检索过程看作是一个从文档向查询条件进行翻译的过程:假设查询Q通过一个有噪声的信道变成文档D,则从文档D去估计原始的查询Q为:

$$P(Q \mid D) = \prod_i P(q_i \mid D) = \prod_i \sum_j P(q_i \mid w_j) P(w_j \mid M_D) \tag{2-15}$$

其中,q_i是查询Q中的检索词,w_j是文档集中的词项,$P(q_i|w_j)$是翻译概率,$P(w_j|M_D)$是生成概率。

由于翻译模型方法遵循的是统计机器翻译的思路,这在本质上决定了其主要考虑的因素是将词汇间的同义词关系引入语言模型信息检索中,其作用类似于传统检索模型中的查询扩展技术。但是该方法有个很明显的缺点,就是在训练统计翻译模型的参数时候,需要大量的查询条件和对应的相关文献作为训练集合。

(4)相关模型(Relevance Model)

与试图对查询产生过程建模相反,Lavrenko和Croft[85]直接对"相关性"建模,并提出了一种无需训练数据来估计相关模型的新方法。相关模型是对用户信息需求的一种描述,假设如下:给定一个文档集合与用户查询Q,存在一个未知的相关模型R;通过相关模型R可为相关

文献中出现的词汇赋予一个概率值 $P(w|R)$。这样,相关文献被看作是从概率分布 $P(w|R)$ 中随机抽样得到的样本。同样的,查询也被看作是根据这个分布随机抽样得到的样本。所以,相关模型的关键是如何估计分布 $P(w|R)$。Lavrenko 和 Croft 定义 $P(w|R)$ 为从相关文献中随机采样出词 w 的概率,则可以用 w 和查询词 $q_1, q_2, \cdots, q_m$($Q=\{q_1, q_2, \cdots, q_m\}$)同时出现的联合概率来近似估计 $P(w|R)$:

$$P(w \mid R) \approx P(w \mid Q) = \frac{P(w, q_1, \cdots, q_m)}{\sum_{v \in vocabulary} P(v, q_1, \cdots, q_m)} \tag{2-16}$$

他们提出两种估计上述联合概率分布的方法。这两种方法都假设存在一个概率分布集合 U,相关词汇就是从 U 中某个分布随机抽样得到的。不同之处在于它们的独立假设。

方法一:假设所有查询条件词汇和相关文献中的词汇是从同一个分布随机抽样获得,这样一旦我们从集合 U 中选定某个分布 M 后,这些词汇是相互无关的、独立的。如果我们假设 U 是一元语言模型分布的全集并且文档集合中每个文档都有一个分布,那么我们得到:

$$P(w, q_1, \cdots, q_m \mid M) = \sum_{M \in U} P(M) P(w, q_1, \cdots, q_m \mid M) =$$

$$\sum_{M \in U} P(M) \left(P(w \mid M) \prod_{i=1}^{m} P(q_i \mid M) \right) \tag{2-17}$$

其中,$P(M)$ 代表集合 U 中的一些先验概率分布,$P(w|M)$ 是我们从 M 中随机抽取词汇而观察到词汇 w 的概率。

方法二:假设查询条件词汇 $q_1, \cdots, q_m$ 是相互独立的,但与词汇 w 是相关的。

$$P(w, q_1, \cdots, q_m) = P(w) \prod_{i=1}^{m} P(q_i \mid w) P(q_i \mid w) = \sum_{M_i \in U} P(q_i \mid M_i) P(M_i \mid w) \tag{2-18}$$

这里又有一个假设:一旦选定一个分布 M_i,查询条件词汇 q_i 就和词汇 w 是相互独立的。综上所述,相关模型是一种将查询扩展技术融合进入语言模型检索框架的方法。

3. 语义处理模型

前面所提及的模型都是基于关键词和标引词的,由于字义本身与其概念的延伸不在同一级上,从而使得检索结果仅仅是字面意义的匹配。为此,人们提出语义处理模型,即探究词语背后所指代的本质概念,明确词语的主题范畴,识别同一概念的各种表示形式。在分析词语的含义、词语和文档之间的语义关联、文档的相似度方面,从目前的技术实现方法来看,主要采取从文档结构入手的潜在语义分析方法,以及从内容入手的利用知识组织体系(词典、知识库和本体等)的方法。

(1) 潜语义标引模型(Latent Semantic Indexing Model)

潜语义标引模型由 Furnas 和 Deerwester 等于 1988 年提出。首先,该模型将标引词之间、文档之间的相关关系以及标引词与文档之间的语义关联都考虑在内,将文档向量和查询向量映射到与语义概念相关联的较低维度空间中,从而将标引词向量空间转化为语义概念空间;其次,该模型在降维后的语义概念空间中,计算文档向量和查询向量的相似度[86]。总而言之,该模型的主要思想是用数学方法把标引词-文档矩阵进行奇异值分解(奇异值分解是一种与特征值分解、因子分析紧密相关的矩阵方法)。由此可见,潜语义标引模型将文档和查询向量的

t 维标引词向量空间转化为 x 维语义概念空间,降低了空间维度,克服了同义词和多义词对检索结果的影响。

(2)本体模型(Ontology-based Model)

本体模型是自 20 世纪 90 年代随着本体和本体工程应用到信息检索领域而出现的一种方法。图 2-24 描述了本体模型的一般原理[87]。一方面,用户的信息需求通过共享本体转化为计算机可理解的查询表达,为了提高查全率,再通过共享本体中概念与概念之间的关系扩展查询表达。通过与一个或几个本体的交互,查询表达能被计算机理解,以此判断用户需求信息的所属领域。另一方面,被检信息资源需要通过同样的本体进行标引,信息资源的表达包括逻辑判断等。在基于本体的信息检索过程中,查询表达与信息资源之间的匹配过程仿佛是一种"探索"过程,这一过程能依照查询的表达形式和逻辑理解以不同的方式进行实现。本体在信息检索中的作用主要体现在查询扩展、信息抽取、自动分类、语义形式化表示,以及推理机制上。

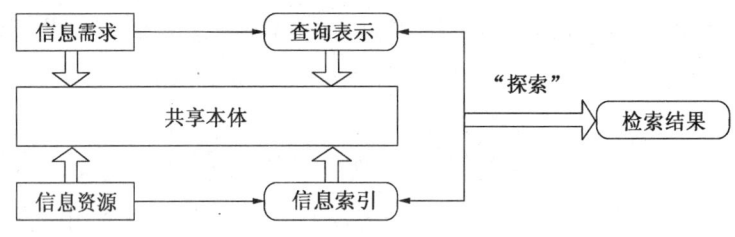

图 2-24　本体模型原理

1)查询扩展。用户的检索表达往往由一个或几个关键词构成,很难准确表达检索意图,一种有效地扩大查全率的方法就是查询扩展。本体的作用可以说是组织"世界上的概念",并且将它们关联到语言学上的表达。判断查询与文档的相关性,可以以识别文档相关的词汇作为出发点,来建立概念之间或其他代表这些概念或相关概念的词汇单元之间的关联。从语言学角度来看,我们可以说,查询扩展是根据来自查询的一个词语、句法单元或一组词语,系统地在本体中搜索其他表达相关概念的词语或词组单元。这种扩展与语言学中的同义词变化类似,所不同的是同义词一般是属于同一个类层次,而本体的概念关系却非常复杂。WordNet 是在信息检索中用于查询扩展的一种备受欢迎的本体资源,能够起到提高检索精确度的作用,尤其是在基于限制本体域或词汇结构方面表现更为突出。在领域本体,如果本体是从词语中或从某一个组织(实例)中的概念所产生的,则它对查询扩展的准确性有更好的帮助,但问题是这些本体不容易从组织或互联网上的开放信息检索资源中获得。只有在一些特定领域,由于其领域范围内的概念及概念间的关系和标准的术语都已存在,这种领域本体用于查询扩展才非常准确,如文献[88]介绍的一个基于 UMLS 叙词表中概念关联的查询扩展项目。

2)信息抽取。本体允许多重继承关系,即本体中每个概念能从不止一个更高层次域中得到属性和概念关系。如果本体与术语数据库有关,我们将获得与每个概念相关的术语的各种信息。由于所有这些信息的参数(定义、分类、层次、属性和继承)都被明确编码,使得它们能被计算机程序所理解或解码,从而提高了信息抽取的正确率,并能提供准确简洁的信息源供检索查询。并且克服了由于大多互联网数据是无结构或半结构化的,从而十分不利于信息检索的问题。大量实验证明,利用本体技术能使得抽取的信息既准确又全面。Harith Alani[89]等人开发的 Artequakt 项目将知识抽取工具和本体连接起来,创建艺术家和绘画领域的本体,在本体的表示模型和 WordNet 的基础上,抽取和分类结构匹配的知识,检索相关事实。廖乐健[90]等人提出了将 Ontology 与模板规则相结合的技术,并针对线性模板表示的局限提出了基于二侧树结构的模板规则表示,同时实现了此表示下的假设生成——冲突消解推理,该技术成功地应用于招聘广告的信息抽取。

3) 自动分类。分类可以看作是文档内容分析和表示的中间环节。对文档内容的正确分类可以缩小检索范围从而达到提高检准率的效果。传统的分类方法,如支持向量机(SVM)、K邻近(KNN)、基于 LSA 的方法等,从训练文本中抽取特征项,但大多没有考虑词语之间的语义关系。本体的建立消除了概念和用词上的冲突,因此可以利用本体本身的层次结构和语义关系来构造向量空间,通过计算概念集中各个概念与中心点的相似度和概念支持度,形成文本与本体概念之间的映射,最终完成分类。在计算中,由于概念在本体所处的层次不同,其抽象程度也不同,故对于不同的概念关系应赋予不同的权重。如底层概念比较具体,包含的文本数量较少,权值应该更大。利用本体建立的自动分类无需搜集训练文本及抽取特征项。

国内外研究者提出了一些基于本体的自动分类方法,并以此作为检索实验系统的基础。Ching Kang Cheng 等人[91]建立了基于本体的语义分类框架(Ontology-based Semantic Classification Framework),用于句子的语法分析和词汇语义处理,推导出非结构化文档内容的描述,然后利用类别本体进行文本分类。王卫东等[92]探讨了基于本体建模技术建立文档分类系统,利用现有的文档自动分类技术,结合领域本体的分类词汇为文档建立索引,提出基于"分类-使用-调整"逐步求精的分类方法。

4) 语义形式化表示。在为信息检索构造文档工具的过程中,本体在特定的领域通过语义形式化表示,可以清晰地定义概念间的关系,使得得到的概念表达是符合逻辑的和前后一致的,且同时能被人和计算机所理解,从而更深层地揭示文档内容。结合本体的内容分析,表示方法主要分 3 种:一是提取网页的置标语言源文件种的标签,将其转化为用本体语言描述的具有语义信息的格式;二是首先运用自然语言处理技术识别出短语、句法结构和用于索引的术语,再由领域本体加以验证和改进;三是直接利用本体为网页内容添加语义标签。本体在这 3 种方法中的参与程度不同,第三种对本体的应用最为深入,也是国内外研究者重点研究的方向。目前基于本体的网页注释的项目有(KA)²(采用语义标签的人工网页注释)和 WebKB(采用与网页内容相关的基于知识的本体来注释网页)[93]。贺娇[94]提出了在原有本体上添加语言属性的半自动化的标引处理方法。

5) 推理机制。利用本体的推理机制可以提高查询的语义能力。本体可以对术语进行语义推理,特别是当用户的询问由自然语言组成时,它能在用户的询问中分析术语的含义,帮助信息检索系统去理解用户的需求并精确地将其映射到信息源上。本体通过比较概念的逻辑结构来推论一个概念的含义。例如,如果 B 概念是形成 A 概念的必要条件之一,本体能得到推论:B 概念是 A 概念的一个实例,然后 B 概念自动地列在 A 概念下。正是由于本体具备的推理功能,使得信息检索可以实现叙词表难以实现的自然语言检索。由于没有推理能力,叙词表不得不依赖自然语言处理技术去理解由自然语言组成的查询表达式。因此,对推理机的研发也是本体应用中的一个重要方面。

2.3.2 检索模型在跨语言信息检索中的应用

布尔模型、向量空间模型、概率模型、语言模型和本体模型等都应用于跨语言信息检索,并在查询语言转换以及查询翻译消歧中发挥着重要作用。

1. 布尔模型的应用

布尔模型及其扩展模型在查询翻译消歧中有重要应用。Diekema[95]探讨了扩展布尔模型在查询翻译消歧中的应用。Pirkola[96]通过结构化查询(Structured Query)来消除查询词语的歧义性和词典覆盖度不足的问题。结构化查询共有3种算符:"sum"、"syn"和"uw3"。"sum"相当于逻辑与,属于缺省值;"syn"是同义词(同源词)算符;近邻算符"uw3"(Unordered Window n,这里n取3)用于短语的查询翻译,这里的结构化查询采用的就是布尔模型的思想。早期基于词典的查询翻译倾向于包含每个检索词的所有译项,在进行检索的时候,这些译项的贡献是一样的,这就相当于赋予拥有较多译项的检索词较高的权重,这显然是不合理的。这种情况被称为非平衡(Unbalanced)查询翻译。由于拥有较少译项的检索词通常专指性更强(对检索更有用),Levow和Oard[97]提出了平衡翻译(Balanced Translation)的概念,即通过计算查询词的每个译项的权重并通过特定方法(算数平均、加权平均等)来获取该词的权重。Oard和Wang[98]在NTCIR-2和MEI(Mandarin-English Information)项目的评价实验中,证明了平衡翻译能有效消除翻译的歧义性。

2. 向量空间模型的应用

在跨语言信息检索的应用中,国外学者应用广义向量空间模型实现了不需要翻译的跨语言信息检索。卡耐基梅隆大学语言技术研究所的Carbonell等人[99]将广义向量空间模型应用于跨语言信息检索,其基本思想是根据双语训练文档集分别建立源语言与目标语言的检索词-文档关联矩阵,在计算查询条件和文档的相似度时,考虑将经典的向量空间模型与两个关联矩阵相结合,在源语言与目标语言之间实现映射关系,在不需要翻译的条件下实现跨语言信息检索,为跨语言信息检索的研究开辟了一条新路。

3. 概率模型的应用

著名的InQuery就是基于Bayesian推理网络模型的信息检索系统。作为一种查询网络模型,InQuery允许使用查询算符,这在跨语言信息检索中被证明是非常有用的。另外,朴素贝叶斯算法(Naïve Bayes,NB)也可以应用于自然语言处理的消歧工作,如词性标注、词义消歧、文本分类等。Xu Jinxi等人[100]评价了概率模型在跨语言信息检索中的应用。

4. 统计语言模型的应用

统计语言模型已经被应用于不同的信息检索领域,如信息过滤、跨语言信息检索、跨语言语音检索等。除此之外,语言模型还广泛应用于词性标注、词义消歧、名词短语的识别、词法分析、机器翻译等自然语言处理领域,这些都在解决查询翻译的语言歧义性中发挥重要作用。目前,语言模型是在跨语言信息检索中最受关注的一种模型。

传统的概率模型和统计语言模型可以看作在同一概率框架下不同的推导结果,然而统计语言模型却克服了传统概率模型在概率估计上的不足(传统的概率模型在估计概率时需要有文档相关性的先验知识,往往需要人为地设定一个经验值作为初值)。对于这两种概率方法,Larkey 等[101]通过实验进行了比较,结果表明,如果不进行查询扩展,概率模型的效果要稍好于语言模型,如果进行查询扩展,那么语言模型进行跨语言信息检索的效率则更高。在 2000 年举行的 TREC-9 测评会议上,BBN 公司将隐马尔可夫模型从单语言信息检索扩展到跨语言信息检索,并取得了第一名的好成绩[102]。另外,Liu Xiaoyong 等人[103]还研究了语言模型在跨语言信息检索及查询翻译消歧中的应用。

语言模型应用到跨语言信息检索中的一个思想是与翻译概率相结合。所谓翻译概率即是对查询或文档的多个不同翻译赋予不同的权重,与语言模型具有相似之处。一个常用语言模型的框架可以表示成如下公式:

$$P(\Omega_q | d_i) = \prod_{t \in \Omega_q} \alpha P(t|d_i) + (1-\alpha)P(t) \tag{2-19}$$

在公式(2-19)中,$P(\Omega_q | d_i)$ 被看作是从一个给定的文档 d_i 中产生出一系列查询词的概率,其中,Ω_q 表示包含在查询 q 中的一系列词。t 是查询 q 中的一个词,α 是一个混合参数($0 \leq \alpha \leq 1$)。在此公式中,$P(t|d_i)$ 比较容易计算,因为 $P(t|d_i)$ 可以表示为检索词 t 在文档 d_i 中出现的频率,即 tf;$P(t)$ 则可以表示为检索词 t 在整个文档集中的出现的频率,这些都容易获得。然而,当查询和文档是不同种语言时,计算 $P(t|d_i)$ 就比较困难了,除非将检索词 t 正确地映射到文档中相对应的词 s。

Kazuaki Kishida[104]提出了将翻译概率与语言模型相结合的方式(如图 2-25 所示),在跨语言信息检索中,检索词 t 与文档的语言不同,则检索词 t 在文档 d 中出现的概率可以被转换为两部分:一是词 s 出现在文档 d 中的概率 $P(s|d)$;二是检索词 t 是 s 的翻译的概率 $P(t|s)$,可以表示为如下公式:

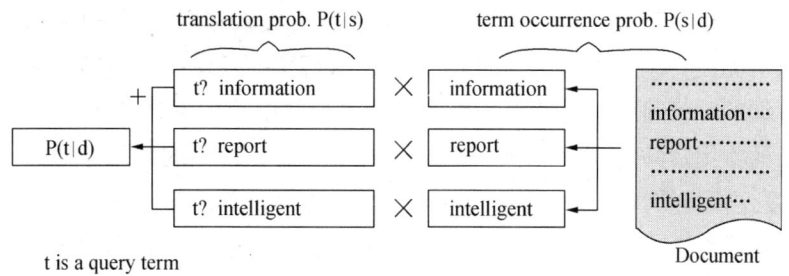

图 2-25 语言模型与翻译概率

$$P(t|d_i) = \sum_k P(t|s_k)P(s_k|d_i) \tag{2-20}$$

s_k 是出现在文档 d_i 中的一个词,t 是出现在另外一个语言的查询中的词。$P(t|d_i)$ 是检索词 t 从文档 d_i 中生成的概率,这一概率可以分解成词在文档中的出现概率 $P(s_k|d_i)$ 和翻译概率 $P(t|s_k)$,它的值是通过将所有的 s_k 的出现概率和翻译概率相乘后再求和获得。将公式(2-20)直接代入公式(2-19),可以得到:

$$P(\Omega_q | d_i) = \prod_{t \in \Omega_q} \alpha \sum_k P(t|s_k)P(s_k|d_i) + (1-\alpha)P(t) \tag{2-21}$$

在公式(2-19)中,当 t 没有出现在 d_i 中时,$P(t|d_i)=0$,则 $P(\Omega_q|d_i)$ 为 0。为了防止这种现象,一个通用概率 $P(t)$ 和参数 α 被加入 $P(t|d_i)$,这一变换称为"Jelinek-Mercer 平滑"。在其中,$\alpha P(t|d_i)+(1-\alpha)P(t)$ 被认为是"真概率"。如果对 $P(s_k|d_i)$ 也进行"Jelinek-Mercer 平滑",则可以得到如下公式:

$$P(\Omega_q|d_i) = \prod_{t\in\Omega_q}\sum_k P(t|s_k)[\alpha P(s_k|d_i)+(1-\alpha)P(s_k)] \qquad (2\text{-}22)$$

公式(2-21)和公式(2-22)都可以用来进行跨语言检索的语言建模,不同的是,公式(2-21)中,要计算 $P(t)$ 就需要用另一个与查询相同语言的语料库;而公式(2-22)中,计算 $P(s_k)$ 则直接使用被检索的目标语言文档集即可。

5. 语义模型的应用

Dumais 等人[105]将潜语义标引模型应用于跨语言信息检索,其基本思想是首先通过将有代表性的文档与其对应的翻译文档联系起来从而形成训练文档集,然后利用奇异值分解技术对双语检索词-文档关联矩阵进行奇异值分解,获得双语文档集的特征信息以及检索词用法上的映射关系,即构造出不同语种的潜在语义空间,最后根据平行文档中语词的用法特征即可检索出另一种语种的相关信息。

本体模型在跨语言信息检索中的主要应用是翻译消歧。Chen 等人[106]采用《同义词词林》、WordNet 和双语词典构建汉英双语本体,并应用于跨语言信息检索,其检索的准确率提高到单语检索的 69.23%,并在解决翻译的歧义性和目标语言的多义性上获得了提高 10.02% 的效果。Julio Gonzalo 等[107]论述了 EuroWordNet(EWN)作为多语种的语义资源在跨语言信息检索中的应用,认为 EuroWordNet 在跨语言信息检索中将会发挥如同 WordNet 在单语信息检索中的作用,即通过减少语言的歧义性来提高检索的效率。应用的途径有两种,一是采用 EWN 中的语言间索引(Inter-Lingual-Index,ILI)来标引文献和提问,使得文档与查询间的匹配转换为与语言无关的任务;二是将 EWN 与基于语料库的翻译技术相结合来解决多语本体中缺少的领域词的检索问题。夏迎炬[108]在他的博士论文中分别论述了 WordNet 和 HowNet 在语义消歧中的作用,并讨论它们在提高自适应文本过滤系统中的应用。通过大规模新闻语料上的实验,夏迎炬证明 WordNet 的 synset 方法有助于提高英文过滤系统的性能,而 HowNet 则有更加显著的效果,并且能有效地降低向量的维数。此外,王进等[109]提出了一种基于语义的跨语言信息检索模型 Onto-CLIR,即利用本体在知识表示和知识描述方面的优势,解决查询在从源语言到目标语言转换过程中出现的语义损失和曲解等问题。实验结果显示,基于本体的跨语言信息检索比常规的单一语言信息检索在查全率和查准率方面都有明显的优势。

本体模型的实际应用成果之一是 Cindor 系统[110],Cindor 利用 WordNet 和 EuroWordNet 来组织概念资源的层次结构。每个概念用一个同义词群 synset 来指示,将其他语言的词汇链接到它们所表达的概念对应的 synsets 上,从而使英语、法语、西班牙语、德语、意大利语和日语的同义词指向相同的 synset 编号,形成多语本体的映射。Cindor 为每个 synset 赋以数值编号,由这些层次结构的 synset 及其编号构成的多语本体是 Cindor 实现跨语言检索的核心,称为"概念中间语言"(Conceptual Interlingua)。Cindor 使用语言学分析技术,处理文献词和提问词的屈折变化,使之符合 synset 中的词形。不论是何种语言的查询和文档索引词,都被"翻译"为"概念中间语言"中的编号,从而方便地在概念层次间进行匹配,检索出系统所允许的所有语言的相关文献。图 2-26 用词"business"说明了 Cindor 是如何通过概念中间语言来实现跨语言匹配的。例如,一个查询包含"business"这个词,Cindor 将检索出索引中包含相同概念中间语言代号的所有文献,既在"business"和其英文同义词上进行匹配,也在"business"的外语同义词上匹配。因此,"概念中间语言"是使查询和文档在表示上达到统一的关键。

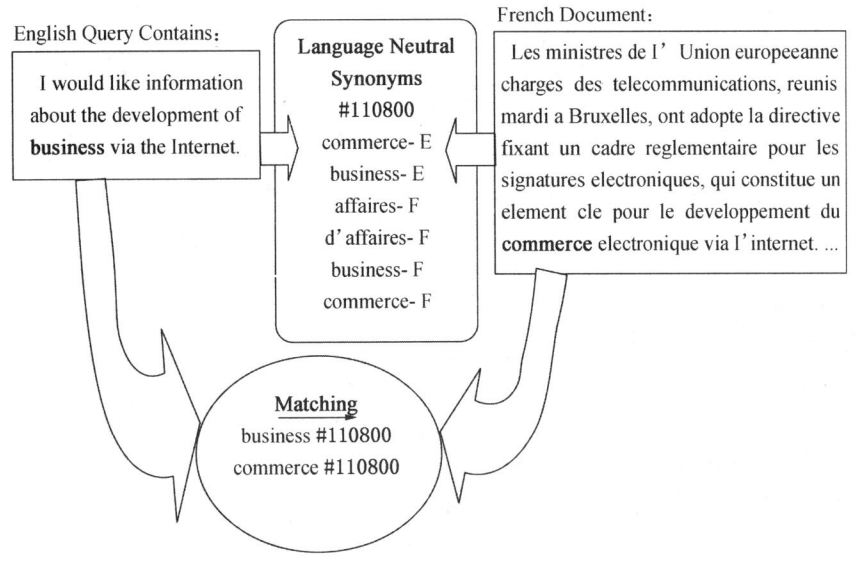

图 2-26　Cindor 实现提问式和文献匹配的示例

　　Cindor 由 3 个核心技术模块构成:概念中间语言(Concept Interlingua)、语言分析(Language Analysis)以及检索管理(Search Management)。"概念中间语言"是一个语言中性"词典",在 Oracle 数据库中存储为一个表。数据库还存储源文档和倒排索引。语言分析模块利用词干化和词性标注处理工具、专有名词识别算法、词组检测算法和词义排歧算法,对查询和文档进行处理,确保查询和文档索引词到 synset 编号的映射准确。检索管理模块结合使用了概念检索、查询词加权以及个性化排序等技术,并允许用户用关键词或自然语言输入查询。Cindor 的优点在于:概念中间语言能确保各种语言的文档和查询在概念层次进行匹配,而不是依赖单词的精确匹配。Cindor 通过语言分析模块,确定查询中的重要成分及其合理词义,再将这些重要成分与文档索引进行匹配。Cindor 的缺点在于:由于 WordNet 对概念的覆盖深度不及专业词典,从而导致 Cindor 对专业性信息的跨语言检索效果不好。另外,翻译知识源的成本很高。虽然已有 WordNet 作为基础,但还需要以人工方式建立起其他语种的词汇到 WordNet 概念的映射。

　　另一个例子是由瑞士和法国联合开发的一个欧洲八国跨语言信息检索系统[111],使用了一个多语本体来进行文档和查询的表达。该系统可以检索荷兰语、英语、芬兰语、法语、德语、意大利语、西班牙语、瑞典语八种欧洲语言的文档,而独立于查询所用语言。该系统利用通用网络语言(Universial Networking Language,UNL)所定义的概念内涵来组建多语本体,用形式化的方式建立本体概念 C 和术语集 T_L 之间的相互映射关系,表示如下:

(1) $D_L : C \rightarrow T_L$

表示词典 D_L 是从本体概念 C 到查询以及文档中使用的术语集 T_L 的映射。本体中某个概念 c 对应某种语言 L 有多个术语 $t_1, t_2, \cdots, t_n$ 来表示，定义为 $D_L(c) = \{t_1, t_2, \cdots, t_n\}$。

(2) $S_L : T_L \rightarrow C$

表示函数 S_L 是从术语集 T_L 到本体概念 C 的映射。对于一个术语 t 而言，也可能对应本体概念中的多个概念含义 $c_1, c_2, \cdots, c_m$，定义为 $S_L(t) = \{c_1, c_2, \cdots, c_m\}$ 或 $S_L(t) = \{c \in C | t \in D_L(c)\}$。

例如，UNL 中有两个概念定义，如图 2-27a 所示：

- 8612：*a unit of length (in United States and Britain) equal to one twelfth of a foot*
- 28845：*the thick short innermost digit of the forelimb.*

这两个概念在英语、法语、日语中的相应术语对应关系如图 2-27b，则可以将其表示为：

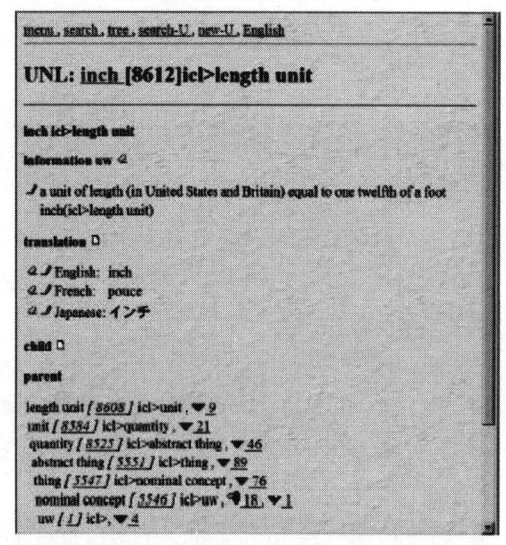

图 2-27a UNL 中的概念定义示例

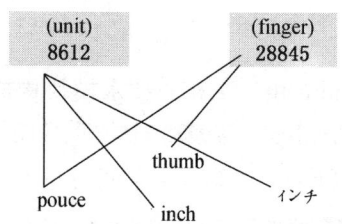

图 2-27b 概念与术语之间的关系示例

- $DEN(28845) = \{thumb\}$ $DEN(8612) = \{inch\}$ $DFR(8612) = \{pouce\}$
- $SFR(pouce) = \{8612, 28845\}$ $SEN(inch) = \{8612\}$ $SFR(thumb) = \{28845\}$

该系统将文档和查询中的每个术语都和多语种本体的概念建立对应关系。文档 $d_L = <t_1, t_2, \cdots, t_n>$ 是 L 语种的术语集，为了进行概念和术语之间的映射，为文档 d_L 中每个 t_i 定义函数 S_L，记为：$S_L(t) = \{c \in C | t(D_L(c))\}$。这样，文档 d_L 就被表示为本体中的概念 $S_L(t_i)$，记为：$CR(d_L) = <S(t_1), S(t_2), \cdots, S(t_n)>$。$CR(d_L)$ 就是概念集。对查询表达也一样，最终处理为概念集。这种方法没有引进任何术语的歧义，事实上，若某术语有多义性，也被它的相关概念替换掉了。

该系统有 3 个核心技术模块：多语本体库（Multilingual Ontology）、文本预处理（Document Preparation）、检索主体（Search Agent）。多语本体库用数据库存储 UNL 中的概念表示编号、各种语言的词典 D_L，以及术语集到概念的映射 S_L 和最终处理的概念集 $CR(d_L)$。文本预处理模块在术语和概念映射之前,用一个停用词表和一个字符串处理系统(Snowball)对文本进行剔除干扰项,以及词法分析等处理。检索主体在标引和查询机制上使用的是 Salton 的向量空间模型。该系统的优点在于:用形式化的方式表达多语本体概念间的映射关系,有益于在检索过程中进行语义推理。并且,若要在检索系统中再增加新的语种,只需通过语言词典映射到本体即可,而无需对系统结构进行修改。该系统的缺点在于:八国语言资源分布不均,对不同语言到本体概念的映射仍需借助人工来完成。

此外,我国台湾地区开发了"中英双语知识本体与领域检索接口"[112],以中文为出发点,建立完整的中文知识表达基础结构,其目的是获取其他语言表达的文献信息资源。该系统知识组织结构上采用先进国家已构建了大量知识资料的 WordNet 架构,但其表达形式及内容,则考虑了中文的语义及逻辑结构特性。模型所使用的基本资料包括:基于机读资源(包括电子词典、同义词典、英文 WordNet、中文知网等等)抽取获得的语义关系及双语(特别是英-中)间词义关系对应、基于概念领域等知识的抽取与分类所建构的词汇网络(由国际数字图书馆合作研究计划,简称 IDLP 开发);所有英文词网中 synset(共有 110 000 个以上)的中文对译概念词;以及两个语言相对应的词之间的可能语义关系。中英双语知识本体与领域检索接口目前主要提供四种功能,如图 2-28 所示。

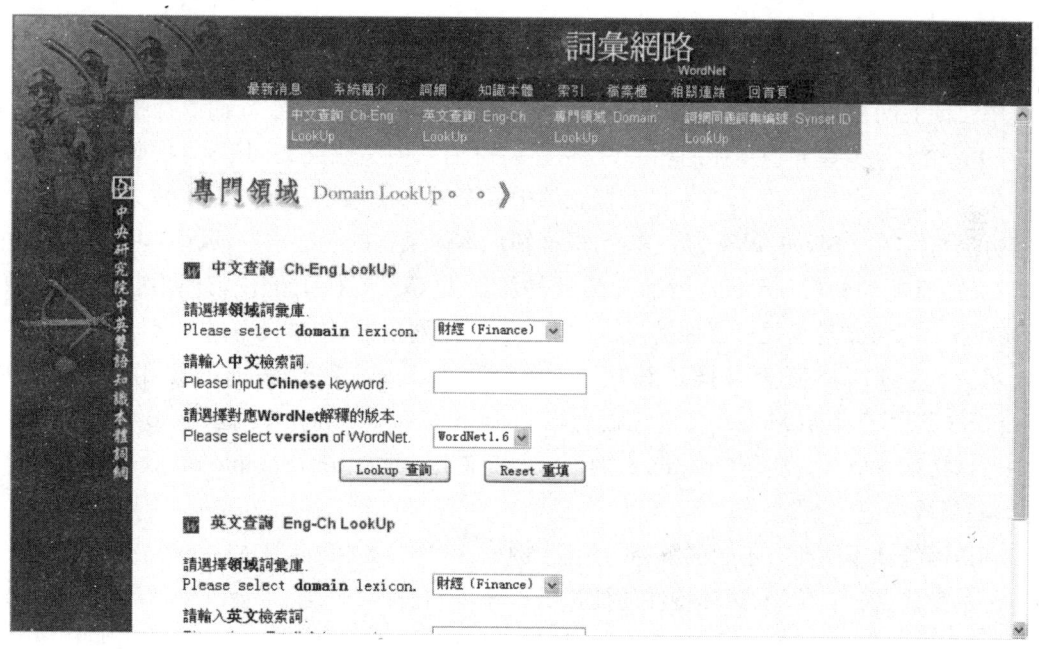

图 2-28 中英双语知识本体与领域检索接口功能示意图

(1)跨语言信息转换

在 WordNet 的架构下系统针对每个同义词集给出 3 个最常对应的中文,提供中英双语查询,使用者输入中文或英文可找到相对应的翻译以及词类。例如输入检索词"梦",英文对译为 dream 和 dreaming,词类为 Nac(可数抽象名词)。目前该系统以中英双语查询为基础,中文与其他语言转换为长远目标。因为接口采用的 WordNet 架构,为国际间词汇知识库通用的架构,所以找到了英文对译词后,可由每个同义词集的索引和EuroWordNet等网络上开放的数据库,对应到20多种语言。

(2)词义的区分与词义关系的连结

语言的特色之一是同一个词可能有好几个意义(中文的"机关"可以指机构组织,也可以指害人的陷阱等),因此正确解读,需辨明词义。另一个特色是词与词之间有复杂的语义关系,因而产生了许多的替代说法与推论判断(如某人喜欢篮球,是喜欢这个运动,而非喜欢这个球体。这些都是建立在"篮球"这个词的词义与词义关系上的)。词汇网络的架构,提供了多重词义与词义关系的检索。对应使用者输入的查询词的信息包括:词义区分、该词义所属的词类(分为名词、动词、形容词、副词)、该词义所属的解释、该词义所属的翻译、词义关系(包含词汇网络WordNet近20种的词义关系)。

以英文检索词"computer"为例,该词可区分为计算专家或者执行自动计算的机器两种词义解释,其词类皆为名词。当作执行自动计算器的解释时,则翻译成"电子计算器"或"计算机",其同义词有information processing system,electronic computer,data processor,而monitor,chip,data converter,computer circuit,processor,hardware,keyboard等和computer的词义关系为整体与部分的关系,machine是computer的上位词,下位词包含digital computer,analogue computer,host,client等。

(3)语言信息与概念架构(知识本体)的连结

中文词汇网络以WordNet为基础架构,透过WordNet转换,系统抽取连接到该词义在SUMO这个上层共享知识本体的相关资料,然后可输入中文或英文词汇,再由每个词义查到该词义在概念架构上的归属,并提供其概念的中译资料。此系统利用知识本体架构可做知识内容分类与简单推理,如:风筝为一装置,根据知识本体架构的上层推论,风筝是一种人造物的装置;又如哺乳动物(Mammal)为哺乳类且是温血的等。若往下推论,计算机是机器(Machine)的一种,可知道相关机器种类包括:工程组件、乐器仪器、传输设备以及武器。

另外,透过所属概念可推论该概念的定理(Axioms)在句法上的使用方式,譬如:Computer归属于机器(Machine)这个概念,an instance of machine表示Computer在英文句子中可以搭配着概念为实例(Instance)的词汇一起使用,例如:an example of computer。

(4)领域标记

词语因领域不同而有不同的解释与用法,例如:信息界的"病毒"是指一种具有类似生物病毒一样的潜伏、繁殖、传染、破坏特性的计算机程序,当它侵入系统后,会改变计算机程序的指令,使原有功能失常;而医学界的"病毒"则是泛指自己没有生殖能力,只能在活寄主的细胞内繁殖的一种极小的微生物,也是引发人类感冒、麻疹、天花等过滤性病毒的简称。所以,系统就现有数据依据不同词义,利用同义词、下位词等词义关系,进行领域猜测的研究,提供了部分的领域标记。然而机器自动判断的正确率往往有限,且领域的定义因使用目的而产生,因此系统特别提供了反馈机制,鼓励相关领域的专家学者甚至一般使用者上网提供相关讯息,通过使用者的反馈来提供更多的领域标记。

2.4 跨语言信息检索相关资源

2.4.1 相关会议

从20世纪90年代开始,有关跨语言信息检索的研究空前繁荣,国际上每年都会举行几次定期和不定期的针对跨语言信息检索的专题会议。

(1)文本检索会议(TREC)

TREC,即Text REtrieval Conference,是国际信息检索领域最具权威的年度测评活动,到2010年共举办了19次文本检索会议(TREC2010)。跨语言信息检索是TREC中比较重要的议题之一,从1997年的第6次会议TREC-6开始正式设置跨语言信息检索专题,直到第11次会议TREC2002,这6次会议对于跨语言信息检索问题给予了极大的关注,但每一次的侧重点不同。从TREC2003起不设该项目的测评。此外,在更早的TREC-4和TREC-5也有关于除英语之外的其他语言的单语言信息检索议题,从TREC-7起更多的关注于欧洲语言。表2-1[113]给出了详细的TREC会议关于跨语言信息检索的内容。

表2-1 历届TREC中的跨语言信息检索测评

TREC	语言与文档集来源	查询
TREC-3 (1994)	西班牙语(单语言检索): EL NORTE NEWSPAPER	SP 1-25 西班牙语
TREC-4 (1995)	西班牙语(单语言检索): EL NORTE NEWSPAPER	SP 26-50 西班牙语
TREC-5 (1996)	西班牙语(单语言检索): EL NORTE NEWSPAPER AND AGENCE FRANCE PRESSE 中文(单语言检索): XINHUA NEWS AGENCY, PEOPLE'S DAILY	SP 51-75 西班牙语 CH 1-28 中文
TREC-6 (1997)	中文(单语言检索): 与TREC-6的文档一致 跨语言检索: 英语:ASSOCIATED PRESS 法语、德语:SCHWEIZERISCHE DEPESCHENAGENTUR (SDA)	CH 29-54 中文 CL 1-25 英语、法语
TREC-7 (1998)	跨语言检索: 英语、法语、德语、意大利语:SCHWEIZERISCHE DEPESCHE-NAGENTUR (SDA)+德语:NEW ZURICH NEWSPAPER (NZZ)	CL 26-53 很多语言
TREC-8 (1999)	跨语言检索: 英语、法语、德语、意大利语:与TREC-7的文档一致	CL 54-81 很多语言

续表

TREC	语言与文档集来源	查询
TREC-9 (2000)	英语-汉语跨语言检索： CHINESE NEWSWIRE ARTICLES FROM HONG KONG	CH 55-79 英语、中文
TREC 2001	英语-阿拉伯语跨语言检索： ARABIC NEWSWIRE FROM AGENCE FRANCE PRESSE	1-25 英语、阿拉伯语
TREC 2002	英语-阿拉伯语跨语言检索： ARABIC NEWSWIRE FROM AGENCE FRANCE PRESSE	26-75 英语、阿拉伯语

TREC中跨语言信息检索专题的主要目标：①通过创建一个大规模的多语种测试集以及一个通用的评价体系，为测试跨语言信息检索技术创建基础结构；②调查某个多语种语境中有效的评价程序；③提供一个交流研究观点的论坛。TREC主页（http://trec.nist.gov）上提供大量有关跨语言检索的文献资料，包括测试文档。

(2) 跨语言评价论坛（CLEF）

CLEF，即Cross Language Evaluation Forum。它于2000年9月起每年举办一次，至2010年已举办了11届。该论坛侧重于欧洲范围内跨语言信息检索问题的评价，其目标是加强用户友好、多语言、多模式检索系统的设计研究，每次会议围绕该目标侧重几个不同的主题。其测试项目包括欧洲语言的单语检索、跨语言与多语言检索、受限领域检索、跨语言图像检索、跨语言地理信息检索，以及交互式跨语言检索等，涉及的欧洲语种有10多种。最早的CLEF涉及的语言包括用荷兰语、英语、法语、德语、意大利语、西班牙语、瑞典语、芬兰语检索英语、德语、法语、意大利语文档。在随后的CLEF中，越来越多的语言被包括进来，如西班牙语、荷兰语、瑞典语、芬兰语、葡萄牙语、俄语、保加利亚语、匈牙利语等。从2005年起，其多语言检索开始使用一个网络文档集——EuroGov，该文档集是由从欧洲许多政府网站上获得的资料构成的。在CLEF2007会议中，一些印度语言，如印地语、泰卢固语、马拉地语也被引入研究。CLEF的主页（http://clef.isti.cnr.it）中也提供大量相关文献。

(3) 日本国家科学信息系统中心信息检索系统测试集会议（NTCIR）

NTCIR，即NII-NACSIS Test Collection for IR Systems，是由日本国立情报学研究所（NII）主办的信息检索测试集测评会议，从1999年起，每年举办1届。该会议主要侧重于亚洲语言（如中文、日语、朝鲜语）的跨语言信息检索问题的研究。近年来也包括了一些新的亚洲语言，如越南语、蒙古语等。会议还包括其他一些研究项目，如专利检索、问答系统、网络检索等。该研究组织的目标：通过为实验提供大规模可重用语料和允许跨系统比较的通用评测基础结构，以促进信息检索及相关技术的研究；为对跨系统比较感兴趣的研究团体提供研讨会以分享各自的想法与意见；研究用于信息检索和文本处理技术的评测方法，研究用于构建大规模可重用语料的方法。它的主页是http://research.nii.ac.jp/ntcir/。

(4) 美国计算机学会信息检索特别兴趣小组（SIGIR）

全称为Annual International ACM SIGIR Conference on Research and Development in Information Retrieval，是信息检索方面最权威的会议，由美国计算机学会ACM每年所主办，

其中常有涉及跨语言信息检索的议题。1996年召开的SIGIR会议是第1次有专门的跨语言信息检索专题的会议。2002年召开的第25届会议有1个跨语言信息检索工作组,多语检索是其感兴趣的议题。直到2008年,每年的SIGIR基本上都有1个议题是关于跨语言信息检索的。

(5)欧洲信息检索会议(ECIR)

ECIR,即European Conference on IR Research,起始时还只是英国的信息检索会议,现在扩展到整个欧洲。每届的主题不同,如第26届有跨语言信息检索的专题,但每年也都有几篇关于跨语言信息检索的文章。

(6)印度信息检索评价论坛(FIRE)

FIRE,即Forum for Information Retrieval Evaluation,是从2008年开始的信息检索评价论坛,主要是对印度语的信息检索或跨语言信息检索技术的研究,包括印度各部的语言:Hindi,Bangla,Marathi,Tamil,Telugu,Punjabi,and Malayalam等。

此外,如美国计算语言学会(The Association for Computational Linguistics,ACL)、国内研究自然语言处理(Nature Language Processing)、中文信息处理、人工智能学会等学术团体也在其举行的专门会议中探讨跨语言信息检索问题。还有Information Processing & Management,ACM Transactions on Information Systems,Information Retrieval,Journal of the American Society for Information Science and Technology,ACM Transactions on Asian Information and Language Processing等期刊也是跨语言信息检索的研究阵地。

2.4.2 相关语料

20世纪90年代初起,检索评价的范围不断扩大,评价水平不断提高,评价指标体系也日趋合理和完善。1992年开始的文本检索会议TREC使信息检索评价进入了大规模、真实文本的时代,评价结果更具权威性和应用性。在跨语言信息检索领域,比较著名的测试文档集是CLEF和NTCIR。

CLEF和NTCIR语料基本沿用了TREC语料的格式和定义,主要包括3部分:

(1)测试文档集合(Documents)

测试文档集合通常是来自各种语言的真实的语料,如来自《人民日报》和新华社电讯稿的中文全文资料,来自墨西哥报纸的西班牙文语料,以及来自法新社的法语电讯稿语料等。

(2)检索主题集合(Search Topic Statements)

检索主题集合一般用自然语言描述,以区别于检索系统中采用某种检索语言形成的结构化的查询式,通常采用一种简单的、SGML风格的结构格式,主要包含4个元素:主题序号(Number)、主题标题(Title)、主题简述(Description)、主题描述(Narrative)。图2-29和图2-30分别展现了GEOCLEF2008的1个英文检索主题实例和NTCIR-6的1个日文检索主题实例。

```
<topic lang="en">
  <identifier>10.2452/94-GC</identifier>
  <title>Demonstrations in German cities</title>
  <description>Documents mentioning demonstrations in German cities</description>
  <narrative>Relevant documents contain information about participants, and number of participants, reasons, type (peaceful or riots) and consequences of demonstrations in German cities.</narrative>
</topic>
```

图 2-29 CLEF 的检索主题示例

```
<TOPIC>
<NUM>014</NUM>
<ONUM>NTCIR4-014</ONUM>
<SLANG>CH</SLANG>
<TLANG>JA</TLANG>
<TITLE>環境ホルモン</TITLE>
<DESC>環境ホルモンによって引き起こされる人間への影響と脅威に関する記事を探したい</DESC>
<NARR>
<BACK>日本は環境ホルモンについて強い懸念を抱いてきた。日本の科学界は、1998年、関連研究を行うために環境ホルモン学会を設立した。「環境ホルモン」という言葉は、日本の横浜市立大学の井口泰泉教授による造語で、「外因性内分泌かく乱物質」のことであり、通常、人工的な化学合成物質のことである。こうした人工的な化学合成物質の一部は、環境を汚染し、食物連鎖を通じて人（または動物）の体に戻っていく。こうした物質は天然のホルモンのふりをして、人体の基本的な生物学的調整機能にさらなる影響を及ぼす。環境ホルモンが人体に及ぼす既知の影響と脅威は何なのかを知りたい。</BACK>
<REL>環境ホルモンによって引き起こされる病気や脅威に関する文書を適合とする。環境ホルモンの定義とその特徴の紹介は適合しない。</REL>
</NARR>
<CONC>環境ホルモン，日本，井口泰泉，内分泌，天然のホルモン，環境，食物連鎖</CONC>
</TOPIC>
```

图 2-30 NTCIR 的检索主题示例

(3) 标准答案(Ground-Truth)

以前的测试集数据量少，相关性判断(Relevance Judgement)通过人工判断来实现。随着测试集数据量的扩大，像 TREC、CLEF 和 NTCIR 这种测试平台都采用相关池(Relevance Pooling)技术来产生一个相关文档集合，即标准答案。操作方法：针对某一个检索主题，所有参与检索实验的系统分别提交检索结果，将这些结果的前 n 个文档（通常 $n=100$）汇集起来得到一个可能相关的文档池(Pool)，然后由检索评价专家进行人工判断，最终得到该检索主题的标准答案。

2.5 跨语言信息检索研究展望

跨语言信息检索一直都是信息检索中的一个重要的研究领域。2011 年，CLEF 会议将在荷兰阿姆斯特丹召开，会议有如下主要议题：(1)剽窃探测、作者身份识别，以及故意破坏艺术行为检测(Plagiarism Detection, Author Identification, and Vandalism Detection，简称 PAN)；(2)跨语言图像检索(Cross Language Image Retrieval，简称 ImageCLEF)；(3)用于机器阅读评价的自动问答(Question Answering for Machine Reading Evaluation,简称 QA4MRE);
(4)多语言日志分析(Multilingual Log File Analysis,简称 LogCLEF);(5)多语言音乐检索(Evaluation Of Music Search Engines,简称 MusiCLEF);(6)多语言知识产权保护(Intellectual Property,简称 CLEF-IP);(7)文化遗产的多语言获取(Cultural Heritage in CLEF:From Use Cases to Evaluation in Practice for Multilingual Information Access to Cultural Heritage,简称 CHiC 2011)。这些研究方向都代表了跨语言信息检索当前的研究热点问题。

然而,展望跨语言信息检索的未来发展,仍有如下方面值得考虑[114]:

(1)交互性问题。跨语言信息检索并不起始于预先设定好的静态查询,同时也不以用户根本无法阅读的外文文档的检索结果列表为结束。尽管有一些研究工作研究了交互式跨语言信息检索,但大部分与跨语言信息使用相关的问题还没有解决。有一些帮助用户选择翻译的工具已经被开发出来,但需要进一步研究的是能够在交互检索过程中帮助用户形成对信息需求、信息系统和文档集正确理解的工具。

(2)稀缺语言的检索。相对于英语、中文等使用人数位居世界前列的语言而言,如何获取那些电子资料相对缺乏的语言的翻译知识仍然是最大的挑战。现有跨语言信息检索系统的效用很大程度上取决于翻译资源的质量,而这一质量又取决于是否有大量的平行语料资源。有待解决的相关问题包括:如何获取大量稀缺语言的电子文本,以及如何利用少量的双语文本建立起稳定的跨语言信息检索技术等。

(3)非文本跨语言信息检索。非文本信息的跨语言检索技术仍然很不成熟,近年的跨语言信息检索的发展使得跨语言信息检索与其他检索任务的结合变成了可能,这其中包括跨语言语音检索、跨语言问答、跨语言医疗图像检索等。

(4)跨文化理解。语言是与文化相关联的。人们经由生活在不同的社会和团体中而形成不同的文化,同时文化又通过不同的语言表达出来。所以,当我们进行跨语言信息检索时,不仅要考虑字符之间的翻译,同时也应考虑语义上的翻译。由于语义与文化密切相关,所以,最终真正有用的跨语言检索系统应该是一个跨文化系统,即在翻译语言时不仅要考虑词的准确性,同时还要考虑对文化的正确理解。这些对文化的考虑应该体现在查询翻译和文档翻译中,也应体现在选择正确的多语言元数据中,还应体现在跨语言信息检索系统的评价体系和评价指标中。

最后,跨语言信息检索只是信息检索中的一个方面,而信息检索的最终目标是帮助用户找到其所需信息。现在,我们需要知道如何帮助用户跨越检索中的语言障碍,所以跨语言信息检索才成为一个重要的研究领域。但是,在人们的信息获取过程中,语言问题最终应该只是其中的一部分,而且这部分问题最终应该被隐藏起来,作为系统获取信息的一个组成部分,而不为用户所知。即对于用户来说,他只需要用一个强大的信息检索系统帮助他找到所需信息,而不管该信息是以何种语言或媒介存在,因此最终信息中的语言和媒介的特性对用户来说应该是透明的。例如,美国国防部 DARPA 资助的一个多语言获取项目 GALE 就是研究如何从多个方面获取信息。如图 2-31[115]所示,其最终目的是从网上找到所需的多媒体信息。当发现语音信息时,首先进行转录,生成文本;然后对外文的文本进行翻译,生成母语文本;再对其他非正式文本进行标准化处理,生成正式文本,并对所有信息进行萃取(Distillation)(萃取=检索+

抽取＋总结)。在整个过程中,跨语言信息检索只是其中一部分,并且是不为用户所知的,用户只看到了最终的结果。

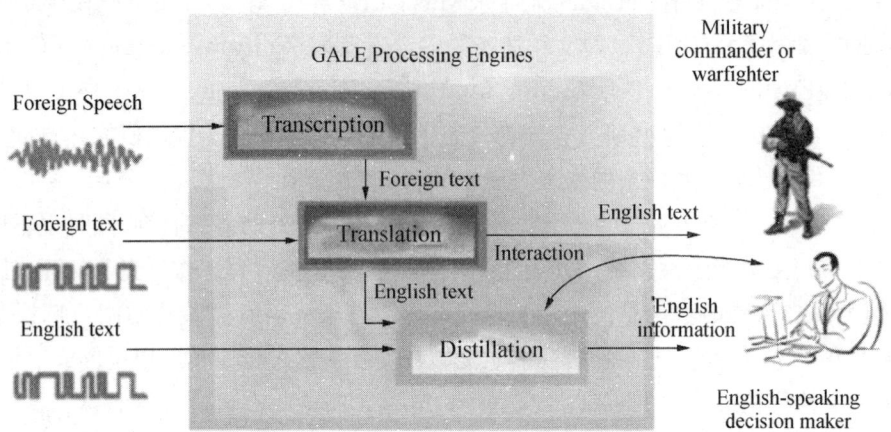

图 2-31　GALE 的跨语言处理引擎

2.6　本章小结

本章就跨语言信息检索的基础理论问题进行了全面回顾与分析,探讨了跨语言信息检索的基本概念及其在搜索引擎、数字图书馆、专利检索、图像检索、电子商务中的应用;分析了跨语言信息检索中不同语言的预处理问题,主要是欧洲语言、中文,及其他语言信息处理;概括了主要的信息检索模型:布尔模型、向量空间模型、概率模型、语言模型、语义模型,及其在跨语言信息检索中的应用;并对与跨语言信息检索相关的会议和语料特点进行了总结;最后展望了跨语言信息检索未来的研究方向。在下一章中,本书将继续对跨语言信息检索的关键技术进行分析讨论。

第3章 跨语言信息检索关键技术

本书的主要研究领域为跨语言信息检索,本章将主要探讨跨语言信息检索的一些关键技术,进而从技术上就跨语言信息检索领域目前的主要方法进行总结与分析。

3.1 跨语言信息检索中的翻译策略

跨语言信息检索的实质是单语言的用户查询与多语言的信息(文档)表示之间的匹配,目前的主要解决方法是在单语言信息检索系统的基础上增加一个语言转换机制(查询翻译、文档翻译等)。跨语言信息检索综合了多种信息处理成果,在进行语言转换之前还要进行一些文本预处理,如语言识别、信息抽取、信息过滤、信息标引、文本分类等。其基本框架如图 3-1 所示[116]。

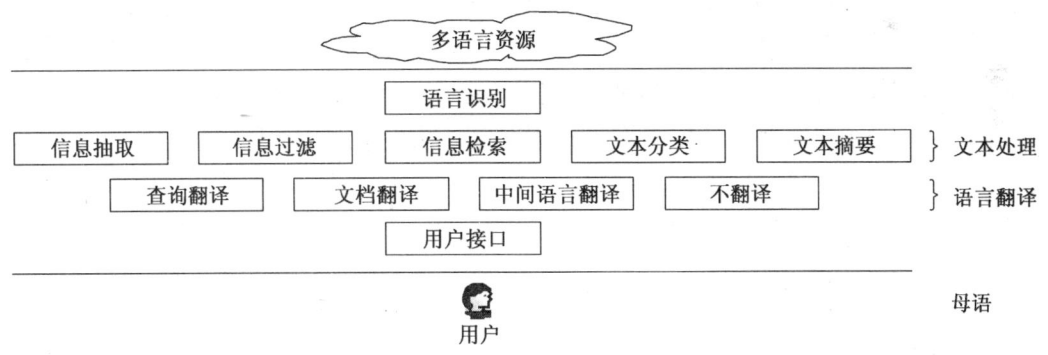

图 3-1 跨语言信息检索的基本框架

3.1.1 翻译策略的选择

翻译策略的选择是跨语言信息检索技术的核心问题(见图 3-2),其实现方法主要有 4 种:

1. 查询翻译

查询翻译(Query Translation)策略是目前最常用的策略。这种方法将用户输入的查询翻译为系统支持的其他语言,然后进行单语言检索。查询翻译策略的优点在于能够快速执行。但是,由于查询的上下文极其有限,且每种语言中都有很多词是多义词,对应于每个意思,又可能有多个另一种语言的翻译,其确切意思往往要依据周围语境才能判断。而查询通常很短,提

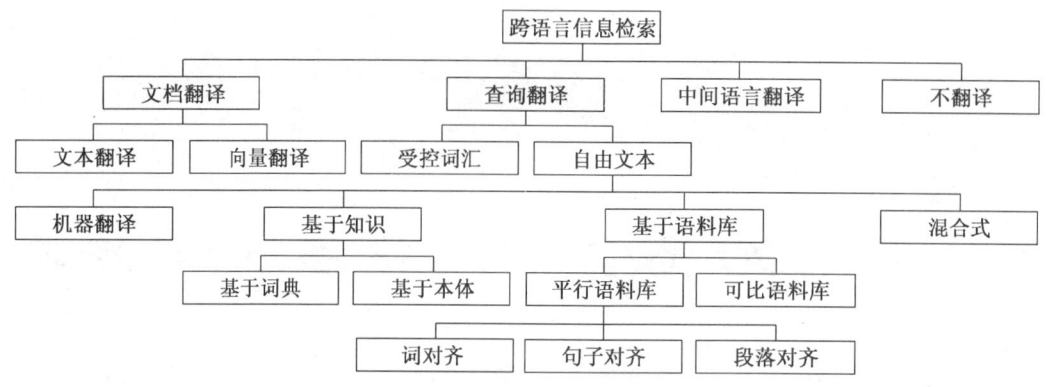

图 3-2　跨语言信息检索的翻译策略

供的语境很少,难以据此判断哪个翻译是针对用户需求的。因此,查询翻译策略的主要缺点在于语义排歧上的困难。

多数研究者采用查询翻译策略进行跨语言信息检索的研究和实验,提出了多种翻译查询的具体方法,主要有受控词汇(Controlled Vocabulary)方法和自由文本(Free Text)方法。

受控词汇方法使用某个已编好的词表对文献进行人工标引或半自动标引,用户使用来自同一词表中的词汇来表达检索查询。在一个基于受控词表的跨语言检索系统中,通常使用一个多语种叙词表,它将每种语言的标引词与一个具有语言独立性的概念标识集合联系起来,文献的选择基于概念标识的匹配。由于在创建受控词表的过程中,已对词汇进行了规范控制,每个词对应1个概念,翻译的歧义问题因此得到解决。所以,受控词表方法不需要在检索过程中考虑如何削减翻译候选词的问题。但是,由于这种方法主要针对国际联机检索环境,因此必然存在诸多缺陷:必须使用受控词表中的词来标引文献,描述信息的赋予通常是由人工完成,费时费力,成本很高,从而限制了系统的规模;将自由词汇映射到受控词表是件非常困难的事情;受控词表的更新速度较慢,往往不能及时反映新出现的主题和术语;没有经验的用户或者非图书馆员在多语种叙词表使用方面存在困难;随着大型多语种叙词表数量的增加,设计和维护工作变得越来越困难。

目前广泛使用的查询翻译方法是自由文本方法,即用文档集中出现的语词来标引文档,具体方法如下:

(1)机器翻译(Machine Translation)方法

实现跨语言信息检索最直接的方法是将机器翻译系统应用于检索过程。与普通词典不同,机器翻译系统中包含有自然语言自动分析、翻译以及生成所需要的信息,故机器翻译系统可以利用上下文的句法和语义特征来改进翻译质量。然而用机器翻译系统来直接翻译查询会遇到很多问题:用户使用常规的信息检索系统时输入的查询通常很短,提供的上下文很少,不足以消除语词的歧义,而机器翻译系统一般是为每个词选择1个首选的翻译,这种单项性选择可能会对检索效率产生负面影响。因此,在较短的查询的翻译方面,机器翻译系统相对于基于词典的方法的优点并不确定;而对于较长的查询,特别是以完整的句子或段落描述的查询来说,机器翻译系统通常能够产生较好的翻译结果。但是,随着机器翻译技术的飞速发展,目前一些大型商业机器翻译系统在查询翻译上也取得了较好的效果。Wu 和 He[117]用 Google Translate 进行了查询翻译实验,结果显示,使用 Google 在线翻译查询的结果明显优于词典翻译查询。

(2)基于知识(Knowledge-based)的方法

包括基于词典(Dictionary-based)和基于本体(Ontology-based)2 种方法。

基于词典的方法是最直接了当、简单易行的。其基本思路:利用一部双语机读词典(Bilingual Machine Readable Dictionary),将用户提出的查询检索词转换为目标语言的检索词,然后再在文档集中查询相关信息。这种方法是目前使用最广泛的一种翻译策略。但是,这种作法的最大缺陷在于:处理查询翻译时是以词(Word)为单位进行的,而在各种语言中普遍存在的一词多义现象加大了其翻译的复杂性。Pirkola 和他的同事[118]对基于词典翻译的跨语言检索的文献进行了综述,认为基于词典翻译的跨语言检索存在 4 个主要问题:由于词典的覆盖度不足而无法对查询进行翻译、对词性变化的处理、短语的识别与翻译和源语言与目标语言的词典歧义性。

基于本体的方法旨在利用本体这种独立于语言的技术解决从源语言到目标语言转换过程中出现的语义损失和曲解等问题。多语本体(Multilingual Ontologies)能够刻画不同语言中对应的领域知识[119],而词典或术语资源本身就是一种特定形式的本体。美国普林斯顿大学创建的概念性词汇资源 WordNet 是建立本体的一个很好的参照资源。目前,很多国家以 WordNet 为标准,建立起本国语言的本体。欧洲的多语种本体 EuroWordNet[120-121],已经含有荷兰语、意大利语、西班牙语、德语、法语等 7 种语言,它们通过一个语间索引(Inter-Lingual Index,ILI)链接起来。中国的知网(HowNet)[122]也是一个参照 WordNet 以汉语和英语的词语所代表的概念为描述对象,以揭示概念与概念之间以及概念所具有的属性之间的关系为基本内容的知识库。俄罗斯建立了相应的英俄双语本体 RussianWordNet[123]。这些多语本体都是跨语言信息检索中很好的语言资源与工具。

基于本体的跨语言信息检索是在语义层面翻译查询,它与传统跨语言检索方式的主要区别在于:在查询的多语言转换过程中,并不是一味地采用词典或者其他方式来进行字符级处理,而是将查询的关键字与源语言本体库中的概念相对照,进行语义标注,识别其蕴含的语义,再根据本体的概念内涵及概念关系找到相应的目标语言词汇表达,并在转换过程中予以保留,供用户反馈,从而进行查询扩展。在信息检索过程中,也不是采用字符匹配或相关的优化策略来查找目标,而是先对检索对象进行语义处理,分析该语义段落中的潜在目标对象和查询请求的语义相关性,通过目标语言的本体库进行概念索引,在此基础上再进行匹配。其检索机制如图 3-3 所示。本体在跨语言检索过程中的应用机制主要体现在以下 3 个方面:一是本体用于查询扩展;二是对查询表达和检索对象进行语义标注;三是为检索对象建立基于概念的索引。

(3)基于语料库(Corpus-based)的方法

基于语料库的方法[124]从分析现有的大规模语料入手,从中抽取所需信息自动构建与应用有关的翻译技术。语料库根据对应的程度可以分为平行语料库(Parallel Corpus)和可比语料库(Comparable Corpus)两种。平行语料库是具有对译关系的文本的集合,一般是由若干个一种语言的文本及其在另一种或几种语言上的翻译所构成的。为了从平行语料库中获取语言间

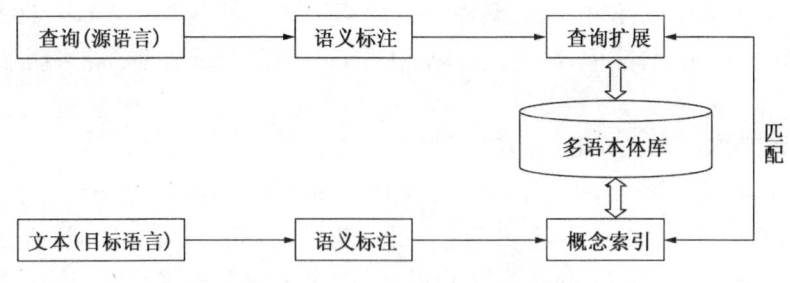

图 3-3 基于本体的跨语言检索机制

基于上下文的特定"翻译"规律，首先需要对平行语料库进行对齐处理，对齐的层面由大到小包括篇章、段落、句子、从句、词组、单词等。对齐可以通过人工完成，也可以利用计算机自动完成。如果可以得到在词汇一级实现对齐的双语种语料库，那么就很容易据此实现跨语言检索。然而，这类语料库很难得到，相对比较容易得到的是文献(篇章或段落)对齐的语料库和句子对齐的语料库。可比语料库是双语语料但并非相互对译，仅仅是类似的双语语料，或者是讨论相同的主题抑或是属于相同的领域。相比平行语料库而言，可比语料库更容易获得。

平行语料库在跨语言检索中主要用于构建双语对照词典、形成跨语言潜语义标引和广义向量空间模型中的双语训练文档集等。可比语料库在跨语言检索中可以用来构建相似主题词表或者在相关反馈中进行查询扩展。

(4) 混合式(Hybrid)方法

从以上分析可以看出，对于基于知识的方法，通常对不在词典或主题词表中出现的词无法翻译，因此基于这个词的检索功能就会受到限制；而对于基于语料库的方法，最大的难题是平行语料库不易获得，即使有平行语料库，通常也会有文档数量不够大、包含的主题不够多的问题，而且检索性能与对齐的质量密切相关。其实，词典和语料库是互补的，词典提供较广(一般)、较浅的覆盖度，而语料库提供较窄(领域相关)、较深(实时反映现在用语)的覆盖度。因此，二者可以混合使用。Twenty-One 系统[125]就是一个综合利用了多种翻译知识的系统，它在基于词典进行查询翻译的同时，也使用了基于语料库的歧义消解方法。

2. 文档翻译

文档翻译(Document Translation)将待检索的文档集全部翻译为与查询相一致的源语言形式。由于具有完整的文献语境，从而有可能利用语境信息较好地实现语义消歧。在跨语言信息检索中，翻译文档全文的做法还可以为用户提供文档译文，帮助用户理解检索出的文档和判断它们的相关性。但是，全部文档集的翻译实际上是纯粹的机器翻译应用的问题，如果没有大量人工的介入，文档翻译中严重的不准确势必会影响跨语言检索的质量，而且采用文档翻译方法所需的处理时间较长，计算量过于庞大，会导致数据库中的数据量成倍增加从而使得文档集合的规模受限，特别是对于支持2种以上语言的系统来说，成本很高。因此，极少有系统采用翻译文档的策略，目前只在某些专业领域的小型文档集合中使用。

3. 中间语言翻译

中间语言翻译(Inter-lingual Translation)技术将查询和文档整合为一种中间语言(也可

以称为第三方语言),如潜语义标引 LSI、基于多语种叙词表、基于多语本体的跨语言信息检索技术都是这种方法的典型代表。多语受控词表或多语本体中的每个词都与1个概念相对应,因此通过为每个概念赋予1个独立于语言的标识就可以在不同语言的词语之间建立起对应关系,特别是在遇到源语言和目标语言之间无法进行直接翻译的情况下,即两者进行直接翻译的语言资源(如双语词典等)不存在时,只能借助于中间语言将源语言翻译成目标语言(源→中间→目标)或将源语言和目标语言均翻译成中间语言(源→中间←目标)。例如,Cindor 系统[126]以 WordNet 的同义词群"synsets"为基础,通过将几种语言的同义词都链接到表示对应概念的"synset 号"上,建立了一个名为"概念中间语言"的概念表示知识库。这样,系统就可以将文档标引词和查询检索词都转换为"synset 号",从而跨越语言障碍来获取信息。

4. 不翻译

除了上述 3 种通过翻译来实现跨语言信息检索的方法外,还有学者提出了不进行任何翻译,只通过使用一些词形处理手段就可以达到同样目的的方法,即同源匹配(Cognate Matching)技术。这种技术提出的主要依据是印欧语系中的英语、法语等有共同的起源,它们中的很多词有相似的拼写形式或者读音,如将英语词汇、法语词汇、英法双语文件等映射到一个向量空间中时,可进行语义上的比较与匹配。如康奈尔大学的 Buckley 等人[127]开发的一个英语→法语程序,该程序将英语单词视为可能拼错的法语单词,从而可借助该程序实现英语查询与法语文献之间的匹配。

3.1.2 翻译资源的构建

跨语言信息检索需要一定的翻译资源来完成查询翻译或文档翻译。跨语言信息检索系统的翻译资源主要有双语词典、双语语料库、机器翻译系统、多语叙词表、多语本体等。翻译资源的准确性和覆盖度对跨语言信息检索的结果至关重要。然而,现实中可获得的翻译资源还不足以满足用户追求高精度信息检索结果的需求,因此需要通过一些技术手段来获取优质的翻译资源或者对已有翻译资源进行扩充,以满足跨语言信息检索的需求。

1. 双语词典

在跨语言信息检索中,由于其具有的简洁、高效、易获取等优点,双语词典被广泛应用于查询翻译。在大多数情况下,跨语言信息检索系统中采用的双语词典并不是真正意义上的词典,而是词语列表,称为双语机读词典。

双语词典常常可以从网上一些免费的多语言资源处获得,如 Freedict(http://www.freedict.com)。但以这种方式获取的词典通常覆盖率有限,而且基于这类词典产生的跨语言信息检索系统的效用也不是很好。此外,通过这类方法获取的翻译资源通常只适用于那些有很多网络资源的语言对。

另一种方法是利用印刷出来的双语词典。这种词典一般都为人们阅读和使用而设计,有比较复杂的结构和很多详细的用法信息。通常由于词典中许多信息和结构都重复出现,我们可以利用机器学习和光学字符识别(Optical Character Recognition,OCR)来提取相关的翻译知识。但是这种自动方法通常会带来一定的错误或噪音,若处理不好也会影响跨语言信息检索系统的有效性。无论如何,由于存在大量印刷出来的双语词典,这类研究方法还是很热门的。

  研究表明最有效的词典是带有翻译概率的双语词典,这样可以给各个翻译不同的权重。此种词典通常是利用现代计算语言学技术结合双语语料库获得的。目前有很多关于自动获取翻译概率词典的研究,如杨沐昀等[128]比较了常用的4种基于共现的统计模型的性能,并以对数相似性模型为基础引入迭代策略,提高了候选汉英翻译词对的计算精度。Melamed[129]提出了一种半自动化的词典生成策略,即从平行文本中自动获取翻译关系,人工的核心作用是对词典自动构建算法进行验证和调节。实验证明这种方法比单纯的手工方法或全自动方法具有更高的效率和准确性。Jin和Wong[130]提出了一种基于统计的自动词典构建方法。这种方法从生语料(未经加工、标注的语料)中自动获取词语信息,通过局部统计信息(字符串在某一文档中的频率)、全局统计信息(字符串在文档集合中的频率)和上下文统计信息(一系列字符串构成一个句子的概率)来识别合法的汉字。他们的研究证实这种方法是高效的,并且有助于解决跨语言信息检索中的未登录词问题。

  对于带有翻译概率的词典的利用也有不同的方法。在向量空间模型的框架里,一个有效利用翻译概率的方法叫做概率结构化查询(Probabilistic Structured Query)[131]。这项技术在结构化查询的基础上引入一个权重值(即翻译概率),来计算1个标引词的 tf 和 df。这样做的好处是可以减少低概率翻译的影响,从而突出那些高概率翻译的影响。另外,从文档词到查询词的翻译概率也经常被应用在基于语言模型的跨语言检索系统中。在跨语言信息检索系统中计算词的权重时,双向的翻译概率可以被同时使用。一种方法是用查询翻译生成结果,然后与文档翻译生成的结果合并,这样的方法被证明比单独使用其中的任何一个更有效。例如Wang[132]在计算词权重时,把双向的翻译概率都利用了起来。这项技术先找到一些具有相同意义的词作为同义词,然后以同义词组为基础去生成翻译资源来匹配文档和查询,这个同义词组可以通过WordNet得到,或通过统计方法从平行语料库中得到。跨语言的同义词组还可以用EuroWordNet或统计方法得到。这项技术在法语和中文的跨语言信息检索实验中被证明可以生成与单语言检索结果相当的结果。

  2. 双语语料库

  对于跨语言信息检索而言,语料库是另外一个重要的翻译资源。现代语料库是计算语言学和自然语言处理的基础工程,并被广泛应用于各种语言处理领域。在跨语言信息检索中,通常采用的是双语语料库或多语语料库,主要分为2种类型:平行语料库(Parallel Corpus)和可比语料库(Comparable Corpus)。平行语料库指同一文献的2种或多种语言的对译,根据对应程度又可分为词对齐(Word Alignment)、句子对齐(Sentence Alignment)和文件对齐(Document Alignment)。其中,词对齐是最细致的双语语料库,语料库中不同语言词汇间的关系经过人工或机器建立连接,供查询翻译使用;句子对齐是相似的对应粒度较大的双语语料库。可比语料库指2种或多种语言描述的同一主题(或事件)的文献。它的定义较平行语料库宽松,因此比较容易获取。

  平行语料库可以通过人工建立,也可以从其他资源中自动抽取或自动构建。现实世界中存在着许多人工生成的平行语料库,且从不同资源中可以得到。例如联合国相关规则和文件是用几种常用正式语言发表的;欧盟的正式文件也是用几种常用的欧洲语言发表的;再如加拿大国会的文件都是用英语和法语同时书写的;香港的相关法律文件同时有中文稿和英文稿;澳门的法律文件有中文版和葡萄牙文版;对于某些特定的语言,《圣经》还是一个建立平行语料库的可取资源。此外,平行语料库还可以从互联网上抓取。例如,Resnik[133]和Nie[134]用简单有效的技术,如通过锚文本(Anchor Text)和HTML结构作为抽取规则,从网上找寻平行的网页来生成平行语料库。其中一个简单的规则是如果一个网站的中文网页含有"English Version","in English"之类的锚文,则这一网站就有可能含有平行网页。同样,如果英语网页里含有"中文版"这样的锚文,则该网站也可以作为候选网站。然后,通过文件名的相似性可以快速确定哪些文本可能是平行的,因为平行网页通常有相似的文件名,如file_e.html和file_c.html。这种方法提供了一种自动获得平行语料的途径。

除了提供一个词的翻译外,平行语料库还能提供翻译概率,这些翻译概率可以通过词对齐技术获得。词对齐技术也是在统计机器翻译中常用的重要技术。在平行语料库中的词语,基于它们在句子中的位置和长度可以和对应的外文文档中的词语逐一对齐,从而获得词对齐信息。如果在平行语料库中,2个词对齐的频率达到一定程度,就可以比较有把握地说这2个词互为翻译,而且它们对齐的频率可以用来计算翻译概率。通常使用的词对齐工具包是GIZA++[135]。跨语言潜语义标引是另外一个用平行语料库来抽取翻译知识的方法,它基于一个平行的训练语料库使得文档对齐,基于他们的标引词生成一个高阶的标引词向量空间。互为翻译的2个文档在这个空间中被标识出来,利用奇异值分解技术把相对稀疏的高阶标引词向量空间转换成相对紧密的潜语义空间。在这新生成的语义空间中,语义上相近的词将会排列的比较紧密,文档集中的每篇文章通过他们对应的标引词在潜语义空间中标识出来。当1个查询输入后,可以把查询也转换到潜语义空间中,通过普通的向量计算找到与查询相近的同一语言的文档,再通过翻译的关系得到另一个语言的文档。

相比平行语料库而言,可比语料库的获得要容易的多。一个最简单的方法就是从互联网上大量存在的各种语言的新闻网页中获取。通常,就某1个热点新闻事件,网上会有各个国家媒体的新闻报道,它们谈论的是同一个主题。例如图3-4所示,仅从新闻图片就可以判断,这2段分别来自BBC和新华网,用英语和中文描述的新闻则成为可比语料。

3. 机器翻译系统

机器翻译系统(Machine Translation System)也经常被应用于跨语言信息检索。机器翻译又称为自动翻译,是利用计算机把一种自然源语言转变为另一种自然目标语言的过程,通常是句子和全文的翻译。它是自然语言处理的一个分支,与计算语言学、自然语言理解之间存在着密不可分的关系。总的来说,机器翻译方法可以分为2大类:基于规则(Rule-Based)的方法和基于统计(Statistic-Based)的方法[136]。

基于规则的机器翻译系统由词典和规则库构成知识源,其处理过程:对源语言的句子进行分析或理解,在语言处理的某一层面进行转换,按目标语言结构规则生成目标语言的句子。一般分为语法型、语义型、知识型和智能型机器翻译系统。语法型机译系统研究重点是词法和句法,以上下文无关文法为代表,早期系统大多数都属这一类型;语义型系统研究重点是在机译过程中引入语义特征信息,以Burtop提出的语义文法和Charles Fillmore提出的格框架文法为代表;知识型系统目标是给机器配上人类常识,以实现基于理解的翻译系统,以Tomita提

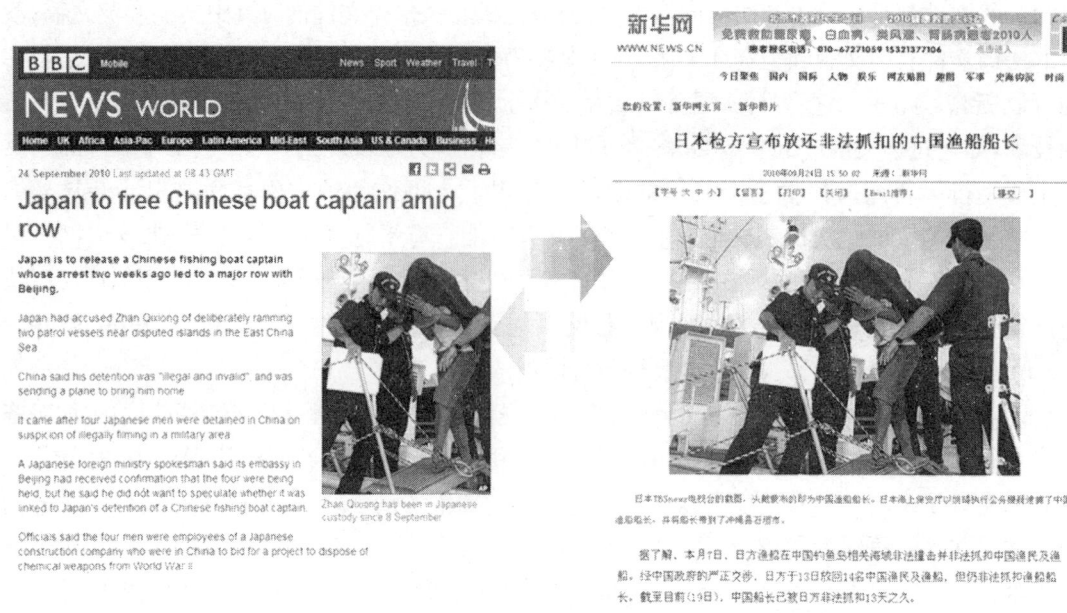

图 3-4 可比语料示例

出的知识型机译系统为代表;智能型系统目标是采用人工智能的最新成果,实现多路径动态选择以及知识库的自动重组技术,对不同句子实施在不同平面上的转换,这样就可以把语法、语义、常识几个平面连成一有机整体。著名的 SYSTRAN 系统就是一个典型的基于规则的机器翻译系统。

基于统计的机器翻译系统把机器翻译看成是一个信息传输的过程,用信道模型对机器翻译进行解释。这种思想认为,源语言句子到目标语言句子的翻译是一个概率问题,任何 1 个目标语言句子都有可能是 1 个源语言句子的译文,只是概率不同,机器翻译的任务就是找到概率最大的句子。具体方法是将翻译看做对原文通过模型转换为译文的解码过程。因此统计机器翻译又可以分为以下几个问题:模型问题、训练问题、解码问题。所谓模型问题,就是为机器翻译建立概率模型,也就是要定义源语言句子到目标语言句子的翻译概率的计算方法。而训练问题,是要利用语料库来得到这个模型的所有参数。所谓解码问题,则是在已知模型和参数的基础上,对于任何 1 个输入的源语言句子,去查找概率最大的译文。Franz Joseph Och 的 GIZA++是对在约翰·霍普金斯大学的机器翻译夏令营上实现的 GIZA 软件包进行了优化,加快了训练速度,特别是 IBM Model 3 到 5 的训练,并提出了更加复杂的 Model 6。直到现在,GIZA++还是绝大部分统计机器翻译系统的基石。Moses 是目前维护较好的开源机器翻译软件,由爱丁堡大学研究人员组织开发。其发布使得以往繁琐复杂的处理简单化。目前,Google 的在线翻译已为人熟知,其背后的技术即为基于统计的机器翻译方法,基本运行原理是通过搜索大量的双语网页内容,将其作为语料库,然后由计算机自动选取最为常见的词与词的对应关系,最后给出翻译结果。

4. 多语叙词表

多语言分类表、主题词表和叙词表的建设也是实现信息检索语言互操作的一个重要研究内容[137]。IFLA 分类和索引小组 2005 年起草的《Guidelines for Multilingual Thesauri》是对 ISO 多语言叙词表(ISO-5964-1985)的补充,对于建立多语言叙词表具有指导和促进作用。《Guidelines for Multilingual Thesauri》提出了 3 种建立多语言词表的途径[138]:

(1)从底层开始建立新的叙词表。这种方法又可以分为:1)从一种语言开始建立词表,然后增加其他语言;2)同时开始多语言词表的建设。

(2)合并现有的词表。将现有的两个或多个叙词表合并成为一个新的多语言信息检索语言,在索引和检索时使用新的检索语言;或是将现存的叙词表或主题表目互相链接,在索引或检索时使用已有的词表。

(3)转换叙词表成为另一种或更多种语言。

开展词表之间映射和多语言词表建设的项目有 HILT project、UMLS 生物医学词表、AGROVOC 农业多语言叙词表、UC Berkeley DARPA Unfamiliar Metadata Project、Polish Project、CARMEN、MACS、Merimee、SAB/DDC、CAMed 等。

Lois Mai Chan 和 Marcia Lei Zeng 总结归纳了如下 6 种构建方法[139]:

(1)演化/建模(Derivation/Modeling):在现有的综合性的词汇集的基础上,将其改编成一个专业的词表。如:MeSH、Sears List of Subject Headings、CSH、FAST 的创建。

(2)翻译/改编(Translation/Adaptation):主要用于不同语言知识组织体系的转换,通过将现有词表从一种语言翻译成另一种语言来创建一个新的知识组织体系。如:RVM(LCSH 和 CSH 的法语改编本);Rameau(RVM 的改编本);YSA(芬兰的一个通用叙词表被翻译成瑞典的通用叙词表)等。

(3)人工映射(Mapping-Intellectual):将不同知识组织体系中的词汇概念根据同义/等价的原则建立连接,需要专业人员的参与。如:MACS、Merimee、OCLC 的 LCSH/DDC、LCSH/MeSH 等。

(4)计算机辅助映射(Mapping-Computer-Aided):运用计算机技术辅助建立映射系统。如:WebDewey 等。

(5)链接(Linking):将词汇与其他词汇根据语义的关系,而不只是概念的等价性链接起来创建的知识组织体系。如:CAMed、ADL project 等。

(6)转换(Switching):通过建立一个转换语言或词表的中介来实现不同知识组织体系的转换。如:Megathesaurus、Renardus project 等。

5. 多语本体

多语本体是继多语叙词表之后,在跨语言信息检索中发挥重要作用的翻译资源。综合而言,构建多语本体的方法可分为 2 类:

(1)以 WordNet 为基准,构建相应其他语言的映射

20 世纪 90 年代以后,各国开始竞相开发各自与 WordNet 兼容的(Compatible)单语、双语或多语本体。迄今为止,P. Vossen 主持了包含欧洲 8 种主要语言(法、德、西、葡等)的 EuroWordNet 的开发工作,并在荷兰成立了"全球 WordNet 联盟"(the Global WordNet Associ-

ation,简称 GWA)国际组织。俄、日、印、韩等国也在开发与 WordNet 兼容的本国语言的语义词典。2002 年 1 月,由"全球 WordNet 联盟"主办的"第 1 届全球 WordNet 国际会议"(the 1st International Conference on Global WordNet)在印度召开,参加会议的国家和地区有 30 多个。会议涉及如下专题:语义关系与词汇语义学(Semantic Relations & Lexical Semantics)、本体论与概念(Ontologies,Concept & Toplevels)、双语与多语 WordNet 词典构造(Building WordNets)、词义消歧与语义标注(Disambiguation & Semantic Annotation)、WordNet 词典的其他应用等。张晶等探索了在英语本体 WordNet 和汉语本体 HowNet 的基础上,利用已有的双语机读词典 ECDic2K 和语义资源自动生成汉英双语本体的方法[140]。

(2)将现有叙词表改造为多语本体

T₂O(Thesaurus to Ontology Workbench)[141]是一个典型的将叙词表改造为多语本体的平台,包含 UNESCO、EuroVoc、TEE 等叙词表。如图 3-5 所示,多语本体的构建内容主要包括:术语调和(Term Conciliation)、本体完成(Ontology Completion)、本体调和(Ontology Conciliation)、本体翻译(Translation of Ontologies)、本体语言转换(Inversion of Ontologies to Another Language)、表转换到本体(Transformation of Tables into Ontologies)、等级体系转换到本体(Transformation of Taxonomies into Ontologies)等。其开发的工具 Biblio∷Thesaurus 能够实现上述功能。

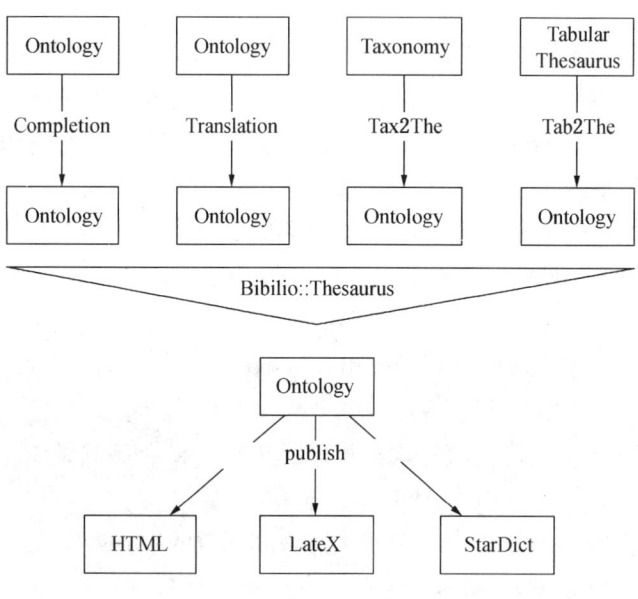

图 3-5 T₂O 的体系结构

3.1.3 翻译歧义性问题

跨语言信息检索最难解决的是查询翻译的歧义性问题,Bian 和 Chen[142]认为歧义分析(Disambiguation)是查询翻译策略的一项重要内容。Diekema[143]指出,在跨语言信息检索的查询翻译中,存在的语言歧义性问题主要有翻译的歧义性、未登录词、短语的识别与翻译及翻译资源中的噪音。

1. 翻译的歧义性

查询翻译的歧义性包括原始查询的歧义性(Source Query Ambiguity)和目标查询的多义性(Target Polysemy)。前者来源于原始查询的单词、短语或句子具有的多种解释或含义,后者则是当单一含义词语翻译成另外一种语言后,其翻译具有多种含义而产生的歧义[144]。

(1) 原始查询的歧义性。当1个单词、1个短语或1个句子具有多种解释或含义时会出现歧义性。原始查询的歧义性可以分为2种情形,即句法歧义和语义歧义。句法歧义是由于句子结构导致的歧义。比如"Heating fuels can be dangerous",既可以译成"对燃料进行加热是危险的",也可以译成"加热用的燃料是危险的"。如果这里的"be"换成"is",其含义就是指前者;如果换成"are",其含义就是指后者。语义歧义源自词汇的多义性。比如"boxer"既可以指"拳击运动员",也可以指"拳师犬"。我们根据上下文的信息可以很容易的分辨出它的含义,比如句子"The boxer's paw was bitted by the fox"中的"boxer"就是指一种犬,但这对于计算机来说却不是一件容易的事。

(2) 目标查询的多义性。当词语的另外1种语言的翻译具有多种含义时,就产生了目标查询的多义性。许多学者也称其为词典歧义(Lexical Ambiguity)。以中英文跨语言信息检索为例,中文检索词"银行"本身没有歧义性,但其对应的英文翻译"bank"则有9种意义,作为名词的含义有"岸、堤"、"银行"、"云层"、"储藏所(库)"等,作为动词的含义有"堆积"、"储蓄"、"(车、飞机)转弯"等。当采用基本的查询翻译模式时,"银行"很直接地被翻译成"bank",然后送入英文信息检索系统。因为"bank"的多义性,可能会有不相关的文献被检索出来。反过来,当"bank"作为英汉跨语言信息检索系统的检索词,就必须首先解决其歧义性。另外,由于两种语言对于概念分类的粒度不一样也会导致词典歧义的出现,比如英语里的"a",根据其后面修饰的名词不同可以译成汉语里的"个"、"只"、"头"、"匹"等量词,如"a man"与"a hourse"2个词语中的"a"显然不能翻译为汉语里的同一个量词。英语里的"brother"可以是"哥哥"或"弟弟",这都是由于2种语言的差异引起的。

对于消除查询翻译的歧义性的方法将在本章3.2节中详细阐述。

2. 未登录词

基于词典的查询翻译方法因其灵活、高效性,已经成为跨语言信息检索的主要方法。在这种方法中,人工构建或自动生成的词典为每一检索词或词组提供了可能的翻译。然而,由于词典覆盖范围有限,一些检索词可能在词典中无法找到对应的翻译,从而导致这些查询不能定位相关文献。这些词被称为未登录词(Out-of-Vocabulary terms,简称OOV terms),即不被收录在词典中的词。常见的未登录词有新的复合词、专业术语、跨语言音译词汇,主要是人名、地名等的专有名词(Proper Names)以及外来语等。未登录词在跨语言信息检索中有十分重要的影响。实验表明,如果未登录词在检索主题中十分普遍,并且未被正确处理,检索效果可降至60%[145]。

未登录词具有许多类型,但最大一类未登录词属于命名实体(Named Entity,简称NE),且多达所有被观察未登录词的一半。它们是以自然语言表达的、明确联系现实世界实体标记的词汇。常见示例如专有人名"姚明"、地名"北京"、品牌名"索尼"等。

对于命名实体这类未登录词的处理方法将在本章3.3节中详细阐述。

3. 短语的识别与翻译

短语是一个包含有多个词的语法结构,有时它所表达的意义无法从其单个词语中得到。但是一般来说短语(尤其指名词词组)比单个词更少受歧义影响,如果对短语进行逐词翻译(Word-by-Word Translation)有可能失去原先的意义,所以对短语翻译的正确处理对跨语言信息检索的检索效率有很大影响。但是短语的翻译通常比单个词的翻译更难找到,尤其是短语通常在词典中没有翻译。一个比较实用的办法就是同时考虑短语和单个词语,即先翻译短语,如果无法翻译,则再翻译单个词。

短语可以通过短语词典(Phrase Dictionary)得到,或直接从语料库中学习。有3种用来在语料库中识别短语的方法:统计识别、利用词性标注识别以及利用句法分析识别。统计识别是利用词的共现信息来实现,例如为了识别1个由2个词构成的短语,可以先将语料库分词成相互重叠的 bi-gram,这些 bi-gram 可以通过 tf 和 idf 进行排序,那些排序比较高的就可认为是词组。另一方法是利用基于概率或规则的词性标注器来标注每个词的词性,因为短语通常具有一定的词性模式,所以可以由此识别。最后,句法分析识别,凡是句法结构中标识出是名词词组的结构即可用来生成短语。

4. 翻译资源中的噪音

此外,一些翻译资源,如机器翻译系统、双语词典、平行语料库等,由于不一定专门为跨语言信息检索而建立,所以可能会包含一些噪音,在使用前还需要进行调整和规范。例如,印刷的双语词典是为现实中的用户而设计的,通常包含繁琐的注释和例句。这些对于信息检索任务来说都是不必要的,而且将它们改造成只包含每个单词义项的转换词典(Transfer Dictionary)并不是一件轻松的事情,往往在自动转换过程中会出现一些错误,比如漏掉一些词、加入一些无关的词或词汇之间的错误关联等。另外,从平行语料库中挖掘翻译词典的时候往往会带来不少的错误,如词对齐的错误和乱码等,都会对跨语言信息检索查询翻译的效果产生不良的影响。

3.2 查询翻译消歧方法

在跨语言信息检索的查询翻译中最难解决的问题是翻译的歧义性,对词义消歧方法(Word Sense Disambiguation,简称 WSD)的研究成为跨语言信息检索的关键问题之一。目前,对跨语言信息检索的查询翻译进行消歧的自动处理方法可分为4大类:第1类是对查询进行结构化处理;第2类是结合词法学、句法学、语法学、语义学等方面的知识,通过语言分析帮助消歧;第3类是借助机读化的语言资源,如词典、主题词表、语料库等进行消歧;第4类是通过人机交互来进行消歧。

3.2.1 利用结构化查询消歧

Pirkola[146]通过结构化查询(Structured Query)来消除词语的歧义性和词典覆盖度不足的问题。他在实验中采用了一部通用双语机读词典和一部特定主题领域的专业词典(医学词典),选取 TREC 测试集中与医学健康相关的主题,用芬兰语查询来检索英语文献。

Pirkola 的查询共有2种类型:自然语言句子 NL/S、自然语言的词和短语 NL/WP。他的结构化查询共有 3 种算符："sum"、"syn"和"uw3"。"sum"相当于逻辑与,属于缺省值;"syn"是同义词(同源词)算符;近邻算符"uw3"(unordered window n,这里 n 取 3)用于短语的提问翻译。

下面以 TREC Topic216(Osteoporosis)为例来说明结构化查询的构造方法:

TREC 的主题描述 Description:*What research is ongoing to reduce the effects of osteoporosis in existing patients as well as prevent the disease occurring in those unafflicted at this time?*

主题描述转化为自然语言句子 The request(=NL/S query):*What research is ongoing to reduce the effects of osteoporosis and prevent the disease*

主题描述转化为自然语言的词和短语 The request(=NL/WP query):*osteoporosis prevent reduce research*

结构化的自然语言句子 Structured NL/S:♯*sum*(*osteoporosis* ♯*syn*(*prevention repression restraining restraint obstruction contraception dwarfing stunting*) *disease* ♯*syn*(♯*uw3*(*bring about*) *cause create effect* ♯*uw3*(*give rise to*) *inflict produce*) ♯*syn*(*consequence effect outgrowth result*) *lieventäminen* ♯*syn*(*join* ♯*uw3*(*join in*) *ally* ♯*uw3*(*join together*) *unite* ♯*uw3*(*be connected*) ♯*uw3*(*be linked*) *belong*) ♯*syn*(*examination exploration inquest investigation report research scrutiny study*) *meneillä*)

结构化的自然语言的词和短语 Structured NL/WP:♯*sum*(*osteoporosis* ♯*syn*(*prevent avert obviate obstruct hinder impede arrest delay retard avoid*) ♯*syn*(*alleviate mitigate reduce weaken abate relieve ease lighten*) ♯*syn*(*examination exploration inquest investigation report research scrutiny study*))

Pirkola 的实验结果显示,采用结构化查询以及领域词典的跨语言信息检索结果已经接近单语言信息检索。

Darwish 和 Oard[147]在 Pirkola 的基础上,提出了一种概率结构化查询(Probabilistic Structured Query)的方法,他们通过给词频(TF)和文献频率(DF)加权来计算翻译概率:

$$DF(Q_i) = \sum_{\langle k|D_k \in T(Q_i)\rangle} [DF_j(D_k) \times wt(D_k)] \quad TF_j(Q_i) = \sum_{\langle k|D_k \in T(Q_i)\rangle} [TF_j(D_k) \times wt(D_k)]$$
(3-1)

其中 Q_i 是一个查询词,D_k 是一个文献中的词,$TF_j(Q_i)$ 是查询词 Q_i 在文档 j 中的词频,$DF(Q_i)$ 包含 Q_i 的文献频率,$T(Q_i)$ 是 D_k 的翻译。

InQuery[148]和 Indri[149]检索系统采取的也是结构化查询的方式,提供多种算符,如 sum,♯wsum,♯weight,♯syn,♯wsyn 等。

3.2.2 通过语言分析消歧

1. 基于词性标注的词义消歧

词性兼类现象是机器翻译、查询转化中典型的歧义问题,可通过词性标注(Part Of Speech Tagging,简称 POS Tagging)辅助消歧。Davis[150]尝试通过词性来选择翻译词汇消除歧义,结果表明,相对于全选策略(即选择所有的翻译词汇)而言,词性策略的平均准确率提高了37%,达到了单语检索的67.3%,效果不错。

2. 基于浅层句法分析的短语识别

浅层句法分析(Shallow Syntactical Analysis)也称部分句法分析(Partial Parsing)、浅层分析(Shallow Parsing)或组块分析(Chunking),是相对于完全句法分析(Complete Parsing)而言的。对于跨语言信息检索而言,不需要完全的句法结构,只要求识别其中某些结构相对简单的成分(比如词组、短语等)。浅层句法分析在跨语言信息检索中的主要作用是完成对短语的识别与翻译,现在能可靠识别的短语结构主要包括名词词组、动词词组、专有名词短语等等。Ballesteros 和 Croft[151]的研究成果表明,使用短语识别与翻译之后,平均查准率提高了50%。Ostenero 和 Gonzalo[152]等人领导的 UNED 小组在参加 iCLEF2002 的测评实验中设计了一个能帮助用户将查询转换为各个短语的系统,并能从文档集中选择合适的短语来优化查询。实验结果显示,这种基于短语翻译方法的准确率比普通系统提高了65%。

3. 专有名词的音译

由于词典覆盖范围有限,未登录词一直是查询翻译的重要问题,而其中专有名词的翻译更具挑战。很多学者提出采用机器音译(Machine Transliteration)的方法来处理这个问题。音译可以根据处理的方向,区分成正向音译(Forward Transliteration)与反向音译(Backward Transliteration)[153]。当一种语言的专有名词,因为没有适当的意译或者不容易以意译来表示时,会采用正向音译,将其音呈现出来。例如,意大利的观光胜地 Firenze,中文就音译成"翡冷翠";反过来,当看到一个中文的音译人名"阿诺史瓦辛格",如果想要找出原文 Arnold Schwarzenegger,就是反向音译。

4. 基于词法分析的词义消歧

对于英语、法语等西语而言,词法分析主要是词根还原(Stemming)。词根还原是一项融合汇聚相同概念词的技术。Krovetz[154]试图间接地通过词根还原技术解决歧义性问题。他设计的词法还原器 Stemmer 根据词义对词进行汇聚,被汇聚的词不一定具有相同的词根。这种还原器充分利用了各种词法信息:不规则词法可以用来识别词义,如 antennae 是与昆虫相联系的 antenna(触须)的复数,而不是与电子设备相关的天线(其复数为 antennas);后缀只附着于特定词类的词根上,因此这类信息能用于区分同形异义词。实验表明,这种词根还原器能够显著改进消歧的效果,准确率大约在80%~96%,尤其对于文本较短的情况,比如基于查询翻译的跨语言检索。

对于中文、日文、韩文等词与词之间没有明显分隔符的语言而言,分词技术(Segmentation)非常关键。分词主要有2种,词素解析与 N-gram。词素解析是对文字序列按词典意义上的最小单位进行分解处理,分割后可根据有意义的单词进行检索。对于只有部分文字一致但没有意义的文字序列就排除在外,减少了检索干扰,但词典中没有的单词就不能进行正确分割,有可能发生漏检。N-gram 不考虑文字的意义,只按一定的长度单位 N 来分割,不会出现漏检的情况,但增加了检索干扰。在第3届 NTCIR 会议上,美国加州大学伯克利分校在报告中称:总体上说,通过词素解析对检索语句进行分割的方法更为有效。

3.2.3 借助语言资源消歧

1. 基于主题词表的词义消歧

利用主题词表进行查询翻译是一种易于控制的方法。主题词表提供受制词汇用以标引信息资源。Yarowsky[155]提出了一种基于主题词表的词义消歧方法(Thesaurus-based WSD),该方法利用了 Roget's Thesaurus 资源,提出了确定一个多义词义类的方法:

(1)对 Roget 词表中每个义类中所有的词,收集包含这些词的上下文作为训练数据,每个词的上下文长度为其前后 100 个词,用 C 表示。

(2)对词的上下文 C 进行统计,找出能够有效指示每个义类的特征词,并计算各个特征词的权重:

$$Weight(w)=\log\left[\frac{P(w|RCat)}{P(w)}\right] \quad (3\text{-}2)$$

其中,w 表示特征词,$RCat$ 表示一个具体的义类,$P(w|RCat)$ 表示 w 出现在义类 $RCat$ 上下文语料中的概率,$P(w)$ 表示 w 出现在全部上下文语料中的概率。

(3)判断在某个具体的语境中出现的多义词所属的义类。如果在该多义词的上下文中能够找到唯一一个义类的特征词,则该多义词属于这个义类;如果找到若干个属于不同类的特征词,根据 Bayes 法则,分别求不同义类的特征词的权值之和,该多义词属于权值和最大的类。

Yarowsky 用这种方法标注了英语中 12 个多义词的义项,平均准确率达 92%。

2. 基于词典的词义消歧

直接从词典中选词消除歧义的方法有以下几种:

(1)选择词典中第 1 个词义(Select First)。这种作法基于一个假设,就是词典中词的第 1 个定义往往是最常用的。

(2)选择词典中所有词义(Select All)。既然无法判断词的意义,为保证查全率,将所有意义都翻译出来作为检索词,检索词的数量很大,使得查准率大幅度下降。Hull 与 Greferstette[156]在实验中就采用了这种方式,结果平均查准率由 0.393 降低到 0.235。Davis[157]在其实验中也采用了相同作法,实验结果显示平均查准率由 0.290 降低到 0.142。

(3)任选 N 个意义(Select N Randomly)。基于上述方法造成的查准率急速下降,可以采用任选 N 个意义的方法以控制查询翻译的任意膨胀。Ballesteros 与 Croft[158]采用该方法做的实验结果显示,平均查准率降低 50%~60%。

(4)选择 N 个最贴切意义(Select Best N)。由于任选的方式随机性太大,根本无法控制查准率,因此,人们进而利用语料库计算不同词义出现的频率,选择频率最高的 N 个作为检索用词。Davis 采用这种作法进行的实验证明,与单语检索相比,其查准率仅下降了 32.8%。

3. 基于语料库的词义消歧

(1)统计方法

先用原始查询从双语语料库找出一定数量的文献信息,再采用词频与逆文献频率统计法(TF * IDF:Term Frequency * Inverse Document Frequency)统计出频率高的词汇作为目标查询词汇。目前此类方法有朴素贝叶斯分类器(Naïve-Bayes Classifier)、基于类的方法(Class-based Approach)等[159]。根据双语语料事先是否经过人工标注来分,这些方法又可分为有指导

(Supervised)与无指导(Unsupervised)2类。尽管无指导的词义消歧方法是从未标注词义的语料中获取排歧知识,具有可以节省标注大量语料的手工劳动的优点,但消歧正确率不够高,也不够稳定。对于高频多义词的词义消歧仍需采用有指导的方法。

Nie Jian-Yun等[160]探索了一种自动从 Web 上获取平行语料库的方法,并通过概率模型实现了跨语言信息检索。结果显示,这种自动获得的训练语料的效果与人工构建的平行语料库效果相当,并且该平行语料库用于跨语言检索的查询翻译取得了与使用机器翻译系统相当的实验结果。

(2)虚拟语境消除目标查询的多义性

虚拟语境(Pseudo Context)是陈信希等[161]为解决目标查询的多义性提出的一个概念:用原始查询的语境当作目标查询的限制条件,来解决目标查询的多义性问题。例如,中文词"银行"在语料库中的语境由相关词"贴现"、"领出"、"押汇"、"汇兑"等构成,在送入英文信息检索系统时,造出虚拟语境,以限制"bank"的语义范围。

(3)互信息消歧

互信息(Mutual Information)是信息论中的一个重要概念,表征的是 2 个统计量相互关联的程度,关联程度越高,互信息越大;反之亦然。因此,互信息模型也被称为词共现模型(Word Co-Occurrence Model)。假设 2 个词在语料中出现的概率分别是 $P(w_1)$ 和 $P(w_2)$,2 个词共现的概率为 $P(w_1,w_2)$,那么这 2 个词之间的互信息定义为:

$$MI(w_1,w_2)=\log\frac{P(w_1,w_2)}{P(w_1)P(w_2)} \quad (3-3)$$

在跨语言信息检索中,对于查询中带有歧义性的词,确定其具体含义的办法是比较它的各个词义与查询中其他词在语料库中的共现频率,共现频率高的词义可代替该查询词以便翻译成目标查询。该方法的优点:只需要利用单语言的语料库进行共现频率的比较。缺点:必须有多个词汇构成原始查询,否则无法进行共现频率的比较。

张毅波[162]提出利用可比语料库中查询检索词间的互信息,来消除基于词典的翻译方法所带来的歧义,并降低短语信息丢失所导致的跨语言信息检索系统检索性能的损失。Chen 等[163]以共现模型分析翻译歧义,以虚拟语境模型分析目标多义,在 TREC-6 中的实验得出,2 种方法的结合达到单语言检索系统 62.92% 的效能,与仅处理翻译歧义性相比,提升了 10.11%。

3.2.4 基于用户交互消歧

在跨语言信息检索系统中,还可以通过用户与检索系统的交互来帮助选择查询翻译,通过用户的判断对查询翻译消歧。如图 3-6,He[164]等提出了一个完整的交互式跨语言信息检索过程。在该过程中,从查询的形成、翻译、检索,到文档选择、查看这 5 个步骤中,除了检索由系统自动完成外,其余 4 步均可以融入用户的参与。在反馈过程中,用户的相关反馈可以形成 6 个路径,即在查询翻译、文档选择或文档浏览完后均可以形成新的查询,文档选择或浏览完后也可以重新选择翻译,文档浏览完后还可以重新选择文档。

关于跨语言信息检索的用户交互问题,跨语言评价论坛(CLEF)自 2001 年起每年设立交互式主题(iCLEF)[165],许多研究机构开发了交互式跨语言信息检索系统,如美国 Maryland 大

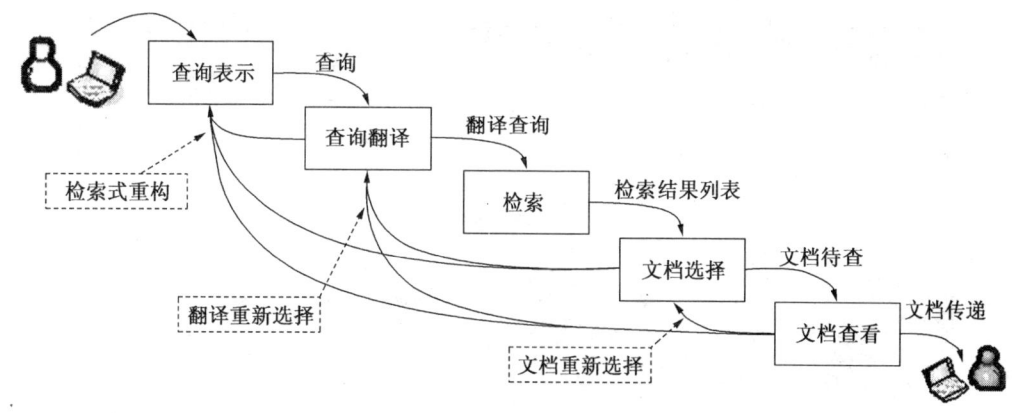

图 3-6　跨语言信息检索的用户交互过程

学的 MIRACLE 系统,西班牙的 UNED 系统,荷兰 Twente 大学的 Twenty-One 系统,英国 Sheffield 大学的 Clarity 系统等。以下介绍 2 个:

1. MIRACLE 系统

MIRACLE 系统是美国 Maryland 大学开发的一个交互式跨语言信息检索系统,以英语为查询检索多种语言的文档,并且对不能阅读文档语言的用户提供支持[166]。MIRACLE 系统能在多个用户交互过程中提供辅助帮助:

(1) 用户辅助查询翻译。对于每 1 个查询词语的翻译,系统提供可视化的翻译概率,并提供"回溯翻译"(Back Translation),即利用反向词典再翻译回源语言的词,这样就能形成源语言查询词的多个同义词。此外,系统还利用一个句子对齐的平行语料库提供每个包含该同义词的例句,称为"上下文关键词"(Key Word In Context,简称 KWIC)。这些方法都能够很好地帮助用户选择翻译。

(2) 用户辅助文档选择。系统提供检索文档的全文翻译文档,供不能阅读文档语言的用户浏览,此外,还利用一种自动剖析调整方法(Parse-and-Trim)来生成摘要,帮助用户进行文档的相关性判断。

MIRACLE 系统的用户界面如图 3-7 所示,例如,用户输入查询"Indian film and social and culture and impact",并选择检索路径为"English to Hindi"。MIRACLE 系统首先通过一部"英语-印度语"词典将"Indian film and social and culture and impact"中每个检索词在词典里所有的翻译列出,例如检索词"film"的印度语翻译有"bak. ckaahtaeraiyaaa"、"chaikata"、"failaahmaon"、"jhailaahlaii"、"kaaimarae"、"kaii raiila"、"sainaemaaa"7 个,系统以图形化的方式分别列出这 7 个翻译的翻译概率。然后系统将针对每个翻译再去查"印度语-英语"词典,进行"回溯翻译",例如"chaikata"在词典中的英语翻译为"bacterial"、"sticky"、"of"、"film",则这 4 个词构成了"film"的同义词列表。然后系统将根据一个句子对齐的平行语料库来获得与这 7 个翻译有关的例句,帮助用户对检索词的翻译进行选择。待用户完成翻译选择之后,系统根据用户的选择进行检索,最后提供给用户经过翻译的检索结果。如在本例(检索在印度语的文档上)中,系统会提供给用户这些印度语检索结果的英语翻译文档以及全文与摘要,供用户进

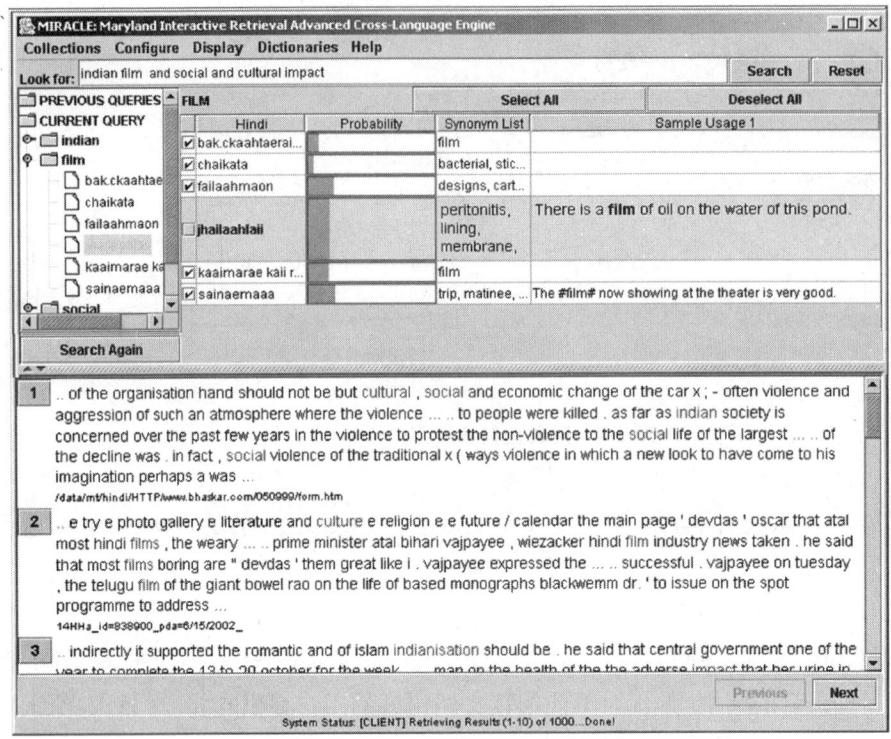

图 3-7　MIRACLE 系统的用户界面

行文档选择与相关性判断。

2. UNED 系统

UNED 系统是西班牙的 Ostenero 等[167]开发的一个交互式跨语言检索系统。

如图 3-8 所示，该系统基于短语翻译，有多个用户交互过程：

(1)短语翻译(Phrase Translation)。系统首先对用户输入的西班牙文查询进行短语识别与推荐，并由用户选择短语，然后将其翻译成目标语言(英语)短语进行检索，目标语言文档也按照短语进行标引。系统将检索结果用机器翻译系统翻译为西班牙文的标题，作为检索结果列表，并提供西班牙文摘要，由用户判断相关性。

(2)短语反馈(Phrase Feedback)。如果用户点击 1 篇摘要中的 1 个短语，该短语将会被加入到原始查询中，系统根据自动调整的查询重新检索文档并排序。同时，在检索的过程中，用户也可以选择自己加入新词到短语推荐窗口。

自 2001 年起，交互式跨语言评价论坛(iCLEF)对交互式跨语言信息检索系统的设计进行了持续探讨，研究者们集中讨论了各种翻译资源的选择，如机器翻译(Machine Translation)、词典逐词翻译(Word By Word Gloss Translation)、名词词组翻译(Noun Phrase-based Translation)等，但大家基本上达成一致的是——真正面向用户、实用性强的交互式跨语言信息检索系统，必须对查询和检索结果都进行翻译。

从以上分析可以看出，相对于单语言信息检索来说，查询翻译歧义或错误是影响跨语言信息检索效率的主要因素。而在众多查询翻译消歧方法中，基于与用户的交互方法最具应用前

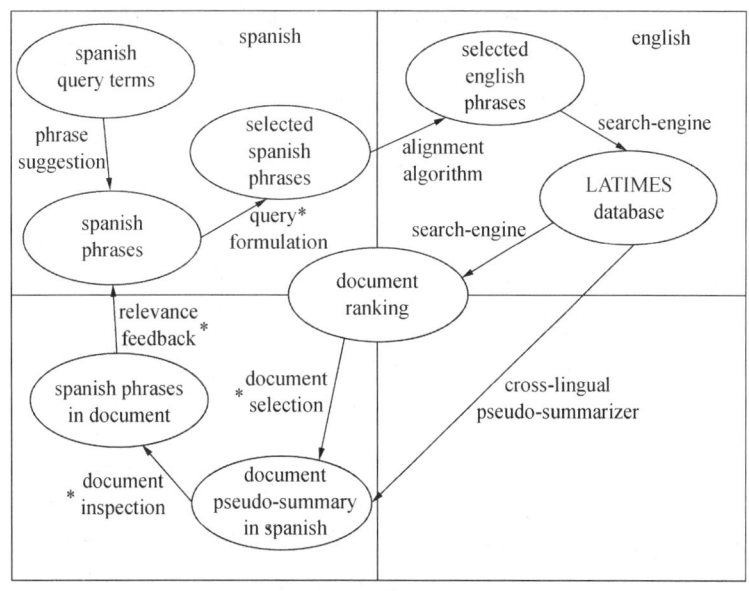

("*"indicates interaction with the user)

图 3-8　UNED 系统的用户交互过程

景,因为该方法引入了用户的判断。然而,目前交互式跨语言信息检索的研究成果大多也只能做到用户辅助查询翻译和用户对检索结果进行相关性判断,而将相关反馈技术融入真实的跨语言检索系统中还是一个值得深入研究的领域。因此,本书期望融合交互式跨语言信息检索的思想与相关反馈技术,利用用户判断的相关文献信息来进行查询翻译消歧,这将是本书的重点研究问题,将在后文中深入展开讨论。

3.3　命名实体识别与翻译

命名实体(Named Entity,简称 NE)是指文本中具有特定意义的实体,主要包括人名、地名、机构名、专有名词等。一般来说,命名实体分为 3 大类(实体类、时间类及数字类)和 7 小类(人名、机构名、地名、时间、日期、货币及百分比)。命名实体的识别与翻译是跨语言信息检索、问答系统、句法分析、机器翻译、面向语义网的元数据标注等应用领域的重要基础工具,在自然语言处理技术走向实用化的过程中占有重要地位。命名实体已大量存在,同时人们每天又在不断创造新的命名实体,从而使其形成了一个动态集。

在跨语言信息检索中,无论词典的覆盖范围有多广泛,许多命名实体仍然无法找到对应翻译。同时,命名实体是检索查询中的重要信息。不仅跨语言评价论坛(CLEF)2000－2003 年中几乎所有的检索主题都包含至少 1 个或多个命名实体,而且在查找相关文献时,这些命名实体也发挥着重要作用。Demner-Fushman 与 Oard[168]通过人为缩小字典的覆盖范围,研究了未登录词在跨语言信息检索中的影响。他们发现处理未登录词能够在提高跨语言信息检索的检索性能上发挥重要作用。鉴于近一半的未登录词都为命名实体,当命名实体从翻译中剔除时,性能可降至 60%。通过综述近年来跨语言评价论坛(CLEF)实验中的检索主题与检索系统,

Mandl 及其同事[169]研究了命名实体与其在跨语言信息检索中的影响。他们发现,大多数 CLEF 主题包含至少 1 个命名实体,并且与那些不包含命名实体的主题相比,如果能够找到这些命名实体的适当翻译,则经常能获得更好的检索效果。

在跨语言信息检索中,对命名实体的处理通常包括 2 部分:命名实体的识别与翻译。

3.3.1 命名实体的识别方法

命名实体识别的过程通常包括 2 部分[170]:(1)实体边界识别;(2)实体类别(人名、地名、机构名或其他)识别。英语中的命名实体具有比较明显的形式标志(实体中的每个词的第 1 个字母要大写),所以实体边界识别相对容易,任务的重点是确定实体的类别。

和英语相比,汉语命名实体识别必须要识别边界,故任务更加复杂,而且相对于实体类别标注子任务,实体边界的识别更加困难。汉语命名实体识别的难点主要存在于:(1)汉语文本没有类似英文文本中空格之类的显式标示词的边界标示符,命名实体识别的第一步就是确定词的边界,即分词;(2)汉语分词和命名实体识别互相影响;(3)除了英语中定义的实体,外国人名译名和地名译名是存在于汉语中的两类特殊实体类型;(4)现代汉语文本,尤其是网络汉语文本,常出现中英文交替使用的情况,这时汉语命名实体识别的任务还包括识别其中的英文命名实体;(5)不同的命名实体具有不同的内部特征,不可能用 1 个统一的模型来刻画所有的实体内部特征。

命名实体识别目前的主流方法是统计机器学习方法,利用标注好的训练集训练模型,然后用训练好的模型来进行实体识别。这类方法实验效果比较好,但是缺点也明显:一是语料标注很不方便,导致可以利用的语料、特别是针对大规模实体识别的语料极其难得,给研究工作带来了很大不便;二是自适应能力较差,对实体类型以及语料的领域性依赖度较高。由于传统命名实体识别方法存在以上弊端,近年来,对开放式命名实体识别(Open NamedEntity Recognition,简称 ONER)的研究日益增多,正在成为新的研究热点。ONER 主要有 2 个特点:一是研究使用的语料更贴近现实,从特殊领域的小规模文本扩展到不限领域的大规模文本;二是对待识别的命名实体类别进行扩展,从 3 类到十几、乃至几十类,甚至不限类别数。

目前,开放式命名实体识别的研究集中在英语文本上,其主要方法可分为 2 类:第 1 类方法从少量"种子实体"出发,通过学习这些"种子实体"在文本中出现的规律得到标示实体的模板(例如"such as"),接下来使用学到的模板抽取实体;以上过程不断迭代,直到达到终止条件,输出结果。有研究表明,该方法对英文实体有良好的识别效果。但是由于汉语和英语不同,上述方法中使用的一些关键手段对中文实体识别无效,例如英文实体总是以大写字母开头,而中文没有这一明显特征,使得这一方法对解决中文命名实体识别问题并不适用。第 2 类方法从特殊语料出发,利用特殊语料具有的特殊性质,使用搜索引擎辅助进行实体识别。目前常用的特殊语料主要有网页表格和搜索查询 2 种。第 1 种以网页内嵌表格作为语料。由于表格中的数据项基本属于同一类别,如果能够判定某一表格中多数数据项是实体,那么就可以推断出该表格中其他数据项也是同类实体。第 2 种以搜索查询作为语料,利用搜索引擎辅助从中识别实体。这类方法的缺点在于:首先,特殊语料的获得本身就是一个很复杂的问题;其次,算法的时间复杂度普遍太高,而且通常要借助搜索引擎,无法进行大规模语料处理[171]。

3.3.2 命名实体的翻译方法

在跨语言信息检索中,除了识别出命名实体外,还需要为这些命名实体找到正确的翻译。现在已有许多获取命名实体翻译的方法,最简单的方式即从词典中查找命名实体的翻译。然而,许多命名实体是未登录词,因此基于诸多命名实体与其翻译可能发音相似的假设,引入了音译的方法。此外,人们还发明了使用网络挖掘和机器翻译识别命名实体翻译的技术与工具,以及综合运用各种多语言资源的方法。

音译可以用词形映射或者是语音映射。词形映射比较适用于那些字符表比较相近的语言对,如英文和德文。词形映射的规则可以表示为一个语言中的一些字母串如何在另外一种语言中书写,然后命名实体可以通过这种规则进行音译。对于那些不共享相同字母表的语言,如中文和英文,词形映射很少能够成功,但这时语音映射有可能有用。语音映射把源语言中的命名实体转换成它们对应的语音表示,然后再用语音映射规则把它们转换成另一种语言。语音映射的规则可以通过统计方法得到。Qu[172]的实验表明,音译可以增进跨语言信息检索的有效性。

网络挖掘能帮助找到命名实体的翻译。网络挖掘特别关注某些专指人、地名和组织的名词词组。有研究表明,当一些新的名词,尤其是从其他外语获得的名词在网上使用时,他们同时经常附带有相对应的外文翻译,如中文词"西雅图水手队"附带有英文翻译"西雅图水手队(Seattle Mariners)"。所以,可以设计对应的抽取算法来利用网络挖掘得到命名实体的翻译,以此来增进跨语言信息检索的效率。

此外,综合各种翻译资源也是一种翻译命名实体的方法[173]。比如,我们可以把从机读词典、机器翻译系统、平行语料库等翻译资源处获得的翻译结果进行合并。这就涉及到数据融合(Data Fusion)技术(将在本章3.5节中详细讲述)和查询合并(Query Combination)技术。假设我们有2个来自不同机器翻译系统的结果,使用数据融合方法时,我们可以将2个机器翻译系统对命名实体翻译的结果(尤其是带有翻译概率的情况下)进行综合计算(如翻译概率相加,取平均值等)从而提高翻译结果的可靠性;或是使用查询合并技术,将被查询的2个翻译结果按词合并,重复的词只出现1次,从而形成1个单一的查询。综合各种翻译资源是由于机器翻译系统的不同,希望对不同的命名实体有不同的翻译结果。

跨语言信息检索研究与实践已脱离了传统的特定检索方案,转而迎接新的挑战与应用。命名实体和其他浅层自然语言处理将在这种新型的跨语言信息检索应用中发挥重要作用。Pablo等人[174]报告了跨语言问答与网络跨语言信息检索中多语种命名实体的处理。Chen等人[175]解决了跨语言信息检索中的查询翻译问题,尤其是专有名词。其研究结果表明,名称翻译过程中,分别仅需提供0.79%与1.11%的候选英文人名和地名。

3.4 机器翻译与跨语言信息检索

相比词典而言,用机器翻译系统在跨语言信息检索中作为翻译资源更直接方便,因为现在已有一些现成的在线机器翻译系统可以使用,如基于规则的SYSTRAN系统和基于统计的Google Translate等。

3.4.1 机器翻译在跨语言信息检索应用中的基本问题

在跨语言信息检索中利用机器翻译系统很简单：用户只需将查询（在查询翻译策略中）或文档（在文档翻译策略中）提交给机器翻译系统，从而获得1个翻译后的版本，然后将这个被翻译了的版本用于单语言信息检索中即可。但是，这中间存在一些问题，如错误翻译、唯一翻译、近似翻译、无翻译或无合适翻译等。这些问题影响着机器翻译在跨语言信息检索中的应用。

1. 错误翻译

用机器翻译系统翻译的词可能是错的，这个错误将不可避免的影响检索的有效性。在基于规则的机器翻译系统里，这类错误通常和缺省的翻译词相关，而在基于统计的机器翻译系统里，则可能是因为用来训练的平行语料库和检索查询对应的主题不同。例如，在汉译英过程中，"他对她的讲话不感冒"这个查询被Google翻译成"He is not cold to her speech"。在翻译中出现"cold"这个词有可能是因为用来训练模型的语料来自于通用的平行网络语料，其中包括了很多"感冒"译成"cold"的例子。要解决这个问题，一个可能的方法是用与特定主题相关的平行语料来训练模型，Hildebrand等[176]使用了该方法，但前提是必需事先定好主题范围。

2. 唯一翻译

机器翻译系统对于每个词只限定有1个翻译，但实际上在目标语言中有很多相关的表达词。例如"log"和"journal"都是"日志"这个词的翻译，但Google Translate在翻译"日志"时取的是"log"。许多相关文献中可能采用不同的表达（例如"personal journal"是英语里很普通的一个词），因此这些文档无法被检索出来。所以最好的方式是在查询翻译中包括所有可能的正确翻译，以此增加查全率。每个原始查询词只能有1个翻译这样的限制不适合信息检索。

3. 近似翻译

机器翻译系统的翻译只局限于字面准确翻译，而无法提供那些非字面翻译却有紧密关联的近似翻译词，但是此类近似翻译词在信息检索中可能很有用。例如，词"computer"或许可以翻译成法语词"programme"，尽管它不是字面上的翻译，但有可能帮助用户检索到相关度很高的文档。

4. 无翻译或无合适翻译

机器翻译很难翻译未登录词。当用户查询一些新的事件时，可能会使用一些很新的词，而这些词或许还没有出现在机器翻译的词典里。一个已被提到多次的例子是无法翻译新的人名或机构名；另外一个例子是在翻译一些技术名词时，例如词"Twitter"通过Google翻译成中文时，译成"叽叽喳喳"，但当讲到网络时，它实际代表的意思是一种类似微博的网络服务。可以想见，这个词新含义的翻译还需过一段时间才能形成，而后再被机器翻译系统识别。由此可知，在互联网的新技术应用初期，有很多重要名词的翻译会出现缺乏新含义的情况。

需要注意的是，上述这些问题并不仅仅存在于基于机器翻译的查询翻译中，其他翻译方法中也会出现，如用词典翻译。所不同的是，如果我们用一些开放的资源和工具，就可以对该资源进行针对跨语言信息检索的特殊处理，这与直接应用机器翻译系统是不同的，因为机器翻译系统通常无法更改。

机器翻译与跨语言信息检索在翻译方面的一个重要不同在于句法结构。句法结构对机器翻译来说很重要,如基于规则的 SYSTRAN 系统和基于统计的机器翻译系统。但在跨语言信息检索中,句法结构对正确选择一些查询表达式有一定作用,但是翻译后查询的句法结构对检索结果并没有很重大的影响。例如跨语言信息检索中翻译"清华举行住房改革",其关键是对"清华"和"住房改革"的翻译准确,但具体是翻成"Tsinghua University"还是"University of Tsinghua",是"housing reform"还是"reform on housing"或是"reform housing"在大多数信息检索的系统里是没有太大区别的。

机器翻译被用于一些跨语言信息检索的实验中,所得到的结果基于不同的测试文档集、机器翻译系统以及语言对(Lanauge Pair)有很大不同,其检索结果可以达到单语言检索结果的 50%~100%。通常,对于已经被大量研究的语言对,如欧洲语言,当前的机器翻译系统可以达到很好的效果,使得跨语言信息检索的效果可达单语言检索的 80%~100%。但对于一些资源贫乏的语言,如菲律宾语,或 2 个差别非常大的语言,如英文和中文、中文和阿拉伯文,用机器翻译跨语言信息检索的效果有时只能达到单语言检索的 50%,这样的结果不比用一个简单的双语词典好多少。

上述机器翻译和跨语言信息检索中翻译的不同表达出一个值得研究的问题:在查询翻译时,并不需要太重视翻译的质量,而应使翻译结果尽可能地包含更多的译项。

3.4.2 统计机器翻译与跨语言信息检索

理想上说,在跨语言信息检索中应用的机器翻译系统应该是专门针对跨语言信息检索而设计的。从技术上来说,这是可行的,但现在还没有实现。对于在跨语言信息检索中应用的机器翻译系统,研究者们最希望去掉的一个限制是针对 1 个词只能有 1 个翻译。早在 1999 年,Kowk[177]就发现了这个限制对英汉跨语言信息检索的影响。他建议应该用多个翻译,而非一个翻译,并设计了一个可以生成多个中间翻译结果的机器翻译系统 TransPerfect,例如"building information super highway"可以被翻译成"建筑[建立]消息[知识/报告]上等的[表面的]公路[大道/直接的途径]"。但是,这个机器翻译系统并没有比简单查词典提供更多的信息。当 Kowk 去试验这种中间翻译结果时,他实际上只用了机器翻译系统中的双语词典。我们知道,不当增加检索词的翻译会让查询翻译变得更差,故词典的质量在这个方法中显得尤为重要。Kowk 在实验中只达到了单语言检索 55%的效果,实际上不比机器翻译系统更优。尽管上述实验的结果是负面的,我们也不认为问题是出在多个翻译选项这个想法上,而是在系统所选取的双语词典质量上。所以,如果一个机器翻译系统有更好的词典,则利用多个翻译选项进行跨语言信息检索,对其能力还是会有所提高的。

那么,机器翻译系统在跨语言信息检索中到底能使其在哪些方面有所提高?它是否可以简单地被一个双语机读词典所代替?我们应该看到,机器翻译系统除了一个双语词典外,还能在翻译时利用上下文和句法结构。当然,并不是所有的机器翻译系统都有这个能力。

在基于规则的机器翻译系统中,上下文多依赖于短语词典或语义信息,并以此来确定一个具有歧义的词的正确翻译。如果歧义词是某个短语的一部分,而这个短语的翻译已被存储在词典中,那么系统将能够选择正确的翻译。反之,如果 1 个短语没有存储在词典中,那么构成这个短语的词将首先被分开翻译,然后所有的翻译被组合在一起。通常基于规则的机器翻译系统会从所有翻译中选择最常见的或者是默认的翻译。有时默认的翻译是正确的,但并不总是正确的。

基于统计的机器翻译系统选择翻译基于2个因素:(1)一个词被翻译成1个翻译的频率;(2)被翻译的词的临近上下文。邻近上下文在基于短语的统计机器翻译和语言模型中被广泛应用(主要是在解码这一步)。通过统计方法生成的短语翻译表一般来说比基于规则的机器翻译系统里人工生成的短语词典的覆盖率要大。由此可知,上下文在统计机器翻译中的影响比在基于规则的机器翻译中要大。

与基于规则的机器翻译相比,我们可以看出,基于统计生成的翻译在句法上不一定总是正确的。但正如我们前面所说的,这种翻译句法的不同对跨语言信息检索并没有什么影响。

大家有可能认为近期产生的统计机器翻译系统如Google Translate,应该比传统的基于规则的机器翻译系统效果好,因为这些系统有可能对歧义词的上下文处理得比较好。的确,词组和临近上下文都已经在现代的统计机器翻译系统中得到应用。在某些情况下,可以帮助我们找到更准确的翻译词。但是,基本问题仍然存在,翻译模型常常还是不可能完全利用上下文信息,其原因是当前的统计翻译模型只能考虑有限的上下文,例如,它们只能考虑邻近上下文,无法考虑较远的依赖关系(Distant Dependencies)。如果1个歧义词的含义辨别依赖于1个较远的词,统计机器翻译系统有可能无法识别它。另外,统计机器翻译系统中的模型是基于训练文本里面所体现出来的特性而建立的,而训练文本也许无法抓住翻译中出现的某些语言现象,尤其是语义方面的语言现象,结果所训练出来的翻译模型无法在这种情况下真正找到相关翻译。

不过,现代的统计机器翻译系统可以对不同翻译提供相对应的信心值(Confidence Score),这和词典的翻译概率类似,是更加值得深入研究的问题。本书将在10.2节中就统计机器翻译在跨语言信息检索中的应用进行进一步的讨论。

3.5 数据融合

信息检索中的数据融合(Data Fusion)技术就是通过集成多个资源对信息进行优化组合从而导出更多有效信息的方法。这种技术可以更好地匹配用户信息需求和获取更有效的文档。数据融合技术在跨语言信息检索中可以帮助合并翻译资源、查询或检索结果等,从而对跨语言信息检索的结果起到优化作用[178]。

数据融合主要通过2个方面的操作来改进信息检索效果:(1)将来自多个用户的查询合并成1个单一的查询,提交给同一个检索机制进行检索;(2)对于同一个检索主题或查询,运行不同的检索机制得到多个检索结果,然后整合所得到的多重检索结果[179]。

3.5.1 查询表达式融合

Saracevic和Kantor[180]进一步从检索者角度研究了查询数据融合与相关性之间的关系。他们检验了由不同检索者对相同问题制定的不同查询表达式分别检出的结果,像不同文档描述方法一样,不同的查询表达式检出了不同的文档集合。这也证实了McGill等人的研究结论,即相同信息需求的不同表达形式检出的文档集合之间只有很小的重叠。在分析了通过不同提问表达式而被相对多次检出的相关文献之后,他们又发现一篇文档具有相关性的机会会随着该文档出现的检出集合数量而单调增加。

Belkin 等人[181]1993 年利用 10 个 TREC 主题描述的不同布尔查询表达式继续进行"查询融合"的研究。他们发现不仅结合后的布尔查询性能超过任意单一布尔查询,而且自身检索性能较差的查询仍可对结合后的查询做出贡献。除了这些有关融合潜能的重要发现之外,Bekin 等人还提出 2 个有关融合合理性的重要观点。他们认为,任意单一途径的信息检索过程太复杂并具有不确定性,难以捕捉,因此融合多种方式能实现多个检索视角从而扩大信息覆盖范围。他们还认为,不同的方式代表不同的证据源,合并它们可以实现对相关性更准确的估计。

Turtle 和 Croft[182]在 1991 年开发了 INQUERY 系统,一种基于贝叶斯推理网络模型的概率信息检索系统,它能在一个一致概率框架内合并多个文档和查询描述。INQUERY 方法不同于其他融合方法,它将信息检索视为似真推理,允许多个证据源无缝整合。尽管 Turtle 和 Croft 发现整合概率和布尔查询的结果提高了检索性能,但 INQUERY 的实际应用却是几年以后的事情,当时 Rajashekar 和 Croft[183]应用 INQUERY 合并 INSPEC 文档集中查询和文档的手工标引项及自动标引项。他们测试了文档描述、查询描述和查询类型(布尔、自然语言、加权词)的各种组合,发现最好的结果是利用全部可用的查询和文档描述手段(合并受控词汇、关键词和文本)得到的,再次肯定了之前对合并多个证据源优势的论证。

3.5.2 检索结果融合

在融合检索结果时,有 2 个重要问题需要解决:(1)对不同的检索结果的相关值进行归一化处理(Normalization),使这些值变得可比;(2)如何综合这些归一后的相关值来生成一个新的、更好的检索结果列表。

归一化处理在融合不同检索结果时很重要,例如,1 个检索结果的值有可能是 0~1 的概率,而另一个检索结果的值有可能是从零到负无穷的对数,这时就必须通过归一化处理使之能够合并。一个常见的归一化处理方法是使用检索结果列表中的最大值和最小值来实现的,见公式(3-4)[184]:

$$NormedScore = \frac{OrgScore - MinScore}{MaxScore - MinScore} \tag{3-4}$$

Fox 和 Shaw[185]提出了一系列融合检索结果的方法,见表 3-1。其中,CombMIN 和 CombMAX 方法是选取了 1 篇文档在融合前的某 1 个极值(极小值或极大值)作为该文档在融合后的最终值。CombSUM、CombANZ 和 CombMNZ 方法则是针对所有融合前值的和采取各种变形来作为最终结果。另外,CombANZ 和 CombMNZ 方法还强调或降低在不同结果中出现多次的文档的重要性。Lee[186]在此基础上通过实验研究了各个方法的有效性。他的实验表明,CombMNZ 在 TREC3 测试集上是最有效的方法。Lee 同时还指出,数据融合技术有效的原因在于不同的检索结果在相关文献上有相对大的重合,至少比在不相关文献上的重合要大。Lee 的研究证明,在融合多个具有相似效果的检索结果列表时,CombMNZ 可以获得更好的效果。

表 3-1 各种检索结果融合方法

方法名称	计算公式
COMBMIN	MINIMUM OF ALL SCORES OF A DOCUMENT
COMBMAX	MAXIMUM OF ALL SCORES OF A DOCUMENT
COMBSUM	SUMMATION OF ALL SCORES OF A DOCUMENT
COMBANZ	COMBSUM/NUMBER OF NONZERO SCORES OF A DOCUMENT
COMBMNZ	COMBSUM* NUMBER OF NONZERO SCORES OF A DOCUMENT

此外,数据融合最新的一个发展是应用概率统计的方法。Vogt 和 Cottrell[187] 提出了在数据融合中运用线性综合结果的方法(Linear Combination of Scores)。Aslam 等[188]在不同数据库环境下研究了 Borda 融合和 Bayesian 融合在元搜索中的应用。Lillis 等人[189]设计的 probFuse 技术是一种利用概率来实现数据融合的方法,其方法是用各个系统在训练集上产生的结果来预测未来的检索效果。Wu 和 McClean[190]研究了使用文档在检索结果列表中的排序,以及排序与最终相关值的关联性。Wu[191]还在信息检索数据融合方法中应用了统计原理。其他还有一些研究[192-193],集中在用 Dempster-Shafer 原理来进行数据融合,这个理论为在数据融合中综合各个数据的信任度提供了一个理论支持,但是这种方法在融合 3 个或更多的结果时变得比较繁琐。

3.6 本章小结

本章就跨语言信息检索涉及的一些关键技术进行了全面总结与分析,探讨了跨语言信息检索的主要翻译策略,特别是查询翻译的各种方法;分析了双语词典、双语语料库、机器翻译系统、多语叙词表、多语本体等翻译资源的构建问题;并就翻译的歧义性、未登录词、短语的识别与翻译、翻译资源中的噪音等查询翻译歧义性问题进行了剖析。

针对查询翻译存在的翻译歧义性问题,本章进行了重点分析,同时将现有的查询翻译消歧方法归纳为 4 大类:第 1 类是对查询进行结构化处理;第 2 类是结合词法学、句法学、语法学、语义学等方面的知识,通过语言分析帮助消歧;第 3 类是借助机读化的语言资源,如词典、主题词表、语料库等进行消歧;第 4 类是通过人机交互来进行消歧。同时还指出,在众多查询翻译消歧方法中,基于用户的交互方法是较准确的,但该领域还是一个值得深入研究的领域,从而确立了本书的研究重点,即利用用户判断的相关文献信息来进行翻译优化。在后面的章节中,本书将展开对具体问题的讨论。

此外,本章还探讨了另外 3 种与跨语言信息检索相关的优化方法,即命名实体识别与翻译、机器翻译和数据融合。这些方法都能够帮助提高跨语言信息检索的效果。本书将在实验部分对这些方法与翻译优化技术进行融合,并逐一进行验证。

第 4 章 跨语言信息检索的相关反馈技术

跨语言信息检索中,一次检索往往并不能得到理想的结果,这时就需要通过检索后反馈的信息对查询翻译方法进行改进,特别是当用户和信息系统进行交互式检索时,适当的用户反馈显得更为重要。大量实验证明,使用相关反馈技术可以极大地改善跨语言信息检索系统的检索性能。本章将从相关性理论与相关反馈技术入手,逐步探讨相关反馈技术在跨语言信息检索中的应用。

4.1 相关性理论与相关反馈技术

相关性(Relevance)是情报学的重要基础理论之一,是信息检索理论中的核心概念。相关性的研究可以追溯到 20 世纪 50 年代末,当时不少研究成果已得到广泛应用。我们研究跨语言信息检索中的相关反馈技术,特别是在设计一个具有相关反馈功能的交互式跨语言信息检索系统时,必须将相关性作为理论基础。

4.1.1 相关性与相关性模型

在信息检索中,"相关性"主要是指检索系统如何建立文档集合中的文档与用户需求相匹配的关系[194]。具体描述相关性的定义有很多,但大多是侧重描述相关性内涵的不同侧面。因此,准确地说,目前还没有一个能够完整描述相关性各方面内涵的定义。

在西方,信息科学研究者越来越意识到有必要给"相关性"下一个明确的或可操作的定义。Schamber[195]等列举了这种必要性的 3 个理由:

(1)相关性是衡量所有信息系统性能的指标,新的系统和技术不可避免地要以人做出的相关性判断为基础进行评估。

(2)有的信息检索系统在工作过程中要用到用户的相关性判断,例如相关反馈(Relevance Feedback)机制把用户当作系统不可分割的一部分。在这类系统中,相关性就已经不再是主要用于评价的一个反应性的(Reactive)概念,而是成了一个主动的(Active)概念,对系统本身的运行起着关键作用。然而如果不搞清楚相关性对用户意味着什么,就很难想象系统如何才能为用户检索提供相关的信息。

(3)信息科学家们最终必须把相关性作为一个基本概念而给出理论和经验上的定义,这样本学科才可以接下去讨论其他问题。

按照所关注对象的不同,相关性的理论研究主要分为2个学派:面向系统的相关性(System-Oriented Relevance)研究与面向用户的相关性(User-Oriented Relevance)研究。前者以检索系统的内部机制为研究重点,后者则以用户以及用户与系统的交互为研究重点。尽管二者区分明显,但它们的研究目的是共同的,即都以提高检索系统的性能以及满足用户的信息需求为核心,两项研究之和贯穿了信息检索交互模型[196](见图4-1)的始终。

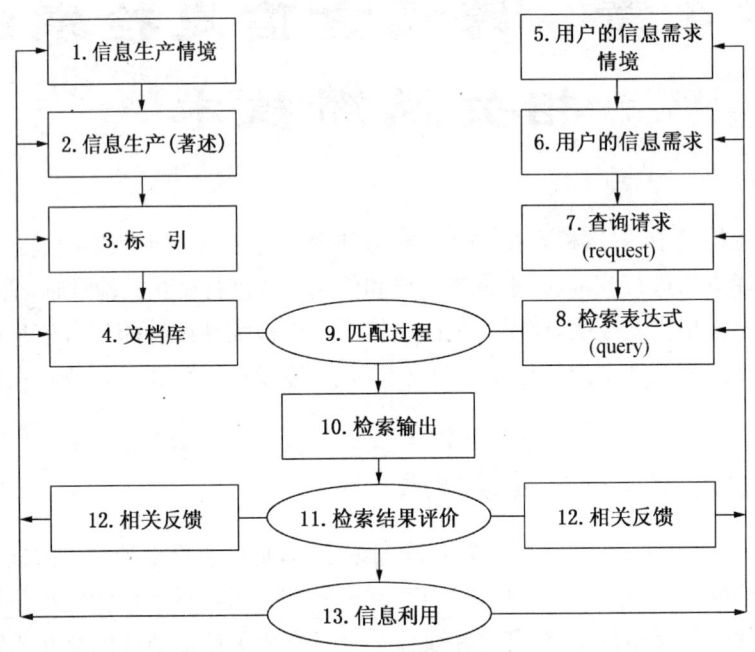

图4-1 信息检索交互模型

1. 面向系统的相关性

面向系统的相关性源于信息检索系统的理论与实践,着重于如何用用户信息需求的描述来匹配系统中文档的描述。其研究的着眼点主要包括图4-1中的4、8、9、10四个部分,由系统完成,无需用户干预。

系统相关性建立在3个基本假设上:(1)相关性是静态的,不变的和客观的;(2)用户信息需求只与文档主题内容相关;(3)查询中的主题词足以描述用户真实的信息需求,赋予文档的主题词足以概括文档的主题内容。系统相关性认为,相关性是系统的内在机制,即相关性可以通过对查询表示和文档表示的匹配完成,不受其他外界条件,包括用户、时间和环境的影响。所以若用户甲和乙输入相同的查询提问,会得到完全相同的检索信息。这种纯以主题决定相关的做法,目前依然是信息检索系统的主流。

2. 面向用户的相关性

随着研究的发展,人们发现,用户在整个信息检索过程中处于非常重要的地位,检索的最终目的也是为了满足用户的各种信息需求。不考虑用户而单纯从技术角度讨论相关性,势必会限制相关性理论的进一步发展。而且,相较于早期信息检索系统使用人员的专业性而言,随着技术的发展,当今越来越多不具备专业信息检索知识的普通用户加入了用户群体中,这就更需要研究者从用户角度来对相关性进行判断。

由此,学界进一步提出了面向用户的相关性,即从用户角度考虑,由用户来判断检出文档是否相关、在多大程度上相关。用户观研究的着眼点主要包括图 4-1 中的 1~3、7~8、10~11 几个部分,主要由检索中介或者用户完成,其基本假设是检索中介能够全权代表用户完成特定信息的相关性判断。但是,这种研究角度也存在新的问题:因为用户相关性判断是极其复杂而难以捉摸的,所以考虑用户的主观因素使得对相关性的定义与衡量变得更加复杂。

目前,用户研究,尤其是用户行为研究在相关性研究中占有绝对优势,因此相关性的研究更侧重"交互"中的相关性。研究者们认为系统相关是"弱相关"(Weak Relevance),这种认识对目前的相关性研究影响很大。

在无法给出精确定义的情况下,学术界通常是采取一种理论体系或模型来概括相关性。在众多类似研究中,Saracevic 的交互式相关性模型和 Mizzaro 的四维相关性模型最具代表性,这 2 个模型基本上都将用户交互因素作为模型中一个非常重要的因素来考虑,同时也兼顾了系统相关性。

(1)交互式相关性模型

Saracevic[197]分别从直觉、哲学、交流科学的基本属性等方面阐述了相关性的广义框架,以及信息科学框架中涉及到相关性本质的 4 种模型,即系统、通讯、情境与心理模型。在借用人机交互研究理论与语言学分层理论的基础上,他提出了第 5 种模型,即交互式模型(见图 4-2)。该模型认为,信息检索交互是发生在几个互相联系的层次或层面上的,每个层次或层面包括不同的元素与过程。在用户一侧包括生理的、心理的以及认知的层

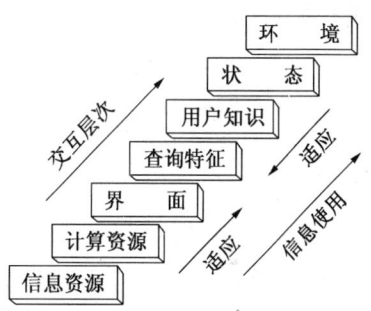

图 4-2 交互式相关性模型

面。在计算机一侧则包括物理的、符号的以及算法等层面。用户与计算机的交互是通过界面直接进行的,从而也完成了这些层次的建模。用户与计算机交互的深入进行则是由用户端的认知、情境以及情感等层面与计算机端的信息资源、工程、内容以及处理等层面来完成。

该模型将交互融入传统信息检索模型,现实性地进行了一次尝试,期望实现的目的包括:a. 使以系统为中心与以用户为中心的信息检索方法的优势得以协调强化;b. 解决或者减少基于系统与用户中心的信息检索的不足;c. 在该过程中形成信息科学中相关性本质的模型。

(2)四维相关性模型

Mizzaro[198]提出了一个四维的相关性概念模型理论框架。该模型吸收、总结了很多有关相关性研究的成果,兼顾了系统、用户 2 个角度的相关性因素。Mizzaro 的相关性框架能够较为清晰地说明相关性的多维度(4 个维度)、多层面和动态性的特点,明确阐述了信息检索和利用过程中的信息损失。该模型中的 4 个维度包括:

1)信息源:文档(Document)——指用户能够通过检索系统检索出的结果实体;文档替代物(Surrogate)——指文档的某种视图表示,可能包含以下一些结构化信息属性,如题名、关键词集合、作者姓名、书目数据、摘要等;信息(Information)——指用户在阅读已经被检索出的文档时,所获得的某些非实体性的东西。

2）用户信息需求：包括真实的信息需求（Real Information Need，简称 RIN）、感知到的信息需求（Perceived Information Need，简称 PIN）、检索请求（Request）、样本书档（Sample）、查询提问（Query）。

3）时间：时间维度是指从用户 RIN 产生到它被满足期间的时间片段（或点）的集合。用户拥有的知识与 RIN 都会随着时间的推移而变化，因此，对文档的相关性判断必然会受时间因素的影响。也就是说，特定文档（或其替代物）相对于某一特定的查询提问（或 PIN、RIN 等）来说，有可能在某个时刻是相关的，但在另外的时刻又可能是不相关的。

4）组件：主题（Topic）——指用户感兴趣的主题领域；任务（Task）——指用户执行文档检索时的一些背景或行为，如撰写综述、准备讲座，等等；方法（Means）——指用户感兴趣的、文档解决问题所采用的原理、方法或手段等；情境或语境（Context）——指凡是不能包括在 Topic、Task 和 Means 中的、影响查询方式和结果评价的其他所有因素。

(3) 交互式相关性模型与四维相关性模型的对比

对比分析 Saracevic 的交互式相关性模型和 Mizzaro 的四维相关性模型，我们不难发现其区别主要在于：

1）Saracevic 的相关性模型为分层模型，是一个动态的过程，但是它不是面向问题解决的，而是探讨交互问题的。Mizzaro 的相关性模型则具有典型的问题解决特征，此相关性模型起始于对用户真实需求产生的描述，通过一系列的问题解决途径，最终达到满足用户真实需求的目的。

2）Saracevic 的相关性模型认为相关性是动态的，系统相关、内容相关都存在于客观的载体之中。而 Mizzaro 的相关性模型则认为真实的信息需求、感知的信息需求、检索请求和查询都存在于用户的大脑之中。

4.1.2 相关性判断

相关反馈的前提是相关性判断，无论是用户选取相关文献，还是系统对检索结果进行排序输出，或者是对信息检索系统进行评价，都是一个相关性判断的过程，都离不开相关性的支撑。然而，相关性判断与相关性还是有区别的。"相关性判断是判定者在某一特定时点上对相关性赋值的行动。"[199]

相关性判断经常与信息检索系统评价混为一谈，尽管信息检索系统评价本身就是一个相关性判断的过程。信息检索系统评价离不开相关性，且以相关性判断为支撑。同时评价指标体系也是在一定的相关性及其判定为基础的前提下设计出来的。在这个意义上说，信息检索系统评价是相关性判断的一种表现，此时相关性判断是一个"反应"（Reactive）的过程。用户在选取相关的文档（或替代品），点击选中的文档，或者对系统进行相关反馈时，这些过程本身也是相关性判断的过程，此时相关性判断是一个"被动"（Passive）的过程。最重要的是系统接收用户查询，返回检索结果，这个过程本身也是系统相关性判断的过程，此时，相关性判断则是一个"主动"（Active）的过程[200]。

从系统的角度来判断相关性——对于信息检索模型而言，匹配函数（或排序函数）事实上就是相关性判断的体现。根据检索模型，检索系统自动按照匹配函数计算出每篇文档与查询的相似度,并按照相似度从高到低对检索结果进行排序从而得出结论、数据。我们在评价一个检索系统的性能时,所用的往往是二值相关性(Binary Relevance)标准,即将文档区分为相关(Relevant)或不相关(Irrelevant),并用相关文献作为标准(Ground-Truth)去评价一个检索系统的查全率和查准率。系统评价是基于对某个主题的理解,这种相关性是主题性的(Topical),并不考虑其他因素[201],因此,在实验室进行的检索实验及评价过程中,二值相关性判断是最容易实现的方法。当前的主流检索测评平台如 TREC、CLEF 等都大多采用二值相关性判断的方法来评价检索系统。

然而,从用户的角度来判断相关性时就会发现,二值相关判断存在诸多问题:如 4.1.1 节所述,相关性往往是多维的,二值判断背离了现实情况。且二值相关性判断对所有相关文献一视同仁,会给检索系统或检索方法的有效性评价带来消极影响[202]。因此,多级相关性(Graded Relevance)被许多学者推荐用来作为评价检索系统的新标准。多级相关性指的是将针对文档的相关性分为若干等级,如高度相关(Highly Relevant)、一般相关(Somewhat Relevant)、不相关(Irrelevant)等。多级相关性的级数如何确定比较困难,目前还没有公认的结论。

当然,选择二值相关还是多级相关并不是无章可循的。这 2 种模式对于文档集和信息需求有不同的要求。二值相关性判断认为,所有相关文献对于用户来说都有同样价值,对检索系统的评价基于检索系统查找这些文献并对检索结果进行排序的能力;多级相关则强调这些相关文献的不同价值,对检索系统的评价基于系统查找并对不同级别相关文献进行排序的能力。

Kekäläinen[203]对二值相关性判断和多级相关性判断对信息检索系统评价的影响进行了研究。他将 TREC-7 的 21 个主题和 TREC-8 的 20 个主题的原始相关文献(NIST 判断的)重新用人工进行分级判断,分为 4 级相关性:不相关(Non-Relevant)、有一点相关(Marginally Relevant)、比较相关(Fairly Relevant)、高度相关(Highly Relevant)。同时他还对 TREC-7 的 90 个系统、TREC-8 的 121 个系统进行了二值相关性评价与四级相关性评价。结果显示,如果比较相关和高度相关的文档被给予更高的权重,系统对检索结果的排序将会被改变。

相关反馈的过程也与相关性判断有关。在自动相关反馈过程中,假定检索结果列表的前 n 篇文献为相关文献,因此对这些文献的判断只能是二值的。而在交互式检索系统中,由于文献相关程度由用户来判断,真实的情况即由用户进行多级相关性判断。

Vakkari 和 Sormunen[204]进行了交互式检索实验,他们找来 26 个用户对 4 个 TREC 检索主题进行检索,并进行基于相关反馈的自动与交互式查询扩展。对 TREC 给定的相关文献由用户重新进行 4 级相关性判断:不相关、有一点相关、比较相关、高度相关。实验结果显示,用户几乎能够识别所有高度相关的文档,以及一半比较相关的文档,但同时用户也选择了一部分不相关文献作为查询扩展的文档。由此可见,查询扩展的结果与用户识别高度相关文献的能力密切相关。

4.1.3 相关反馈技术

1. 相关性与相关反馈

将相关性因素注入检索系统,即由用户告诉系统"哪些"检索后的文献是相关的,这个注入的过程就是相关反馈(Relevance Feedback)。

尽管研究者们早就意识到用户在相关性反馈中的作用,从用户角度讨论相关性定义的文献亦多如牛毛,却从未就此概念得出一个确定的结论,因为用户的主观因素着实难以确定。这样就形成了目前此种尴尬的局面:一方面,相关性研究如火如荼,另一方面,检索系统研究对此只能无奈观望,最终导致系统相关性判断仍然采用词频计算等机械手段而无法利用相关性研究的成果。

英国格拉斯哥大学的信息检索小组有一个研究项目:鉴于解释说明的检索:相关反馈中诱导推测方法(Retrieval Through Explanation:an Abductive Inference Approach to Relevance Feedback)[205],我们可以从该项目中了解到,相关性研究与相关反馈技术的结合工作已经有了一定进展,并将成为今后信息检索系统研究中的重要内容和趋势。在这个项目中,研究者将诱导推测(Abductive Inference)、解释说明(Explanation)和相关反馈结合在一起,并对人在检索过程中的行为因素、词汇特征、时间因素进行综合考虑,取得了相应的研究成果。传统的相关反馈技术没有考虑信息检索和进行相关性判断时的行为因素。因此,为使相关反馈对信息检索起到有利的支持作用,该项目提出开发一种结合用户反馈进行相关性判断的相关反馈模型。该模型应该能够解释用户认为文献相关的原因,这就意味着研究者应该考虑词汇在文献中的用法以及用户如何进行相关判断。该项目将相关反馈看作是一种解释的过程,即针对文献与信息需求相关的原因,提出一个说明性的相关反馈理论。其研究成果表明,相关反馈技术成功的几率与用户对相关反馈操作方式的了解程度相关联,一个基于解释的相关反馈系统能够帮助用户了解相关文献的标识,对用户行为有很强的指导作用,由此产生的解释能运用到界面中去帮助用户理解反馈过程,从而增强相关反馈对用户的帮助作用。

2. 相关反馈技术的基本原理

信息检索的相关反馈是当前最流行的查询重构技术,其研究可以从1960年Maron和Kuhns[206]提出的"与原始查询相近的特征项可以加到查询中,以便检索到更多的相关文献"的观点中找到最初的痕迹。目前,学术界通常认为正式的相关反馈研究始于1971年,即Rocchio[207]在SMART系统中完成的基于向量空间模型的最初相关反馈实验。其后,学术界将相关反馈研究分别拓展到了概率模型、布尔模型、语言模型、与语义模型中。

对于用户而言,判断1篇文献或1条信息与检索的相关性,比清晰地表达他的信息需求更为容易,即使不能清楚地知道需要什么信息,用户也能够识别什么信息可以满足其需求。因此,通过对检索及文档相关性进行判断的过程,可以使用户逐渐接近其需求,最终得到满意的结果。相关反馈在信息检索系统中的机制如图4-3所示。

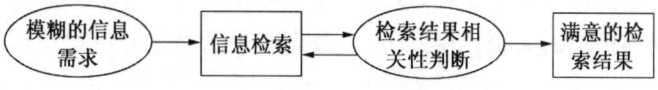

图4-3 信息检索系统中的相关反馈机制

在相关反馈循环中,用户向信息系统提交代表其信息需求的查询,此时的查询通常比较模糊;系统进行初始检索,返回的文档集根据文档与查询的相关性排序(通常根据相关性降序排列),然后由用户进行相关性判断:指出其中哪些文档(事实上,用户通常只查看返回文档集列表中的前10篇至20篇文档)是相关的;系统基于所得的相关性判断,进行相关反馈,自动重新构建新的查询,然后用新查询再与文档集进行匹配,从其中检索出更多的相关文献。该过程可以循环进行,直到用户最终通过较为精确的查询得到满意的检索结果为止。

相关反馈的思想:从用户认为相关的文档中选择重要的语词或表达式,在新的查询中不断提高这些语词的重要性,以使检索结果更接近用户的查询需求。

目前利用相关反馈信息来重构查询的方式主要有2种:查询词重新加权(Term Re-weighting)和查询扩展(Query Expansion)[208]。查询词重新加权指提高在相关文献中出现的查询词的权值。查询扩展指将相关文献中新的有用的词用于扩展查询。在形成新的查询时,可以同时使用查询词重新加权和查询扩展两种方法,也可以任选其一。

3. 自动相关反馈与用户相关反馈

相关反馈技术按照用户是否参与可以分为自动相关反馈(Automatic Relevance Feedback,简称ARF)与用户相关反馈(User Relevance Feedback,简称URF)。

自动相关反馈也称为伪相关反馈法(Pseudo Relevance Feedback,简称PRF或Blind Relevance Feedback,简称BRF)。这种相关反馈方法不需用户参与,完全自动进行:它通过假定检索结果列表的前n篇文档为相关文献来进行反馈,不需用户做出相关性判断。其过程由5步组成:

(1)用初始查询进行检索,得到检索结果列表;

(2)假定列表中前n篇文档是相关的;

(3)对这些相关档集中的语词进行权重计算;

(4)选出权重最高的m个语词加入初始查询对其进行扩展,或者根据相关文献中权重较高的词去修改初始查询中检索词的权重;

(5)再用新的查询进行二次检索。

用户相关反馈也称为交互式相关反馈(Interactive Relevance Feedback),这种方法融入了用户的参与,用户除了对检索出来的文档进行相关性判断外,还拥有控制、修改查询的权利。

在信息检索实验中,由于交互式相关反馈需要大量的用户参与从而难以实现,而伪相关反馈方法以其简单易操作的特点被大量应用。此外,即便在交互式相关反馈中,用户通常也只查看检索结果列表的前10~20篇文档来进行相关性判断,因此,在伪相关反馈实验中,通常取n值为20,即假定检索结果的前20篇文档为相关文献进行实验。

4. 检索词重新加权与查询扩展

对于相关反馈技术的2种方法,研究者们也进行了比较研究。Harman[209]于1992年进行了基于概率模型的相关反馈实验,研究检索词重新加权方法与查询扩展方法间的关系。原始的概率模型只能对检索词重新加权,而无法进行查询扩展,因此一个可能的解决方法是将相关文献中所有出现的词加入初始查询。Harman认为,应该对相关文献中所有出现的词进行排序,并选择其中部分词进行查询扩展。

如何对相关文献中的词进行排序?应选择多少词进行扩展?Harman在她的实验中比较了6种排序方法,结果显示考虑检索词出现在所有相关文献集合中的频率,比仅仅考虑包含检索词的文档频率效果要好。对于扩展的检索词的数量,Harman的实验结果显示,增加20~40

个新检索词效果较好,其中增加频率最高的 20 个检索词效果最好。

同时,Harman 的实验还证明,查询扩展和查询词重新加权这 2 种相关反馈方法都能够提高检索效率。相比而言,查询扩展方法的效果比查询词重新加权方法要好得多。

查询扩展方法除了有基于用户相关反馈的方法之外,还有基于局部分析(Local Analysis)和基于全局分析(Global Analysis)的方法。局部分析是利用初始查询检索得到的结果,特别是排名靠前的那些文档(称为局部文档)对查询进行改善。基于相关反馈的查询扩展属于局部分析方法的一种。而全局分析则是利用文档集合中的全部文档进行分析,不需要基于初始检索的结果,通常借助于文档以外的工具,如叙词表等来进行扩展。

局部分析方法中还有一种重要的方法,称为局部上下文分析(Local Context Analysis,简称 LCA),是由 Xu 和 Croft[210] 1996 年提出来的一种查询扩展方法。其思想是在局部文档中计算出和查询最相近的词来进行扩展。LCA 认为好的扩展检索词更倾向于在前列文档中与所有查询词同现,因此期望通过把所有与查询词同现的语词加入到初始查询中从而提高系统的检索性能。LCA 扩展查询条件的步骤如下:

(1)将所有文档都进行分段,段落(Passage)是具有固定长度的文本窗(比如 300 字节一段),并将每个段落看作检索对象,用原始查询 q 检索,返回和 q 最相似的 n 个段落。选择段落而非文档作为分析对象有 2 个原因:一是由于很长的文档往往包含多个主题,对文档开始处出现的概念与结尾处出现的检索词计算同现概率几乎是没有意义的;二是不用处理文档中不相关的部分,从而提高了效率。

(2)计算这 n 个段落中的每个概念 c(通常就是 term)和 q 的相似度 $\mathrm{sim}(q,c)$。首先定义 c 和某个检索词 k_i 的相似度,其中 pf_{ij}、pf_{cj} 分别表示在第 j 个段落中 k_i 及 c 的出现频率:

$$f(c,k_i) = \sum_{j=1}^{n} pf_{i,j} \times pf_{c,j} \qquad (4\text{-}1)$$

然后定义 c 和 q 的相似度:

$$\mathrm{sim}(q,c) = \prod_{k_i \in q} \left(\delta + \frac{\log(f(c,k_i) \times idf_c)}{\log n}\right)^{idf_i} \qquad (4\text{-}2)$$

其中,δ 是用于平滑的常数,常常取近 0.1 的值,idf_i、idf_c 分别表示基于段落计算的 k_i 和 c 的 idf:

$$idf_i = \max\left(1, \frac{\log_{10} N/np_i}{5}\right) \quad idf_c = \max\left(1, \frac{\log_{10} N/np_c}{5}\right) \qquad (4\text{-}3)$$

(3)将前列 m 个概念加入到初始查询条件中以实现查询扩展。LCA 可以看作是一种伪相关反馈方法,需要决定前列文档或段落数的大小 n。但 Xu 和 Croft 的实验表明,LCA 对 n 的选择的敏感度比一般伪相关反馈方法小得多,对于 TREC-3 和 TREC-4 中的测试文档集,LCA 在 n 等于 30 至 300 之间比初始查询条件的效果都有较大提高,而一般伪相关反馈的 n 的选择在 10 至 20 之间。这主要是由于 LCA 选择的前列对象是段落,而一般伪相关反馈选择的是文档;LCA 选择的是与初始查询条件中所有检索词同现的概念,而一般伪相关反馈选择的是在前列文档中高频出现的检索词。

4.2 相关反馈技术在不同检索模型中的应用

4.2.1 基于经典模型的相关反馈

1. 基于布尔模型的相关反馈

在布尔模型中,查询中的检索词是通过布尔运算符 AND,OR,NOT 来联接的。布尔模型是一个完全匹配(Exact-Match)模型,即检索系统只返回那些完全与查询匹配的文献,检索出来的文献要么相关要么不相关,不会依据某些检索函数将输出结果排序,检索词也没有权重之分。因此,在基于布尔模型的信息系统中,相关反馈主要用于重新选择将检索词联系起来的布尔运算符。基于布尔模型的相关反馈,主要有 Dillon 方法[211] 和 DNF 方法[212]。

(1) Dillon 方法

Dillon 方法基于检索词在检索到的相关或者不相关文献中的出现情况来计算其相关权重,称为 $prev$,并根据相关权重重新选择布尔运算符来连接这些检索词。计算公式如下:

$$prev_i = \frac{\frac{r}{\min(R, freq_i)} - \frac{n-r}{\min(N-R, freq_i)}}{\ln freq_i} \tag{4-4}$$

其中,n 为含有词 i 的文档总数,r 为含有词 i 的相关文献数,N 为文档集合中的文档总数,R 为与查询 Q 相关的文档总数,$freq_i$ 是检索词 i 在整个集合中出现的总频率。

检索词在相关文献中出现的频率越大,在不相关文献和整个文献集合中出现的频率越小,则检索词的相关权重越大。根据每个检索词的相关权重和规定的阈值将检索词分类;如果该检索词权值位于最高阈值区间,则检索子式是单个的检索词;如果其权值位于第 2 级阈值区间,则检索子式是通过 AND 联接的检索词对,依次类推。最后,利用布尔运算符 OR 联接每个区间中的检索子式来重新构建查询。最终的查询可以表示为:

$$\begin{aligned}&(S_1 \, or \, S_2 \, or \cdots \cdots or \, S_s) \\ &or [(P_1 \, and \, P_2) or (P_3 \, and \, P_4) or \cdots \cdots or (P_{p-1} \, and \, P_p)] \\ &or [(T_1 \, and \, T_2 \, and \, T_3) or (T_4 \, and \, T_5 \, and \, T_6) or \cdots \cdots or (T_{t-2} \, and \, T_{t-1} \, and \, T_t)] \\ &or \cdots \cdots \end{aligned} \tag{4-5}$$

该方法存在以下缺点:在原始用户查询中包含的检索词(或者在接下来的任意一个查询形成式中的检索词)并没有自动地包含在重新构建查询表达式的过程中,除非这些检索词也在给定查询检索到的文档中出现。当检索词在不相关文献中的出现频次超过在相关文献中的出现频次时,用 Dillon 公式计算 $prev$ 值会为负值。修正的查询表达式可能由大量的布尔检索子式组成,这样就可能有成百上千的检索子式,从而使检索性能变得很难控制。仅由单个检索词组成的子式与由很多检索词组成子式间的差别取决于相关权重阈值的设置。

(2) DNF 方法

DNF (Disjunctive Normal Form)方法是对 Dillon 方法的一个改进,它使用了可以调整查询检索词出现特征的 qcount 参数,使用 $relwt_i$ 检索词相关权重方案,利用的是检索词在整个集合中的出现情况而不是在检索集合里不相关文献中的出现情况,并且能将权值过小的检索词从中剔除。

$$relwt_i = \left[\frac{rq}{R+\text{qcount}} - \frac{freq_i}{N}\right] * \ln\left[\frac{N}{freq_i + 10}\right] \quad (4\text{-}6)$$

其中，rq 是利用 qcount 调整过的相关检索文献数量。

2. 基于向量空间模型的相关反馈

向量空间模型中相关反馈理论的基本观点：被用户判断为相关文献的向量间存在着相似性，并进而假设不相关文献与相关文献的向量间没有相似性。因此，其基本思想就是重新构造查询表达式以使结果更接近相关文献的向量。在基于向量空间模型的信息系统中，相关反馈既可用于查询扩展，又可用于检索词重新加权。

(1) Rocchio 方法

Rocchio[213] 提出了一个定义新的查询向量的表达式：

$$Q_1 = Q_0 + \frac{1}{n_1}\sum_{i=1}^{n_1} R_i - \frac{1}{n_2}\sum_{i=1}^{n_2} S_i \quad (4\text{-}7)$$

其中，Q_0 为原始查询向量，Q_1 为新的查询向量，n_1 为相关文献数量，n_2 为不相关文献数量，R_i 为第 i 个相关文献向量，S_i 为第 i 个不相关文献向量。

除此以外，Rocchio[214] 还对这一公式进行修正，通过设置 3 个参数来调整原始查询向量、相关文献向量与不相关文献向量的权重，修正后的公式称为标准 Rocchio 公式，如下：

$$Q_1 = \alpha Q_0 + \frac{\beta}{n_1}\sum_{i=1}^{n_1} R_i - \frac{\gamma}{n_2}\sum_{i=1}^{n_2} S_i \quad (4\text{-}8)$$

其中，$\alpha\beta\gamma$ 是用于调整的 3 个常量，β 用于正反馈，γ 用于负反馈，$\alpha\beta\gamma$ 的取值比率决定了在调整检索词的权重时，原先的查询、相关的文献、不相关文献间的相对重要性。

(2) Ide 修正方法

Ide[215] 对 Rocchio 的公式进行了改进，提出了另外 2 种算法："Ide-Regular" 和 "Ide-dec-hi"。这两种算法与 Rocchio 的算法都是结合文档向量和原始查询向量以形成新的查询向量，但在向量权重的调整策略方面，却没有采用标准化因子（Normalization）方法。

Ide-Regular 公式与 Rocchio 原始公式的区别仅在于没有标准化因子，但已将所有相关文献和不相关文献向量加入到了查询中，如下：

$$Q_1 = \alpha Q_0 + \beta\sum_{i=1}^{n_1} R_i - \gamma\sum_{i=1}^{n_2} S_i \quad (4\text{-}9)$$

Ide-dec-hi 公式采用的则是直接向查询加入所有相关文献向量以及不相关文献中相关性最高的一篇文档（the non-relevant document that ranks the highest）向量的方法来实现的，如下：

$$Q_1 = \alpha Q_0 + \beta\sum_{i=1}^{n} R_i - \gamma \max(S_i) \quad (4\text{-}10)$$

其中，$\max(S_i)$ 表示不相关文献中与原始查询向量 Q_0 最相似的文档向量。

20 世纪 90 年代，Salton 和 Buckley[216] 采用 6 种不同的测试集，对 Rocchio 和 Ide 反馈方法进行了比较研究，证明 Ide-dec-hi 方法最好，其他 2 种方法次之。实验结果发现，最初的查询表达式包含有重要的信息,并且含在相关文献中的信息量要比在不相关文献中的信息量要大,因此 β 一般比 γ 大。Salton 和 Buckley 的实验还发现,设 $\beta=0.75$,$\gamma=0.2$ 时 Rocchio 方法可以获得很好的结果。也有人提出取 $\gamma=0$,这样在 Rocchio 方法中只包含正反馈,不包含负反馈,实验结果证明,此时的检索性能不及 $\gamma=0.25$ 的情况。不过,从总体上来说,基于向量空间模型的相关反馈公式各种变形的效果基本相当。

3. 基于概率模型的相关反馈

概率模型中的相关反馈通过修改查询中检索词出现在相关文献和不相关文献中的概率来提高检索性能。因此,在基于概率模型的信息系统中,相关反馈主要用于检索词重新加权,即根据相关反馈信息重新计算检索词的权值。在相关反馈循环中,用户对检出文档进行相关性判断,系统利用该反馈信息,根据每个检索词在相关和不相关文献集中的分布情况来修改其相关概率,从而计算出各自的权重,并且根据包含在每篇文档中检索词的相关权重计算出文档的权值,并据此对文档进行重新排序输出。

(1) 经典概率模型

如本书 2.3.1 节所述,在概率模型中,对于最初的查询 q_i,由于并不知道检索词 k_i 在相关文献和不相关文献中的概率分布,通常取检索词 k_i 在相关文献中的概率 $P(k_i|R)=0.5$(公式 2-7),以及检索词 k_i 在不相关文献中的概率 $P(k_i|\overline{R})=n_i/N$(公式 2-7)来计算文献 d_j 与查询 q_i 的相似度 $sim(d_j,q_i)$,并将文献按照相似度进行排序。经过用户的相关性判断后,重新计算检索词出现在相关文献或者不相关文献中的概率,以此对查询的检索词重新加权,这时检索词在相关文献或者不相关文献中的概率可以通过检索词在相关文献和不相关文献中的分布来计算,通常采用如下公式:

$$P(k_i|R)=\frac{r}{R} \quad P(k_i|\overline{R})=\frac{n-r}{N-R} \quad (4\text{-}11)$$

其中,r 为相关文献中包含检索词 k_i 的文献数量,R 为与查询 q_i 相关的所有文献总数,n 为所有文献集合中包含检索词 k_i 的文献数量,N 为文献集合的数量。

然而,当 $r=R$ 或 $r=0$ 时,$P(k_i|R)=1$ 或 $P(k_i|R)=0$,或者当 $n-r=N-R$ 或 $n=r$ 时,$P(k_i|\overline{R})=1$ 或 $P(k_i|\overline{R})=0$。为此,Jones[217] 提出了修正 $P(k_i|R)$ 和 $P(k_i|\overline{R})$,在分子分母中各加入常量 c 作为调整因子,以允许不常见的现象发生,如下:

$$P(k_i|R)=\frac{r+0.5}{R+1.0} \quad P(k_i|\overline{R})=\frac{n-r+0.5}{N-R+1.0} \quad (4\text{-}12)$$

(2) 概率模型的扩展

在 Harman 对相关反馈的综述文章中提到,1983 年,Croft[218] 提出可以用有效的初始查询来扩展经典概率模型,通过倒文献频率(IDF)修正文献排序函数,使用标准的检索词权重计算公式来排序:

$$w_{ij}=\frac{\log_2(tf_{ij}+1)*IDF_i}{\log_2 M_j} \quad (4\text{-}13)$$

其中,w_{ij} 是检索词 k_i 在文献 d_j 中的权重,tf_{ij} 是检索词 k_i 在文献 d_j 中出现的频率,M_j 是文献 d_j 中的词的总数(即文献长度),IDF_i 定义为:

$$IDF_i = \log_2 \frac{N}{NumD_i} + 1 \qquad (4\text{-}14)$$

其中，N 为文献集合中的文献总数，$NumD_i$ 为文献集合中包含检索词 k_i 的文献数量。

为了在相关反馈处理过程中对查询检索词重新加权，Croft 同样采用的是如公式(4-12)所示，通过检索词在相关文献和不相关文献中的分布来计算检索词在查询中权重的方法。

经典概率模型及其扩展都仅仅用于检索词重新加权，为了使概率模型具有查询扩展功能，许多学者提出了很多方法，如最大生成树(Maximum Spanning Tree, MST)技术、"最近邻"算法(Nearest Neighbors, NN)、推理网络(Inference Network)模型、信任度网络(Belief Network)模型及贝叶斯网络检索(Bayesian Network Retrieval)模型等[219]。

4.2.2 基于语言模型的相关反馈

经典模型(布尔模型、向量空间模型、概率模型)下的相关反馈一般来说是和检索模型相一致的。然而对于统计语言模型来说，如果直接把传统相关反馈方法引入，则将导致相关反馈方法与语言模型框架的理论基础不一致[220-221]。语言模型方法的本质是一种统计的模型参数估计方法[222]，查询扩展的方式导致新的查询条件很难在语言模型框架下找到合理的解释。研究者们提出了一些语言模型下的相关反馈方法。

(1) 文档似然率方法(Document Likelihood Ratio)

Ng[223]提出了一种最大似然率(Maximum Likelihood Ratio)方法，在这种模型下，文档与查询条件的相似性度量采取以下似然率计算公式：

$$S(D_i, Q) = \frac{p(D_i|Q)}{p(D_i)} \qquad (4\text{-}15)$$

基本思想：在未指定查询的时候，文档集合中某篇文档的先验概率为 $P(D_i)$。在用户向检索系统提交某个查询 Q 后，每个文档的概率值有可能发生变化，在这种情况下用 $P(D_i|Q)$ 来代表新的概率值。由于查询的约束，这个新的概率值既可能维持原来的值，也可能减小。Ng 认为那些文档概率值在给定查询后增加的越多，越有可能和查询相关，所以他用两者的比率来衡量这种相关性：

$$\frac{p(Q'|D_i)}{p(Q')} \geq \frac{p(Q|D_i)}{p(Q)} \qquad (4\text{-}16)$$

在这一理论框架下，相关反馈的目标可以看作是根据原始查询以及相关文献来构造新的查询 Q'，对于某篇相关文献来说，使用新的查询后其相关分值应该比旧查询的相关分值高。

Ng 通过以下 2 个步骤来构造新的查询：首先根据一定标准从原始查询中去除某些词汇，并保证去除这些词汇后似然率会增加。然后从相关文献集合中向原始查询中加入某些词汇使得似然率继续增加。去除原始查询词汇的标准是满足如下公式的词汇：

$$\frac{p(t|D')}{p(t)} < 1 \qquad (4\text{-}17)$$

其作用相当于去除了查询中的"停用词"。往原始查询加入新的词汇的标准是将相关文献集合中满足下列条件的词汇加入查询来实现查询扩展：

$$\frac{p(t|D')}{p(t)} > 1 \qquad (4\text{-}18)$$

其作用相当于将相关文献中与查询相关的主题词汇加入原始查询来实现查询扩展。

这种相关反馈方法有效地改善了检索系统的性能,但是这种方法仍然是一种查询扩展的方法,依旧存在着相关反馈方法与语言模型理论框架不一致的问题。

(2)相关模型(Relevance Model)

如本书2.3.1节所述,与试图对查询的产生过程建模相反,相关模型[224]直接根据查询对相关性进行建模。它假设,给定一个文档集和用户查询Q,存在一个未知的相关模型R,该模型R使相关文献里的词w以概率$P(w|R)$出现,相关文献则是分布$P(w|R)$的随机采样。该模型的根本在于估计$P(w|R)$,并定义$P(w|R)$为从相关文献中随机采样1个词是词w的概率。Lavrenko用w和查询词$q_1,\cdots,q_m(Q=q_1,\cdots,q_m)$同时出现的联合概率分布来近似估计$P(w|R)$。

相关模型本身就是一个以一种自然的方式把查询扩展结合到语言模型框架中的方法,因为它计算了任意词w与所有检索词的联合概率分布,因此,很容易将与所有检索词同时出现并且概率较高的词作为扩展语词来进行查询扩展。实验结果表明,与简单语言模型方法相比,相关反馈使检索性能得到了很大提高[225]。

4.2.3 基于语义模型的相关反馈

近年来,随着本体在检索系统中的应用越来越广泛,通过本体中的各种关系对查询进行扩展也逐渐成为一种重要的方法。

通过本体实现查询扩展,实质上是利用本体的推理机制,挖掘和推理出信息集合中的隐含知识,并将其补充到初始查询中。其查询扩展的过程与语义网络中的启发式扩展激活的方法相类似。扩展激活的基本原理:将有向网络节点集合作为输入,对于每1个概念节点,依次遍历启发式表达式中的关系链接,每激活1个链接都将产生1个中间节点集合,作为下一次激活的起始集合。利用本体的查询扩展可以借鉴此原理,将本体的概念关系知识作为启发式表达式,与查询关键词结合作为输入,首先将关键词映射到本体中的相应概念,然后对每1个概念,依次遍历启发式中的关系链接,每个链接的激活都将导致获得和当前概念直接相关的其他概念,利用这些概念可进行下一次激活,产生更多的相关概念。最后,把所有得到的相关概念都添加到初始查询中,完成查询扩展任务。

图4-4描述了基于本体进行查询扩展的流程和方法[226]。结合词表和本体推理功能,基于本体的查询扩展包括以下4个方面:

(1)依据本体中类的层次结构扩展

领域本体中的概念类层次结构所体现的父子关系可以作为查询扩展的依据。利用"父类"的通用概念代替用户的检索概念,或者用抽象的属性值代替具体的属性值都可以减少对查询的限制,从而获得更多的结果。利用"子类"的专指概念代替用户的检索概念则可以获得更深的语义内容和更多的语义表示形式。

(2)利用本体的领域关系扩展

本体的领域概念通过各种语义关系连接,构成了复杂的节点网络。根据本体的这种结构特点,可以采用启发式扩展激活的方法,利用本体所包含概念间的关系,在"网络"中对查询进

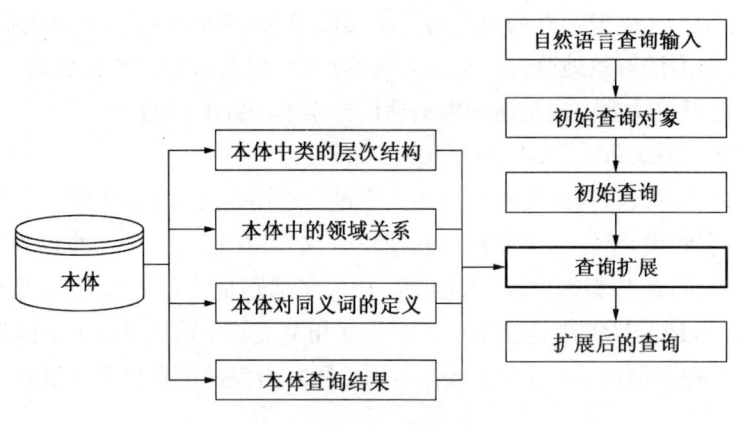

图 4-4 基于本体的查询扩展

行扩展。

(3) 同义词扩展

同义词扩展依赖于定义了词汇间同义词关系的词典和本体。同义词包括概念同义词和实例同义词两个层面,这两方面的同义词定义都可以在本体编辑的过程中进行。为本体设计概念、实例或其他元素时,可以添加概念、实例等元素的同义词。概念的同义词可直接利用现有的同义词表,而实例的同义词则需要本体设计人员根据领域知识手工添加。

(4) 利用本体查询结果扩展

这是利用本体进行相关反馈的过程。本体查询是调用已开发出的推理机,对本体知识进行精确检索的过程。由于用户不熟悉专门的本体查询语言的句法,并且无法对本体库直接进行操作,所以让用户直接对本体进行查找是不现实的。但是,后台执行的本体查询可以对用户查询进行有效的扩展。因为本体查询的结果就是回答用户提问的精确答案,依此为新的查询检索词,有助于提高检索结果的准确性。

4.3 跨语言查询扩展

相关反馈技术应用于跨语言信息检索中比应用在单语言信息检索中显得更为重要,因为,跨语言信息检索面临着比单语言信息检索更严重的语词不匹配问题(Term Mismatch Problem)——跨语言信息检索的用户需要确定检索词的翻译与文档标引词匹配,而不是简单的检索词本身与相关文献的标引词相匹配[227]。自然而然地,相关反馈技术被广泛地应用于跨语言信息检索领域,并成为一项非常重要的提高检索效率的方法。

跨语言信息检索最终被转化为单语言信息检索,因此,对于跨语言信息检索中的相关反馈,目前研究者们还是采用基于单语言信息检索的相关反馈方法,主要是查询扩展。

在基于查询翻译的跨语言信息检索中,用户输入的查询一般比较简短(例如 TREC、CLEF 等测试主题中的标题项),这就增加了翻译的难度,进而影响检索的准确性,适度的查询扩展是解决该问题的一个方向,即给查询增加更多的限制信息,从而增强其翻译的可靠性。从本质上说,查询扩展也是解决查询中检索词歧义性的方法。与单语言信息检索一样,扩展的词汇应该是基于原始检索词的同义词以及相关词,也可以来自相关语料库或真实文本中。

然而,与单语言查询扩展不同的是,跨语言查询扩展(Cross-Language Query Expansion)按照查询扩展发生在跨语言信息检索过程中的先后位置,可以分为翻译前查询扩展(Pre-Translation Query Expansion)、翻译后查询扩展(Post-Translation Query Expansion),以及混合式查询扩展的结合(Combined Query Expansion),即查询扩展发生在查询翻译之前或查询翻译之后,或者同时发生在查询翻译前后,如图4-5所示。

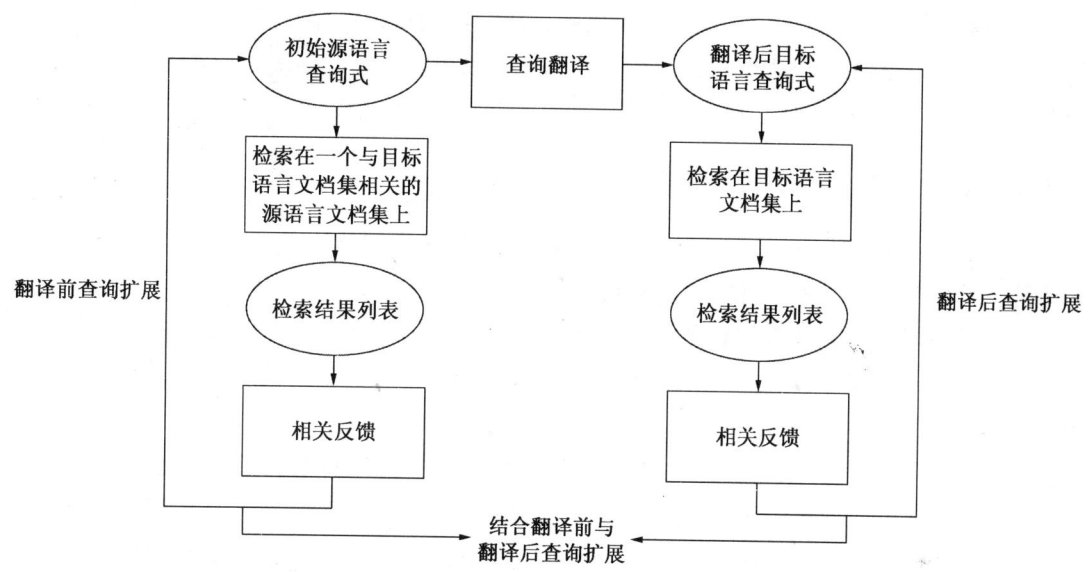

图 4-5 基于查询翻译的跨语言查询扩展

翻译前查询扩展,即在将源语言查询翻译成目标语言查询之前,用源语言查询在另1个源语言文档集合中进行检索,该集合具有与待检索的目标语言文档集合相似的主题范畴(只有这样,在检索出来的相关文献上进行扩展时得到的词才与原始检索词属于相同的主题领域),然后从检索出的源语言相关文献中选择权重较高的标引词,对源语言查询进行扩展,扩展之后再进行翻译,然后继续在目标语言文献集合中进行检索。翻译前查询扩展是通过增加相关词来强调查询中重要概念的方法。

翻译后查询扩展,即在将源语言查询翻译成目标语言查询之后,用目标语言查询在目标语言文档集合中进行检索,从检索出的目标语言相关文献中选择权重较高的标引词,对目标语言查询进行扩展,扩展之后再次检索于目标语言文档集合。翻译后查询扩展是通过增加更多的语义信息来减少查询中不相关词影响的方法。

混合式查询扩展在相关反馈过程中也可以同时使用,即翻译前与翻译后查询扩展的结合。混合式查询扩展方法既考虑了强调查询中的重要概念,又考虑了强调查询翻译后的语义。

从图4-5可以看出,其实,无论是翻译前还是翻译后查询扩展,抑或是混合式查询扩展,其实质与单语言查询扩展没有区别,都是将单语言查询扩展的方法运用在跨语言信息检索过程的不同步骤中,并未涉及任何对查询翻译的改进。

许多研究者对跨语言查询扩展进行了实验研究。Ballestors和Croft[228]曾就不同的组合做了一系列实验。他们证实,翻译前查询扩展方法能有效提高跨语言检索效率。McNamee 和 Mayfield[229]在实验中比较了翻译前查询扩展、翻译后查询扩展以及两者结合的不同效果,数据显示,混合式查询扩展方法获得了最好的效果,特别是在翻译资源质量不高的情况下。微软亚洲研究院的研究人员在研究中英文跨语言检索时,利用了一个两步伪相关反馈的查询扩展方法[230];他们在 TREC-9 的测试中,进行了翻译前和翻译后的查询扩展,结果显示翻译后的查询扩展能明显提高系统的平均查准率,而翻译前的查询扩展则不能。

3 种跨语言查询扩展方法究竟哪一个最好?研究者们得出的结论并不统一,因为跨语言信息检索比单语言信息检索更为复杂,跨语言查询扩展事实上会受到诸如翻译资源类型、翻译资源质量、语种等诸多因素的影响。

4.3.1 不同翻译资源下的查询扩展

如本书 3.1.2 节所述,在查询翻译策略中,常用的翻译资源往往有词典、机器翻译系统、语料库等。学者们研究了在不同翻译资源下跨语言查询扩展的结果。

1. 基于词典的跨语言查询扩展

Ballesteros 和 Croft[231]对基于词典的跨语言信息检索进行了基于伪相关反馈的查询扩展和基于局部上下文分析的查询扩展实验,用西班牙语查询检索英文文档。如图 4-6 所示,在基于词典翻译的跨语言查询扩展过程中,先由母语为英文的研究生将西班牙语查询翻译成英语,作为检验基于词典翻译查询的标准(BASE)。在翻译查询前,首先用 BBN 标注工具(Part-Of-Speech Tagger)识别出查询中的短语(Phrase),主要是名词短语和形容词短语;然后由词典进

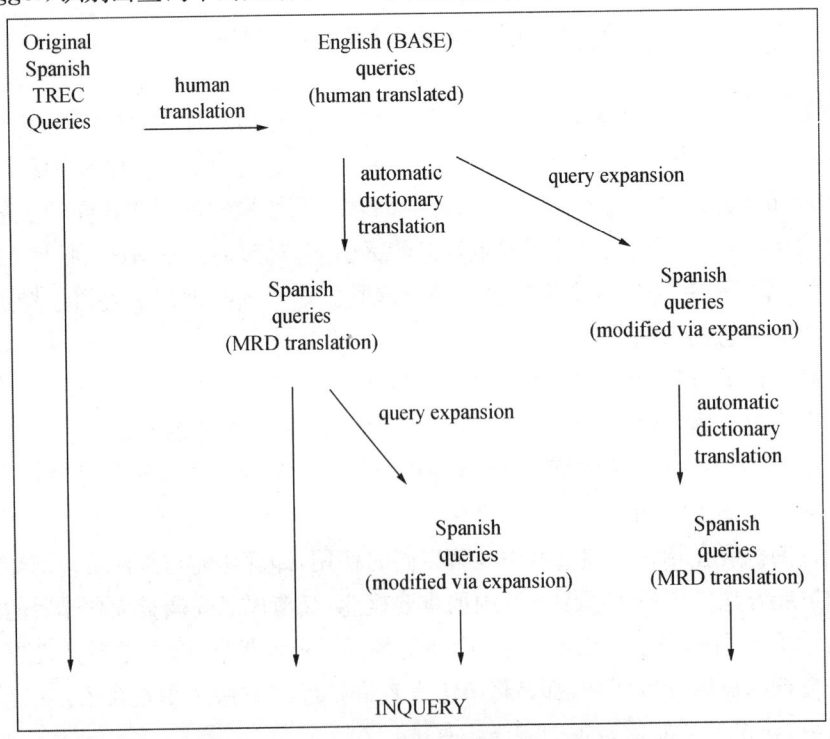

图 4-6 基于词典翻译的跨语言查询扩展处理过程

行逐词翻译(Word-by-word Translation)或短语翻译(Phrase Translation),选择词典中所有关于每1个检索词或短语的翻译,如果词典中找不到该词,则保留未翻译的该词作为目标语言检索词。实验中使用的词典为 Collins English-Spanish 双语机读词典(MRD)。短语翻译使用该词典中用到的关于短语或词的信息,因此该词典的词条中包含短语。如果查询中的1个短语无法在词典中找到,则对该短语进行逐词翻译。检索评价是基于系统返回的1 000个文档来进行的,查询扩展采用了2种方法:1)伪相关反馈方法;2)局部上下文分析(LCA)方法。

实验中比较了翻译前查询扩展、翻译后查询扩展,以及混合式查询扩展这3种方法,结果如表4-1所示。他们的结论是自动词典翻译由于比较有效、便于操作、资源较容易获得,以及翻译效果与其他跨语言信息检索方法相似而较受欢迎。短语翻译能使检索效果大大提高,但是提高的程度与翻译的质量密切相关:1个错误的翻译会抵消掉由其他正确翻译提高的效率。要注意的是,除名词词组外,其他短语不太容易通过词典获得正确翻译。结果显示,基于词典翻译的跨语言信息检索获得了0.082 3的查准率,达到单语言信息检索的41.2%。

表4-1 基于词典翻译的跨语言查询扩展结果

Method	Precision	Monolingual(%)
Monolingual	0.1998	—
MRD	0.082 3	41.2
Pre-LF	0.109 9	55.0
Pre-LCA	0.113 9	57.0
Post-LF	0.091 6	45.8
Post-LCA	0.102 2	51.1
Comb-LF	0.124 2	62.2
Comb-LCA	0.135 8	68.0

基于伪相关反馈和局部上下文分析的查询扩展方法都能够显著地减少词典翻译带来的错误。相比这两种方法,基于局部上下文分析的扩展在较低查全率的时候能获得较高查准率,这对于跨语言信息检索是非常重要的。

局部上下文分析通常用多个词组成的短语来扩展查询,当进行翻译前查询扩展时,对于翻译的影响更敏感。短语必须被逐词翻译,而当其被分割为一个个单词后比整个的效果差多了。基于局部上下文分析的翻译前查询扩展则能减少短语被分割的问题。同时,基于局部上下文分析的翻译前查询扩展无论在查全率还是查准率上都比基于伪相关反馈的翻译前查询扩展方法要好。基于局部上下文分析的翻译后查询扩展和混合式查询扩展也有相同的情形。基于局部上下文分析可以比基于伪相关反馈取得更高的查准率,且能够减少45%的自动翻译错误,达到单语言信息检索的68%。

Ballesteros 和 Croft 的研究证明,查询扩展技术能够显著地减少词典翻译带来的翻译错误。词典无法提供足够的、翻译准确的上下文,无论是逐词翻译还是短语翻译,跨语言查询扩展都被证明是一种有效改进跨语言检索结果的方法。

2. 基于语料库的跨语言查询扩展

Carbonell[232]等人将伪相关反馈用在基于双语语料库翻译的跨语言信息检索中。为了最好地翻译孤立的检索词,他们比较测试了3种翻译查询的方法:

(1)基于词典的词翻译(Dictionary Term Translation):在一个通用双语词典中查找每一个检索词,取每一个词在词典中的所有翻译;

(2)基于语料库的词翻译(Corpus-based Term Translation):用一个句子对齐的双语语料库来查找查询中的每个词,建立一个基于语料库的词矩阵;

(3)基于语料库的词-句子(Corpus-based Term-to-Sentence):用相同的语料库抽取完整的目标语言句子,这些句子与源语言查询的检索词具有共现关系。然而,词-句子的扩展能增加查全率却会降低查准率。

结果显示,基于语料库的词翻译法取得了最好的效果,因此,在伪相关反馈实验中,他们采取了基于语料库的词翻译方法来翻译查询。

图4-7显示了伪相关反馈过程的数据流,他们进行的是翻译后的相关反馈,即首先将源语言查询通过基于语料库的词翻译方法进行翻译,再用检索结果列表中排名靠前的文档去形成相应的新的目标语言查询。

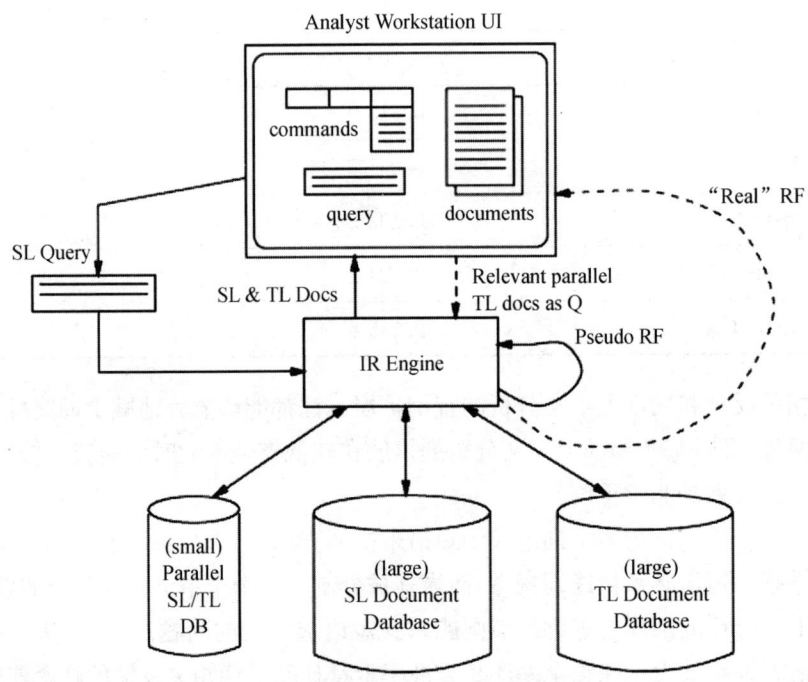

图4-7 基于语料库翻译的伪相关反馈数据流

由于他们所采用的搜索引擎检索模型是向量空间模型,因此相关反馈,即形成新的目标语言查询的原理是基于向量空间模型的查询重构,定义如下:

$$\vec{q} = (q_1, q_2, \cdots, q_m)^t$$
$$\vec{d} = (d_1, d_2, \cdots, d_m)^t$$
$$\sin(\vec{q}, \vec{d}) = \cos(\vec{q}, \vec{d}) = \frac{\sum_{i=1}^{m} q_i d_i}{\sqrt{\sum_{i=1}^{m} q_i^2} \times \sqrt{\sum_{i=1}^{m} d_i^2}} \quad (4-19)$$

其中,$\vec{q}$ 是查询,$\vec{d}$ 是语料库中的一篇文档,m 是语料库中每个唯一词语(词或词组)的个数,q_i 和 d_i 是查询和文档中的语词权重。

实验结果显示,经过伪相关反馈之后跨语言信息检索取得了比较好的结果,达到了单语言检索的 90%。

3. 基于机器翻译系统的跨语言查询扩展

Qu[233]和她的同事们将伪相关反馈用于基于机器翻译的跨语言信息检索。他们分析了影响利用机器翻译系统进行查询翻译的因素,并讨论了3种基于相关反馈的查询扩展方法:翻译前查询扩展、翻译后查询扩展、混合式查询扩展。图 4-8 显示了基于机器翻译的跨语言检索,以及翻译前和翻译后查询扩展方法的流程。

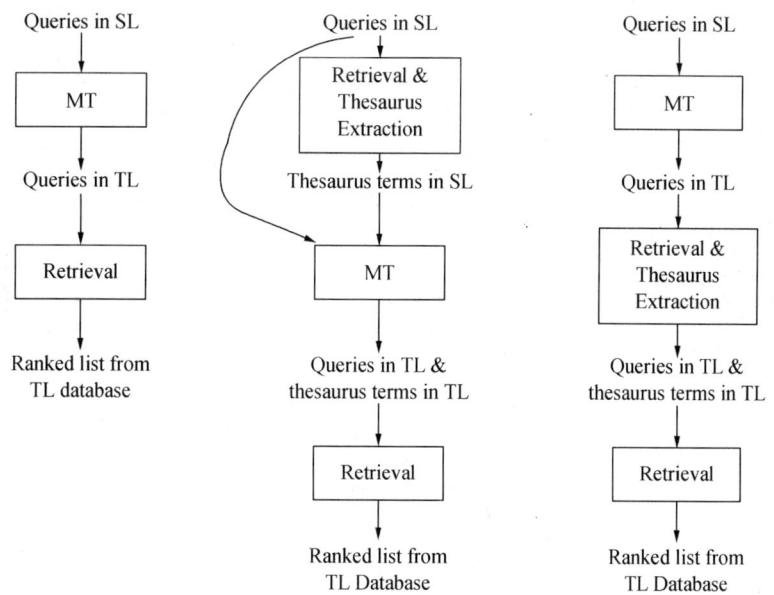

图 4-8 基于机器翻译查询的跨语言检索及相关反馈方法

他们在实验中用 SYSTRAN 机器翻译系统来将英文查询翻译成法文,查询和文档都事先经过自然语言处理工具处理。如本书 3.4 节所述,基于机器翻译和基于词典或语料库的查询翻译的最大区别在于:机器翻译系统在翻译时只选最好的 1 个翻译,而基于词典或语料库的翻译可以选取多个或全部翻译。选取最好的 1 个翻译时,如翻译准确则将极大地提高查准率;如选不准确则风险很大。选取多个或全部翻译虽然是一种折中的办法,但又会带来比较多的翻译噪音。SYSTRAN 是一个商业机器翻译系统,具体的翻译机制对于跨语言信息检索实验来说是未知的,如同 1 个黑匣子(Black Box)。

检索引擎用的是 CLARIT:一个基于向量空间模型的检索系统。相关反馈方法采用的是本书 4.2.1 节中提到的 Rocchio 方法,即根据相关文献重新构造查询向量,也可以说是基于向量空间模型的查询扩展。

实验所用测试集为 TREC-6 的法语文档,共有 141 656 篇文献,测试的检索主题为 22 个。实验结果显示,在没有进行相关反馈的时候,基于机器翻译进行查询翻译的跨语言信息检索平均查准率达到单语言检索的 73%。分析结果表明,其主要的翻译错误类型有 7 种:英文检索词未翻译(missing translation)、多余的翻译(unnecessary translation)、翻译选择错误(wrong sense disambiguation)、由大写转小写引起的翻译错误(wrong disambiguation caused by removed capitalization)、逐词翻译引起的固定搭配被翻错(word-by-word translation of a multi-word idiomatic term)、错误的短语翻译(wrong phrase construction)和短语被拆散(broken phrase)。其中,翻译选择错误和逐词翻译引起的固定搭配被翻错这两种错误,是最常见的。

相关反馈的实验结果显示,翻译前查询扩展、翻译后查询扩展、混合式查询扩展的平均查准率分别为:0.209 9、0.239 2、0.217 6。在基于机器翻译查询的情况下,翻译后查询扩展取得了最好的效果,但这些方法的优劣与翻译错误的类型有关。

研究者对翻译前与翻译后查询扩展方法的分析:翻译前查询扩展方法能够中和翻译错误以及对习惯用语字面翻译造成的错误,但是也可能通过增加额外有歧义或无关的语词而带来噪音;由于去掉大写字母,经常导致英语专有名词或缩写翻译错误;翻译后查询扩展方法比另外 2 种方法更为有效,特别是当翻译后的目标语言查询上下文比较充足的时候,即使有些语词翻译错误也影响不大,并且对在查询翻译过程中被拆散的多词构成的固定搭配或短语还能起到还原作用,有时还能找到更多的有用语词,但是当某些关键检索词被翻译错误或者没有足够的上下文时,这种方法可能就无效了。

对 3 种相关反馈方法的选择,可以依据如图 4-9 所示的一个决策树来进行:在大部分关键检索词都被正确翻译的情况下,翻译前查询扩展、翻译后查询扩展和混合式 3 种方法的效果差不多,都可以提高检索效果。但是,当有些关键检索词被错误翻译时,如果缺失的意义能够被上下文语词所补偿,则翻译后相关反馈方法比其他 2 种方法效果好;反之,则其他 2 种方法优

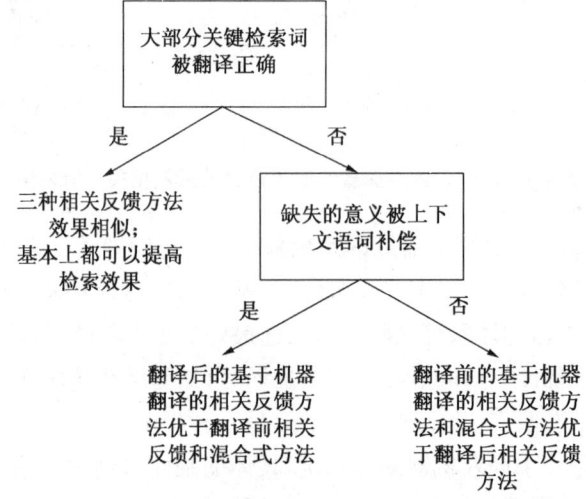

图 4-9　3 种相关反馈方法的决策树

于翻译后相关反馈方法。

4.3.2 不同语言转换中的查询扩展

如前所述,语言因素也是影响跨语言相关反馈的1个因素。目前,一些常用语种都有学者涉及并研究过,如本书1.1.1节所示的十大网络常用语言,都有与英语之间的跨语言相关反馈研究。对于我们而言,最关心的自然是有关中文与其他语言间的跨语言研究。

Gey 和 Chen[234]对 TREC-9 的跨语言信息检索专题做了一个综述,主要是针对英汉跨语言信息检索(英文查询检索中文文档)。他们选取了在 TREC 众多系统中排名较高的一些系统报告作分析,却发现他们对查询扩展方法报告的不一致。TREC-9 中部分关于跨语言查询扩展的描述如下:

"无论是翻译前查询扩展还是翻译后查询扩展,平均查准率都提高了 10%"

"翻译前查询扩展没有用"

"最好的跨语言信息检索结果并没有用翻译后查询扩展"

"翻译前查询扩展比未经扩展的跨语言检索效率提高了 42%"

"最好的跨语言信息检索结果来自混合使用翻译前查询扩展与翻译后查询扩展"

"翻译后查询扩展的效率产生了一点点提高"

……

这些不一致的结论导致无法最终确定究竟哪种跨语言查询扩展方法更有效。这主要是因为相关反馈受到诸多因素的影响,如前面讨论的翻译资源,还有语料的主题范围、检索模型的类型、所用的相关反馈方法等。此外,不同语种文档的预处理或文字处理也有不同的方法,如西文要考虑词根还原,中文存在分词的问题,这些都可能对相关反馈方法的结果造成影响。因此,在特定语种下,无法对相关反馈方法的好坏下定论,但我们可以分析这些方法的适用范围,以及有必要在不同的语种下研究跨语言相关反馈问题。

本书 2.4.1 节提到的一些国际有关跨语言信息检索的测评会议,如 CLEF、NTCIR、TREC 等都经常有关于各种欧洲语言和亚洲语言的相关查询扩展的实验报告。近几年,人们更多地将目光投向常被忽视的语种,如印度语、阿拉伯语等。

4.3.3 翻译资源质量对查询扩展的影响

翻译资源质量是影响跨语言信息检索的一个重要因素,查询扩展技术的应用能够弥补由翻译带来的错误。因此,翻译资源的质量对查询扩展的影响是一个值得研究的问题。

通常来说,翻译资源的质量越好,其词汇覆盖的范围越大,对跨语言信息检索而言,效果也越好。但是,高质量的翻译资源相对而言不容易获得。McNamee 和 Mayfield[235]针对翻译资源质量对跨语言查询扩展的影响进行了研究。他们在查询翻译之前故意将平行语料库和双语词表(Bilingual Wordlist)的质量降低(Degrade),以检验不同质量下查询扩展的效果。

实验中,他们采用 CLEF2001 的语料库,包括荷兰语、英语、法语、德语、意大利语、西班牙语 6 种语言的文档集,选取了 35 个检索主题,同时进行 5 组实验(分别用荷兰语、法语、德语、意大利语、西班牙语查询去检索英语文档集),其中每组实验分别进行不扩展、翻译前查询扩展、翻译后查询扩展和混合式查询扩展的操作,每一种扩展又是在 4 种不同质量的翻译资源下进行。在经过去停用词、去标点符号、大写字母转小写等文本预处理工作后,5 种语言的查询被翻译为英语,检索系统为基于统计语言模型的检索系统。

实验分别采用两种翻译方法:从一个双语词表(带翻译概率)中取每个词的所有翻译;从一个对齐的双语语料库(带翻译概率,从 8 个月的 Journal of the European Union 期刊中生成)中取概率最高的翻译。他们比较了 2 种翻译资源的质量,结果显示,双语词表和双语语料库相比,无论是哪种语言,双语语料库的翻译质量都比双语词表的翻译质量要好很多。

随后,他们对翻译资源人为地进行削弱。有 2 种降低翻译资源质量的方法:(1)建立新的词表或语料库,故意遗漏一些词条,但这种方法比较费时费力;(2)模拟(Simulate)削弱翻译资源,即通过随机降低查询中检索词的百分比来模拟低质量的翻译资源。也就是说,对查询的每 1 个检索词产生 1 个 0 到 1 的随机数,只有在该值大于降级的百分数时,才为该词找 1 个相应的英语翻译,否则翻译为空。第 2 种方法比较方便可行,他们在实验中采用此种方法来降低双语语料库和双语词表的质量。其查询扩展的流程如图 4-10 所示。

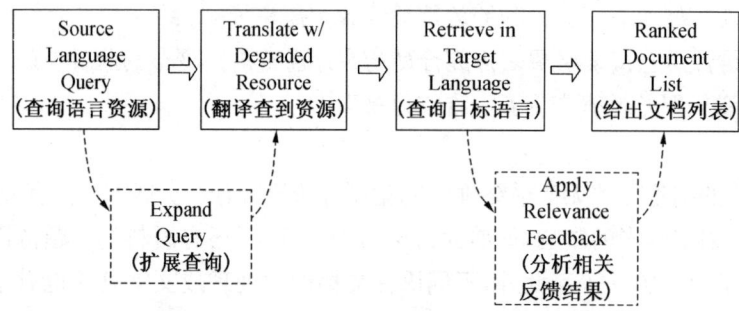

图 4-10　降低翻译资源质量情况下的相关反馈过程

在进行翻译前查询扩展时,他们用源语言查询检索源语言文档集,取 1 000 个检索结果中的前 25 篇文档为相关文献,最后 75 篇文档为不相关文献,根据基于概率模型的相关反馈方法(见本书 4.2.1 节)计算相关文献中语词的权值,取最高的 60 个语词作为扩展词。翻译后查询扩展与翻译前查询扩展类似,也是用同样的计算方法,从检索结果中取 60 个权值最高的英语语词作为扩展词。

表 4-2 显示的是当双语语料库用于查询翻译时,查询采用 TD 类型(中等长度查询),且当语料库的质量分别被降低 0、30%、70%、100%时,采用不扩展、翻译前查询扩展、翻译后查询扩展、混合式查询扩展 4 种方法的检索结果。

表 4-2　降低翻译资源质量情况下的相关反馈结果

		0	30%	70%	100%
Dutch (荷兰语)	None(无)	0.275 9	0.216 8	0.127 4	0.062 3
	Pre(前)	0.353 7	0.312 1	0.250 2	0.183 2
	Post(后)	0.306 7	0.264 3	0.154 8	0.069 7
	Both(混合)	0.364 0	0.343 9	0.252 9	0.211 3

续表

		0	30%	70%	100%
French (法语)	None(无)	0.319 9	0.250 2	0.202 8	0.109 1
	Pre(前)	0.360 3	0.326 4	0.261 8	0.192 7
	Post(后)	0.346 7	0.296 4	0.290 7	0.145 1
	Both(混合)	0.369 8	0.336 8	0.306 0	0.236 2
German (德语)	None(无)	0.278 4	0.235 2	0.140 9	0.072 7
	Pre(前)	0.329 0	0.290 3	0.262 8	0.194 4
	Post(后)	0.300 9	0.256 6	0.171 7	0.113 5
	Both(混合)	0.344 8	0.297 4	0.304 3	0.244 0
Italian (意大利语)	None(无)	0.317 8	0.248 2	0.206 1	0.082 3
	Pre(前)	0.420 9	0.375 4	0.255 2	0.201 2
	Post(后)	0.344 9	0.300 5	0.231 0	0.089 9
	Both(混合)	0.398 9	0.352 8	0.264 3	0.229 2
Spanish (西班牙语)	None(无)	0.316 4	0.286 2	0.221 9	0.088 7
	Pre(前)	0.389 0	0.347 8	0.304 0	0.223 3
	Post(后)	0.325 3	0.295 0	0.258 3	0.101 8
	Both(混合)	0.379 9	0.347 9	0.326 2	0.262 0

可见,当翻译资源的质量被降低时,无论是否采用查询扩展,其效果均随着翻译资源质量的下降而降低。如果仅比较翻译前查询扩展和翻译后查询扩展,当翻译资源的质量很低时,前者被证明比后者更为有效。在某些主题下,当没有翻译时(即翻译资源最差的情况),有翻译前查询扩展的检索结果竟然比翻译资源一般、没有翻译前扩展的检索结果更好。然而,最好的结果是来自混合式查询扩展。

4.4 基于语言模型的跨语言相关反馈

除了跨语言查询扩展之外,Hiemstra[236]等人在CLEF2000上的研究报告中提出了一种新的跨语言相关反馈算法,该算法根据重新估计的语言模型的翻译概率和相关权重来进行相关反馈。这是目前除了查询扩展外,唯一将其他相关反馈方式引入跨语言信息检索的方法。

如本书2.3.1节介绍,语言模型分为一元语言模型和多元语言模型,该实验所用检索系统是一个基于一元语言模型的系统,它将文档表示为统计语言模型:

$$P(T_1,T_2,\cdots,T_n \mid D_k)P(D_k) = P(D_k)\prod_{i=1}^{n}(1-\lambda_i)P(T_i)+\lambda_i P(T_i \mid D_k) \quad (4\text{-}20)$$

其中,n为查询的长度,T_i为查询的任意1个检索词,其样本空间为文档集中所有语词构成的集合$\{t^{(0)},t^{(1)},\cdots t^{(n)},t^{(m)}\}$,$P(T_i)$为从文档集中随机抽取1个检索词的概率,$P(T_i|D_k)$为从文档$D_k$中随机抽取1个检索词的概率,$\lambda_i$为每个检索词的权重,由于先验概率$P(D_k)$对于文

档集中的每篇文献都是相同的,因此可以忽略不计。

他们用一个概率词典(从互联网平行语料库获得)对源语言查询的每个检索词 S_i 进行翻译,并形成结构化的查询,同时将该模型应用到跨语言信息检索中,如下:

$$P(S_1,S_2,\cdots,S_n \mid D_k)P(D_k) = \\ P(D_k)\prod_{i=1}^{n}\sum_{j=1}^{m}P(S_i \mid T_i = t^{(j)})((1-\lambda_i)P(T_i = t^{(j)}) + \lambda_i P(T_i = t^{(j)} \mid D_k)) \quad (4\text{-}21)$$

其中,S_i 为源语言查询的任意 1 个检索词,$P(S_i|T_i=t^{(j)})$ 为 S_i 翻译到 T_i 的概率,初始值为词典中的翻译概率,参数 λ_i 的初始值固定为 0.3,$P(D_k)$、$P(T_i=t_i|D_k)$、$P(T_i=t_i)$ 分别用词频和文档频率进行估计,计算公式如下:

$$P(D_k) = \frac{\sum_t tf(t,k)}{\sum_{t,d} tf(t,d)} \quad P(T_i = t_i \mid D_k) = \frac{tf(t_i,k)}{\sum_t tf(t,k)} \quad P(T_i = t_i) = \frac{df(t_i)}{\sum_t df(t)} \quad (4\text{-}22)$$

其中,$tf(t,k)$ 为文档 D_k 中词 t 出现的频率,$df(t)$ 为包含词 t 的文档数。

Hiemstra 等人基于上述语言模型提出了一种新的相关反馈方法,其思路如下:利用每次反馈得到的相关文献去重新估计翻译概率 $P(S_i|T_i=t^{(j)})$ 和参数 λ_i 的值。用 $\tau_i(j)$ 代替翻译概率 $P(S_i|T_i=t^{(j)})$,采用期望最大化 EM(Expectation Maximum)算法,通过多次交互来估计 $\tau_i(j)$ 和 λ_i 的值,如下:

$$\tau_i(j)^{(p+1)} = \frac{1}{r}\sum_{k=1}^{r}\frac{\tau_i(j)^{(p)}((1-\lambda_i^{(p)})P(T_i = t^{(j)}) + \lambda_i^{(p)}P(T_i = t^{(j)} \mid D_k))}{\sum_{l=1}^{m}\tau_i(l)^{(p)}((1-\lambda_i^{(p)})P(T_i = t^{(l)}) + \lambda_i^{(p)}P(T_i = t^{(l)} \mid D_k))} \quad (4\text{-}23)$$

$$\lambda_i^{(p+1)} = \frac{1}{r}\sum_{k=1}^{r}\frac{\lambda_i^{(p)}(\sum_{l=1}^{m}\tau_i(l)^{(p)}P(T_i = t^{(l)} \mid D_k))}{\sum_{l=1}^{m}\tau_i(l)^{(p)}((1-\lambda_i^{(p)})P(T_i = t^{(l)}) + \lambda_i^{(p)}P(T_i = t^{(l)} \mid D_k))} \quad (4\text{-}24)$$

其中,$\tau_i(j)^{(p)}$ 和 $\lambda_i^{(p)}$ 均为第 p 次相关反馈后的值,因此,还未进行相关反馈时,$\tau_i(j)^{(0)}$ 的值即为词典中的翻译概率,$\lambda_i^{(p)}=0.3$。

实验中他们对 CLEF 的文档集进行了 2 种相关反馈实验:(1)伪相关反馈实验,即用初始检索结果的前 10 篇文档作为相关文献进行相关反馈,重新估计翻译概率和检索词的权值。遗憾的是,这样做的结果并不理想——经过相关反馈后的平均查准率比没有反馈的情况还下降了 0.01;(2)理想情况下的相关反馈实验,即用已知的所有相关文献(假定存在一个超级用户,他非常准确地判断出了检索结果中的所有相关文献)进行相关反馈,经过重新估计 $\tau_i(j)^{(p)}$ 和 $\lambda_i^{(p)}$ 的值后,平均查准率提高了 0.133。

实验结果证明,这种新的基于语言模型的相关反馈算法是有效的,但其可靠性不够好,只能在用户参与的交互式相关反馈环境下才能取得较好结果,因为用户的相关性判断比伪相关反馈要准确得多。

4.5 跨语言相关反馈中存在的问题

从以上分析可以看出,相关反馈在跨语言信息检索中的应用具有重要的现实意义,但同时也存在较大困难。这是因为,无论是跨语言信息检索还是相关反馈都是一个复杂的过程:跨语言检索不同于单语言检索,除了需要考虑检索模型(即匹配问题)外,语种之间的准确翻译更是复杂而困难;而相关反馈除了要考虑技术上的因素外,还需考虑系统与用户的交互问题。因此,尽管相关反馈是一种有效的提高检索结果的技术,但其用于跨语言信息检索却有很多问题值得深入研究。

通过本书 4.3 节和 4.4 节的分析,对于跨语言信息检索中的相关反馈,研究者只提出了 2 种主要的方法:查询扩展和基于语言模型的相关反馈。其中,查询扩展还是基于单语言信息检索的相关反馈方法,除了扩展的位置有区别以外,基本原理没有进一步改进;而基于语言模型的相关反馈虽然是一种新的方法,效果却不尽如人意,只有在理想的相关性判断情况下才能提高检索效果——这只能从理论上证明该方法是有效的。但是,由于其在伪相关反馈检验中被证明降低了检索结果,并且我们也无法证实该方法在真实的用户参与相关性判断的环境下是否仍然有效,因此该方法还存在许多值得商榷的地方。

综合来看,在跨语言信息检索中,查询扩展应该不是唯一的相关反馈技术,还有很多影响因素需要探讨,比如查询的长度、新的翻译资源(如互联网上的在线翻译工具)等。此外,尽管在用户角度的相关性研究中最困难的是用户行为的量化问题,但相关反馈过程,特别是交互式相关反馈却必须考虑用户因素。

4.6 本章小结

本章从相关性理论(Relevance)与相关反馈技术(Relevance Feedback)出发,论述了系统相关性与用户相关性理论、交互式相关性模型和四维相关性模型、二值与多级相关性判断、相关性与相关反馈技术的关系,以及相关反馈技术的基本原理,并分析了相关反馈技术在各种检索模型中的应用。在此基础上,本章进一步归纳出:目前跨语言检索中的相关反馈研究主要分为查询扩展和基于语言模型的相关反馈,深入剖析了影响跨语言查询扩展的诸多因素(如翻译资源的类型和质量、语种等),最后指出跨语言相关反馈存在的问题——后续章节将就此进行详细讨论。

第5章 基于相关反馈的翻译优化技术

为了能够向用户提供更贴近其检索需求的结果,以及帮助用户更好地对检索结果进行操作,一个真正对用户有用的跨语言信息检索系统除了翻译查询之外,还需要对检索结果进行翻译。本章借助用户反馈的相关文献及其翻译文档,提出了一种基于相关反馈的翻译优化技术,并对该技术提出的假设、基本思想、理论基础、处理过程、算法描述、数学建模等方面进行了深入研究。

5.1 翻译优化技术的基础理论

如本书第4章所述,查询扩展被证明是解决跨语言相关反馈问题的一项有效技术,目前被广泛采用。然而,查询扩展不应该是跨语言相关反馈的唯一方法,因为查询扩展实际上还只是延续了单语言相关反馈的思想,而且随着面向用户的跨语言信息检索系统越来越走向实用化,由用户判断的相关文献信息应该能够起到提高查询翻译的准确性的作用,并将成为区分单语言与多语言相关反馈的重要方法。

5.1.1 翻译优化的前提假设

如果面向用户的跨语言检索系统为用户提供了检索结果的译文,那么译文是否对用户相关反馈有明显帮助呢?Orengo 和 Huyck[237]为此进行了英语和葡萄牙语间的交互式相关反馈实验,他们的主要实验目的为:(1)比较3种形式的跨语言检索结果(直接检索出来的英语文档、人工对检索结果进行翻译的葡萄牙语文档、由机器翻译系统对检索结果进行翻译的葡萄牙语文档)对母语为葡萄牙语的用户进行相关性判断时造成的影响;(2)相关性被错误判断的文档对系统进行相关反馈的影响。其实验过程如图5-1所示:当初始葡萄牙语查询被跨语言信息检索系统翻译并检索之后,由27位葡萄牙语志愿者分别对检索结果列表的前10篇文档的3种形式(英文原文、由SYSTRAN机器翻译系统翻译的葡萄牙文文档、人工翻译的葡萄牙文文档)进行二值相关性判断,即判断文档为"相关"或"不相关",再由系统进行查询扩展。

实验结果显示,用户对机器翻译和人工翻译的文档进行相关性判断时,其结果的准确性高于由用户直接对原文进行判断的方式——尽管机器翻译的效果并不十分理想,许多不通顺的语句也在一定程度上妨碍了用户的阅读,但这并不影响用户对文档进行相关性判断,用户对人工翻译的文档和对机器翻译的文档进行相关性判断时的准确性几乎一样。这一实验及其所取

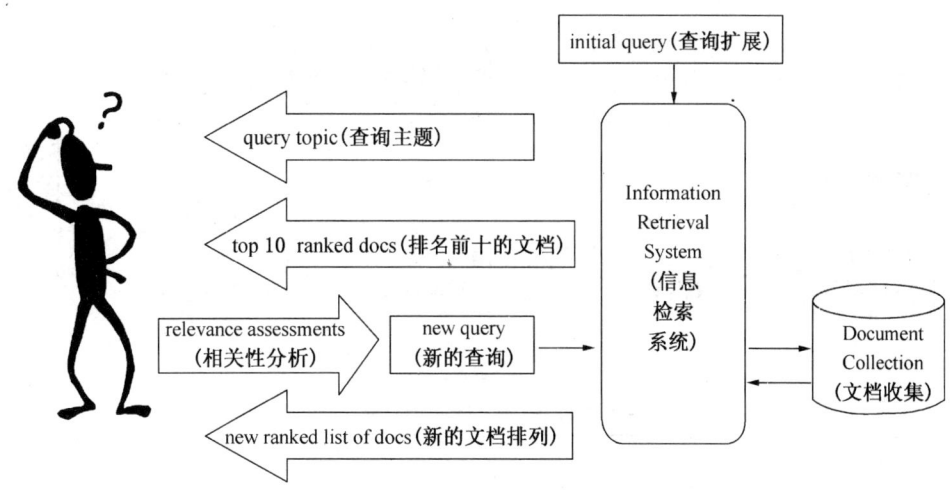

图 5-1　交互式相关反馈实验过程

得的结论证明了机器翻译确实能够帮助用户进行相关性判断,并且大多数用户也希望跨语言检索系统将检索结果翻译成他们的母语。然而,实验并没有明确相关性判断错误对系统相关反馈的影响,其原因是这种影响与检索主题的特征有关,而不同主题的反馈结果相差很大。

Orengo 和 Huyck 的结论——检索结果的译文(特别是机器翻译的译文)被证明有助于用户的相关性判断,为翻译优化技术的提出提供了依据。

从以上分析中不难看出,在面向用户的跨语言信息检索过程中,对检索结果的翻译是必不可少的环节,且检索结果的译文也被证明对于用户相关反馈具有重要意义,这是普通跨语言检索系统与交互式跨语言检索系统的区别所在。

图 5-2 和图 5-3 比较了普通跨语言信息检索系统与交互式跨语言信息检索系统间的区别,可以看出,面向用户的交互式跨语言检索系统比普通系统增加了 2 个步骤——翻译检索结果、用户对译文的相关性判断。普通跨语言检索系统只有一次翻译过程,即查询翻译(见图 5-2),而面向用户的跨语言检索系统有 2 次翻译过程,即查询翻译和检索结果翻译(见图 5-3)。这 2 次翻译过程可以使用相同或不同的翻译资源,通常,大部分跨语言检索系统层使用不同的翻译资源。由于查询较短,一般都是用词典进行翻译,而检索结果则往往更多地依赖于现成的机器翻译系统。因此,可以达到信息互补的效果。

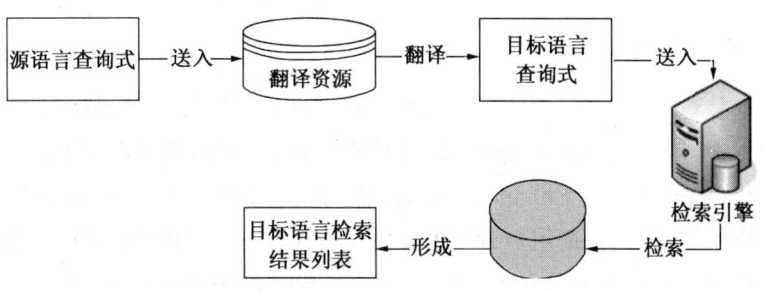

图 5-2　普通的跨语言信息检索系统

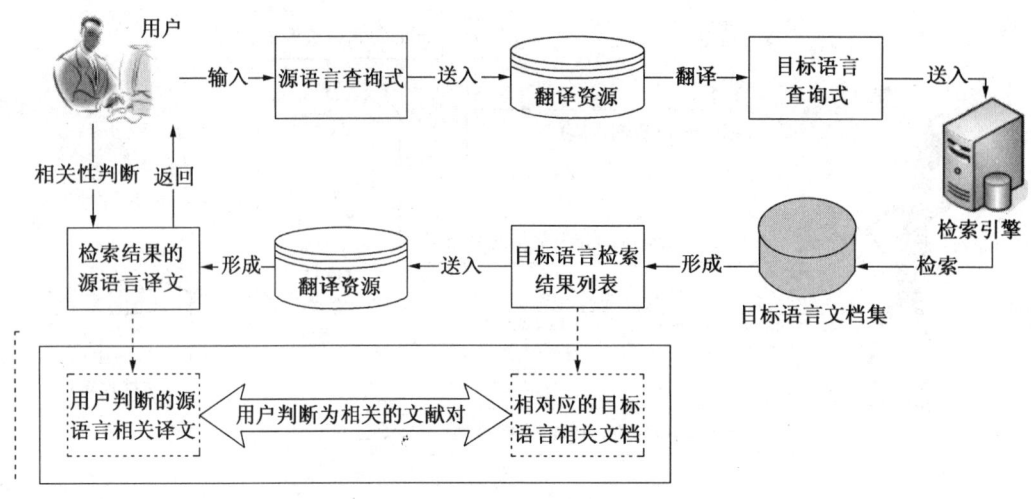

图 5-3　面向用户的跨语言信息检索系统

此外,如图 5-3 所示,我们认为,经过用户判断为相关的源语言译文和相对应的目标语言文档都是非常重要的信息,它们实际上隐含了用户对检索词翻译的认同,因此我们可以将这一对应翻译关系作用到初始查询的翻译过程中,进而用于提高初始翻译的质量。

正如本书 1.3.1 节所述,为了让用户能够无缝地以母语查询去检索非母语文档,面向用户的跨语言检索系统除了翻译查询之外,还需翻译检索结果。因此,用户对检索结果的相关反馈是作用在检索结果的译文而非原文上。翻译优化技术正是利用用户判断的相关文献及其译文来进行相关反馈,其中隐含着如下前提假设:

(1)相关反馈信息隐含了用户对检索词的翻译的认同。从相关文献及其译文(而非仅仅是一种语言的相关文献)中获得的相关反馈信息不仅能够告诉我们哪些检索词可以用于查询扩展,而且还能告诉我们用户认同的相关文献及其译文中的检索词与其翻译之间的关系。

(2)无论查询翻译和检索结果翻译过程中使用的资源是否相同,我们都可以将通过相关反馈获得的检索词与其翻译之间的关系应用到初始查询翻译过程中,以提高跨语言检索结果的准确性。如果 2 次翻译过程中使用的资源相同,则可以通过相关反馈改变翻译的权值;如果资源不相同,则不仅可以改变翻译的权值,还可以引入初始查询翻译过程中没有的翻译,使两种资源的信息互相补充。

5.1.2　翻译优化的基本思想

综合以上分析,针对查询翻译的歧义性问题,我们提出了一种利用相关文献及其译文进行相关反馈的方法,该方法致力于改进跨语言检索的查询翻译,因此我们称之为查询翻译优化,简称翻译优化(Translation Enhancement,简称 TE)。如图 5-4 所示,该方法作用于面向用户的跨语言信息检索系统,根据用户判断的相关文献及其译文(用户通常在译文上进行判断),从"相关文献对"(Relevant Document Pair)中抽取出检索词及其翻译关系(Translation Relationship),通过估计检索词在相关文献对中的翻译概率(Translation Probability)来改进初始的查询翻译,使查询中检索词的翻译更加贴近用户当前的检索,从而消除查询翻译的歧义性,有效地提高检索结果的准确性。利用从相关文献对中抽取出的翻译关系优化查询翻译可能包括：修改初始查询翻译的权值、给予相关文献对中所出现翻译更高的权重，或者引入初始词典中没有、但出现在相关文献对中的翻译，或者去除初始翻译中噪音较大的翻译，等等。

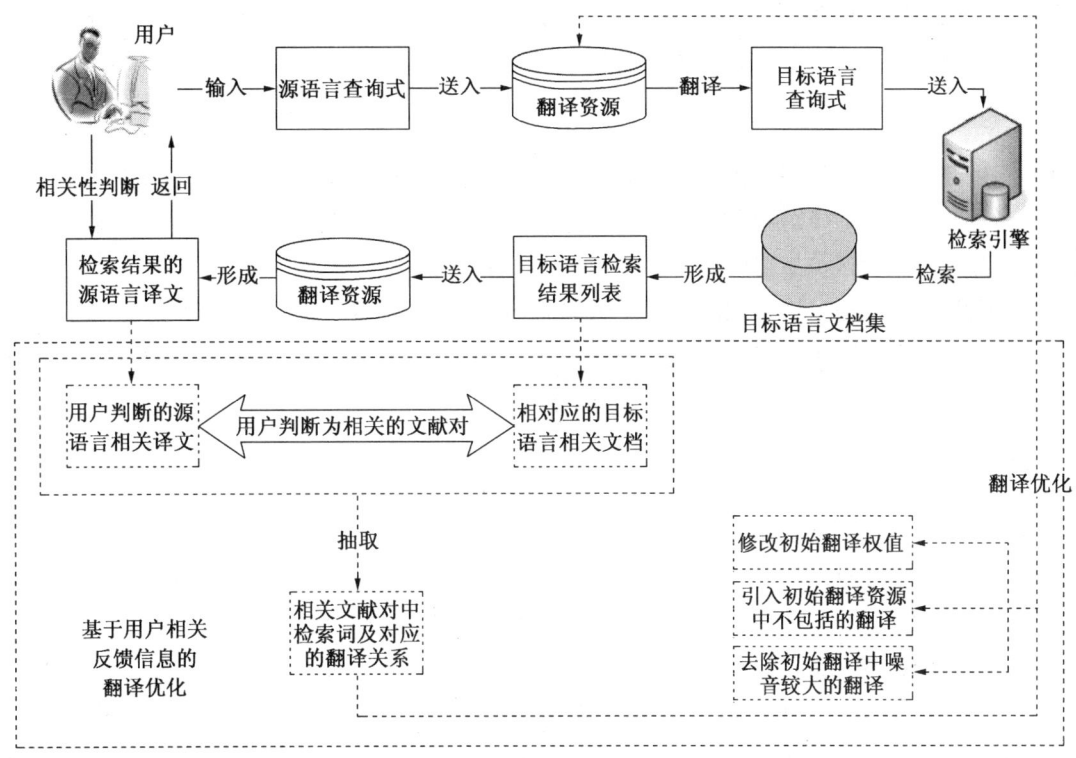

图 5-4　翻译优化的基本思想

为了在后文中论述方便，本章在此对几个重要概念进行界定，后文不再赘述：

(1) 翻译优化(Translation Enhancement)：本书指一种利用用户判断的相关文献及其译文进行相关反馈的技术，目的在于提高查询翻译的准确度，降低查询翻译的歧义性。

(2) 相关文献对(Relevant Document Pair)：本书指用户对跨语言信息检索的结果判断为相关的文献及其译文的组合。

(3) 翻译概率(Translation Probability)：本书指检索词被翻译为某个译项的可能性大小，通常通过统计该译项在某个文本集合中出现的频率来估计计算翻译概率的值。

(4) 翻译关系(Translation Relationship)：本书指检索词及其对应的译项之间存在的互译关系。

5.1.3　翻译优化的理论依据

翻译优化技术是本书提出的一种新的跨语言相关反馈技术，其理论依据主要有 3 条：

1. 以翻译概率方法为基础

翻译资源的优劣对于跨语言信息检索的结果有着重要的影响，而词典是跨语言信息检索中最常用的翻译资源。多年来，双语词典的获取和编撰一直依靠手工方式，更新的周期长而且代价高。目前一种尝试过的做法是直接将现有的语言学词典转换成机读词典,但这种词典对每个输入词条的所有翻译均一视同仁,这对于信息检索而言是不利的。以上问题促使许多学者从事基于双语语料库的翻译词典自动获取研究,并取得了丰硕的成果[238-240]。这其中,翻译概率的引入已经被证明是一种有效提高查询翻译准确性的方法。统计词典是在双语语料库(通常是平行语料库)中,通过词对齐以及词频统计和词共现计算方法,得到的一个翻译模型:

$$\sum_{f_i} P(f_i \mid e) = 1 \tag{5-1}$$

其中,e 为某个检索词,f_i 为该检索词的第 i 个翻译,$P(f_i|e)$ 为给定检索词 e,f_i 为其翻译的概率,检索词 e 的所有翻译的概率之和为 1。通过这种翻译概率方法可以赋予不同翻译以不同的权值(概率),从而区分重要的与不重要的翻译。

根据概率的统计定义"在相同条件下重复进行的 n 次试验中,事件 A 发生的频率稳定地在某一常数 p 附近摆动,且随 n 越大摆动幅度越小,则称 p 为事件 A 的概率,记作 $P(A)$",跨语言信息检索中,我们将翻译概率的计算方法定义如下:

$$P(f_i \mid e) = \frac{F(f_i)}{F(f_i) + F(\overline{f_i})} \tag{5-2}$$

在该公式中,$P(f_i|e)$ 表示 f_i 为检索词 e 的翻译的概率;$F(f_i)$ 为在一定的样本空间中,f_i 为检索词 e 的翻译的频率;$F(\overline{f_i})$ 为在一定的样本空间中,检索词 e 的翻译不为 f_i 的频率,即检索词 e 翻译为其他译项的频率。这种通过词频统计计算翻译概率的方法是机器翻译和跨语言信息检索领域常用的一种方法。

我们提出的翻译优化技术正是以翻译概率方法为基础,从相关文献对中抽取出检索词及其翻译关系,其实质就是估计检索词在相关文献对中的翻译概率,将抽取出的翻译关系转化为翻译概率来重新进行查询翻译。与通过语料库构建双语词典相似,翻译优化过程也是通过词频计算得到翻译概率。而两者的区别在于,翻译优化中翻译概率的统计所依据的语料库局限于当期检索中获得的相关文献集合,故所得翻译概率对本次检索有针对性,而一般词典的构建则是利用主题更广泛的语料库来进行。

2. 借鉴平行语料库消歧的思想

如本书 3.1.2 节所述,平行语料库(Parallel Corpora)是跨语言信息检索中用于翻译消歧的一种常用资源。为了从平行语料库中获取语言间基于上下文的特定"翻译"规律,首先需要对平行语料库进行对齐处理(Alignment)。平行语料库不仅可以在文档一级对齐,而且可以在句子甚至词汇一级实现对齐。对齐可以通过人工完成,也可以利用计算机自动完成。Davis 和 Dunning[241]使用了一个句子对齐(Sentence Alignment)的平行语料库来扩充基于词典的翻译。Oard[242]开发了一种基于词汇一级对齐的技术,并从词汇对齐(Word Alignment)语料库中抽取翻译列表,供查询翻译使用。Xu 和 Weischedel[243]通过实验研究了各种翻译资源对跨语言信息检索的影响,他们采用 TREC 标准测试集,检索模型为概率模型,测试的语种包括汉语、西班牙语和阿拉伯语,实验结果表明:仅采用双语词典获得的跨语言检索性能为单语检索效率的 70%~80%;如果双语词典和平行文本配合使用,检索性能基本上与单语检索相当;在没有平行文本的情况下,通过机器翻译系统来获得伪平行文本(Pseudo Parallel Text),也可以部分实现平行文本的效用。

翻译优化技术所依赖的相关文献对就可以看作是一个 Xu 和 Weischedel 所提出的伪平行文本(指通过机器翻译系统翻译而得到的文本及其译文)。此外,相关文献对与平行语料库间存在着异同。二者的相同之处:都是具有对译关系的文本的集合;区别:通常的平行语料库一般由人工翻译而获得,翻译质量较高,而相关文献对是伪平行文本,是通过机器翻译获得的,翻译质量可能较低;用于翻译消歧的平行语料库通常来自于一个主题相关但更通用的文档集,而相关文献对则是通过相关反馈获得的,且为原文档集合的一部分,故是针对当前检索的。尽管相关文献对与平行语料库间存在着差异,但其相似的文本互译关系使我们想到,翻译优化技术可以借鉴平行语料库消歧的思想。

3. 以相关反馈理论为主要依据

翻译优化归根结底是一种相关反馈技术,它利用的是用户的反馈信息,即用户对相关文献的判断。因此,传统的相关反馈理论仍然是翻译优化的主要依据。

如本书 4.1.3 节所述,相关反馈技术的思想是从用户认为相关的文献中选择重要的语词或表达式,然后通过在新的查询中不断提高这些语词的重要性,来使检索结果更接近用户的查询需求。单语言信息检索中,检索词重新加权(Term Re-weighting)和查询扩展(Query Expansion)是相关反馈的 2 种主要方法。对翻译优化技术而言,这些方法中蕴含的相关反馈理论仍然是其理论支撑:我们从相关文献对中抽取出检索词及其翻译关系后,进行优化查询翻译时的出发点仍然是调整翻译的权重和扩展翻译,其基本思路与传统的相关反馈理论一致。与单语言相关反馈不同的是,翻译优化技术立足点为跨语言相关反馈,其优化、重构的对象不是检索词,而是检索词的翻译。

此外,本书在 4.3 节还详细探讨了目前相关反馈在跨语言信息检索中的主要应用——跨语言查询扩展。虽然其理论依据与翻译优化的理论依据有类似之处,但跨语言查询扩展主要依照的还是源语言或目标语言的单个相关文献集合,而翻译优化依照的则是源语言和目标语言相关文献集合组成的相关文献对。

5.2 翻译优化技术的处理过程

从前面的分析可以看出,翻译优化的流程如图 5-5 所示:在得到初始检索结果之后,首先由用户进行相关性判断,得到相关文献对,然后从中抽取检索词及其翻译关系,再利用这个翻译关系去改进初始的查询翻译,最后进行二次检索,如此反复进行。这一循环过程就是翻译优化的过程。

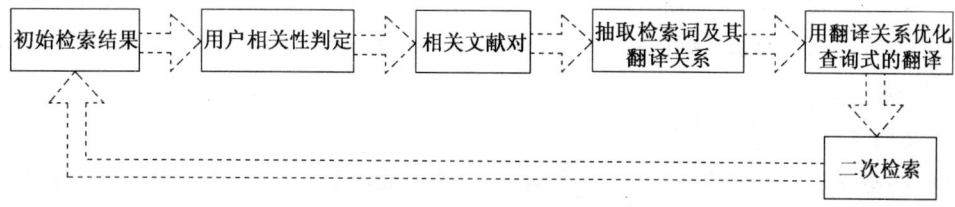

图 5-5　翻译优化的流程

从中不难看出,翻译优化技术的主要研究内容包括2方面:
(1)如何从相关文献对中抽取检索词及其翻译关系。
(2)如何利用这一翻译关系优化查询的翻译。

5.2.1 从相关文献对中抽取检索词及其翻译关系

我们在参考现有构建翻译资源的方法的基础上,提出了一套从相关文献对中抽取检索词及其翻译关系的方案,并对方案中切实可行的几种做法进行了比较研究。

1. 对现有的翻译资源构建方法的借鉴

翻译资源(如双语词典、平行语料等)既可以通过手工建立,也可以从其他资源(如可比语料、互联网页面、电子词典等)中自动抽取或自动构建。同时,这些翻译资源也可以通过规范化或扩充来适应跨语言信息检索系统的需要。

随着互联网的发展,越来越多的网站成为双语网站,这就为从互联网上自动获取平行网页创造了条件。同时,汉英双语词典在跨语言信息检索、机器翻译、语言学习等众多领域内具有重要的应用价值。然而多年来,汉英词典的获取和编撰一直依靠手工方式,更新的周期长而且代价高。随着信息化社会的发展,这种状况越来越不适应信息加工和交流的需要,因此利用现代计算语言学技术,结合汉英双语语料库来开展汉英词典的计算机辅助编撰,就成为了目前比较流行的方法。

本书3.1.2节介绍的各种不同翻译资源的构建方法中,语料库对齐的准确度对构建翻译资源的准确度影响相当大,所以对齐(Alignment)研究成为主要问题。如果双语种语料库中可以得到词汇一级对齐,那么就很容易据此构建一个双语词典。

2. 翻译关系抽取的粒度因素

现有的翻译资源构建方法表明,在设计抽取翻译关系的方案时,有3个与粒度(Granularity)相关的重要因素需要考虑:

(1)相关反馈的粒度

当我们从用户那里获得相关反馈信息时,用户的相关性判断可以作用在不同粒度的文档上。文本信息检索会议TREC的HARD(High Accuracy Retrieval from Documents)论坛(该论坛的目的是通过获得用户的检索行为和用户与系统的交互行为的信息,来达到较高的信息检索准确率),已经对用户的相关反馈信息作用在语词(Term)、命名实体(Named Entity)、段落(Passage)、文档(Document)上等不同粒度的相关反馈进行了探讨,发现这些不同粒度的相关反馈均有其各自的优缺点[244]。而由用户直接对文档进行相关性判断是最经济、最省力、最普遍的一种方法,因此本书所研究的相关反馈均是作用在文档粒度层面,即利用用户判断的相关文献对进行反馈。但是,这并不代表翻译优化技术只能利用文档层面的相关反馈,事实上,它也可以很容易地被应用到其他粒度上。

(2)文档对齐的粒度

现有的翻译资源构建方法指出,语料库的对齐是翻译关系抽取过程中非常重要的一环。而对齐的粒度由大到小分为篇章、段落、句子、从句、词组、单词等。文档对齐的粒度越小,越有利于翻译关系的抽取,但与此同时,对齐的难度也随之加大。在本书的研究中,我们首先对文档全文对齐的相关文献对进行句子对齐处理,以使翻译优化技术作用在句子对齐的粒度上,然后探讨在有词对齐和没有词对齐的2种情况下,从对齐的句子中抽取翻译关系的方法。

(3)翻译关系的粒度

翻译关系的粒度指的是获取到的词与词间、短语与短语间及命名实体之间的翻译关系等。由于翻译优化技术的目的是改进查询的翻译,而查询的翻译通常是通过词典逐词翻译检索词而获得的。因此,在本书的研究中,翻译优化技术主要作用在语词翻译的粒度上,即旨在抽取检索关键词的翻译关系。当然,这也并不代表翻译优化技术只能作用于语词翻译粒度上。事实上,翻译关系的粒度越大,翻译优化的准确性应该越高。在后续研究中,我们还将逐步探讨其他翻译关系的粒度,如短语、命名实体、未登录词及潜在查询扩展词的翻译关系等。

3. 翻译关系抽取的基本框架设计

基于以上种种因素考虑,我们提出了一套从相关文献对中抽取检索词及其翻译关系的方案,其流程如图5-6所示,大致可分为3步:

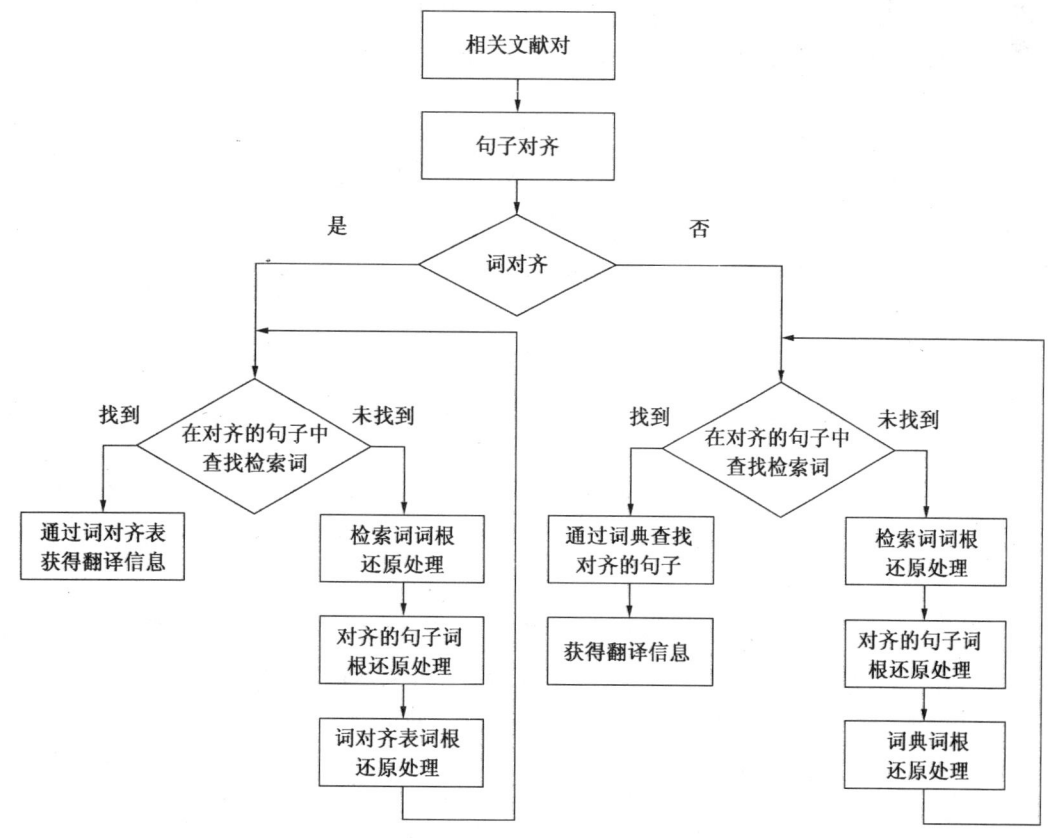

图5-6 相关文献对中翻译关系的抽取流程图

(1)句子对齐

对相关文献对进行句子对齐是抽取翻译关系的第1步,句子对齐的目的在于将翻译关系的抽取范围缩小。因为某个词在整篇文档中的翻译可能不唯一,而在句子中的翻译则是唯一的,因此,只考虑检索词在某个特定句子中的翻译所获得的结果将更准确。由于句子对齐仅是翻译优化过程的一个步骤,而非本书的研究重点,我们将在比较分析现有几种主要方法的基础上,选取最易操作、效率最高的方法来实现。

句子自动对齐的方法主要有3种:基于统计的方法、基于词汇的方法和二者混合使用的方法。

1)基于统计的方法

又称基于长度的方法,其依据为长句子的译文也是长句子,短句子的译文也是短句子,源语言文本的长度与译文长度有很强的相关性。基于长度的方法主要分为基于词数长度的对齐和基于字符数长度的对齐。Brown[245]采用单词作为计算长度的单位,对英法双语Canadian Hansard语料进行对齐时,引入了锚点(Anchor)的概念,将整个语料库划分成一些小的片段。他们采用语料库中特定的注释来作为锚点,使用动态规划算法对这些锚点进行匹配,匹配之后锚点之间的文本就能够一一对应,形成对齐文本,其准确率达到99.4%。Gale[246]则采用字符作为计算长度的单位,使全部Canadian Hansard语料的对齐达到98%的准确率,而其中较易处理的约80%的部分甚至达到了99.6%的准确率。基于长度对齐方法的优点:把句子对齐看作句子长度的函数,不需要额外的词典信息;缺点:容易造成错误的蔓延。

2)基于词汇的方法

又称基于词典的方法,该方法通常利用双语词典和词汇信息来对齐句子。Kay等[247]根据双语单词的分布信息进行了英德双语句子对齐;Chen[248]根据词汇翻译模型进行了英法双语句子对齐。需要指出的是,对英汉句子的对齐方法[249]需要进行进一步的中文处理,如分词和词性标注、编码转换等,这样就使处理过程变得更加复杂,因此,单纯的词典方法并不适合大规模的汉语语料处理。

3)混合方法

将词汇和长度方法结合起来,利用二者的优越性,既能提高可靠性,又能降低计算复杂度。在统计和规则方法的结合中,有些研究者进行了不同方面的探讨,如Le等[250]采用基于长度的方法进行初步对齐,然后用双语词典对结果打分进行判断,最后选择分值较高的句对,从而提高了句子对齐的正确率。但是这种方法只是对统计结果进行判断,并没有在对齐过程中利用有效的中文信息。香港科技大学的Wu[251]则通过创建特殊词表对基于长度的方法进行了改进,并对香港立法委员会会议记录的汉英语料进行了对齐实验,混合方法的准确率达到了92.1%。总之,在现有的汉英句子对齐系统和混合方法中,基本上以统计方法为主,引入词典信息进行校正或者后处理,以便利用中文信息提高对齐的正确率。

综合比较分析上述3种句子对齐方法,我们认为,基于长度的统计对齐方法不需要额外的词典信息,实现起来比较容易。因此,我们以该方法为主,提出了一个改进的方法来处理汉英句子对齐:首先采用基于标点符号的方法作为前处理,同时考虑了中文分词等文本预处理,最后主要以基于词数长度统计的方法为基础来实现对齐,其流程如图5-7所示。

1)基于标点符号断句的前处理

标点符号为汉英句子对齐提供了重要的辅助信息,在已经对齐的双语文本中,标点符号的内在顺序关系相对来说是固定的[252],这可以通过统计得到。因此,我们把标点符号的匹配作为句子对齐的前处理部分。在汉英平行语料中,主要有4个对应的标点符号对来区分汉英句子

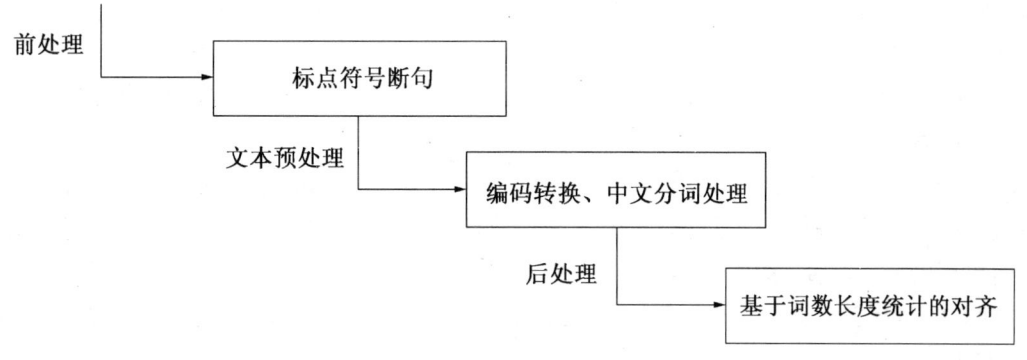

图 5-7 改进的汉英句子对齐方法

的完整性:"。/."、"……/…"、"？/?"和"！/!"。但是,在用上述基于标点符号断句方法得到的初始结果中,某些符号对仍然被错误地分开了。产生这种对齐错误的主要原因如下:

• 汉语句子中成对出现的标点符号,如括号( )和双引号"",在对齐后被分成单独的符号,并且出现在不同的句子中。这种情况主要出现在引用别人的话或者其他文章的语句中,而且被引用的句子包含多个独立且完整的句子。

• 当中文句子包含多个从句时,通常用逗号","分开,而相应的英文翻译则是用句号"."结束。但是英文中一个独立完整的句子也是用句号"."结束的,这时就容易出现对齐错误。

• 某些英文缩写由句号"."组成,如"U. S."、"U. K."、"No."等,在对齐时也容易被当作句子结束符而被拆分。

因此,我们并不能完全依赖标点符号来对齐双语文本,还需要经过句子长度统计来做对齐的后处理。

2) 文本预处理

我们希望采取基于词数长度的对齐方法,因此,对于中文文本而言,还需要在统计之前进行一些文本预处理工作,其中包括编码转换、中文分词等。编码转换是将中文文本的编码转换成统一的编码格式,如 GB2312、UTF-8 等。为了使中文处理方便,本书的研究采取将中文文本统一为 UTF-8 编码。中文分词,即通过分词工具识别中文单词,并将中文单词用空格隔开等。

3) 基于长度对齐的后处理

由于标点符号断句处理并不能十分准确地达到句子对齐的效果,我们采取基于长度的方法作后处理,并通过计算词的个数来计算句子的长度,具体步骤如下:

• 经过文本预处理后的中英文对齐文本可以很方便地通过空格来统计中英文句子的词数,即句子的长度。

• 根据两种语言的句子长度关系来建立统计模型(模型的建立见本章 5.4.1 节),通过双语训练语料获得两种语言句长比例关系的最佳值。

• 根据句长比例关系来调整句子:如果 1 个中文句子与其相对应的英文句子的长度差超过该比例关系,则将其中较短的那个句子与该句子的下一句合并起来,直到对齐的中英文文本句子数目一致为止。

(2) 词对齐

在句子对齐后,我们就将翻译关系的抽取范围缩小到句子层面,下一步是在句子对中进行词对齐,因为词对齐能比句子对齐提供更细粒度的对译信息,所以对翻译优化技术研究有重要意义。所谓词对齐,就是在双语语料库中的句对间找出单词之间的对译关系。词对齐实际上就是建立一个从源语言句子单词到目标语言句子单词之间的映射。这种映射,通常是一对一的,但也可以是一对多、多对一或者多对多的。

现有的词对齐方法主要可分为 3 大类:基于统计的方法、基于词典和语言学知识的方法、其他方法。

1) 基于统计的词汇对齐方法

该方法也称为基于同现(Co-occurance)的方法,即通过对大规模双语语料库进行统计训练,获得双语对译词的同现概率,以此作为对齐的基础。Brown[253]实现了基于统计机器翻译模型的词对齐。Gale[254]使用同现测度函数对译双语词汇。Vogel 和 Toutnaova 等[255-256],用隐马尔可夫模型进行词对齐。Fung[257]采用 DK-vec 方法对齐少量锚点词。

2) 基于词典和语言学知识的词汇对齐方法

该方法以双语词典和语言学知识作为词对齐的基础。双语词典包含丰富的词汇对译信息,因此是进行词对齐的重要资源。Ker、王斌等[258-259]根据语义类实现词对齐;Huang[260]用语言学比较的方法进行词对齐;Sun[261]用组块分析来对齐单词。

3) 其他方法

其他的方法包括将词典和统计相结合的词对齐方法,如国内刘小虎和吕雅娟[262-263]的相关研究工作;基于字符的方法,如 Church[264]利用同一语系 2 种语言中的同源词含有的相同字符来进行词对齐等。

词对齐过程中通常要用到同源词信息、双语词典信息和基于语料库的双语词汇统计互信息等。英汉词对齐主要面临如下困难:未登录词问题、灵活翻译问题和全局最优匹配问题。未登录词问题:在真实文本中存在着大量的未登录词,现有的词对齐技术一般都用统计方法解决此问题,数据稀疏导致这些方法的效果很差。灵活翻译问题:自然语言的翻译是很灵活的,双语字典的有限性和自然语言的灵活性是一对无法避免的矛盾。全局最优匹配问题:很多现有的词对齐技术在匹配时只能达到局部最优,无法获得全局最优解。

由于词对齐本身就是一个值得深入研究的领域,因此,在本书的研究中,我们不就词对齐问题进行过多探讨,而是利用一个现成的统计工具 GIZA++[265]来实现词对齐。GIZA++ 是 GIZA 的一个升级版本,GIZA 是美国约翰·霍普金斯大学(Johns Hopkins University,JHU)于 1999 年开发的统计机器翻译工具包 EGYPT 中的一个模块,主要用来从双语语料库中抽取统计知识以及语言学信息,包括各种概率表、词对齐信息等。GIZA++ 采用的是基于统计的词汇对齐方法,主要通过对 IBM 的全部 5 个翻译模型和隐马尔可夫模型进行参数训练(模型的建立见本章 5.4.1 节)来获得词对齐信息。

(3) 无词对齐情况下的翻译关系抽取

词对齐是一项非常复杂的工作,需要借助额外的工具,并且在对齐过程中仍然存在许多问题。因此,有必要研究在没有词对齐的情况下,如何通过词典来从已对齐的句对中寻找翻译关系。词典提供了丰富的词汇对译信息,是抽取检索词翻译关系的一个好的出发点。

假设经过句子对齐后的一个句对为 L_S 与 L_T,中文句子 L_S 由 n 个中文单词构成:$L_S = \{S_1, S_2, \cdots, S_i, \cdots, S_n\}$;英文句子 L_T 由 m 个英文单词构成:$L_T = \{T_1, T_2, \cdots, T_j, \cdots, T_m\}$;检索词 T_j 在词典中的翻译有 k 个:$Trans(T_j) = \{t_{j1}, t_{j2}, \cdots, t_{jk}\}$。当找到英文句子 L_T 包含检索词 T_j 后,我们将查找其相应的中文句子 L_S 中是否包含检索词 T_j 在词典中的翻译,如果翻译 t_{jk} 在句子 L_S 中存在(即如果 $t_{jk} = S_i$),我们确定在句对 L_S 与 L_T 中,S_i 与检索词 T_j 具有互译关系。这样一来,我们所抽取的翻译关系并不是检索词在词典中的所有翻译,而是出现在相关文献对中的翻译,因此这种翻译关系更加贴近检索需求。

为了更广泛地覆盖词典,我们修改了 Resnik 和 Oard 等[266]提出的"后退翻译(Back-off Translation)"方法,来最大程度地抽取相关文献对中的检索词及其翻译。"后退翻译"方法是一种语言分析方法,主要是对英语等西语进行词法分析,应用在相关文献对的翻译关系抽取中时,有以下 4 个步骤:

1)在对齐的中英文句对中查找英文检索词,如果找到,则在相应的中文句子中查找检索词在词典中的翻译;如果没有找到,则转到第 2 步。

2)在对齐的中英文句对中查找词根还原后的检索词,如果找到,则在相应的中文句子中查找词根还原后的检索词在词根还原后的词典中的翻译;如果没有找到,则转到第 3 步。

3)在词根还原后的中英文句对中查找检索词,如果找到,则在相应的中文句子中查找检索词在词典中的翻译;如果没有找到,则进行第 4 步操作。

4)在词根还原后的中英文句对中查找词根还原后的检索词,如果找到,则在相应的中文句子中查找词根还原后的检索词在词根还原后的词典中的翻译;如果没有找到,则说明该句对中不包含检索词。

5.2.2 利用检索词及其翻译关系优化查询翻译

在相关文献对中抽取到检索词及其翻译关系后,翻译优化的处理过程中的第 2 个重要研究内容即为利用这个翻译关系来优化初始的查询翻译。如图 5-8 所示,优化过程可以看成是

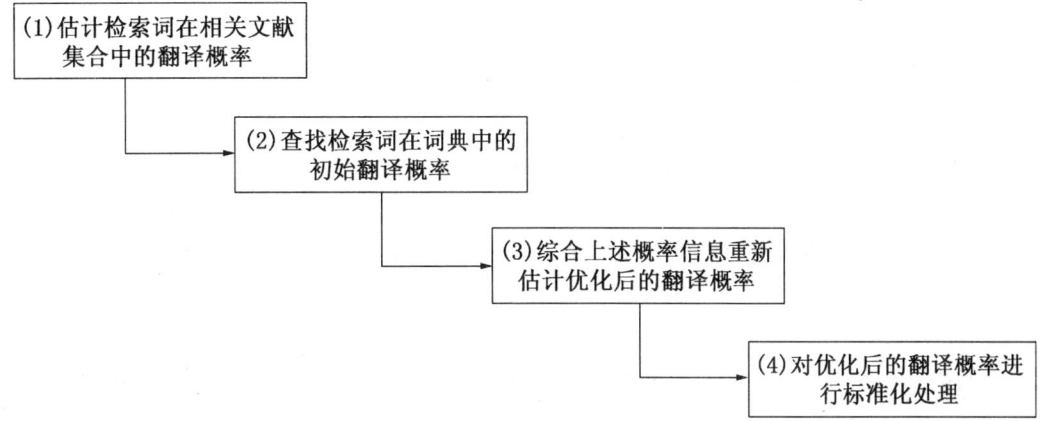

图 5-8 利用从相关文献对中抽取的翻译关系优化查询翻译的步骤

检索词翻译概率的重新估计过程,其过程包括4个关键步骤:

• 第1步估计检索词在相关文献集合中的翻译概率,根据从相关文献对中抽取出的翻译关系,我们可以通过词频统计来计算检索词在相关文献对中的翻译概率;

• 第2步是查找检索词在词典中的初始翻译概率,也即未进行相关反馈时初始检索所用的翻译概率,这个比较容易实现;

• 第3步是结合检索词在相关文献对中的翻译概率和检索词在词典中的概率,重新来估计优化后的翻译概率;

• 第4步是对重新估计的翻译概率进行归一化(Normalization)处理。

1. 估计检索词在相关文献对中的翻译概率

如本书5.2.1节所述,在对相关文献对进行句子对齐后,翻译关系的抽取可分为两种情况:在借助词对齐工具的情况下,利用GIZA++来获得词对齐信息,以及在无词对齐工具的情况下利用词典来抽取对译信息。根据这两种情况,我们提出了四种估计检索词在相关文献对中翻译概率的方法,其中一种是根据词对齐信息来估计翻译概率的方法,另外3种是借助词典和句子对齐抽取翻译概率的方法。无论哪种方法,其翻译概率的估计都是依据译文词汇出现的频率来进行计算。这4种方法的具体算法将在本章的下一节中详细论述。

2. 查找检索词在词典中的初始翻译概率

如本书在第3章中所述,在跨语言信息检索中,带有翻译概率的统计词典本身就是一种翻译消歧方法。普通的词典只是列出每个词条的若干个翻译,对于词条的翻译通常不分权重,而在跨语言检索过程中,对于检索词而言每个翻译都同样重要。以下是一个普通词典中的例子:

survey:探测;试探;测量;样品

相比而言,在带有翻译概率的统计词典中,词条的每个翻译都带有从双语平行语料库中统计出来的翻译概率,并且通常会按照翻译概率从高到低依次排列,这样在跨语言检索过程中就能够区分其重要程度了。以下是一个在带有翻译概率的统计词典中出现的例子:

survey:探测/0.4;试探/0.3;测量/0.25;样品/0.05

我们的翻译优化技术是基于相关反馈的,那么,在进行相关反馈之前,初始的检索究竟如何从词典中选取翻译呢?本书采取的是一种被称为"累积概率阈值(Cumulative Probability Threshold,CPT)"[267]的方法。该方法设立一个累积概率阈值,选取翻译时,按照翻译概率从高到低的顺序依次累加,一旦这些翻译的概率之和达到或超过该阈值时即停止。

例如,对于检索词survey的翻译选取,我们设CPT=0.6,那么首先看第一个翻译"探测/0.4",发现0.4<0.6,则继续依次累加"试探/0.3",发现0.4+0.3>0.6,即停止,则我们选取survey的初始翻译为"探测/0.4"与"试探/0.3"。

特殊的情况:当CPT=0时,意味着只选取词典中的第1个翻译;当CPT=1时,意味着选取词典中的所有翻译。

3. 重新估计优化后的翻译概率

单纯依靠相关反馈信息来估计检索词在相关文献中的概率并不十分可靠,因此,我们考虑使用"加权线性插值(Weighted Linear Interpolation)"的方法来结合初始查询中检索词在词典中的翻译概率,以及经过相关反馈后检索词在相关文献集合中的翻译概率(模型及公式见本章

5.4.2 节)来重新估计优化后的翻译概率。

4. 归一化处理

对于一个检索词而言,其所有翻译概率之和应该为 1。然而,经过翻译优化之后,特别是对相关文献对中的翻译概率与词典中的初始概率进行线性加权处理后,得到的新翻译概率值并不一定相加为 1。因此,我们需要再对该检索词的所有翻译概率进行归一化(Normalization)处理,即同时给它们乘以一个系数,使所有翻译的概率之和为 1(公式见本章 5.4.2 节)。

5.3 相关文献集合中检索词的翻译概率估计算法

5.3.1 基于词对齐的翻译算法 TWA

基于词对齐的翻译方法(Translations based on Word Alignment)在本书中简称 TWA,是基于句子对齐和词对齐之后的相关文献对来计算的。

用形式化的方式表示,我们定义:相关文献对分别由中文句子 $\{L_{S1}, L_{S2}, \cdots, L_{Si}, \cdots, L_{Sn}\}$ 与英文句子 $\{L_{T1}, L_{T2}, \cdots, L_{Ti}, \cdots, L_{Tn}\}$ 组成,n 为中英文句子数目,且句对 L_{Si} 与 L_{Ti} 经过词对齐处理。设英文检索词 $e_i \in L_{Ti}$,其在整个中文句子集合 $\{L_{S1}, L_{S2}, \cdots, L_{Si}, \cdots, L_{Sn}\}$ 中对应的中文翻译为 $\{c_{i1}, c_{i2}, \cdots, c_{ij}, \cdots, c_{im}\}$,共有 m 个,这些中文翻译可能与 e 在词典中的翻译相同,也可能不同。

我们记候选翻译 c_{ij} 在一个中文句子 L_{Si} 中的词频为 $tf_{i,j}$,如表 5-1 所示,在每一个句对中,经过词对齐后候选翻译的词频一目了然;该候选翻译在整个相关文献集合中的词频则为所有中文句子中 c_{ij} 的词频之和,即 $\sum_{i=1}^{n} tf_{i,j}$;所有 m 个候选翻译的词频之和为 $\sum_{j=1}^{m}\sum_{i=1}^{n} tf_{i,j}$;那么根据概率分布,参照公式 5-2,我们估计检索词 e_i 的每一个候选翻译的翻译概率为上述 2 个词频的比值,即:

$$P(e_i \mid c_{ij}) = \frac{\sum_{i=1}^{n} tf_{i,j}}{\sum_{j=1}^{m}\sum_{i=1}^{n} tf_{i,j}} \tag{5-3}$$

举例说明如下:经过 GIZA++ 词对齐后的翻译关系通常表示为下列形式。

```
 该  城堡  是  英国  北爱  事务  大臣  的  正式  官邸。
The ({ }) castle ({ 1 2 }) is ({ 3 }) a ({ }) British ({ 4 }) Secretary ({ 5 }) of ({ 7 }) State ({ 7 }) for ({ 7 }) Northern ({ 7 }) Ireland's ({ 6 7 }) official ({ 9 }) residence. ({ 10 })
```

在这个句对中,英文单词后的大括号中的数字表示对应的中文单词的位置,如 castle 后面的"1 2"表示 castle 对应的中文单词为第 1 和第 2 个单词,即"该"和"城堡"。因此,英语词汇与中文单词之间的互译关系可以表示成表 5-1。

在该例中,检索词 castle 在该句中有 2 个翻译,一个是"该",一个是"城堡",且各出现 1 次,则我们记 castle 在该句中的翻译"该"的词频为 1,"城堡"的词频也为 1。假设 castle 在整个相关文献集合中共出现在 20 个句子中,经累加统计,castle 在这 20 个句对中的翻译及频率统计如下：

　　castle：城堡 16 / 该 2 / 堡垒 5

则我们定义 castle 在相关文献集合中的翻译概率：

　　"城堡"：16/(16+2+5)＝0.696
　　"堡垒"：5/(16+2+5)＝0.217
　　"该"：2/(16+2+5)＝0.087

需要说明的是，TWA 方法是我们所讨论的概率估计方法中唯一一个需要用到词对齐信息的方法，以下 3 种方法均不是基于词对齐信息来估计翻译概率的。

表 5-1　GIZA++词对齐后的翻译关系示例

英文词	中文翻译	频率
THE		0
CASTLE	该	1
	城堡	1
IS	是	1
A		0
BRITISH	英国	1
SECRETARY	北爱	1
OF	大臣	1
STATE	大臣	1
FOR	大臣	1
NORTHERN	大臣	1
IRELAND'S	事务	1
	大臣	1
OFFICIAL	正式	1
RESIDENCE	官邸	1

5.3.2　保留所有翻译的算法 KAT

保留所有翻译的方法（Keep All Translations）在本书中简称 KAT，是一种利用全部词典对译信息来估计相关文献对中翻译概率的方法，即查找到检索词出现的英文句子后，在经过对齐的相应中文句子中查找该检索词在词典中的所有翻译，并统计每个翻译出现的词频，根据词频来估计翻译概率。在这种方法中，某个检索词在一个句对中可能出现多个候选翻译，因此当词典中某个词条的多个候选翻译出现在同一个句对中时，我们无法判断哪一个翻译才是相关文献集合中真正需要的。

若用形式化的方式表示，我们可以定义：相关文献对分别由中文句子 $\{L_{S1}, L_{S2}, \cdots, L_{Si}, \cdots, L_{Sn}\}$ 与英文句子 $\{L_{T1}, L_{T2}, \cdots, L_{Ti}, \cdots, L_{Tn}\}$ 组成，n 为中英文句子数目。设英文检索词 $e_i \in L_{Ti}$，其在词典中的中文翻译为 $\{t_{i1}, t_{i2}, \cdots, t_{ik}\}$，共有 k 个，在这些候选翻译中，其中的 $x(0 \leqslant x \leqslant k)$ 个出现在中文句子 L_{Si} 中，即 $\{t_{i1}, t_{i2}, \cdots, t_{ix}\} \in L_{Si}$，而其在整个中文句子集合 $\{L_{S1}, L_{S2}, \cdots, L_{Si}, \cdots, L_{Sn}\}$ 中对应的中文翻译为 $\{t_{i1}, t_{i2}, \cdots, t_{ij}, \cdots, t_{im}\}$，共有 $m(m \leqslant k)$ 个。

我们记候选翻译 t_{ij} 在一个中文句子 L_{Si} 中的词频为 $tf_{i,j}$，则该候选翻译在整个相关文献集合中的词频为所有中文句对 L_{Ti} 与 L_{Si} 中 t_{ij} 的词频之和，即 $\sum_{i=1}^{n} tf_{i,j}$；所有 m 个候选翻译的词频之和为 $\sum_{j=1}^{m} \sum_{i=1}^{n} tf_{i,j}$；与 TWA 方法的计算方法一样，参照公式(5-2)，我们估计检索词 e_i 的每一个候选翻译的翻译概率为上述 2 个词频的比值，即：

$$P(e_i \mid t_{ij}) = \frac{\sum_{i=1}^{n} tf_{i,j}}{\sum_{j=1}^{m} \sum_{i=1}^{n} tf_{i,j}} \tag{5-4}$$

例如以下句对:

> 该 城堡 是 英国 北爱 事务 大臣 的 正式 官邸。
> The castle is a British Secretary of State for Northern Ireland's official residence.

依照翻译概率从大到小排列,检索词 castle 在词典中的翻译依次为:城堡、避难所、豪宅、官邸、堡垒。

我们首先搜索"城堡"是否出现在该中文句子中,如找到,则统计"城堡"的词频为 1;然后继续搜索"避难所"是否出现,如未找到,则继续;接着搜索"豪宅",也未找到;再继续搜索"官邸",找到,则也统计"官邸"的词频为 1;再接着搜索"堡垒",未找到,则停止搜索。

这样,我们得到在该句对中,castle 的候选翻译有 2 个,分别是"城堡"和"官邸",词频各为 1。假设 castle 在整个相关文献集合中共出现在 20 个句子中,经累加统计,castle 在这 20 个句对中的翻译及频率统计如下:

castle:城堡 18 / 官邸 3 / 堡垒 1

则我们定义 castle 在相关文献集合中的翻译概率为:

"城堡":18/(18+3+1)=0.818

"官邸":3/(18+3+1)=0.136

"堡垒":1/(18+3+1)=0.046

与 TWA 不同的是,在 TWA 中,通过词对齐获得检索词 e_i 的候选翻译 c_{ij} 可能与 e_i 在词典中的翻译相同,也可能不同;而在 KAT 中,检索词 e_i 的所有候选翻译 t_{ij} 均来自词典。TWA 与 KAT 的相同之处在于:在某一个句对 L_{Ti} 与 L_{Si} 中,检索词 e_i 与其候选翻译的对译关系可以是"一对一"或"一对多"的关系,并且二者计算概率的方法一样,都是用某一个翻译的词频与所有翻译词频之和的比值来估计。

5.3.3 保留最好翻译的算法 K1T

保留最好翻译的方法(Keep One-Best Translation)在本书中简称 K1T,它假设在词典中具有最高翻译概率的候选翻译也可能是相关文献对中最可能的翻译。即查找到检索词出现的英文句子后,按照翻译概率从高到低的顺序,在经过句子对齐的相应中文句子中查找该检索词在词典中的翻译,每个句子只保留 1 个具有最高翻译概率的候选翻译,并统计该翻译出现的词频,进而根据词频来估计新的翻译概率。在这种方法中,某个检索词在 1 个句对中只可能出现 1 个候选翻译,这样便能够更有效地控制翻译噪音。

若用形式化的方式表示,我们可以定义:相关文献对分别由中文句子 $\{L_{S1},L_{S2},\cdots,L_{Si},\cdots,L_{Sn}\}$ 与英文句子 $\{L_{T1},L_{T2},\cdots,L_{Ti},\cdots,L_{Tn}\}$ 组成,n 为中英文句子数目。设英文检索词 $e_i \in L_{Ti}$,其在词典中的中文翻译为 $\{t_{i1},t_{i2},\cdots,t_{ik}\}$,共有 k 个,在这些候选翻译中,我们在中文句子 L_{Si} 中找到 r 个中文翻译,如果 $r>1$,则我们选 t_{iq} 使得 $\{t_{iq}|P(t_{iq}|e_i)\}$ 是 r 个找到的中文翻译中词典翻译概率最大的,而其在整个中文句子集合 $\{L_{S1},L_{S2},\cdots,L_{Si},\cdots,L_{Sn}\}$ 中对应的中文翻译为 $\{t_{i1},t_{i2},\cdots,t_{ij},\cdots,t_{im}\}$,共有 $m(m \leq k)$ 个。

与 TWA 和 KAT 的计算方法一样,检索词 e_i 的每一个候选翻译的翻译概率为:

$$P(e_i \mid t_{ij}) = \frac{\sum_{i=1}^{n} tf_{i,j}}{\sum_{j=1}^{m} \sum_{i=1}^{n} tf_{i,j}} \tag{5-5}$$

还是以如下句对为例：

> 该 城堡 是 英国 北爱 事务 大臣 的 正式 官邸。
> The castle is a British Secretary of State for Northern Ireland's official residence.

依照翻译概率从大到小排列，检索词 castle 在词典中的翻译依次为：城堡、避难所、豪宅、官邸、堡垒。

我们首先搜索"城堡"是否出现在该中文句子中，找到则统计"城堡"的词频为1，并停止搜索。如果没有，则再找"避难所"等。

这样，我们得到的结果是在该句对中，castle 的候选翻译只有1个"城堡"，词频为1。假设 castle 在整个相关文献集合中共出现在20个句子中，且经累加统计后可知，castle 在这20个句对中的翻译及频率统计如下：

castle：城堡 18 / 官邸 1 / 堡垒 1

则我们定义 castle 在相关文献集合中的翻译概率为：

"城堡"：18/(18+1+1)＝0.9

"官邸"：1/(18+1+1)＝0.05

"堡垒"：1/(18+1+1)＝0.05

KAT 与 K1T 的区别在于：只要是某个检索词在词典中的候选翻译出现在某个句对中，KAT 方法就将其全部保留，因此1个句对中通常包含多个检索词的翻译，在某一个句对 L_{Ti} 与 L_{Si} 中，检索词 e_i 与其候选翻译的对译关系通常是"一对多"的关系；相比而言，K1T 方法只保留1个检索词在词典中具有最高翻译概率的候选翻译，因此在某1个句对 L_{Ti} 与 L_{Si} 中，检索词 e_i 与其候选翻译的对译关系只能是"一对一"的关系，这实际上也是一种消除翻译歧义性的方法。因此与 KAT 相比，K1T 方法能明显地减少部分翻译噪音，特别是在词典是自动生成的情况下，例如词典中通常将一些虚词（如："的"、"是"等）和标点符号也当作候选翻译，尽管这些候选翻译的概率通常比较小，但还是会增加不少噪音。K1T、KAT 和 TWA 一样，都是通过用某一个翻译的词频与所有翻译词频之和的比值来估计检索词在相关文献集合中的翻译概率的。

5.3.4 保留最高频率翻译的算法 KFT

保留最高频率翻译的方法（Keep Most Frequent Translation）在本书中简称 KFT，它是在 KAT 的基础上做了进一步的消歧处理。假设1个检索词的正确翻译在某1个片段（Discourse）中是一致的（在这里，我们将该片段看作是一篇相关文献）。基于此假设，KFT 方法认为，在1篇相关文献中出现频率最高的翻译即为检索词的正确翻译。因此，在使用这种方法查找到检索词出现的英文句子后，可以在经过对齐的相应中文句子中查找该检索词在词典中的所有翻译，并统计每个翻译出现的词频，然后计算每个翻译在同1篇相关文献中出现的频率，1

篇文献只保留最高频率的那个翻译及其词频,再根据词频来估计翻译概率。在这种方法中,某个检索词在1个句对中可能出现多个候选翻译,但最后在1篇相关文献中却只保留1个词频最高的候选翻译。

若用形式化的方式表示,我们可以定义:相关文献对分别由中文文献$\{D_{S1}, D_{S2}, \cdots, D_{Si}, \cdots, D_{Sn}\}$与英文文献$\{D_{T1}, D_{T2}, \cdots, D_{Ti}, \cdots, D_{Tn}\}$组成,$N$为中英文相关文献数目。每1个相关文献对$D_{Si}$与$D_{Ti}$由中文句子$\{L_{S1}, L_{S2}, \cdots, L_{Sj}, \cdots, L_{Sn}\}$与英文句子$\{L_{T1}, L_{T2}, \cdots, L_{Tj}, \cdots, L_{Tn}\}$组成,$n$为相关文献对$D_{Si}$与$D_{Ti}$包含的句子数目。设英文检索词$e_i \in L_{Tij}$,其在词典中的中文翻译为$\{t_{i1}, t_{i2}, \cdots, t_{ik}\}$,共有$k$个,在这些候选翻译中,其中的$x(0 \leqslant x \leqslant k)$个出现在中文句子$L_{Sj}$中,即$\{t_{i1}, t_{i2}, \cdots, t_{ix}\} \in L_{Sj}$。而其在中文相关文献$D_{Si}$的所有中文句子$\{L_{S1}, L_{S2}, \cdots, L_{Sj}, \cdots, L_{Sn}\}$中对应的中文翻译为$\{t_{i1}, t_{i2}, \cdots, t_{ij}, \cdots, t_{im}\}$,共有$m(m \leqslant k)$个。

我们记候选翻译t_{ij}在1个中文句子L_{Sj}中的词频为$tf_{i,j}$,则其在相关文献D_{Si}中的词频为$tf_{i,j}D_i = \sum_{i=1}^{n} tf_{i,j}$,在$m$个候选翻译中,我们只取词频最高的1个翻译为$e_i$在相关文献$D_{Si}$的翻译,即选$t_{ij}$为$e_i$的翻译且其词频为:

$$tf_{i,j}{}^{D_i} = \max(\sum_{i=1}^{n} tf_{i,1}, \sum_{i=1}^{n} tf_{i,2}, \cdots, \sum_{i=1}^{n} tf_{i,j}, \sum_{i=1}^{n} tf_{i,m}) \quad (5-6)$$

经过取最大值后,最终确定下来在相关文献集合中候选翻译为$\{t_{i1}, t_{i2}, \cdots, t_{ij}, \cdots, t_{iy}\}$,共有$y(y \leqslant k)$个。与TWA、KAT、K1T方法的计算原理一样,我们估计检索词e_i的每1个候选翻译在相关文献对中的翻译概率为其词频与所有翻译词频之和的比值,即:

$$P(e_i \mid t_{ij}) = \frac{\sum_{i=1}^{N} tf_{i,j}{}^{D_i}}{\sum_{j=1}^{y} \sum_{i=1}^{N} tf_{i,j}{}^{D_i}} \quad (5-7)$$

还是以同样的句对为例:

> 该 城堡 是 英国 北爱 事务 大臣 的 正式 官邸。
> The castle is a British Secretary of State for Northern Ireland's official residence.

首先采用KAT方法,我们得到在该句对中castle的候选翻译有2个,分别是"城堡"和"官邸",词频各为1。然后我们以文献为单位来统计候选翻译的词频,如文献1包含5个句子,在这5个句子中共含有"城堡"4次,"官邸"2次,"堡垒"1次,则保留文献1中castle的最高词频翻译"城堡",且词频为4。若castle在整个相关文献集合中共出现在15篇文献中,经累加统计,castle在这15篇文献中的翻译及频率统计如下:

castle:城堡 35 / 官邸 0 / 堡垒 10

则我们定义castle在相关文献集合中的翻译概率为:

"城堡":35/(35+0+10)=0.778

"官邸":0/(35+0+10)=0

"堡垒":10/(35+0+10)=0.222

与KAT相比,KFT方法经过了消歧处理,它是在KAT的基础上,进一步统计检索词在1

篇相关文献中的翻译词频,并只选取其中最高的1个,这样就将翻译的选取范围从句子层面扩大到了篇章层面,再进一步经过词频统计与取最大值处理后,就可以明显地减少翻译噪音。与K1T相比,KFT也是"一对一"的翻译关系,即在1篇相关文献中只选取一个候选翻译,而K1T则是在1个句子中保留1个候选翻译。

综合比较可知,KAT、K1T与KFT这3种方法都是在没有词对齐的情况下通过词典来抽取翻译关系,然后估计检索词在相关文献对中的翻译概率。其中KAT方法是最基础的方法,K1T与KFT都是在KAT的基础上经过了一定程度的消歧(Word Disambiguation)处理而形成的。从理论上来说,K1T与KFT的效果应该比KAT要好一些,但这3种方法与TWA方法的翻译概率估计原理都是一致的,即均为每1个候选翻译在相关文献对中的词频与所有翻译词频之和的比值,只是翻译的抽取方法与词频的统计方法有所不同而已。

5.4 翻译优化的数学建模

根据本章5.2节和5.3节讨论的翻译优化技术的研究内容,我们对其中的关键步骤进行了数学建模。

5.4.1 对齐模型

1. 句子对齐模型

本书的研究采用基于长度的方法来对齐双语文本句子,根据2种语言的句子长度关系来建立统计模型,即根据句长的比例关系,为每1个句对分配1个统计得分,而这个统计得分是从双语语料中训练得到的,并且被用来计算对齐时句对的最大概率分布,用公式表示如下:

$$\arg\max_{A} P(A \mid L_S, L_T) \tag{5-8}$$

其中,A是对齐文本,L_S和L_T分别是源语言和翻译语言文本,在本书的研究中,L_S为中文相关文献,L_T为经过机器翻译的英文文本。

上述公式经过简化可以转换成一个求最大值的问题,条件是每1个对齐句对的概率是独立的,再转换成最小和问题,就可以得到如下公式:

$$\arg\max_{A} P(A \mid L_S, L_T) \approx \arg\max_{A} \prod_{(L_S \Leftrightarrow L_T) \in A} P(L_S \Leftrightarrow L_T \mid L_S, L_T)$$
$$= \arg\min_{A} \sum_{(L_S \Leftrightarrow L_T) \in A} -\log P(L_S \Leftrightarrow L_T \mid L_S, L_T) \tag{5-9}$$

上述公式再根据贝叶斯(Bayes)理论做进一步简化后,可得到如下公式:

$$P(L_S \Leftrightarrow L_T \mid L_S, L_T) = P(L_S \Leftrightarrow L_T \mid \delta(len_S, len_T))$$
$$= \frac{P(\delta(len_S, len_T) \mid L_S \Leftrightarrow L_T) P(L_S \Leftrightarrow L_T)}{P(\delta(len_S, len_T))} \tag{5-10}$$

其中,len_S和len_T分别为中文句子与英文句子的长度,$\delta(len_S, len_T)$为长度变量len_S和len_T之间的一种函数关系。

模型的计算主要依靠函数δ,我们定义δ为中文句子与英文句子的长度之差,如下:

$$\delta(len_S, len_T) = |len_S - len_T| \tag{5-11}$$

综上所述,目前有几种不同的方法可以用来计算句子的长度,如计算字符的个数、字的个数、词的个数等。本书研究采用的是计算词的个数的方法。英文文本词之间自然通过空格隔开,标点符号也算 1 个词;中文文本经过分词处理后,词与词之间也用空格分隔,标点符号同样也算作 1 个词。

经过双语语料训练之后我们发现,δ 的取值在 $5 \leqslant \delta \leqslant 7$ 时能取得比较好的对齐效果。在本书的研究中,我们取 $\delta=6$,来进行汉英句子对齐,过程如下:

设中文文献 S 与相应的英文文献 T 经过标点符号断句前处理后,分别由中文句子 $L_S=\{L_{S1},L_{S2},\cdots,L_{Si},\cdots,L_{Sn}\}$ 与英文句子 $L_T=\{L_{T1},L_{T2},\cdots,L_{Tj},\cdots,L_{Tm}\}$ 组成,n 与 m 分别为中英文句子数,L_{Si} 与 L_{Tj} 的句子长度分别为 len_{Si} 和 len_{Tj}。

当 $len_{Si}-len_{Tj}>\delta$ 时,合并句子 L_{Tj} 句子 L_{Tj+1},即 $len_{Tj}=len_{Tj}+len_{Tj+1}$;

当 $len_{Si}-len_{Tj}<-\delta$ 时,合并句子 L_{Si} 句子 L_{Si+1},即 $len_{Si}=len_{Si}+len_{Si+1}$;

当 $-\delta<len_{Si}-len_{Tj}<\delta$ 时,句子 L_{Si} 和句子 L_{Tj} 对齐,开始处理句子 L_{Si+1} 和句子 L_{Tj+1};

……

如此反复进行下去,直到 $n=m$ 为止。

这样,A 就可以表示成集合形式 $A=L_S \longleftrightarrow L_T=\{L_{S1},L_{S2},\cdots,L_{Si},\cdots,L_{Sn}\} \longleftrightarrow \{L_{T1},L_{T2},\cdots,L_{Tj},\cdots,L_{Tm}\}(n=m)$。

2. 词对齐模型

目前词对齐的主流方法是 IBM 模型,本书使用 GIZA++ 训练 IBM 模型。首先将对齐好的汉英句子对输入 GIZA++,然后采取 $1^3 2^3 3^3 H^3 4^3 5^3$ 的训练方案,即模型 1 训练 3 次,模型 2 训练 3 次,模型 HMM 训练 3 次,模型 3 训练 3 次,模型 4 训练 3 次,模型 5 训练 3 次。

在统计机器翻译中,根据贝叶斯公式可推导得到统计机器翻译的基本方程式(Fundamental Equation of Statistical Machine Translation)[268]:

$$T = \arg\max_{T} P(T)P(S|T) \tag{5-12}$$

在公式(5-12)中,$P(T)$ 是目标语言的文本 T 出现的概率,称为语言模型。$P(S|T)$ 是由目标语言文本 T 翻译成源语言文本 S 的概率,称为翻译模型。语言模型只与目标语言相关,与源语言无关,反映的是 1 个句子在目标语言中出现的可能性,实际上就是该句子在句法语义等方面的合理程度;翻译模型与源语言和目标语言都有关系,反映的是 2 个句子互为翻译的可能性。

对于翻译模型 $P(S|T)$,IBM 公司提出了 5 种复杂程度递增的数学模型[269-270],简称为 IBM Model 1~5。

模型 1 仅考虑词与词互译的概率 $P(S_j|T_i)$。

模型 2 考虑了单词在翻译过程中位置的变化,引入了参数 $P(a_j|j,m,l)$,m 和 l 分别是目标语和源语句子的长度,j 是目标语单词的位置,a_j 是其对应的源语单词的位置。

模型 3 考虑了 1 个单词翻译成多个单词的情形,引入了产出概率 $\phi(n|T_i)$,表示单词 T_i 翻译成 n 个目标语单词的概率。

模型 4 在对齐时不仅仅考虑词的位置变化,同时还考虑了该位置上的单词(基于类的模型,自动将源语言和目标语言单词划分到 50 个类中)。

模型 5 是对模型 4 的修正,消除了模型 4 中的缺陷(Deficiency),避免对一些不可能出现的对齐给出非零的概率。

在模型 1 和 2 中,首先预测源语言句子的长度,即假设所有长度都具有相同的可能性。然后,对于源语言句子中的每个位置,猜测其与目标语言单词的对应关系,以及该位置上的源语言单词。在模型 3、4、5 中,首先,对于每个目标语言单词都选择对应的源语言单词个数,然后再确定这些单词,最后来判断这些源语言单词的具体位置。需要指出的是,词对齐模型并非本书的研究重点,我们只是利用 GIZA++ 工具实现了词对齐。

5.4.2 翻译概率重新估计模型

在 5.3 节中,我们讨论了 4 种估计检索词在相关文献集合中翻译概率的算法:TWA、KAT、K1T、KFT。可以看出在相关文献集合中,无论是直接利用词对齐工具(TWA),还是通过词典获取中英文句对中的互译信息(KAT、K1T、KFT),这 4 种方法的翻译概率估计原理都是一致的,即为每 1 个候选翻译在相关文献对中的词频与所有翻译词频之和的比值,只是翻译的抽取方法与词频的统计方法有所不同。因此,我们可以将它们统一用如下数学公式表示:

$$P_{i,j}(\text{Re}l) = \frac{\sum_{\forall k \in N} w_k * tf_{j,k}}{\sum_{\forall a \in M_i} \sum_{\forall b \in N} w_b * tf_{a,b}} \tag{5-13}$$

其中,$P_{i,j}(\text{Re}l)$ 表示在相关文献集合中,候选翻译 j 是检索词 i 的翻译的概率;$tf_{j,k}$ 和 $tf_{a,b}$ 是候选翻译 j 或 a 在文档 k 或 b 中的词频;N 是相关文献集合;M_i 是在相关文献集合 N 中检索词 i 的候选翻译集合(去掉重复的翻译之后);w_k 是文档 k 的相关性权值。

值得一提的是,之前我们讨论的都是二值相关性的情况,即相关文献集合中文献的相关性没有权重区别,而实际情况并非简单如此,如本书在 4.1.2 节中所述,特别是在由用户进行相关性判断的情况下,多值相关性判断是经常存在的。因此,在翻译优化模型中,我们将多值相关性判断的因素也考虑进去,引入了 w_k 这个权重系数。当 $w_k = 0$ 或 1 时,即为二值相关性;当 w_k 取其他不同值时,即为多值相关性。

在该模型中,TWA、KAT、K1T、KFT 这 4 种方法的区别在于:候选翻译 j 的选取方法不同,及其在文档 k 中的词频 $tf_{j,k}$ 的统计方法不同。

然后,我们用"加权线性插值(Weighted Linear Interpolation)"的方法来结合初始查询中检索词在词典中的翻译概率,以及经过相关反馈后检索词在相关文献集合中的翻译概率,相关数学公式表示如下:

$$P_{i,j} = \lambda * P_{i,j}(\text{Re}l) + (1-\lambda) * P_{i,j}(Dic) \tag{5-14}$$

其中,$P_{i,j}$ 是最终经过翻译优化后,候选翻译 j 是检索词 i 的翻译的概率;$P_{i,j}(Dic)$ 是在词典中,候选翻译 j 是检索词 i 的翻译的概率;λ 是相关文献集合中的翻译概率和词典中翻译概率的权重系数。

最后,我们对经过翻译优化后的翻译概率进行归一化处理,使经过归一化处理后检索词 i 的所有翻译概率之和为 1,如下公式:

$$\sum_{\forall j \in M_i \cup L_i} P'_{i,j} = 1 \tag{5-15}$$

其中，M_i 是在相关文献集合中检索词 i 的候选翻译集合（去掉重复的翻译之后）；L_i 是在词典中检索词 i 的候选翻译集合（去掉重复的翻译之后）；$M_i \bigcup L_i$ 是 M_i 与 L_i 这 2 个集合的并集。

经过以上几个步骤，我们就建立起一个完整的翻译优化数学模型。

5.5 本章小结

在这一章中，我们提出了基于相关反馈的翻译优化技术（Translation Enhancement，简称 TE），其基本思想是根据用户判断的相关文献及其译文抽取出检索词及其翻译关系，并估计检索词在相关文献集合中的翻译概率，并以此来改进初始的查询翻译。该方法以翻译概率方法为基础，借鉴平行语料库消歧的思想，以相关反馈理论为主要依据。然后，我们进一步深入分析了翻译优化技术的 2 个主要处理过程：从相关文献对中抽取检索词及其翻译，进而利用这一翻译关系优化查询的翻译。我们提出了句子对齐、词对齐、无词对齐情况下的翻译关系抽取方案；并针对如何估计检索词在相关文献对中的翻译概率，提出了 4 种不同的算法：TWA、KAT、K1T、KFT。最后，在此基础上，我们对翻译优化的几个关键步骤进行了数学建模，形成了一个完整的翻译优化的数学模型。

第6章 跨语言检索相关反馈综合模型构建

翻译优化是一种新的跨语言相关反馈技术,有必要将其与已有的反馈方法进行比较研究,并建立一个统一的描述模型,即跨语言检索相关反馈综合模型。故本章中,在全面比较翻译优化与查询扩展两种技术的基础上,结合对已有研究中有关跨语言相关反馈的影响因子以及相关性模型的研究分析,我们将构建一个具有层次结构的跨语言检索相关反馈综合模型(Relevance Feedback Integrated Model,简称 RFIM)。RFIM 模型包含 3 个层次结构:用户行为层、方法技术层、影响因子层。我们对每个层次进行详细分析,从而更深入地揭示模型各层之间的关系。

6.1 翻译优化与查询扩展的比较研究

目前,查询扩展仍然是跨语言信息检索中的主流相关反馈技术,而我们在本书第 5 章提出的翻译优化则是一种全新的跨语言相关反馈技术。对于这 2 种技术之间的关联性,以及它们自身包含的各种不同方法,我们都将进行全面的比较分析及结合研究。

6.1.1 翻译优化与查询扩展的对比

尽管翻译优化与查询扩展都是跨语言相关反馈技术,但如表 6-1 所示,二者仍然在所利用的资源、与检索模型的关系、是否需要检索结果的译文、发生的时间、表现形式、对翻译资源的要求、具体方法的种类,以及适用范围等方面有所区别。

表 6-1 翻译优化与查询扩展技术对照表

比较项目	翻译优化	查询扩展
所利用的资源	利用的是相关文献对	利用的是源语言或目标语言(任一种语言)的相关文献
与检索模型的关系	与检索模型无关,适用于任何检索模型下的跨语言信息检索	依赖于检索模型,不同的检索模型依据不同的原理计算文档与查询中检索词的相似度,以及计算文档中每个词的权重
是否需要检索结果的译文	系统需要检索结果的译文,但用于翻译检索结果和翻译查询的翻译资源可以相同或不同	系统无需对检索结果进行翻译

续表

比较项目	翻译优化	查询扩展
发生的时间	发生在查询翻译后	可以发生在查询翻译前或翻译后
表现形式	通过改变翻译概率或者对翻译的增减来优化查询翻译	通过增加权重较高的语词来扩展查询或者查询的翻译
对翻译资源的要求	需要一个带翻译概率的词典,也可以利用机器翻译系统等其他翻译资源	词典有无翻译概率均可,还可以利用机器翻译系统等其他翻译资源
具体方法的种类	依照估计检索词在相关文献对中翻译概率的不同方法,可以分为基于词对齐的翻译方法(TWA)、保留所有翻译的方法(KAT)、保留最好翻译的方法(K1T)、保留最高频率翻译的方法(KFT) 4 种	依照扩展发生的不同位置,可以分为翻译前查询扩展(PRE-TRANSLATION QE)、翻译后查询扩展(POST-TRANSLATION QE)、混合式查询扩展(COMBINED QE) 3 种
适用范围	只能用于跨语言信息检索	既可用于多语言信息检索,也可以用于单语言信息检索

因此,这两种技术,我们从以上几个方面对二者进行了详细地对比分析,并将其各自的适用范围分别归纳如下:

- 翻译优化:当我们有条件获得检索结果的译文时(必要条件),可以选择翻译优化技术。
- 查询扩展:当我们有条件获得另外一个与检索主题相似的源语言文档集时,可以选择翻译前查询扩展;当只有目标语言文档集时,则可以选择翻译后查询扩展。

此外,对于翻译优化中的 4 种方法:基于词对齐的翻译方法(TWA)、保留所有翻译的方法(KAT)、保留最好翻译的方法(K1T)、保留最高频率翻译的方法(KFT),我们还将进行对比研究,从检索词与翻译的对应关系、翻译关系抽取范围、翻译来源、是否经过消歧处理、算法的时间复杂度,以及各自的优缺点等方面进行比较分析(如表 6-2 所示)。

表 6-2 TWA、KAT、K1T、KFT 方法对照表

比较项目	TWA	KAT	K1T	KFT
检索词与翻译的对应关系	一对多	一对多	一对一	一对一
翻译关系抽取范围	句子	句子	句子	文献
翻译来源	词对齐工具	词典	词典	词典
是否经过消歧处理	否	否	是	是
时间复杂度	所需时间较长,包括词对齐占用大量时间	执行速度快,通过词典快速获取翻译	执行速度快,通过词典快速获取翻译	执行速度快,通过词典快速获取翻译

续表

比较项目	TWA	KAT	K1T	KFT
优点	翻译关系的抽取效果比较好；可以有效解决未登录词（OOV）的翻译问题	翻译抽取过程较直接，检索词在相关文献对中的翻译词频统计方法较简单，容易计算	可以有效地消除部分翻译噪音	将翻译关系抽取范围扩大到文献层面是比较合理的一个范围；选择最高词频的翻译可以有效地消歧
缺点	所需的词对齐工具通常不容易获得；在相关反馈过程中让用户等待词对齐完成需要较长时间	会引入过多翻译噪音，特别是当词典是自动生成的时候；检索词在相关文献对中的翻译词频统计不够准确	只选取一个最好的翻译有些冒险，如果该翻译选择错误，将无法弥补	检索词与候选翻译"一对一"的翻译关系仍然有些冒险

同时，对于查询扩展中的3种方法：翻译前查询扩展（Pre-translation QE）、翻译后查询扩展（Post-translation QE）、混合式查询扩展（Combined QE），我们也从扩展的位置、所利用的资源，以及各自的优缺点等方面进行了比较分析（如表6-3所示）。

表6-3 翻译前、翻译后、混合式查询扩展方法对照表

比较项目	翻译前查询扩展	翻译后查询扩展	混合式查询扩展
扩展的位置	查询翻译之前	查询翻译之后	先在查询翻译之前，然后在查询翻译之后
所利用的资源	一个与检索主题相关的源语言文档集合	初次检索的目标语言文档集合	一个与检索主题相关的源语言文档集合，以及初次检索的目标语言文档集合
优点	增加初始查询中缺失的意义；能够中和翻译错误以及对习惯用词字面翻译造成的错误	通过增加更多的语义信息来减少查询中不相关词的影响；对在查询翻译过程中被拆散的多词构成的固定搭配或短语还能起到还原作用	结合翻译前查询扩展与翻译后查询扩展的优点
缺点	可能通过增加额外有歧义或无关词语而带来噪音；扩展后仍需翻译，未解决翻译歧义问题	当某些关键检索词被翻译错误或者没有足够的上下文时，无法解决问题，还会带来翻译噪音	2次扩展可能会增加更多的噪音

6.1.2 翻译优化与查询扩展的结合

从以上比较分析我们可以看出，翻译优化与查询扩展都是跨语言相关反馈技术。查询扩展的目的是给查询增加新的、相关的语词。其中，翻译前查询扩展是给初始的源语言查询增加语词，而翻译后查询扩展则是给经过翻译的目标语言查询增加语词。另外，翻译优化则主要致

力于解决查询的翻译歧义性问题,而无需引入额外的检索词。图 6-1 显示了在整个基于查询翻译的跨语言信息检索过程中,翻译优化和查询扩展所处的位置。

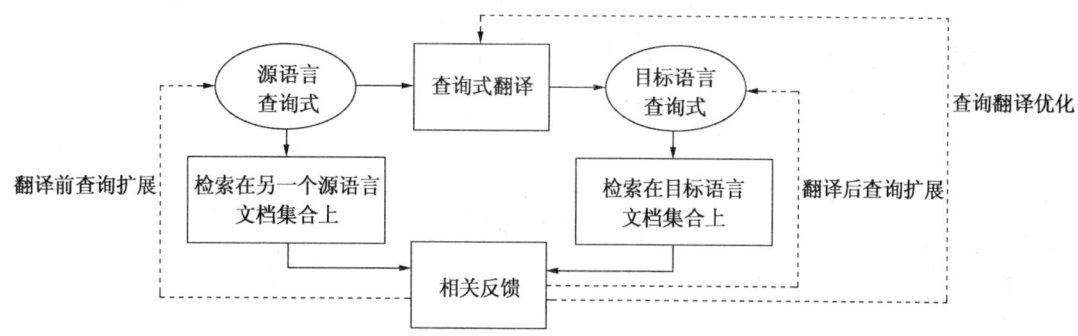

图 6-1 翻译优化和查询扩展在跨语言信息检索相关反馈过程中的位置

如图 6-1 所示,在跨语言信息检索的相关反馈过程中,翻译优化和查询扩展分别处在不同的位置。翻译优化位于翻译前查询扩展与翻译后查询扩展之间。并且,通过上一节对翻译优化和查询扩展的全面比较分析,我们发现,尽管二者的适用范围有所不同,但还是有很多交集存在。因此,我们认为,从理论上来说,二者是不矛盾的,而且应该可以合并在一起发挥更大的作用。本书将在后续章节通过实验来验证这一假设。

6.2 跨语言检索相关反馈综合模型(RFIM)的构建

如本书第 4 章所述,相关反馈本身是一个极其复杂的过程:相关反馈除了有很多种方法之外,还与相关性具有密切联系,而相关性又是一个涉及用户对文献进行相关性判断的复杂问题。同时跨语言信息检索本身也远比单语言信息检索复杂,尽管基于查询翻译的跨语言信息检索是最直接的一种方法,但其中的翻译歧义性问题很难得到有效解决。因此,我们尝试建立一个具有层次结构的、综合各种因素的跨语言检索相关反馈综合模型,以帮助人们更清楚地认识跨语言检索相关反馈过程,更好地选择相关反馈方法,从而更有效地提高检索效果,检索出更多、更准确、更能满足用户信息需求的相关信息。

6.2.1 模型要解决的问题

借鉴本书第 4 章论述的相关性理论与相关性模型的思想,我们将构建一个跨语言相关反馈综合理论模型框架,该模型拟解决如下问题:

(1)为相关反馈技术在跨语言信息检索中的应用提供一个基本理论框架;
(2)对基于相关反馈的翻译优化技术与查询扩展技术的关系进行描述;
(3)将用户相关性与系统相关性理论结合起来考虑融入模型中;
(4)探讨不同的影响因素对跨语言相关反馈技术的影响。

6.2.2 跨语言检索中已有的相关反馈建模分析

在本书的第 4 章中,我们已经分析了已有的结合相关反馈的跨语言信息检索研究情况,尽管以往研究中没有人提出一个综合的理论模型框架,但研究者们还是就跨语言信息检索与相关反馈的结合各个层面进行了探索,主要集中在以下几个方面:

(1)从方法技术层面来看,已有研究集中于讨论如何将单语言信息检索中的查询扩展技术应用到跨语言信息检索环境下,而在我们提出了翻译优化这种新的相关反馈技术之后,就需要一个综合模型对二者进行统一描述。

(2)从用户的相关性判断层面来看,已有的研究并未对跨语言检索中的相关性问题做进一步深入探讨,而是延续了单语言检索中的相关性理论。事实上,在跨语言信息检索中,用户角度的相关性理论有其独特的地方,比如提供给用户目标语言检索结果,还是检索结果的译文,哪个更利于用户的相关性判断?交互式跨语言检索系统的界面如何设计更有助于用户的相关性判断?等等。在跨语言检索中,相关性理论需要进一步丰富与完善,因此,我们可以构建一个综合模型框架将这一内容包含进来。

(3)从影响相关反馈方法的因素分析层面来看,已有的研究探讨了不同翻译资源下的查询扩展、不同语言转换中的查询扩展及翻译资源质量对查询扩展的影响。这几个因素是否完备,是否还有其他的影响因素?这些因素对翻译优化或翻译优化与查询扩展的结合是否也存在影响?这方面的问题同样需要我们构建一个综合模型框架来描述。

综上所述,我们希望建立一个完整的跨语言信息检索相关反馈理论框架,拟借鉴层次分析法,从而将这一模型分为若干层次,每层包含若干因素。

6.2.3 层次分析法

层次分析法是人们用来研究决策问题的一种常用方法。它将多种因素综合起来考虑,其结果简单明确,可信度高,是一种系统化、层次化的分析方法。它可使决策者与决策分析者相互沟通,决策者甚至可直接应用此种方法,这就增加了决策的有效性。层次分析法的基本思路与人们对复杂决策问题的思维判断过程大体上一致,因而便于人们接受和掌握。

我们以假期旅游为例。假如有P1,P2,P3 3个旅游胜地供你选择。你首先会确定决策的几个准则,诸如景色、费用、居住、饮食、旅途条件等。然后根据选定的几个准则反复比较3个候选地点。接下来你会确定这些准则在你心目中各占多大比重,并就每个准则对3个地点进行对比。最后你要将这2个层次的比较判断进行综合,从而确定一个最佳旅游地点。

上面的思维过程可通过加工建立起层次结构模式:确定决策问题的几个准则,并将决策问题分为若干个层次(一般为3层),最上层为目标层,最下层为方案层,中间层为准则层。同一层的诸因素从属于上一层的因素或对上一层因素有影响,同时又支配下一层的因素或受下一层因素的作用。各层次之间的联系用相连的直线表示(见图6-2)[271]。

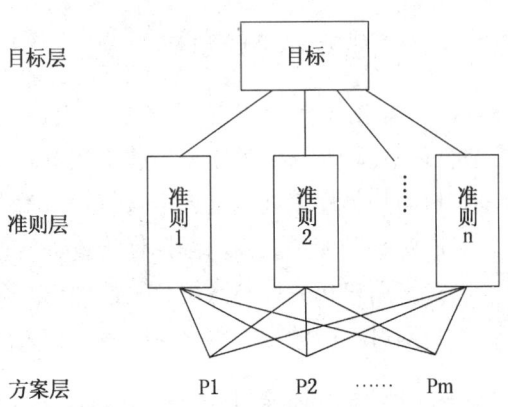

图6-2 层次结构模式的建立

6.2.4 具有层次结构的跨语言相关反馈综合模型总体框架

通过借鉴层次分析法解决问题的思路,我们对跨语言检索相关反馈框架也进行了层次分析,提出了一个跨语言检索相关反馈综合模型(Relevance Feedback Integrated Model,简称RFIM),它包含了3个层次结构:用户行为层、方法技术层、影响因子层,定义如下。

跨语言相关反馈综合模型 RFIM 定义为一个包括用户行为、方法技术、影响因子3个层次的结构框架,即:

$$RFIM = \{UB, AT, IF\} \tag{6-1}$$

其中,UB 代表用户行为层(User Behavior)、AT 代表方法技术层(Approach & Technique)、IF 代表影响因子层(Impact Factor)。

这3个层次之间的关系可以简单地用图 6-3 来表示。从图 6-3 可以看出,方法技术层位于用户行为层和影响因子层之间,该层与其他两层均发生关系。方法技术层是该模型的核心,其中包含 n 个跨语言相关反馈方法或者不同方法的组合;用户行为层包含不同用户之间的差异,如用户特征文档、用户经验、用户知识等,以及交互式跨语言信息检索系统的界面等与用户行为相关的因素,这些因素都会影响用户的相关性判断,以及跨语言相关反馈方法的选择和效果实现;影响因子层包括 m 个不同的影响因子(与用户无关的影响因子),如查询的长度、检索主题的特征、翻译资源的种类、质量等,它们都会在不同程度上影响跨语言相关反馈方法的结果。

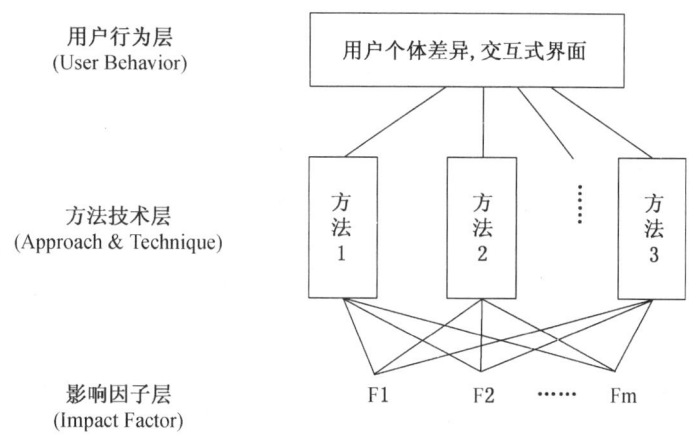

图 6-3 具有层次结构的跨语言相关反馈综合模型框架

下面,我们将对跨语言相关反馈综合模型各层次的要素进行详细说明。

6.3 跨语言相关反馈综合模型各层次要素分析

6.3.1 用户行为层

相关反馈机制把用户当作系统不可分割的一部分,相关反馈是基于用户的相关性判断结果的一种技术,其目的是提高检索结果。用户做出的相关性判断是其中非常重要的一个环节,用户相关性判断的准确程度直接影响了相关反馈的效果。即使相关反馈的算法再好,如果没有一个准确的用户相关性判断,一切努力也都将白费。因此,在基于相关反馈的系统中,相关性已经不再是主要用于评价的一个反应性的(Reactive)概念,而是成了一个主动的(Active)概念,对系统本身的运行起着关键作用。

与其他涉及到直觉的判断一样,人们对"相关性"的判断也并不总是一致的,而且同一个人对同一组对象的判断也可能在多个层次上有所不同。为了信息检索的科学性起见,在此不涉及那种哲学解释学性质的讨论;不过,我们的看法与 Schamber 等[272]基本一致:在相关性概念中用户理应被放在关键的地位。检索系统的输出归根结底是要由用户进行评判的,相关性判断只能由用户做出,系统从本质上讲只能起一个工具性的辅助作用。既然如此,影响相关性判断的因素就特别值得注意。

在跨语言检索相关反馈综合模型中,我们将与用户相关性判断相关的用户行为作为模型的最上层。这一层主要指的是用户角度的相关性理论所讨论的问题,包括不同用户的差异,如用户特征文档、用户经验、用户知识等,以及交互式跨语言信息检索系统的界面等与用户行为相关的因素,这些因素都会影响用户对检索结果的相关性判断,以及跨语言相关反馈方法的选择和效果实现。

借鉴本书 4.1.1 节中介绍的 Saracevic[273] 的交互式相关性模型和 Mizzarod[274] 的四维相关性模型,结合跨语言信息检索的特点,我们将 RFIM 模型的用户行为层 UB 定义为"个体差异"(Individual Differences)和"交互式界面"(Interactive Interface)2 个因素的集合,表示为:

$$UB = Individual\ Differences \times Interactive\ Interface \quad (6-2)$$

"个体差异"因素指用户在做相关性判断时表现出来的知识水平和技能的差异,其中至少有以下几个因素:

- 用户特征文档(User Profile):指用户的基本情况,如性别、年龄、学历、专业等;
- 用户经验(User Experience):指用户对于与相关性判断相关的活动的经验,如使用电脑的熟悉程度、每天浏览新闻的时间、使用搜索引擎的偏好、判断特殊信息的能力等;
- 用户知识(User Knowledge):主要指用户对特定领域检索主题背景知识的掌握程度。

因此,"个体差异"因素可以用如下方式表示:

$$Individual\ Differences = \{User\ Profile, User\ Experience, User\ Knowledge\} \quad (6-3)$$

"交互式界面"因素指交互式跨语言信息检索系统的界面设计,其中至少有以下几个因素:

- 查询的构建(Query Formulation):指用户形成查询;
- 翻译的选择(Translation Selection):指系统如何帮助用户进行查询翻译的选择;
- 结果的判断(Result Judgment):指系统提供哪些信息帮助用户对检索结果进行判断,如:提供给用户目标语言检索结果还是检索结果的译文,提供全文还是文档替代物(Surrogate),等等。

因此,"交互式界面"因素可以用如下方式表示:

$$Interactive\ Interface = \{Query\ Formulation, Translation\ Selection, Result\ Judgment\}$$
$$(6-4)$$

综上所述,"个体差异"和"交互式界面"2 个要素的关系如图 6-4 所示。

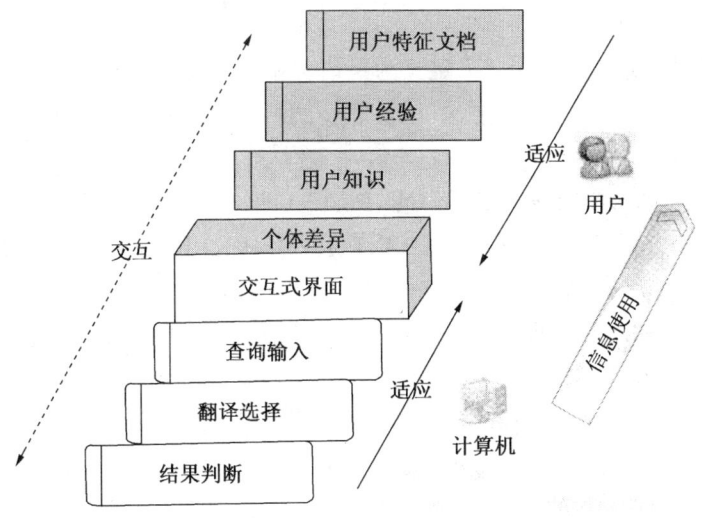

图 6-4 RFIM 模型中用户行为层的各要素

6.3.2 方法技术层

模型的这一层主要指的是跨语言相关反馈的方法和技术,是该模型中的核心部分。如本书第 4 章所述,目前,跨语言相关反馈技术主要应用的是查询扩展技术,具体分为翻译前查询扩展(Pre-QE)、翻译后查询扩展(Post-QE)与二者结合的混合式查询扩展(Comb-QE) 3 种。而本书在第 5 章又提出了基于相关反馈的翻译优化技术,分为 4 种具体方法:基于词对齐的翻译方法(TWA)、保留所有翻译的方法(KAT)、保留最好翻译的方法(K1T)、保留最高频率翻译的方法(KFT)。此外,本章 6.1.2 节也从理论上证明了查询扩展与翻译优化是可以相互结合的,其两两结合的方式如图 6-5 所示。

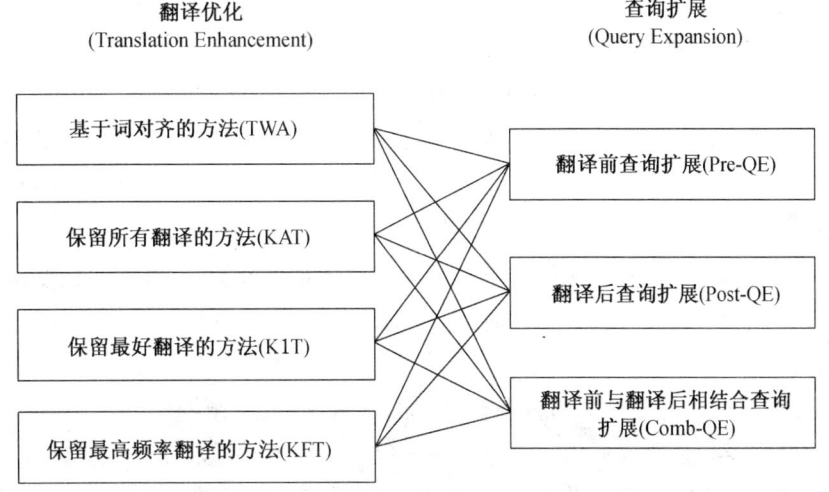

图 6-5 翻译优化与查询扩展的组合形式

这里,我们主要是基于翻译优化与查询扩展相结合的思想提出方法技术层。然而事实上,模型的该层究竟包含多少种相关反馈方法并不重要,因为随着技术的发展,不断会有新的方法技术问世。

因此，我们可以将方法技术层 AT 定义为跨语言相关反馈方法的集合，其中目前包括翻译优化的 4 种方法和查询扩展的 3 种方法，以及它们两两结合后的 12 种方法，共有 19 种方法，可以表示为如下集合形式：

$$AT = \begin{Bmatrix} TWA, KAT, K1T, KFT, Pre-QE, Post-QE, Comb-QE, \\ Pre-QE+TWA, Pre-QE+KAT, Pre-QE+K1T, Pre-QE+KFT, \\ TWA+Post-QE, KAT+Post-QE, K1T+Post-QE, KFT+Post-QE, \\ TWA+Comb-QE, KAT+Comb-QE, K1T+Comb-QE, KFT+Comb-QE \end{Bmatrix}$$

(6-5)

其中，符号"＋"代表两种方法的组合。

模型的该层与上下其他 2 层均发生关系。

6.3.3 影响因子层

在单语言信息检索中，除了用户行为之外，诸如检索文档的数量、检索文档所包含的语词数等因素都会影响单语言相关反馈。在跨语言信息检索中也是如此，除了用户行为之外其他影响跨语言相关反馈的因素，我们将其界定为影响因子层。这一层处于模型的最底层，包括 m 个不同的影响因子（与用户无关的影响因子），它们都会在不同程度上影响跨语言相关反馈方法的结果。

对于跨语言信息检索中的查询扩展，如本书 4.3.1 节讨论的，前人的研究主要比较了翻译资源的种类、不同的语言转换，以及翻译资源的质量这 3 个影响因素对 3 种跨语言查询扩展方法的影响。我们认为，这 3 个影响因子仍然会对翻译优化技术，以及翻译优化与查询扩展相结合的方法产生影响。

除此以外，我们还认为，包括查询的长度、检索主题的特征这 2 个主要因素也会对跨语言检索的相关反馈方法产生影响。

通常，用户输入的查询和系统自动生成的查询不一样。在实际检索过程中，用户输入的查询一般比较短。例如，有研究者通过分析网络搜索引擎的日志发现，互联网上的一次英文查询的平均长度为 2.3 个词[275-276]，中文查询的平均长度为 3.18 个词[277]。与之相反的是，在大多数检索实验中，由系统自动生成的查询通常比较长，短则为几个短语，长则为几个句子，更长的甚至有可能达到一段文本。因此，无论是对于翻译优化还是查询扩展，查询的长度这个因素可能影响相关反馈的效果。特别是对于查询扩展来说，由于其直接作用在查询上，因此与查询的长度联系更密切。

检索主题的特征是另外一个与查询相联系的因素，检索主题的不同，会导致不同的结果。因此，通常的检索实验会选取不止一个检索主题（至少 20 个，一般 50 个以上比较好）来计算结果的平均值。但是，我们在计算平均值的同时，还需要仔细分析单个检索主题。因为，检索主题的内容特征、结构特征等都可能对跨语言检索相关反馈产生影响。

综合上述分析，我们将 RFIM 模型的影响因子层 IF 分为：与翻译资源（Translation Resource）相关的因素集合、与检索主题（Search Topic）相关的因素集合、与语言种类（Language

Pair)相关的因素集合,表示为:

$$IF = Translation\ Resource \times Search\ Topic \times Language\ Pair \qquad (6-6)$$

其中,与翻译资源相关的因素集合包含翻译资源的种类(Translation Type)、翻译资源的质量(Translation Quality)等因子:

$$Translation\ Resource = \{Translation\ Type, Translation\ Quality\cdots\cdots\} \qquad (6-7)$$

与查询相关的因素集合包含查询的长度(Query Length)、检索主题的类型(Topic Type)等因子:

$$Search\ Topic = \{Query\ Length, Topic\ Type\cdots\cdots\} \qquad (6-8)$$

与语言种类相关的因素集合包含各种语言对,如英文-中文(English-Chinese)、法文-中文(French-Chinese)、德文-中文(Germany-Chinese)等因子:

$$Language\ Pair = \{English-Chinese, French-Chinese, Germany-Chinese\cdots\cdots\} \qquad (6-9)$$

6.4 模型的检验

一个理论模型框架的建立需要通过实验来检验。对于本章提出的跨语言检索相关反馈综合模型 RFIM 来说,其 3 个层次结构:用户行为层、方法技术层、影响因子层,以及各层的要素,也都需要在实验中进行检验。

本书将在下一章构建一个基于相关反馈的交互式跨语言信息检索系统,除了实现基本的跨语言信息检索功能外,主要还是要实现翻译优化与查询扩展这两种相关反馈技术,同时在交互式界面的设计上还必须考虑如何让用户更好地进行相关性判断。在有了这样一个实验平台之后,接下来就可以进行相关反馈实验了。

本书将在第 8 章和第 9 章中讲述一系列自动相关反馈实验与用户相关反馈实验。自动相关反馈实验的目的是检验该模型的方法技术层 AT 与影响因子层 AF。其中主要涉及的检验内容包括:检验方法技术层中提出的各种翻译优化方法和查询扩展方法,以及二者结合的效果,检验与初始查询的结果相比经过相关反馈之后的检索结果效率是否有所提高(当然,对于所有 19 种方法,我们不可能一一穷尽,只会选择其中有代表性的来做检验);影响因子层提出的各种影响跨语言相关反馈的因素是否对各种方法有作用,以及如何影响这些方法(当然,鉴于前人已经通过实验检验过部分影响因素,且无法穷尽所有影响因素,因此我们会选取有针对性的影响因素来分析其对相关反馈方法的影响)。用户相关反馈实验的目的是检验该模型的方法技术层 AT 与用户行为层 UB。其中主要涉及的检验内容包括:方法技术层中提出的各种翻译优化方法和查询扩展方法,以及二者的结合在用户参与相关性判断的环境下的效果(仅会选择其中有代表性的来做检验,理由同上);用户行为层提出的各种个体差异因素和交互式界面因素是否影响用户的相关性判断,以及它们如何影响不同相关反馈方法的实施(拟通过问卷调查的方式以及屏幕跟踪等手段来分析与用户行为相关的各种因素对跨语言相关反馈的影响)。

6.5 本章小结

在这一章中,我们首先全方位地比较了翻译优化和查询扩展这 2 种跨语言检索的相关反馈技术,并指出二者在跨语言信息检索的相关反馈过程中处于不同的位置,故提出从理论上说二者可以合并在一起发挥更大的作用的假设。然后,我们通过分析跨语言信息检索相关反馈的已有研究结果,并结合层次分析法,提出了跨语言信息检索的相关反馈综合模型(RFIM)。该模型为一个理论模型框架,被划分为用户行为层、方法技术层和影响因子层,其中,方法技术层位于中间,与其他两层均产生关联。

为了进一步明确 RFIM 各层包含的要素及其联系,我们深入分析了用户行为层、方法技术层和影响因子层。我们将用户行为层 UB 定义为个体差异(Individual Differences)和交互式界面(Interactive Interface)2 个因素的集合;将方法技术层 AT 定义为 19 种跨语言相关反馈方法的集合,包括翻译优化、查询扩展,以及二者的结合;将影响因子层 IF 定义为与翻译资源(Translation Resource)相关的因素集合、与检索主题(Search Topic)相关的因素集合、与语言种类(Language Pair)相关的因素集合。最后,我们对在后文中如何检验 RFIM 模型做出了规划。

第7章 基于相关反馈的英汉跨语言检索系统实现

前文我们已详细描述了基于相关反馈的翻译优化技术,并且构建了一个理论层面的跨语言检索相关反馈综合模型。接下来,在这一章的内容中,我们主要将进行具体实现工作,构建一个英汉交互式跨语言信息检索系统。该系统除了实现基本的、基于词典的查询翻译及检索功能外,还将实现两种相关反馈功能——翻译优化与查询扩展。该检索系统将被作为本书后面3章的相关反馈实验的平台。

7.1 系统功能与资源

将相关反馈技术结合到跨语言信息检索中,不仅能有效提高检索结果的效率,也可以看作是对交互式跨语言信息检索的一种扩展。从本书第2章有关跨语言信息检索的概述中可以看到,目前对于结合相关反馈技术的跨语言信息检索的实现问题讨论得不太多,国内也几乎没有研究者对这个问题进行过专门研究。因此,本章期望通过一定的尝试实现一个基于相关反馈的英汉跨语言信息检索系统。

本系统最大的特点是同时实现了2个相关反馈功能——翻译优化与查询扩展。其中,翻译优化是我们提出的一种新技术,而查询扩展是前人研究过的技术。因此,我们将以翻译优化这个创新点为本系统命名,我们称该系统为"冰茶"(ICE-TEA,Interactive Cross-language Engine with Translation Enhancement Approach),即基于翻译优化方法的交互式跨语言检索引擎(以下简称该系统为"ICE-TEA")[278]。

如本书3.1节所述,一个跨语言信息检索系统的实现,首先需要考虑的是翻译策略的选择问题。在查询翻译、文档翻译、中间语言翻译、不翻译这几种翻译策略中,我们选择了查询翻译。因为从实现的角度考虑,查询翻译只需利用一个双语词典即可解决查询的翻译问题,是最便捷的方法。并且,我们要检验的各种相关反馈方法也都是针对查询,是基于查询翻译的。

其次要考虑的是翻译资源的选择问题。对于目前可利用的翻译资源,如双语词典、机器翻译系统、在线翻译引擎、双语语料库等,我们选择了双语词典。一方面,因为双语机读词典比较容易获得,另一方面,翻译优化技术的检验必须基于一个带翻译概率的词典。

再次,由于相关反馈实验需要用户的参与,因此,本系统定位为交互式跨语言信息检索系统,即在查询的输入、翻译的选择、文档的选择、检索结果的相关性判断等环节均设计为允许用户交互的形式。

在语种的选择上,本书选择英汉跨语言信息检索作为研究对象,拟将英文作为源语言,中文作为目标语言,即研究输入英文查询检索中文文档集。一方面,希望能在实践方面加强有关中文跨语言信息检索问题的研究;另一方面,鉴于本研究的实验工作部分是笔者在美国访学期间完成的,所以,本书会集中讨论英汉跨语言信息检索的问题。

7.1.1 系统功能设计

本书构建的基于相关反馈的英汉跨语言信息检索系统,目标是实现如下主要功能:

1. 用户辅助查询翻译(User-assisted Query Translation)

借鉴 He 等[279]提出的用户辅助查询翻译的思想,我们的 ICE-TEA 系统能够将用户纳入查询翻译过程中。它可以让用户随意输入英文查询,并且设置本书 5.2.2 节曾提到的"累计概率阈值"(Cumulative Probability Threshold,CPT)。系统对查询进行翻译之后,列出每个关键词及其所有翻译和翻译概率,并可以帮助用户对这些翻译进行选择。

2. 英汉跨语言信息检索(English-to-Chinese Cross-Language Information Retrieval)

当用户选择确定了检索词的翻译之后,系统即进行初始检索。目前系统实现的是英文-中文这个方向的跨语言信息检索。当然,如果把双语词典反向,系统也可以实现中文-英文方向的检索。同时,ICE-TEA 系统具有良好的扩展性,只要将词典换成其他语种,ICE-TEA 系统也能够进行其他任何语言之间的跨语言信息检索。

3. 多级用户相关性判断(Multi-level User Relevance Judgment)

本书在 5.1.1 节曾强调过,面向用户的跨语言检索系统应该提供检索结果的译文,且此举有助于提高用户相关性判断的准确性。此外,检索结果的原文及译文组成的相关文献对也是翻译优化技术得以实施的必要条件。因此,本系统也遵照此原则,利用机器翻译系统将检索结果全文翻译,提供给用户检索结果的原文全文和译文全文,并让用户在译文的摘要上进行多级相关性判断,且将检索词高亮显示以帮助用户判断。如果在没有用户参与的情况下,ICE-TEA 系统也能够进行自动相关反馈。

4. 相关反馈功能之翻译优化(Translation Enhancement with Relevance Feedback)

翻译优化的实现是本系统的一大亮点,因为翻译优化本身就是本书提出的一种创新的跨语言相关反馈技术。我们将在 ICE-TEA 系统中实现本书第 5 章提出的 4 种翻译优化算法,即基于词对齐的翻译方法 TWA、保留所有翻译的方法 KAT、保留最好翻译的方法 K1T、保留最高频率翻译的方法 KFT。

5. 相关反馈功能之查询扩展(Query Expansion with Relevance Feedback)

尽管查询扩展是前人提出的一种跨语言相关反馈技术,但为了与本书提出的翻译优化技术进行比较,以及实现全面的跨语言相关反馈技术研究,本系统也对目前的 3 种跨语言查询扩展方法进行了实现,即翻译前查询扩展 Pre-QE、翻译后查询扩展 Post-QE、混合式查询扩展 Combined-QE。

6. 翻译优化与查询扩展的结合(Combination of Translation Enhancement and Query Expansion)

如本书 6.1.2 节所述,翻译优化与查询扩展这 2 种跨语言相关反馈方法是不矛盾的,并且可以结合起来使用。在 ICE-TEA 系统中,我们实现了这 2 种方法的结合,具体是先进行翻译优化,实现基于词对齐的翻译方法 TWA,再进行查询扩展,实现翻译后查询扩展方法 Post-QE。

7.1.2 系统实现的流程与环境

1. 系统实现的流程

在构建系统之前,我们首先需要理清思路,按照软件工程的理念来明确系统的实施流程。如图 7-1 所示,在系统建立之前,我们首先需要准备用于查询翻译的翻译资源,即一个带翻译概率的英汉双语机读词典,并对如何从词典中获取翻译及概率进行实现。然后,我们需要准备中英文文本语料,中文文档集用于进行跨语言检索,英文文档集用于翻译前查询扩展,对文本进行预处理后即为其建立索引。在整个系统的构建过程中,相关反馈算法的实现是重点内容,也是本系统的创新所在。最后,对检索界面进行优化设计,允许用户与计算机进行交互。

2. 系统实现的环境

我们的系统的实现环境如下:

硬件要求:普通 PC 机 1 台,配置为:processor 1.86GHz CPU;内存 1G。

操作系统:Microsoft Windows XP Professional。

编程工具:界面主要采用 Sun 公司的 Java 开发,Java 版本是 JDK 1.6.0;部分算

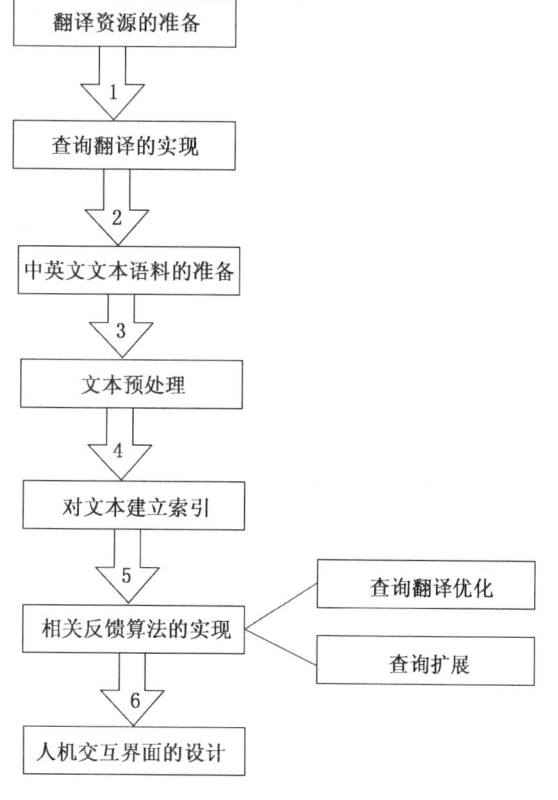

图 7-1 基于相关反馈的跨语言信息检索系统实现流程

法实现采用的是 Perl 和 Python 编程语言,Perl 的版本是 ActivePerl 5.8.8,Python 的版本是 ActivePython 2.5.1。

软件要求:系统内嵌了几个开放源代码的工具,包括:检索引擎 Indri,版本是 Indri2.4[280];中文分词工具是美国斯坦福大学自然语言处理小组(The Stanford Natural Language Processing Group)开发的中文分词工具(北京大学标准)[281];英文词根还原工具 Porter Stemmer[282];词对齐时用到的机器翻译工具包 GIZA++[283];美国南加州大学(University of Southern California)信息科学研究所(Information Sciences Institute,ISI)开发的机器翻译系统[284]。这些软件大部分都提供了 Java 调用接口,可以直接从网上获得,部分可以直接使用。

7.1.3 系统的语料

系统可以处理的文本文档与其内容无关。为了使我们的实验更规范、更标准,使实验结果更具可信度与可比性,系统目前使用的文本语料为语言资源联盟(Linguistic Data Consortium,简称 LDC)开发的 TDT4 和 TDT5 文本语料。语言资源联盟[285]是由一些大学、公司、政府实验室等机构组成的一个开放式联盟组织,专门搜集和提供各种语音、文本数据库和语料库,用于各类研究,目前由宾州大学(University of Pennsylvania)负责。各个学校都可以申请加入该联盟,成为其会员,并向其购买语料库,这样就便于大家用标准的语料做实验,也便于比较实验结果。

TDT4 和 TDT5 文本语料是 LDC 于 2002—2004 年发布的用于主题发现与跟踪(Topic Detection and Tracking,简称 TDT)的语料,其中包含英文、中文、阿拉伯文 3 个语种的新闻文本。因为本书研究的是英汉跨语言信息检索,所以我们选取其中的中文和英文新闻文本作为本系统的语料。

1. 中文文档集合

中文文档集主要用于英汉跨语言信息检索以及翻译优化、翻译后查询扩展,如表 7-1 所示。TDT4 和 TDT5 2 个语料共包含 83 627 篇中文文档,来源于新华社、联合早报、法新社等 11 个新闻机构。经统计,这些中文文档集的总大小为 328M,它们的编码不尽相同,有 GB2312 编码、GBK 编码、UTF-8 编码 3 种形式。在这些中文文档集中,共有 23 626 923 个词,其中不重复的词为 412 942 个。每个中文文档以其文本类型、时间和顺序编号命名,图 7-2 是 1 篇中文文档的示例。

表 7-1 中文文档集信息

语料库	搜集时间	文本类型	新闻来源	数量	编码
TDT4	2000 年 10 月~2001 年 1 月	XIN	XINHUA NEWS AGENCY	9 837	GBK
		ZBN	ZAOBAO NEWS AGENCY	8 111	GBK
		CBS	CHINA BROADCASTING SYSTEM	1 451	GB2312
		CTS	CHINA TELEVISION SYSTEM	2 221	GBK
		VOM	VOICE OF AMERICA, MANDARIN CHINESE NEWS PROGRAMS	1 780	GBK
		CNR	CHINA NATIONAL RADIO	2 259	GBK
		CTV	CHINA CENTRAL TELEVISION	1 483	GBK
TDT5	2003 年 4~9 月	AFC	AGENCY FRANCE PRESS	5 655	UTF-8
		CNA	CENTRAL NEWS AGENCY-TAIWAN	4 568	UTF-8
		XIN	XINHUA NEWS AGENCY	37 251	UTF-8
		ZBN	ZAOBAO NEWS AGENCY	9 011	UTF-8
合计				83 627	

```
<DOC>
<DOCNO>XIN20001001.0200.0004</DOCNO>
<TEXT>
"我们是新时代的儿童,在祖国的怀抱里茁壮成长;我们是新世纪的花朵,在希望的舞台上竞相开放"。南京市3 000多名少年儿童今天欢聚在鼓楼广场,举行《欢乐在金秋阳光下》大型广场文艺演出,欢度国庆佳节。鼓乐欢歌,江宁县龙都娃娃鼓队敲打着欢快的锣鼓,喜气洋洋地拉开了演出的序幕。广场上,活泼可爱的孩子们载歌载舞。南京小铁鹰幼儿艺术中心、小百灵幼儿艺术团表演的舞蹈《好日子》《小小巾帼》,似雏鹰展翅,似彩蝶飞舞,表达了人们欢庆国庆的喜悦心情。南京中山路小学、小营小学表演的集体舞《金色童年》《幸福拍拍手》,表现了少年儿童在社会主义祖国幸福成长。南京玄武区文化艺术中心和南京小星星艺术团表演的少儿国标舞《金色的韵律》,多姿多彩,韵味十足。南京第九中学精彩的器乐合奏《高山青》,京剧歌舞《水漫金山》,把演出推向高潮。江苏省、南京市党政领导和数千市民兴致勃勃地观看演出,和孩子们一起欢庆节日。
</TEXT>
</DOC>
```

图 7-2 中文文档示例

2. 英文文档集合

英文文档集主要用于翻译前查询扩展,如表 7-2 所示。TDT4 和 TDT5 2 个语料共包含 306 498 篇英文文档,来源于纽约时报、美国之音、新华社等 15 个新闻机构。经统计,这些英文文档集的总大小为 1.13G,它们的编码都为 ASCⅡ 编码。在这些英文文档集中,共有 109 960 034 个词,其中不重复的词为 288 273 个。每个英文文档以其文本类型、时间和顺序编号命名,图 7-3 是 1 篇英文文档的示例。

表 7-2 英文文档集信息

语料库	搜集时间	文本类型	新闻来源	数量	编码
TDT4	2000年10月~2001年1月	APW	ASSOCIATED PRESS WORLDSTREAM SERVICE	10 268	ASCII
		NYT	NEW YORK TIMES NEWSWIRE SERVICE	4 842	ASCII
		CNN	CABLE NEWS NETWORK, "HEADLINE NEWS"	4 698	ASCII
		ABC	AMERICAN BROADCASTING COMPANY, "WORLD NEWS TONIGHT"	1 692	ASCII
		NBC	NATIONAL BROADCASTING COMPANY, "NBC NIGHTLY NEWS"	1 234	ASCII
		PRI	PUBLIC RADIO INTERNATIONAL, "THE WORLD"	1 965	ASCII
		VOA	VOICE OF AMERICA, ENGLISH NEWS PROGRAMS	2 694	ASCII
		MNB	MS-NBC, "NEWS WITH BRIAN WILLIAMS"	997	ASCII

续表

语料库	搜集时间	文本类型	新闻来源	数量	编码
TDT5	2003年4~9月	AFE	AGENCY FRANCE PRESS	95 432	ASCII
		APE	ASSOCIATED PRESS	104 940	ASCII
		CNE	CENTRAL NEWS AGENCY-TAIWAN	1 117	ASCII
		LAT	LA TIMES/WASHINGTON POST	6 692	ASCII
		NYT	NEW YORK TIMES	12 024	ASCII
		UME	UMMAH PRESS	1 101	ASCII
		XIE	XINHUA NEWS AGENCY	56 802	ASCII
TOTAL				306 498	

```
<DOC>
<DOCNO>APW20001001.0308.0142</DOCNO>
<TEXT>
A moderate earthquake rocked eastern Taiwan Sunday, the latest in a series of moderate temblors that have struck the same area, seismologists said. No damage or injuries were immediately reported. The 4.7-magnitude earthquake struck less than a mile northeast of Hualien, a city about 93 miles south of the capital, Taipei, the Central Weather Bureau said. Over the past two weeks, Hualien was rattled by a series of earthquakes, ranging from magnitudes 3.9 to 4.7. Tremors frequently shake the island, which sits on two tectonic plates _ huge, moving slabs of the Earth's crust. Thousands of minor tremors and aftershocks have been recorded since a 7.6-magnitude quake hit central Taiwan in September 1999, killing about 2,400 people and destroying thousands of homes.
</TEXT>
</DOC>
```

图 7-3 英文文档示例

7.2 系统体系结构设计

我们根据一般基于查询翻译的跨语言信息检索系统的设计原则(如图 7-4 所示),给出了一个结合相关反馈的英汉交互式跨语言信息检索系统的设计方案(如图 7-5 所示)。该系统在总体结构上与一般跨语言信息检索系统有着一致性,不过在具体模块功能的设计和实现上加入了对相关反馈功能,以及系统与用户交互性因素的考虑。

ICE-TEA 系统采用浏览器/服务器架构,即 B/S 结构,可以在任何地方进行操作而不用安装任何专门软件。它主要包括 5 个基础模块,分别为:查询翻译模块、文本预处理模块、检索模块、结果显示模块、相关反馈模块。下面将对这 5 个模块进行详细介绍。

第7章 基于相关反馈的英汉跨语言检索系统实现

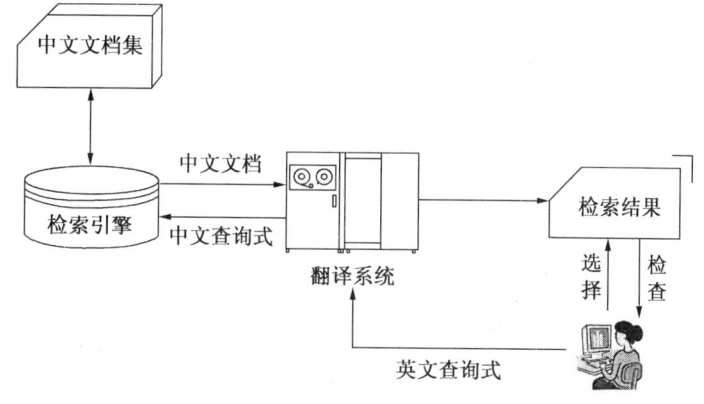

图 7-4 基于查询翻译的跨语言信息检索系统的体系结构

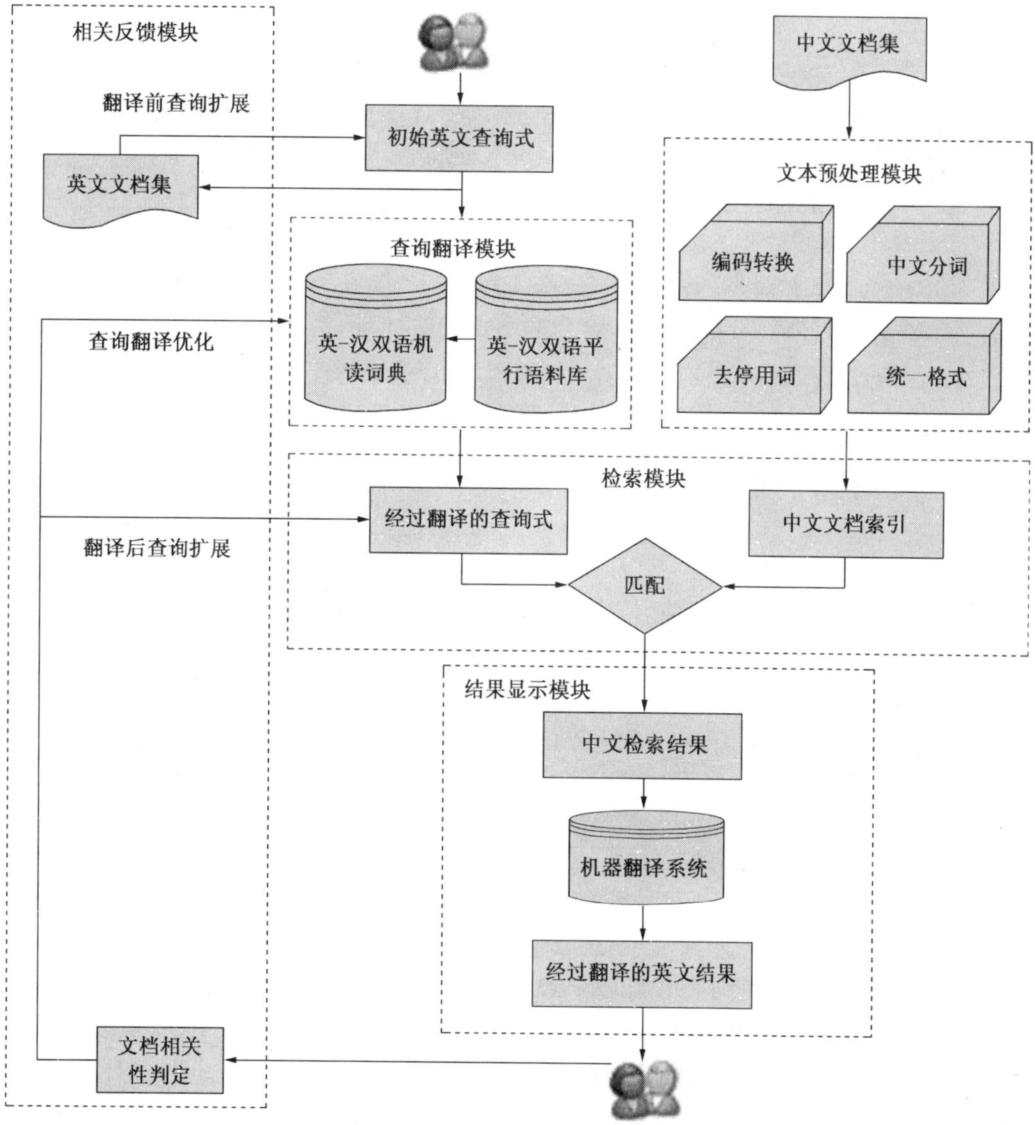

图 7-5 ICE-TEA 系统的体系结构图

7.2.1 查询翻译模块

这个模块的主要任务是将用户输入的英文查询翻译为中文。在本章 7.1 节中我们就已经论述过,我们将采用双语机读词典(Machine Readable Dictionary, MRD)作为本系统翻译查询的工具。ICE-TEA 系统所用的英-汉双语机读词典是一个统计词典,是通过词频统计和词共现计算方法,从英汉双语平行语料库中获得的[286]。该词典主要用于对查询的每个关键词进行逐词翻译(Word-By-Word Translation),它无法识别查询中的短语或命名实体。词典中共有 126320 个英文词条,每个词条列出其若干个翻译,每个翻译后跟 1 个从双语平行语料库中统计出来的翻译概率,每个词条的所有翻译的翻译概率之和为 1。该词典的编码是 UTF-8。由于词典是从语料库中自动生成的,因此会包含大量无关的翻译。图 7-6 是 1 个从该词典中抽取的某个词条及其翻译的例子。

```
dependent  更生//0.157782  自力//0.154736  也是//0.154296  者//0.143532  位
//0.121125  而//0.0773216  上//0.0757525  名//0.07416  中//0.0165986  大学
//0.00845871  工人//0.00489488  兹//0.00234043
```

图 7-6 英汉统计双语机读词典示例

本书 5.2.2 节曾经讨论过,我们采取"累积概率阈值(Cumulative Probability Threshold, CPT)"的方法来查找检索词在词典中的初始翻译及翻译概率,算法描述如图 7-7。

```
1  set CPT;//设置累计概率阈值
2  Sum=0;
3  for(i=1;i<n;i++)//n 为某个关键词在词典中的翻译个数
4  {
5  search for the i translation alternative Trans_i;// Trans_i 为某个关键词的第 i 个翻译的翻译概率;
6  Sum=Sum+ Trans_i;//累加前 i 个翻译的翻译概率
7  if Sum ≥CPT
8  get Trans_i and stop;//取出第 i 个翻译即停止
9  else get Trans_i and continue;//取出第 i 个翻译后继续读下一个翻译
10  }
```

图 7-7 查询翻译算法

为了尽可能全面地覆盖词典中的词条,以避免因词性变化而引起的找不到词条的问题,我们采用了 Resnik 和 Oard 等[287]提出的"后退翻译(Back-off Translation)"方法,主要是对英语查询及双语词典中的英文词条进行词法分析,其算法如图 7-8。

```
1  look up term directly in the dictionary;//直接在词典中查关键词
2    if fail
3      look up stemmed term in the dictionary;//对关键词进行词根还原后在词典中查
4        if fail
5          look up term in stemmed dictionary;//对词典进行词根还原后用关键词查
6            if fail
7              look up stemmed term in stemmed dictionary;//用词根还原后的关键词在词根还原后的
                 词典中查
```

图 7-8　后退翻译算法

7.2.2　文本预处理模块

该模块主要负责对中英文文本进行预处理。语料库中的语料并不是非常干净的(Clean)，还存在各种格式上的问题，因此，在对文本建立索引之前，需要对所有文本进行预处理，使其在各方面都统一。文本预处理主要包括：编码转换、中文分词、英文词根还原、去停用词、统一格式等。

在该模块中，我们首先用我们自己编写的编码转换程序，将文本统一转换成 UTF-8 编码。

对于中文文本，我们将对其进行分词处理。在该系统中，我们使用的分词工具是斯坦福大学自然语言处理小组(The Stanford Natural Language Processing Group)开发的中文分词工具(北京大学标准)[288]。在确定使用这个工具之前，我们比较了 4 种中文分词工具，分别是语言资源联盟 LDC 的中文分词工具、中国科学院开发的中文分词工具 ICTCLAS、斯坦福大学开发的中文分词工具(北京大学标准)、斯坦福大学开发的中文分词工具(宾州树库标准)。我们发现，斯坦福大学的中文分词工具(北京大学标准)取得了最好的效果。

对于英文文本，我们将对其进行词根还原处理。在该系统中，我们使用的英文词根还原工具是 Porter Stemmer[289]，它是目前使用最广泛的词根还原工具，效果不错。

然后，该模块将对文本去除停用词。所谓停用词(Stop Word)，指的是那些对检索不起作用的、常见的词，一般是虚词。通过前人研究的经验，我们从互联网上下载了 2 个目前比较常用的中英文停用词表。其中，中文停用词表包含"啊、哎、吧、按照……"等 495 个停用词[290]；英文停用词表包含"about、according、after、again……"等 571 个停用词[291]。

最后，该模块将每个文本统一成如图 7-2 或图 7-3 的格式进行索引。

还是以图 7-2 的中文文本为例，经过编码转换、分词、去停用词后，该文档最终送入检索模块建立索引的结果如图 7-9 所示。

7.2.3　检索模块

该模块采用一个开放源代码的检索引擎 Indri 来对文本进行索引与检索。我们使用的版本是 Indri2.4[292]，可以直接从网上获取。Indri 由美国马萨诸塞大学阿姆赫斯特分校(University of Massachusetts Amherst)和卡耐基梅隆大学(Carnegie Mellon University)共同开发，是目前比较流行的、非商业化的检索引擎，国外很多实验室都使用它来进行检索实验。

```
<DOC>
<DOCNO>XIN20001001.0200.0004</DOCNO>
<TEXT>
新 时代 儿童 祖国 怀抱 里 茁壮成长 新 世纪 花朵 希望 舞台 上 竞相 开放 南京市 3 000 名 少年儿童 今
天 欢聚 鼓楼 广场 举行 欢乐 金秋 阳光 下 大型 广场 文艺 演出 欢度 国庆 佳节 鼓乐 欢歌 江宁县 龙 都
娃娃 鼓队 敲 欢快 锣鼓 喜气洋洋 拉开 演出 序幕 广场 上 活泼 可爱 孩子 载歌载舞 南京 小 铁鹰 幼儿
艺术 中心 小百灵幼儿 艺术团 表演 舞蹈 好日子 小小 巾帼 似 雏鹰 展翅 似 彩蝶飞舞 表达 人们 欢庆 国
庆 喜悦 心情 南京 中山路 小学 小营 小学 表演 集体舞 金色 童年 幸福 拍拍手 表现 少年儿童 社会主义
祖国 幸福 成长 南京 玄武区 文化 艺术 中心 南京 小 星星 艺术团 表演 少儿 国标舞 金色 韵律 多姿多彩
韵味 十足 南京 第九 中学 精彩 器乐 合奏 高山青 京剧 歌舞 水 漫金山 演出 推向 高潮 江苏省 南京市
党政 领导 数千 市民 兴致勃勃 观看 演出 孩子 一起 欢庆 节日
</TEXT>
</DOC>
```

图 7-9　经过文本预处理后的文档示例

从检索模型的选取角度来考虑,Indri 是基于语言模型[293]和推理网络模型[294]的检索引擎,它兼具语言模型和推理网络模型的优势,主要具有以下特点:

- 容易处理短语(有顺序的或无顺序的)
- 可以利用多个文档表示
- 具有明显的语词加权功能
- 对查询的处理功能非常强大
- 具有充分的理论依据
- 检索效率高
- 比较容易实现

图 7-10[295]是对 Indri 的检索模型的图形化描述。该图代表了一个推理网络(Inference Network),这是一种定义一系列随机变量的联合概率分布的方法。图中的每 1 个节点(Node)代表 1 个随机变量,阴影节点表示"明显节点(Observed Node)",非阴影节点表示"隐藏节点(Hidden Node)"。图中的边(Edge)定义了一系列对随机变量的独立假设。Indri 检索模型的推理网络包含 6 种节点:

- 文档节点(D):1 个文档节点对应 1 篇文档;
- 平滑参数(Smoothing Parameter)节点(α、β):用于语言模型的平滑处理;
- 模型节点(M):代表特征语言模型(Feature Language Model),在一个推理网络中允许有多个语言模型,即对同一篇文档可以有多个不同表示;
- 概念表示节点(r):1 个概念节点对应 1 个索引词;
- 信任(Belief)节点(q):指构成查询条件的最基本的单元;
- 信息需求节点(l):代表查询条件。

综合来说,Indri 的检索过程可以表示为如图 7-11 的算法。

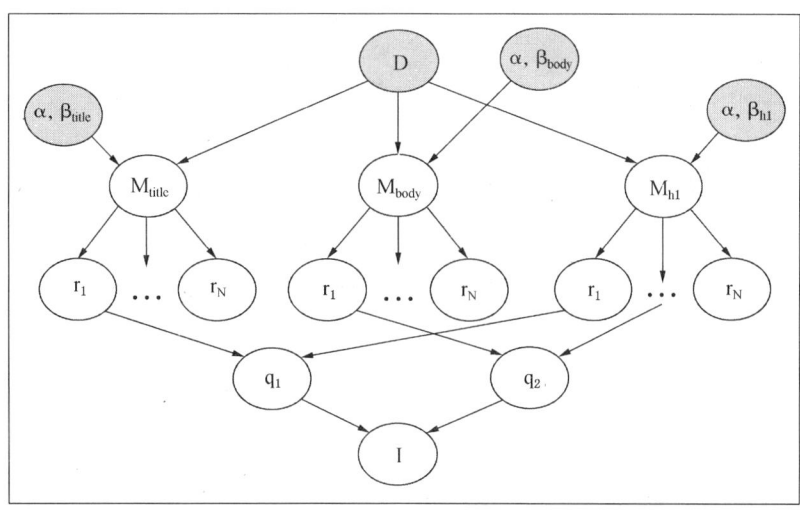

图 7-10　Indri 检索模型的推理网络图

```
1  given a structured query, construct inference network; //为查询构建推理网络
2  represent document with language model, compute P(M|D); //为文档建立语言模型，P(M|D)为从模型 M 中产生文档 D 的概率
3  compute P(r|D); //P(r|D)为从概念节点中产生文档 D 的概率
4  for each document in the collection, compute P(I=1|D,α,β); //计算文档与查询条件的相似度
5  rank documents according to P(I=1|D); //对文档进行排序
```

图 7-11　Indri 的检索算法

值得一提的是，Indri 在处理结构化查询（Structured Query）方面具有非常强大的功能。它提供了多种运算操作符，如 combine、syn、wsyn、weight 等，来对查询中的检索词进行操作。在查询的构成方面，所有运算操作符前面由"♯"标识。例如：

♯sum（ship vessel boat）——表示该查询由 ship、vessel、boat 构成，且这 3 个词之间没有权重之分。

♯wsyn（0.645 541 000 0 以色列 0.170 104 000 0 以军）——表示该查询由"以色列"和"以军"这 2 个同义词构成，且各自的权重分别为 0.645 541 000 0 和 0.170 104 000 0。

更多的关于 Indri 的查询语言的详细内容参见其说明手册[296]。本书中，实验部分用到的几个主要的运算操作符及其使用方法如图 7-12。

```
♯combine（term₁,term₂,…,termₙ）——将 n 个关键词结合，没有权重之分
♯weight（score₁ term₁,score₂ term₂,…,scoreₙ termₙ）——赋予不同的关键词不同的权重
♯wsyn（score₁ term₁,score₂ term₂,…,scoreₙ termₙ）——将 n 个关键词视为同义词，且赋予不同的权重
```

图 7-12　Indri 的主要算符及含义

7.2.4 结果显示模块

该模块主要负责将检索结果显示给用户。为了便于用户进行相关性判断,以及使翻译优化技术得以实施,本系统将对检索结果进行全文翻译,并提供给用户检索结果的原文全文、译文全文及译文摘要。为了提高系统的工作效率和对检索结果进行翻译,我们选择了美国南加州大学(University of Southern California)信息科学研究所(Information Sciences Institute,ISI)开发的机器翻译系统[297],事先对全部中文文档集合(83 627篇文献)进行了线下翻译处理。

译文全文篇幅过长,不利于用户浏览判断。因此,借鉴目前大多数网络搜索引擎的做法,我们对检索结果进行了摘要抽取(Surrogate Extraction),目的是提供给用户最能代表文献内容涵义的摘要,从而帮助用户迅速、准确地做出判断。

- 摘要生成的方法有很多,常用的有:
- 选择全文中的前2~3个句子作为摘要;
- 选择全文中的第1句、中间1句、最后1句作为摘要;
- 选择包含检索关键词最多的2~3个句子作为摘要。

在ICE-TEA系统中,我们的摘要生成算法是选择包含关键词最多的3个句子,并按照句子在原文的先后顺序排列,算法描述如图7-13。

```
1  look for the query terms in the document;           //在全文中查找检索关键词
2  get a set of sentences containing query terms;      //获得包含关键词的所有句子
3  calculate how many query terms each sentence contain; //计算每个句子包含的关键词数目
4  sort those sentences according to the number of query terms; //按包含关键词数排序
4  select three sentences containing the most query terms; //选择包含关键词最多的3句
5  display the three sentences according to their original sequence; //按照原文中的顺序显示3个句子
```

图7-13 摘要生成算法

7.2.5 相关反馈模块

该模块主要是利用用户判断的相关文献信息来进行翻译优化、查询扩展,以及二者的结合。

1. 翻译优化算法

我们在本书第5章详细介绍了翻译优化技术的实施流程及数学模型,在此不再赘述。为了实现翻译优化功能,我们对其进行了算法设计,将4种翻译优化方法TWA、KAT、K1T、KFT统一成如图7-14所示的算法描述,以使计算机能够方便地以任何一种编程语言(Pascal、C、Java,等等)来实现,其具体计算公式等参见本书第5章。

在翻译优化实现的过程中,对于TWA方法,我们利用的是GIZA++[298]这个可以生成词对齐信息的机器翻译工具包,我们通过GIZA++来训练IBM的5个翻译模型和HMM模型,具体方法见本书第5章的论述。训练后我们可以得到一个类似于词典的词对齐信息表,如下所示:

1	align sentences $S^{MT} \leftrightarrow S^{Rel}$；//对相关文献对进行句子对齐
2	if $Term_i \in S_k^{MT}$//在英文句子中查找检索词
3	for $j \leftarrow 1$ to n //n 为检索词 i 的翻译的个数
4	if $Trans_{i,j} \in D$ & $Trans_{i,j} \in S_k^{Rel}$//在 TWA 方法中,$D$ 为词对齐表,在 KAT、K1T、KFT 三种方法中,D 为词典
5	calculate $P_{i,j}(Rel)$；//计算检索词在相关文献集合中的翻译概率,4 种不同的翻译优化方法的计算概率方法不同(见第 4 章)
6	else //对找不到的检索词进行一系列词根还原处理
7	stem $Term_i$ to get $Term'_i$；
8	stem S_k^{MT} to get S'^{MT}_k；
9	stem D to get D'；
10	if $Term'_i \in S'^{MT}_k$
11	go to step 3；
12	else
13	keep $P_{i,j}(Dic)$；//对于仍然找不到的检索词保留其在词典中的翻译概率
14	look for $P_{i,j}(Dic)$；//查找检索词在词典中的翻译概率
15	for $\lambda \leftarrow 0.0$ to 1.0
16	calculate $P_{i,j}$；//根据不同的参数计算优化后的检索词的翻译概率
17	normalize $P_{i,j}$；//对优化后的检索词的翻译概率进行标准化处理
18	formulate query；
19	do search.

图 7-14　翻译优化算法

Sentence pair：3

    shanghai/上海

    in/在

    three/3

    asian/亚洲

    cities/城市

    strong/激烈

    competition/竞争

    macau/中国

    macau/澳门

    china/中国

    won/夺得

    2006/2006 年

    world/世界

    championships/锦标赛

representation/承办权

......

这个词对齐信息表与词典的区别在于,它给出了每个英文词在每个句子中的翻译,因此更准确。对于其他 3 种翻译优化方法 KAT、K1T、KFT,只需要用我们在查询翻译模块中用到的双语词典操作即可,但 3 种方法计算翻译概率的方法不同,见本书第 5 章的论述。

4 种翻译优化方法的第 1 步都是句子对齐,算法描述如图 7-15。

1	break sentences according to punctuations;//依照标点符号断句
2	pre-process the sentences;//对断好的句子进行词法分析
3	count sentence length of L_{Si} and L_{Ti};//统计中英文句子的长度
4	if $L_{Si} - L_{Ti} > 6$
5	combine L_{Ti} and L_{Ti+1};//如果中文句子比英文句子长 6 个字符,合并该英文句子及其下一句
6	else if $L_{Si} - L_{Ti} < 6$
7	combine L_{Si} and L_{Si+1};//如果英文句子比中文句子长 6 个字符,合并该中文句子与其下一句
8	else
9	align L_{Si} and L_{Ti};//中文句子和英文句子对齐
10	i++;//处理下一对中英文句子

图 7-15 句子对齐算法

2. 查询扩展算法

除了翻译优化之外,我们还实现了查询扩展。对于 3 种查询扩展方法:翻译前查询扩展 Pre-QE、翻译后查询扩展 Post-QE、混合式查询扩展 Combined-QE,它们只是发生的位置不同,其原理是一样的,都是通过计算相关文献中的语词与查询的相似度来扩展语词。在 ICE-TEA 系统中,我们实现的是 Indri 的查询扩展机制,算法描述如图 7-16。

1	compute relevance model $P(r \vert I)$,over representation concepts (features) using top 20 documents from original ranked list;//对检索结果的前 20 篇文档建立相关性模型
2	sort representation concepts by $P(r \vert I)$ and keep top M terms;//根据 $P(r \vert I)$ 的值排序,保留前 20 个词
3	construct expanded 20 terms as query Q_exp = #weight (weight$_1$ term$_1$,weight$_2$ term$_2$,......,weightM termM);//为扩展的 20 个词形成带权重的查询 Q_exp
4	construct original query as Q_ori;//初始查询为 Q_ori
5	give different weight to Q_exp and Q_ori to construct expanded query as: #weight(fbWeight Q_ori 1-fbWeight Q_exp);//对扩展的查询和初始查询给予不同的权重,形成新的查询

图 7-16 查询扩展算法

其中的相关性模型 $P(r \vert I)$ 借鉴的是 Lavrenko[299] 提出的相关性模型的思想,计算方法如下:

$$P(r\mid I) = \frac{\sum_{D} P(r\mid D)P(I\mid D)P(D)}{P(I)} \tag{7-1}$$

其中，r 是相关文献集合中的语词，I 是初始查询，D 是文档集合。$P(r\mid I)$ 是在相关文献集合中的 r 与 I 共现的概率，$P(r\mid D)$ 是在相关文献集合中的 r 与 D 共现的概率，$P(I\mid D)$ 是初始查询与文档集合的共现概率。

3. 翻译优化与查询扩展的结合

在 ICE-TEA 系统中，我们还实现了翻译优化与查询扩展的结合，主要结合的是翻译优化技术中的 TWA 方法与查询扩展技术中的翻译后查询扩展 2 种方法，即系统先实现翻译优化算法，在此基础上再实现查询扩展算法。

7.3 人机交互接口设计

7.3.1 交互性设计

ICE-TEA 系统是一个交互式跨语言信息检索系统，其界面如图 7-17 所示。在该系统中，用户与系统的交互性主要体现在如下几个方面：

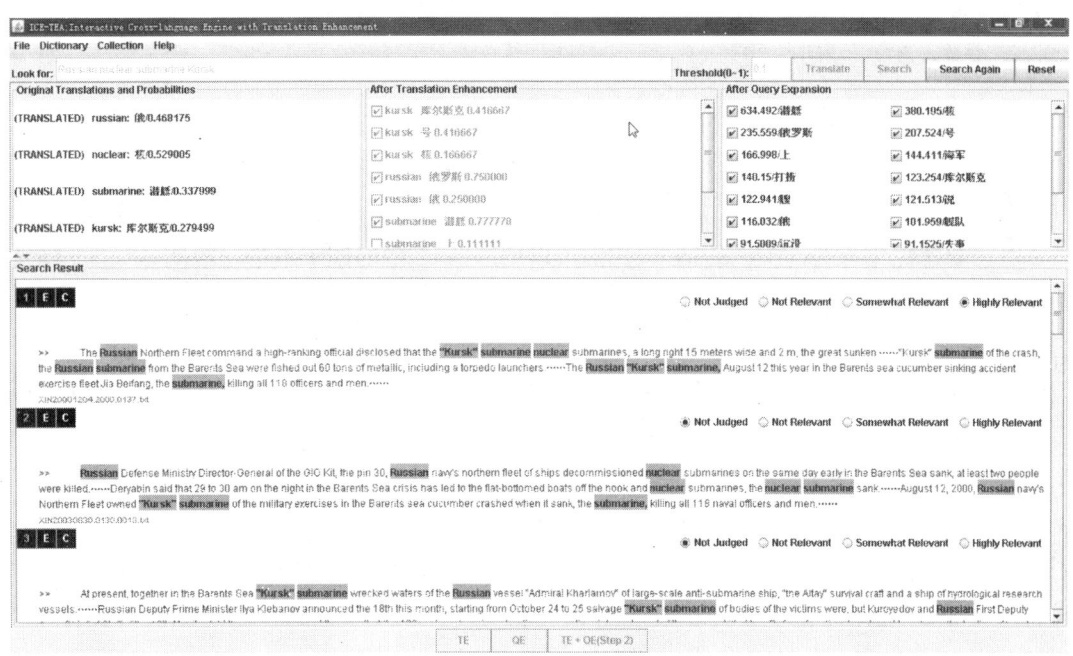

图 7-17 ICE-TEA 系统的交互界面

- 递交查询；
- 设置"累积概率阈值"(CPT)；
- 查看检索结果的原文全文、译文全文、译文摘要；
- 对检索结果进行多级相关性判断；

• 对翻译优化和查询扩展后的翻译或语词进行选择。

图 7-17 中,ICE-TEA 系统的功能非常清楚,"Translate"按钮代表执行查询翻译;"Search"按钮代表执行初始检索操作;"TE"、"QE"、"TE+QE"3 个按钮分别代表执行翻译优化、查询扩展,以及二者的结合;"Search Again"按钮则表示相关反馈之后执行二次检索;"Reset"按钮表示将屏幕清空。

在结果的显示方面,为了帮助用户更清楚地选择、判断检索结果,我们将查询中的关键词在译文的原文和摘要中都高亮显示,关键词的翻译也在中文全文中高亮显示(如图 7-18 所示)。

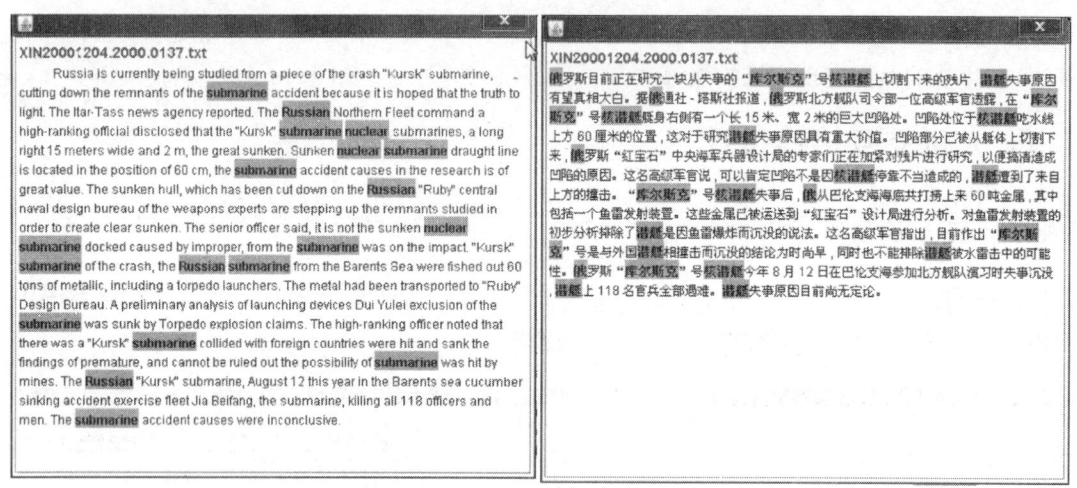

图 7-18 ICE-TEA 系统的检索结果界面

对于翻译优化与查询扩展的结果,我们可以用图 7-17 中的例子来进行说明。该图显示的翻译优化方法为基于词对齐的翻译方法 TWA,查询扩展方法为翻译后查询扩展 Post-QE。

在图 7-17 中,用户输入的查询为"Russian nuclear submarine Kursk",设置 CPT=0.1。经过查询翻译模块,该查询的每个关键词均被翻译(TRANSLATED),结果显示在"Original Translation and Probabilities"窗口:

russian:俄/0.468175 *nuclear*:核/0.529005 *submarine*:潜艇/0.337999 *kursk*:库尔斯克/0.279499

当用户将以上翻译全选后,进行初次检索,系统返回前 20 篇检索结果,用户即进行相关性判断,然后进行翻译优化与查询扩展相结合的相关反馈(TE+QE)。系统先进行翻译优化(TE),经过翻译优化后,这些检索词增加了新的翻译,翻译概率也发生了变化,结果显示在"After Translation Enhancement"窗口:

如:*kursk* 增加了"库尔斯克号"这个翻译;*russian* 增加了"俄罗斯、俄军"两个翻译;*submarine* 增加了"失事、沉没"两个翻译;*nuclear* 增加了"核武器、核反应堆、核潜"3 个翻译。且每个翻译的概率也与以前不同。这时用户也可以对这些新增加的翻译进行选择。

然后,系统在翻译优化的基础上进行查询扩展(QE),经过查询扩展后,系统将增加的 20 个语词及其扩展得分(Score)显示在"After Query Expansion"窗口,按降序排列,排列越靠前

说明该词越重要:

如:扩展的20个语词依次为"潜艇、核、号、上、俄罗斯、海军、库尔斯克、俄、打捞、舰队、失事、沉没、北方、说、巴伦支海、名、时、人、艘、已"。这些扩展的词可以与原翻译相同,也可以不同。这时用户也可以对这些新增加的语词进行选择。

最后,经过翻译优化和查询扩展之后,用户可以进行二次检索。

7.3.2 多级相关性判断

在相关性判断方面,本系统采用多级相关性(Graded Relevance),共分为4级:
- 高度相关(Highly Relevant);
- 一般相关(Somewhat Relevant);
- 不相关(Not Relevant);
- 未判断(Not Judged)。

从用户的角度考虑,用户在进行相关性判断时,有时候会遇到模棱两可的情况,很难判断一篇文献究竟与检索主题相关还是不相关。因此,设置一级"一般相关"将有助于用户对那些模糊的文档进行归类。

然而,这样做的目的主要还是强调相关文献的不同价值,即给每篇文档赋予相关性权值,用如下公式来计算:

$$w_k = \frac{\sum_{i \in \{high, some, none\}} N_i \times S_i}{\sum_{j \in \{high, some, none\}} N_j} \tag{7-2}$$

其中,N_{high}是判断文档k为"高度相关"的用户数;N_{some}是判断文档k为"一般相关"的用户数;N_{none}是判断文档k为"不相关"的用户数;S_{high}是"高度相关"的文档的权值;S_{some}是"一般相关"的文档的权值;S_{none}是"不相关"的文档的权值。

7.4 系统评价体系

信息检索实验需要进行检索结果评测。在单语言信息检索(Monolingual IR)实验中,研究人员通常保持测试主题和文献集合不变,而改变信息检索系统以比较不同检索系统之间的性能。在跨语言信息检索实验中也采用同样的方法比较系统之间的优劣。然而,跨语言信息检索的评价通常改变测试主题而不是检索系统,以比较相同系统下单语言信息检索和跨语言信息检索的检索性能。

7.4.1 跨语言信息检索评价模型

在跨语言信息检索的评价实验中,需要对查询进行翻译,并比较跨语言信息检索系统与单语言信息检索系统的性能(采用相同的检索系统和检索条件),这是评价跨语言信息检索系统性能的最重要的指标。如图7-19显示了我们的跨语言信息检索评价模型。

在本系统中,一方面,我们通过人工将测试主题翻译成中文,然后用中文查询进行单语言检索,得到的单语言检索结果我们称之为"单语言检索基准(Monolingual Baseline)",再将我

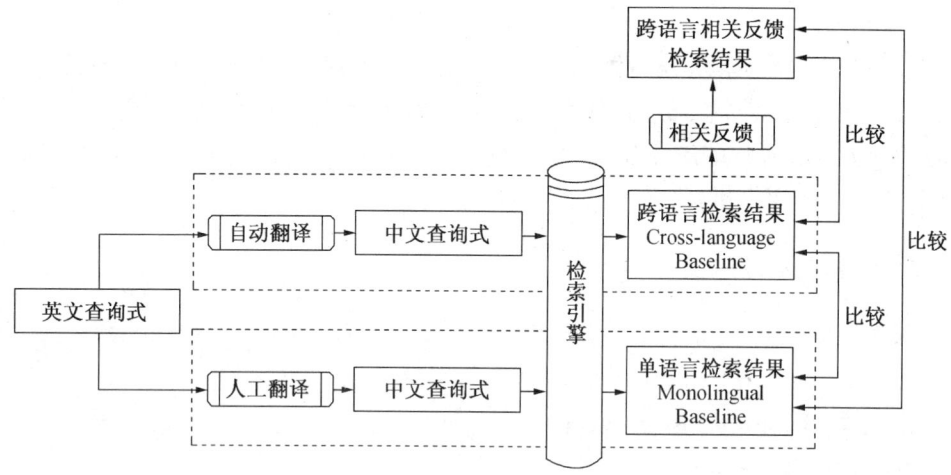

图 7-19 跨语言信息检索评价模型

们的跨语言检索结果与之比较。前人研究表明,简单跨语言信息检索的检索效率约为单语的50%,通过一些复杂的技术则可以达到 98%。

另一方面,由于我们主要测试的是经过相关反馈之后的跨语言检索结果是否比初始检索有所提高,能提高到何种程度。我们将未经任何相关反馈的初始跨语言信息检索结果称之为"跨语言检索基准(Cross-language Baseline)"。我们将用经过相关反馈(翻译优化和查询扩展)后的跨语言检索结果 2 个基准进行比较。

7.4.2 跨语言信息检索评价指标

与单语言信息检索评价指标一样,查准率和查全率无疑是信息检索评价最重要的指标,在跨语言信息检索评价中也是如此。

1. 查全率(R)

查全率(Recall,简称 R)是衡量系统在实施某一检索任务时检出相关文献能力的一种测度指标,其计算方法为:

$$\text{Recall} = \frac{\text{检出的相关文献量}}{\text{检索系统中的相关文献总量}} \tag{7-3}$$

由于在系统的数据库中,针对某一提问的全部相关文献数量不能精确获知,所以查全率的计算结果一般都是近似值。

2. 查准率(P)

查准率(Precision,简称 P)是衡量系统在实施某一检索任务时检索精确度的一个测度指标,其计算方法为:

$$\text{Precision} = \frac{\text{检出的相关文献量}}{\text{检出的文献总量}} \tag{7-4}$$

查准率反映了检索系统对某个查询返回结果中正确结果的比例。

3. 前 n 个结果的查准率(P@n)

在现代信息检索的研究中,非常重视检索结果在前 n 个位置处的查准率,我们称之为 P@

n,例如 P5、P10、P15、P20、P100 等。因为这是最贴近实际应用的情况。对商用搜索引擎用户使用状况的研究表明,很多用户只关心前 1 页到 2 页的检索结果。在给定数量的文档被检索后所计算的查准率反映了用户在实际使用检索系统时的检索性能。

4. R-查准率(R-prec)

R-查准率(R-prec)是当 R 个文档被检索后所计算的查准率,这里 R 是对应某个查询在文档集合中相关文献数,它不强调文档结果集中文档的排序情况。由于在 TREC 实验中不同主题的相关文献数差别较大,这个值就显得比较有用。

平均 R-查准率的具体计算方法:取每个查询所对应的 R-查准率的算术平均值。例如 2 个查询条件,第 1 个查询对应有 50 个相关文献,第 2 个查询对应有 10 个相关文献,如果检索系统对于第 1 个查询条件检索了 50 篇文档后返回了 17 篇相关文献,而对于第 2 个查询条件检索了 10 篇文档后返回了 7 篇相关文献,则平均 R-查准率为(17/50+7/10)/2=0.52。

5. 平均查准率的均值(MAP)

在查准率、查全率概念的基础上可以派生出其他一些概念,例如 TREC 使用的平均查准率(Average Precision)和平均查准率的均值(Mean Average Precision,MAP),前者是对不同查全率点上的查准率进行平均,用来衡量一个单独的查询的检索质量;后者是对所有查询的平均查准率再进行算术平均,用来衡量一个检索系统对多个查询的平均检索质量。在检索实验中,MAP 既对每个相关文献进行了查准率衡量,又对所有查准率求了平均,还对所有查询进行了平均。因此,这一指标将查全率和查准率,以及不同查询等情况都考虑在内,已成为衡量一个检索系统性能的最重要的指标,其计算方法如下:

$$MAP(Q) = \frac{1}{|Q|}\sum_{j=1}^{|Q|}\frac{1}{m_j}\sum_{k=1}^{m_j}\text{Precision}(R_k) \tag{7-5}$$

其中,Q 表示一个查询,集合 $\{d1,d2,\cdots,d_{mj}\}$ 为根据查询 Q 检索出来的相关文献集合,R_k 是检索结果的集合(从第一个检索结果直到获得第 k 个检索结果文档 d_k)。

6. 标准化折扣累积增量(NDCG)

折扣累积增量(Discounted Cumulative Gain,DCG)是近几年出现的一个颇为流行的信息检索评价指标。随着信息检索研究越来越重视由用户参与结果的相关性判断,以及非二值相关性判断,Järvelin 等人[300]提出了一个基于用户的评价指标 DCG。该指标不同于传统的二值相关性评价,而是将用户的多级相关性判断因素考虑在内,能够用来衡量最相关文献在检索结果列表中是否优先被检出,其计算公式如下:

$$DCG[i]=\begin{cases}G[1], & if\ i=1\\ DCG[i-1]+G[i]/\log_b i, & otherwise\end{cases} \tag{7-6}$$

其中,$G[i]$ 为第 i 个检索结果的用户相关性判断的分值向量,b 为一个常量。例如,设某个多级相关性判断的分值为:不相关 0 分,有一点相关 1 分,高度相关 2 分。则某个检索结果列表可以表示成:$G=<2,1,2,0,0,1,2,2,\cdots>$,其中,$G[1]=2$,$G[2]=1$,等等。

在 DCG 的基础上,Järvelin 等人[301]还对该指标进行了标准化处理,进一步提出了标准化折扣累积增量(Normalized Discounted Cumulative Gain,NDCG)的评价指标,计算公式如下:

$$N_q = M_q \sum_{j=1}^{K} (2^{r(j)} - 1)/\log(1+j) \qquad (7\text{-}7)$$

其中，M_q 是一个常量，j 是检索结果的位置，$r(j)$ 是多级相关性判断的分值，例如，不相关 0 分，有一点相关 1 分，高度相关 2 分，等等。

  7. 统计显著性检验

  检索评价实验像其他实验一样，检索结果会受到一些偶然因素的影响。那么怎么证明 2 种检索系统的检索效果的区别不是由于偶然因素造成的呢？就需要进行显著性检验（Significance Test）。自 19 世纪 30 年代杰出的英国统计学家 R. A. 费什（后为罗纳德·费什爵士）提出"显著性检验"以来，这种方法就成为科学家给新发现提供依据的例行习惯。把实验数据（例如，两次跨语言信息检索的查准率）填进某个方程式，推导出一个称作 P 值的数字。如果这个数字小于 0.05，这个结果就被称作"具有统计显著性"。

  显著性检验的理论假设：进行比较的 2 种系统（技术）是同样有效的，即检索效率上的差别是由于偶然因素造成的。显著性检验并不能告诉我们一种技术比另外一种技术好，只能告诉我们 2 种不同的技术所获得的检索效率的差别具有"统计上的显著性"，即这种检索效率上的差别不是由于偶然因素造成的，而是由于采用的技术路线不同造成的。这样就使检索系统的评价有了实际意义。

  在本系统中，我们采用双尾配对样本 T 检验（Two-Tailed Paired-Samples T-Test）进行统计显著性检验。显著性水平 p-value 是衡量显著性的指标，p-value 取值为 0.05，代表结果具有 95% 的可信度（Confidence）。显著性水平取值越小，那么评价结果是由于偶然因素造成的概率就越小，评价结果的可信度就越高。我们使用的统计工具为 SPSS 统计软件。

7.5 本章小结

  在这一章中，我们基于相关反馈，实现了一个英汉交互式跨语言信息检索系统，命名为 ICE-TEA。该实验系统最大的特点在于：用户辅助查询翻译、英汉跨语言信息检索、用户辅助文档相关性判断、基于相关反馈的翻译优化、基于相关反馈的查询扩展，以及翻译优化与查询扩展的结合。

  在实现之前，我们首先对系统实现的基本策略和主要功能进行了分析。在对其准确定位之后，我们规划了系统实现的流程、系统实现的环境与工具，并选择语言资源联盟（LDC）的标准 TDT 文本语料库作为本系统的检索资源。

  在前期准备的基础上，我们建立了一个 B/S 模式的实验系统，主要包括 5 个基础模块：查询翻译模块、文本预处理模块、检索模块、结果显示模块、相关反馈模块。我们对这 5 个模块的具体实现进行了详细描述，包括算法设计、开发工具选择等具体问题。然后，我们还设计了一个人机交互接口，对具体的跨语言检索及相关反馈进行了示例。这样，我们就构建了一个完整的基于相关反馈的英汉跨语言信息检索系统，后续的实验将基于该平台开展。

  最后，我们还建立了一个系统评价体系，包括评价模型、评价指标的选取，以及统计显著性检验。在后面章节的实验中，我们将在该系统的基础上进行自动相关反馈实验与用户相关反馈实验，以及翻译优化技术与其他技术相结合的实验，并用该评价体系进行结果测评。

第8章 基于自动相关反馈的翻译优化实验

前面章节探讨了跨语言信息检索相关反馈的理论模型框架,实现了一个基于相关反馈的英汉跨语言信息检索系统 ICE-TEA,并建立了一个系统实验评价体系。在这一章中,我们将在这个评价体系上进行无用户参与的自动相关反馈实验,目的是检验 RFIM 模型中,方法技术层的各种相关反馈方法的效果,以及影响因子层中各种因素对不同方法技术的作用。

8.1 实验设计

8.1.1 实验目标

自动相关反馈也称伪相关反馈(Pseudo Relevance Feedback,简称 PRF),它不需要用户参与检索结果的相关性判断,而是通过假定检索结果列表的前 n 篇文献为相关文献来进行反馈(本实验中,n 取值为 20)。这种方法不需要用户参与,因此比较容易控制各个影响因素,且能够重复实验。自动相关反馈实验的具体目标如下:

(1) 检验 RFIM 模型的方法技术层:各种相关反馈方法的效果(主要是翻译优化、查询扩展,以及二者的结合)。

(2) 检验 RFIM 模型的影响因子层:部分影响因素对相关反馈的影响(主要是查询的长度、检索主题的特征)。

8.1.2 实验内容

我们将部分影响因子结合到相关反馈方法中进行实验与分析,整个实验过程可以分为如下几个部分:

(1) 基准(Baseline)实验:如本书 7.4.1 节论述,在跨语言信息检索中,通常需要将检索结果与同等条件下的单语言信息检索结果进行比较。此外,本章实验的目的之一是检验相关反馈技术,还需将相关反馈后的结果与未经任何反馈的跨语言检索结果进行比较。因此,我们首先进行"单语言检索基准(Monolingual Baseline)"和"跨语言检索基准(CLIR Baseline)"实验,作为后续相关反馈实验结果的比较标杆。

(2) 翻译优化实验:我们将结合不同长度的查询、不同特征的检索主题,对 4 种翻译优化方法 TWA、KAT、K1T、KFT 进行比较分析。

(3) 查询扩展实验：我们将结合不同长度的查询、不同特征的检索主题，对 3 种查询扩展方法 Pre-QE、Post-QE、Comb-QE 进行比较分析。

(4) 翻译优化与查询扩展结合实验：我们将结合不同长度的查询、不同特征的检索主题，对部分翻译优化方法与查询扩展方法的结合进行比较分析。

8.1.3 实验数据收集

本实验是自动相关反馈实验，不需要用户输入查询，因此，我们直接从 TDT4 和 TDT5 语料库中选取了 44 个检索主题(英文)，自动形成检索查询。由于 TDT 语料库对所有检索主题都有一个经专家判断的相关文献列表，称为"标准答案(Ground-Truth)"，这样就便于我们对检索结果进行评价。图 8-1 是 TDT 语料库中的一个检索主题示例，每个检索主题包含编号、标题、事件元素(What, Who, Where, When)、主题描述(Topic Explication)和主题解释(On Topic)。

> 41012. Trouble in the Ivory Coast
>
> *Seminal Event*
> WHAT: Presidential election
> WHO: Laurent Gbagbo, Alassane Ouattara, Ivory Coast voters
> WHERE: Ivory Coast
> WHEN: October 25, 2000
> *Topic Explication*
> On October 25, Laurent Gbagbo, head of the Ivorian Popular Front, declared himself president, as early polls showed him in the lead. Alassane Ouattara called the election unfair, but then conceded, though tens of thousands of his supporters took to the streets.
> *On topic*: A recent history of power struggle that led to the current election. Disputes concerning the election including violence by the opposition groups.

图 8-1　TDT 检索主题示例

我们选取检索主题的原则：
- 检索主题特征尽可能明显，涵盖范围尽可能广；
- 每个检索主题在中文文档集合中至少有 20 篇以上的相关文献；
- 检索主题选取的数量适中。

本实验所用到的所有 44 个英文检索主题的标题见本书附录 1。由于 TDT 语料库中没有中文检索主题，为了形成中文单语言检索基准的查询(与跨语言检索保持同样的测试主题和文献集合不变)，我们请了 2 位英语专业的硕士研究生(中国人)将全部 44 个英文检索主题人工翻译成中文，其标题见附录 2。

TREC 是信息检索领域具有国际标准的测试平台，它的检索主题通常采用一种简单的、SGML 风格的标签进行标记，包含 4 个元素：主题序号(Number)、主题标题(Title)、主题问题(Description)、主题描述(Narrative)。为了使本实验更具科学性与规范性，我们将 TDT 的检索主题改写成了 TREC 的检索主题格式(见图 8-2)。

```
<num>Number: 41012
<E-title>Trouble in the Ivory Coast

<E-desc>Description:
Persidential election; Laurent Gbagbo, Aalssane Ouattara, Ivory Coast voters; Ivory Coast; October 25, 2000

<E-narr>Narrative:
On October 25, Laurent Gbagbo, head of the Ivorian Popular Front, declared himself president, as early polls showed him in the lead. Alassane Ouattara called the election unfair, but then conceded, though tens of thousands of his supporters took to the streets. A recent history of power struggle that led to the current electoin. Disputes concerning the election including violence by the opposition groups.
```

图 8-2　TDT 检索主题改写成 TREC 格式示例

比较图 8-1 与图 8-2，我们改写的方法是将原 TDT 主题的编号作为 TREC 主题中的 number 字段，将原 TDT 主题的标题作为 TREC 主题中的 Title 字段，将原 TDT 主题的事件元素作为 TREC 主题中的 Description 字段，将原 TDT 主题的主题描述与主题解释作为 TREC 主题中的 Narrative 字段。

我们的实验目标之一是检验 RFIM 模型的查询长度这一影响因素，因此，我们利用 TDT 的检索主题生成了 3 种长度的查询：由 Title 字段组成的短查询，称为 T；由 Title 和 Description 字段组成的中查询，称为 TD；由 Title、Description、Narrative 字段组成的长查询，称为 TDN，示例如下：

短查询 T：*Trouble in the Ivory Coast*

中查询 TD：*Trouble in the Ivory Coast. Presidential election; Laurent Gbagbo, Alassane Ouattara, Ivory Coast voters; Ivory Coast; October 25, 2000*

长查询 TDN：*Trouble in the Ivory Coast. Presidential election; Laurent Gbagbo, Alassane Ouattara, Ivory Coast voters; Ivory Coast; October 25, 2000. On October 25, Laurent Gbagbo, head of the Ivorian Popular Front, declared himself president, as early polls showed him in the lead. Alassane Ouattara called the election unfair, but then conceded, though tens of thousands of his supporters took to the streets. A recent history of power struggle that led to the current election. Disputes concerning the election including violence by the opposition groups.*

在以上 3 种长度的查询中，短查询 T 与网络用户输入的查询类似；中查询 TD 通常是一两个句子，像专业检索人员，如图书馆的参考咨询员，输入的查询；长查询 TDN 则是包含若干句子的一段篇章，更符合机器自动生成的查询。经统计，在我们全部的 44 个 TDT 检索主题中，短查询 T 的平均长度为 4 个词；中查询 TD 的平均长度为 27 个词；长查询 TDN 的平均长度为127个词。这种划分查询长度的方法也是TREC检索测评中常用的方法。

以下所有实验数据均用标准的TREC测试程序获得,我们的评价指标定为MAP、R-prec、P@5、P@10,详细论述见本书7.4.2节。

8.2 基准(Baseline)实验结果分析

8.2.1 单语言检索基准实验结果

我们用Indri对83 627篇中文文档建立索引后,即将人工翻译的44个中文检索主题3种长度的查询T、TD、TDN直接送入检索系统(Indri,而非ICE-TEA)进行单语言信息检索,结果如表8-1所示。

表8-1 单语言检索基准(Monolingual Baseline)

评价指标 查询	MAP	R-prec	P@5	P@10
T	0.4739	0.8951	0.6636	0.6273
TD	0.5817	0.9631	0.7500	0.7386
TDN	0.6215	0.9689	0.8318	0.7591

由表8-1可见,随着查询长度的增加,单语言检索的结果也明显随之变好。平均查准率均值MAP反映了44个检索主题的平均查准率情况,并且在前5或前10个检索结果的查准率也比较高,R-查准率也取得了接近100%的效果。由此可以推断,将这个结果作为单语言检索基准是比较合理的。

在后面的实验中,我们主要将实验结果与基准的MAP值进行比较。

8.2.2 跨语言检索基准实验结果

在这个实验中,我们将原始的44个英文检索主题3种长度的查询T、TD、TDN送入ICE-TEA检索系统,对83 627篇中文文档进行了跨语言检索。本书7.2.1节曾论述,在系统的查询翻译模块,存在一个"累积概率阈值(CPT)"的设置问题。因此,在该实验中,为了获得全面的数据,我们对CPT取了11个值:CPT={0,0.1,0.2,0.3,0.4,0.5,0.6,0.7,0.8,0.9,1.0}。实验结果的平均查准率均值MAP值在不同CPT下如表8-2所示。

表8-2 跨语言检索基准在不同CPT下的MAP值

CPT 查询	0.0	0.1	0.2	0.3	0.4	0.5	0.6	0.7	0.8	0.9	1.0
T	0.2974	0.2956	0.2984	0.3225	0.3257	**0.3336**	0.3311	0.3201	0.3087	0.311	0.3077
TD	0.4076	0.408	0.4081	0.4218	0.4206	**0.4251**	0.4235	0.4239	0.4135	0.4085	0.4011
TDN	0.4499	0.45	0.4566	0.4564	0.4582	**0.4701**	0.4681	0.4624	0.4531	0.4452	0.4373

由表 8-2 可见，跨语言检索的结果仍然是随着查询长度的增加而变好。而且非常一致的是，无论查询的长度如何，这 3 种查询均在 CPT＝0.5 的时候取得了最好的平均查准率，这个现象从图 8-3 中更直观地体现了出来。

但是，对于跨语言信息检索而言，其检索结果的好坏并不依赖于从词典中获取查询翻译的多少。从图 8-3 中我们可以看出，CPT 适中，跨语言检索结果的效果最好，而当 CPT＝0，即只取词典中第 1 个翻译，或当 CPT＝1，即取词典中所有翻译的时候，检索结果反而较差。这是因为对于查询翻译而言，如果从词典中取的翻译太少，则有可能会遗漏一些正确的翻译；而取的过多，则又会增加不少噪音。

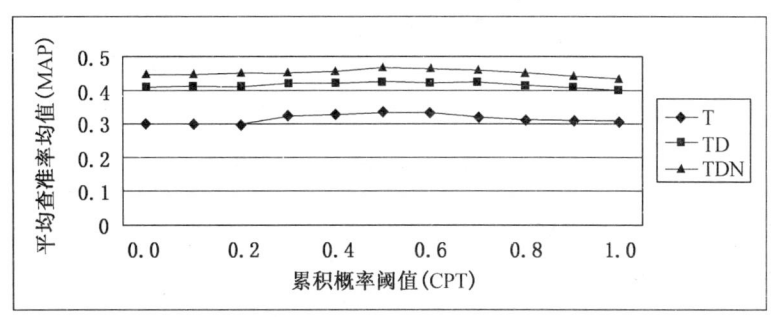

图 8-3　跨语言检索基准在不同 CPT 下的 MAP 值

为了便于作比较，我们只取每种查询最好的 MAP 值作为我们的跨语言检索基准，与后面的实验结果进行对比分析。因此，当 CPT＝0.5 时，3 种长度的查询 T、TD、TDN 的其他各项指标的值，及其与单语言检索基准的对比如表 8-3 所示。

表 8-3　跨语言检索基准（CLIR Baseline）最佳的各项指标值

评价指标 查询	MAP	Mono Baseline (%)	R-prec	Mono Baseline (%)	P@5	Mono Baseline (%)	P@10	Mono Baseline (%)
T	0.33367	70.39	0.778	86.92	0.4864	73.3	0.4955	78.99
TD	0.4251	73.08	0.8861	92	0.6045	80.6	0.5682	76.93
TDN	0.4701	75.64	0.9175	94.7	0.6909	83.06	0.6364	83.84

由表 8-3 可见，无论是哪种评价指标，跨语言检索的结果都是随着查询长度的增加而变得更好，并且全部都达到了单语言检索基准的 70％以上。由此我们可以推断，这样的结果作为我们下一步相关反馈实验的初始检索，是比较可靠的。因为相关反馈是基于初始检索的，所以如果初始检索的结果很差，则很难看到相关反馈后的效果。

8.3　翻译优化实验结果分析

在 8.2.2 节的跨语言检索基准的基础上，我们进行了基于自动相关反馈的翻译优化实验。我们假定初始检索结果的前 20 篇文献是相关文献，对它们实施 4 种翻译优化方法 TWA、

KAT、K1T、KFT(关于这 4 种方法的详细论述见本书第 5 章,算法实现见本书第 7 章)。跨语言检索基准在 11 种 CPT 下有 11 种情况,而对于每个基准,在翻译优化过程中又涉及一个 λ 的取值问题(λ 是相关文献集合中的翻译概率和词典中翻译概率的权重系数)。因此,我们对 λ 的值从 0 到 1 之间进行了遍历:$\lambda=\{0,0.1,0.2,0.3,0.4,0.5,0.6,0.7,0.8,0.9,1.0\}$。这样一来,对于每一种翻译优化方法,其检索结果的值就有 $|CPT|\times|\lambda|=11\times 11=121$ 个。由于篇幅的关系,我们将每种翻译优化方法获得的 MAP 值在附录 3 中列出,而下文则只取其最佳值与基准的最佳值进行对比分析。

8.3.1 基于词对齐的翻译方法 TWA 的实验结果

我们从附录 3 的实验结果中,将不同长度查询的 TWA 方法的最佳 MAP 值取出,同时结合其他评价指标,将其与跨语言和单语言检索基准进行了比较,见表 8-4。

表 8-4 TWA 方法的各项指标最佳值

评价指标 查询	MAP	impr. over CLIR Baseline (%)	Mono Baseline (%)	R-prec	impr. over CLIR Baseline (%)	P@5	impr. over CLIR Baseline (%)	P@10	impr. over CLIR Baseline (%)
T	0.3992	19.66	84.24	0.855	9.9	0.5818	19.61	0.5523	11.46
TD	0.5340	25.62	91.80	0.9678	9.22	0.75	24.07	0.6932	22
TDN	0.5818	23.76	93.61	0.9763	6.4	0.7818	13.16	0.7364	15.71

从表 8-4 可见,无论是哪种评价指标或是哪种长度的查询,TWA 方法获得的检索结果的值都比未实施相关反馈的跨语言检索基准有所提高,特别是平均查准率均值 MAP,提高的幅度都在 20% 以上,甚至还比较接近单语言检索基准,达到了 85%~95%;前 5 篇文献和前 10 篇文献的查准率也提高了 10% 以上,这是非常不容易的。

为了进一步检验这样的提高是否具有显著性,我们用 SPSS 统计软件对 TWA 获得的 MAP 最佳值与跨语言检索基准的最佳 MAP 值进行了比较,样本空间为 44 个检索主题,结果见表 8-5。

其中,p-value<0.05 表示具有显著性差异,且 p-value 的值越小,说明差异越显著。1 个星号"*"代表 0.01<p-value<0.05,2 个星号"**"代表 p-value<0.01(下同,不再赘述)。

表 8-5 TWA 与 CLIR Baseline 的 MAP 显著性检验 t-test

查询	P-VALUE	是否具有显著性差异
T	0.007	是**
TD	0.000	是**
TDN	0.001	是**

表 8-5 的结果显示:对于短、中、长 3 种查询,经过 TWA 这种方法的相关反馈之后,其二次检索的结果明显好于初始检索,二者具有显著性差异。

8.3.2 保留所有翻译的方法 KAT 的实验结果

我们从附录 3 的实验结果中,将不同长度查询的 KAT 方法的最佳 MAP 值取出,同时结合其他评价指标,将其与跨语言和单语言检索基准进行了比较,见表 8-6。

从表 8-6 可见,无论是哪种评价指标或是哪种长度的查询,KAT 方法获得的检索结果的值也都比未实施相关反馈的跨语言检索基准有所提高,但平均查准率均值 MAP 提高的幅度不大,只有 3%~5%;前 5 篇文献和前 10 篇文献的查准率也提高得不明显。

表 8-6 KAT 方法的各项指标最佳值

评价指标 查询	MAP	impr. over CLIR Baseline (%)	Mono Baseline (%)	R-prec	impr. over CLIR Baseline (%)	P@5	impr. over CLIR Baseline (%)	P@10	impr. over CLIR Baseline (%)
T	0.351	5.22	74.07	0.7825	0.58	0.55	13.08	0.4977	0.44
TD	0.441	3.74	75.81	0.912	2.92	0.6273	3.77	0.5886	3.59
TDN	0.4885	3.91	78.60	0.9291	1.26	0.7273	5.27	0.6409	0.71

我们用 SPSS 统计软件进行了显著性检验,样本空间为 44 个检索主题,结果见表 8-7。

表 8-7 KAT 与 CLIR Baseline 的 MAP 显著性检验 t-test

查询	P-VALUE	是否具有显著性差异
T	0.070	否
TD	0.293	否
TDN	0.085	否

表 8-7 的结果显示:尽管经过 KAT 这种方法的相关反馈之后,其二次检索的结果较初始检索得到了提高,但遗憾的是,这个在统计上不显著,证明 KAT 这种相关反馈方法的帮助并不非常明显。

8.3.3 保留最好翻译的方法 K1T 的实验结果

我们从附录 3 的实验结果中,将不同长度查询的 K1T 方法的最佳 MAP 值取出,同时结合其他评价指标,将其与跨语言和单语言检索基准进行了比较,见表 8-8。

从表 8-8 可见,尽管对于大部分评价指标而言,K1T 方法获得的检索结果的值都比未实施相关反馈的跨语言检索基准有所提高。但短查询在前 10 篇文献的查准率竟然比跨语言检索基准还下降了 0.46%。这说明该方法对短查询的效果并不好。并且,平均查准率均值 MAP 提高的幅度基本上在 10% 以内,也不是非常理想的。

表 8-8 K1T 方法的各项指标最佳值

评价指标 查询	MAP	impr. over CLIR Baseline (%)	Mono Baseline (%)	R-prec	impr. over CLIR Baseline (%)	P@5	impr. over CLIR Baseline (%)	P@10	impr. over CLIR Baseline (%)
T	0.3599	7.88	75.94	0.8163	4.92	0.5273	8.41	0.4932	−0.46
TD	0.4602	8.26	79.11	0.9183	3.63	0.6318	4.52	0.5773	1.60
TDN	0.5016	6.70	80.71	0.9479	3.31	0.7364	6.59	0.6477	1.78

我们同样对这些结果的 MAP 值进行了显著性检验,样本空间为 44 个检索主题,结果见表 8-9。

表 8-9 K1T 与 CLIR Baseline 的 MAP 显著性检验 t-test

查询	P-VALUE	是否具有显著性差异
T	0.206	否
TD	0.061	否
TDN	0.031	是*

表 8-9 的结果显示:经过 K1T 这种方法的相关反馈之后,对于 3 种长度的查询而言,其二次检索的结果也都较初始检索得到提高,但只有长查询获得的提高比跨语言检索基准有显著性差异,证明 K1T 这种相关反馈方法作用在长查询上的效果较短或中查询好。

8.3.4 保留最高频率翻译的方法 KFT 的实验结果

我们从附录 3 的实验结果中,将不同长度查询的 KFT 方法的最佳 MAP 值取出,同时结合其他评价指标,将其与跨语言和单语言检索基准进行了比较,见表 8-10。

表 8-10 KFT 方法的各项指标最佳值

评价指标 查询	MAP	impr. over CLIR Baseline (%)	Mono Baseline (%)	R-prec	impr. over CLIR Baseline (%)	P@5	impr. over CLIR Baseline (%)	P@10	impr. over CLIR Baseline (%)
T	0.3552	6.47	74.95	0.7816	0.46	0.55	13.08	0.4909	−0.93
TD	0.4584	7.83	78.80	0.9166	3.44	0.6318	4.52	0.5886	3.59
TDN	0.4936	5.00	79.42	0.9336	1.75	0.7227	4.60	0.6477	1.78

从表 8-10 可见,与 K1T 方法的结果类似,对于大部分评价指标而言,KFT 方法获得的检索结果的值都比未实施相关反馈的跨语言检索基准有所提高,只有短查询的前 10 篇文献查准率下降了 0.93%,平均查准率均值 MAP 提高的幅度基本上在 10% 左右。

我们也对这些结果的 MAP 值进行了显著性检验,样本空间为 44 个检索主题,结果见表 8-11。

表 8-11　KFT 与 CLIR Baseline 的 MAP 显著性检验 t-test

查询	P-VALUE	是否具有显著性差异
T	0.021	是*
TD	0.032	是*
TDN	0.135	否

表 8-11 的结果显示:经过 KFT 这种方法的相关反馈之后,对于 3 种长度的查询而言,其二次检索的结果也都较初始检索得到提高,且短、中查询均得到了显著性提高,只有长查询获得的提高与跨语言检索基准没有显著性差异,证明 KFT 这种相关反馈方法作用在短、中查询上的效果较长查询好,这个结论正好与 K1T 方法相反,二者刚好互补。

8.3.5　四种翻译优化方法的实验结果比较

综合上述实验结果分析,我们可以看出,四种翻译优化方法均能够在不同程度上改善跨语言信息检索结果,但其优化的程度不同,且对于不同长度的查询和不同类型的检索主题效果不尽相同。TWA、KAT、K1T、KFT 这 4 种方法的优劣比较可以从图 8-4 中反映出来。

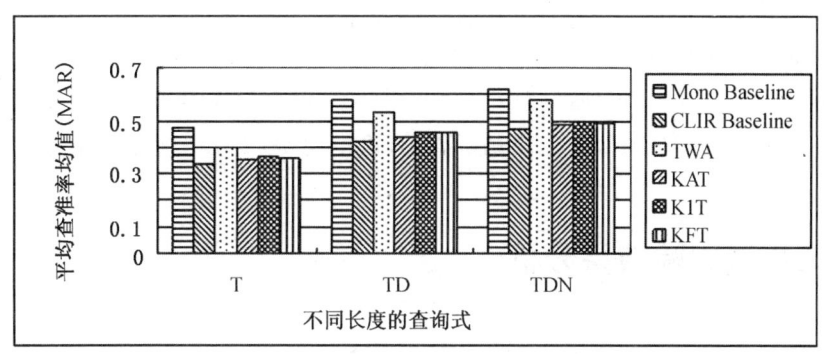

图 8-4　四种翻译优化方法的比较

图 8-4 显示,四种翻译优化方法较跨语言检索基准均有提高,但 KAT、K1T、KFT 这 3 种基于词典寻找翻译关系的方法明显不如 TWA 这种基于词对齐工具的方法。TWA 方法比跨语言检索基准也有非常显著的提高,已经很接近单语言检索基准了。

究其原因,我们认为,TWA 这种基于词对齐工具的方法比其他基于词典的方法的一大优势在于:词对齐工具可以在相关文献对中比较可靠地找到多个原来出现在词典中的翻译,因而翻译优化的效果比较好。而其他基于词典的方法则或是只能找到一个翻译,或是找到多个翻译的同时也可能加入多个噪音,这就影响了翻译优化的效果。

TWA 另外一大优势是它能够找到原来在做查询翻译时词典中没有的翻译,即能够解决部分未登录词(Out-Of-Vocabulary,简称 OOV)问题,而这些未登录词恰恰也是检索时非常重要的关键词。为此,我们统计了在经过 TWA 这种翻译优化方法后找到翻译的未登录词(见表 8-12)。

表 8-12 未登录词及用 TWA 方法找到的翻译(♯代表该翻译是错误的)

序号	检索主题编号	未登录词	用 TWA 方法找到的翻译
1	55087	BINGOL	宾格尔省
2	55087	DIYARBAKIR	迪亚巴克尔
3♯	40007	GARNER	还
4	55087	KANDILLI	坎迪利
5♯	55029	KAROLINSKA	推动/科技
6	55179/55127	KUMBA	昆巴
7	41025	MONTESINOS	蒙特西诺斯
8	40037	MORARIU	莫拉留
9	41012	OUATTARA	瓦塔拉
10	55181	QUREI	库赖
11	41025	VLADIMIRO	弗拉迪米罗

在表 8-12 中,共有 11 个未登录词,这些词基本上都是人名、地名等命名实体(Named Entity),这类词在词典中很难找到翻译,但通过词对齐工具,我们能够在相关文献对中为其找到对应的翻译。同时也应认识到,词对齐工具并非十分准确,例如第 3 和第 5 个词的对应翻译是错的,但在 11 个翻译中,大部分翻译是正确的,这也说明,TWA 这种翻译优化方法是比较可靠的。

8.4 查询扩展实验结果分析

8.4.1 翻译前查询扩展方法 Pre-QE 的实验结果

在这个实验中,我们先用原始的 44 个英文检索主题的 3 种长度的查询 T、TD、TDN 去检索 ICE-TEA 系统中的 306 498 篇英文文档,通过计算检索结果的前 20 篇文档中的语词的权重,选择排在前面的 20 个词为扩展词,然后再将扩展词与初始查询一起送入 ICE-TEA 检索系统,对 83 627 篇中文文档进行跨语言检索。同样,CPT 取{0,0.1,0.2,0.3,0.4,0.5,0.6,0.7,0.8,0.9,1.0}的 11 个值。实验结果的平均查准率均值 MAP 值如表 8-13 所示。

表 8-13 翻译前查询扩展 Pre-QE 方法在不同 CPT 下的 MAP 值

CPT 查询	0.0	0.1	0.2	0.3	0.4	0.5	0.6	0.7	0.8	0.9	1.0
T	0.3355	0.3406	0.3395	0.3606	0.3644	**0.3714**	0.3685	0.3597	0.3501	0.3487	0.3442
TD	0.4268	0.4267	0.4288	0.4271	0.4318	0.4373	**0.4377**	0.4261	0.4122	0.4048	0.3997
TDN	0.4193	0.4179	0.4177	0.4213	0.4252	**0.4477**	0.4427	0.4315	0.4137	0.404	0.4002

从表 8-13 可见,仍然是随着查询长度的增加,翻译前查询扩展的结果越来越好。且无论查询的长度如何,这 3 种查询均在 CPT=0.5 或 0.6,即从词典中取的翻译数量比较适中的时候,取得了最好的平均查准率的均值 MAP。

我们取上述 MAP 的最佳值及其他各项指标(见表 8-14),与基准进行对比。

表 8-14 Pre-QE 方法的各项指标最佳值

评价指标 查询	MAP	impr. over CLIR Baseline (%)	Mono Baseline (%)	R-prec	impr. over CLIR Baseline (%)	P@5	impr. over CLIR Baseline (%)	P@10	impr. over CLIR Baseline (%)
T	0.3714	11.33	86.90	0.8186	5.22	0.5318	9.33	0.5045	1.82
TD	0.4377	2.96	87.33	0.9159	3.36	0.5773	−4.50	0.5795	1.99
TDN	0.4477	−4.76	83.38	0.9233	0.63	0.6545	−5.27	0.6136	−3.58

从表 8-14 可见,只有当查询比较短时,翻译前查询扩展方法获得的检索结果的各项指标值才比跨语言检索基准有所提高,提高幅度为 11.33%,达到单语言检索基准的 86.9%。而当查询为中等长度时,尽管 MAP 值有所提高,但前 5 篇文献的查准率反而下降了。当查询较长时,各项指标的值都有所降低。我们将翻译前查询扩展方法获得的 MAP 与跨语言检索基准的差值做了显著性检验,见表 8-15。

表 8-15 Pre-QE 与 CLIR Baseline 的 MAP 显著性检验 t-test

查询	P-VALUE	是否具有显著性差异
T	0.04	是*
TD	0.347	否
TDN	0.290	否

表 8-15 的结果显示:经过翻译前查询扩展,只有当查询为短查询时,其较初始检索才有显著性提高,对长查询反而起了削弱作用。尽管削弱的程度统计上不显著,但这一结论证明了翻译前查询扩展这种相关反馈方法对短查询还是有效的,但基本不适用于长查询。

8.4.2 翻译后查询扩展方法 Post-QE 的实验结果

在这个实验中,我们是先用原始的 44 个英文检索主题的 3 种长度的查询 T、TD、TDN 去检索 ICE-TEA 系统中的 83 627 篇中文文档,然后通过计算检索结果的前 20 篇文献中的语词的权重,扩展了排在前面的 20 个中文词,重新形成查询后再进行二次检索。同样,初始检索时,CPT 也是取了{0,0.1,0.2,0.3,0.4,0.5,0.6,0.7,0.8,0.9,1.0}的 11 个值。实验结果的平均查准率均值 MAP 值如表 8-16 所示。

表 8-16 翻译后查询扩展 Post-QE 方法在不同 CPT 下的 MAP 值

CPT 查询	0.0	0.1	0.2	0.3	0.4	0.5	0.6	0.7	0.8	0.9	1.0
T	0.368	0.3691	0.3718	0.4095	0.4024	0.4049	**0.4118**	0.405	0.3829	0.3874	0.3886
TD	0.4841	0.4902	0.4927	**0.508**	0.4943	0.4917	0.5024	0.4943	0.4762	0.4869	0.4817
TDN	0.4939	0.4958	0.5006	0.5051	0.5019	**0.5182**	0.5157	0.5062	0.4956	0.491	0.4782

从表 8-16 可见,仍然是随着查询长度的增加,翻译后查询扩展的结果越来越好。且 3 种查询也是在 CPT 取值比较中间的时候取得了最好的 MAP。我们取上述 MAP 的最佳值及其他各项指标(见表 8-17),与跨语言基准进行对比。

表 8-17 Post-QE 方法的各项指标最佳值

评价指标 查询	MAP	impr. over CLIR Baseline (%)	Mono Baseline (%)	R-prec	impr. over CLIR Baseline (%)	P@5	impr. over CLIR Baseline (%)	P@10	impr. over CLIR Baseline (%)
T	0.4118	23.44	93.16	0.8305	6.75	0.5455	12.15	0.5045	1.82
TD	0.508	19.50	86.08	0.9092	2.61	0.6955	15.05	0.6432	13.20
TDN	0.5182	10.23	83.19	0.9388	2.32	0.7091	2.63	0.6477	1.78

从表 8-17 可见,对于 3 种长度的查询而言,翻译后查询扩展方法获得的检索结果的各项指标值均比跨语言检索基准有所提高,其中 MAP 提高幅度在 10%～25%,达到单语言检索基准的 83%以上。前 5 篇或前 10 篇文献的查准率也有所提高。我们将翻译后查询扩方法的 MAP 与跨语言检索基准的差值做了显著性检验,见表 8-18。

表 8-18 Post-QE 与 CLIR Baseline 的 MAP 显著性检验 t-test

查询	P-VALUE	是否具有显著性差异
T	0.000	是**
TD	0.000	是**
TDN	0.007	是**

表 8-18 的结果显示:经过翻译后查询扩展,短、中、长 3 种长度的查询结果都较初始检索有显著性提高,证明翻译后查询扩展这种相关反馈方法对于各种类型的查询均适用。

8.4.3 混合式查询扩展方法 Comb-QE 的实验结果

在这个实验中,我们先进行了翻译前查询扩展,扩展了 20 个英文词,与初始查询合在一起进行跨语言检索,然后在此基础上又进行了翻译后查询扩展,再扩展 20 个中文词,进行第 3 次检索。同样,CPT 取了 11 个值。实验结果的平均查准率均值 MAP 值如表 8-19 所示。

表8-19　翻译前后查询扩展结合 Comb-QE 方法在不同 CPT 下的 MAP 值

CPT 查询	0.0	0.1	0.2	0.3	0.4	0.5	0.6	0.7	0.8	0.9	1.0
T	0.4193	0.4188	0.4218	**0.4415**	0.4391	0.4391	0.4391	0.4391	0.4391	0.4391	0.4391
TD	0.4969	0.4973	0.4999	0.4999	**0.5007**	0.4987	0.4941	0.4804	0.4678	0.4679	0.4679
TDN	0.4802	0.4834	0.4913	0.4913	0.4966	**0.517**	0.5028	0.4989	0.4989	0.4748	0.4686

从表8-19可见，3种查询也是在 CPT 取值比较中间的时候取得了最好的平均查准率。我们取上述 MAP 的最佳值及其他各项指标（见表8-20）做对比。

表8-20　混合式查询扩展方法的各项指标最佳值

评价指标 查询	MAP	impr. over CLIR Baseline (%)	Mono Baseline (%)	R-prec	impr. over CLIR Baseline (%)	P@5	impr. over CLIR Baseline (%)	P@10	impr. over CLIR Baseline (%)
T	0.4415	32.34	70.39	0.8422	8.25	0.5909	21.48	0.5545	11.91
TD	0.5007	17.78	73.08	0.93	4.95	0.6545	8.27	0.6091	7.20
TDN	0.517	9.98	75.64	0.9281	1.16	0.6773	−1.97	0.6545	2.84

从表8-20可见，对于短、中查询，混合式查询扩展方法的检索结果的各项指标值均比跨语言检索基准有所提高，其中 MAP 在短查询时高达32%，其余的也都达到单语言检索基准的70%以上。但对于长查询，前5篇文献的查准率竟然下降了。我们将混合式查询扩展方法的 MAP 与跨语言基准做了显著性检验，见表8-21。

表8-21　Comb-QE 与 CLIR Baseline 的 MAP 显著性检验 t-test

查询	P-VALUE	是否具有显著性差异
T	0.000	是**
TD	0.004	是**
TDN	0.131	否

表8-21的结果显示：经过混合式查询扩展，短、中、长3种长度的查询结果都较初始检索有提高，但只有短、中查询的提高具有显著性。这说明该方法对于长查询的作用不甚明显。

8.4.4　3种查询扩展方法的实验结果比较

综合上述实验结果分析，我们可以看出，3种查询扩展方法也都能够在不同程度上改善跨语言检索结果，但对于不同长度的查询和不同类型的检索主题效果不同。图8-5直观地比较了翻译前查询扩展 Pre-QE、翻译后查询扩展 Post-QE 和混合式查询扩展 Comb-QE 这3种方法的优劣。

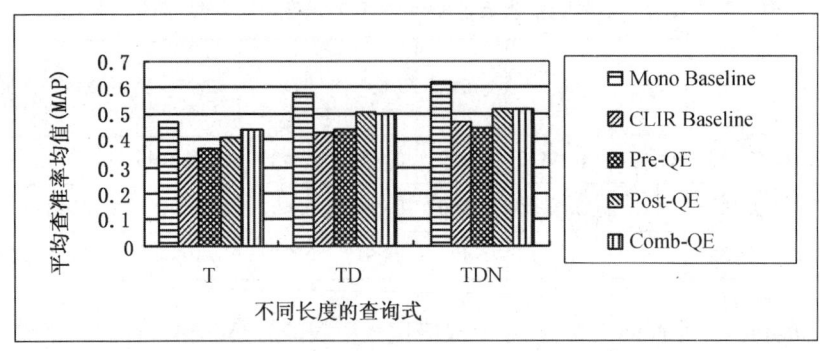

图 8-5　3 种查询扩展方法的比较

图 8-5 显示,3 种查询扩展方法较跨语言检索基准均有提高,不过翻译前查询扩展方法在长查询的时候是个例外。对于短查询,混合式查询扩展方法最好;对于中查询和长查询,都是翻译后查询扩展方法较好。

究其原因,我们认为,当查询比较短的时候,关键词的上下文比较少,如果某些关键词被错误翻译了,缺失的语义是能够被检索结果中的上下文语词所弥补的,因此,混合式查询扩展方法正是综合了二者的优点,在上下文语词补偿方面能够发挥较大的作用。但是,语词补偿并不是越多越好,当查询较长的时候,查询翻译本身就会带来很多噪音,而补偿的语词也不全是对检索起关键作用的词,这样就会使噪音问题加剧。之所以翻译后查询扩展在这个时候的作用比翻译前查询扩展好,是因为即使扩展的语词带来噪音,翻译后扩展方法只增加 1 次噪音,而翻译前扩展方法增加的噪音包括翻译过程中的,是双倍的。此外,我们还针对单个检索主题进行了分析(见表 8-22)。

表 8-22　单个检索主题的查询扩展方法的结果("＋"代表 MAP 提高,"－"代表 MAP 降低)

Pre-QE	Post-QE	Comb-QE	查询的数量		
			T	TD	TDN
－	－	－	3	8	11
－	－	＋	0	1	0
－	＋	－	2	7	6
－	＋	＋	7	6	10
＋	－	－	6	2	5
＋	－	＋	2	3	2
＋	＋	－	1	0	0
＋	＋	＋	23	17	10

如表 8-22,在 44 个检索主题中,采用 3 种方法效率均有所提高的短、中、长查询的数量依次是 23 个、17 个、10 个。另外,还有 3 个短查询、8 个中查询、11 个长查询采用 3 种方法所得的 MAP 值均有所下降。

我们认真分析了这几个有所下降的查询发现,这几个检索主题基本上都含有一些难以用词典翻译的人名、地名,它们本身在跨语言检索基准中的结果就不好,因此,经过查询扩展,不但没有起到提高的作用,反而由于引入了大量噪音,使检索效果降低了。这一现象也证明,我们提出的 RFIM 模型的影响因子层中的检索主题的特征(Topic Type)这一因素的确对相关反馈有直接影响。

8.5 翻译优化与查询扩展相结合的实验结果分析

在本书 6.1 节中,我们已经从理论层面对翻译优化与查询扩展这两种相关反馈技术进行了研究,分析了二者的区别,并证明了二者可以结合起来使用。在本节中,我们将对上述结论进行实验研究。

8.5.1 翻译优化与查询扩展的实验结果对比

我们在前面证明了翻译优化与查询扩展都能使跨语言检索的结果有不同程度的提高,下面我们将二者各种方法的 MAP 值在图中进行对比(见图 8-6)。

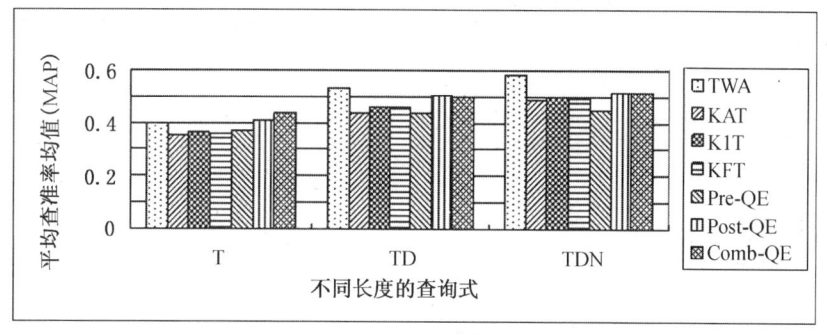

图 8-6 翻译优化与查询扩展的比较

在同样的检索环境下,对于短查询,混合式查询扩展方法 Comb-QE 取得了最好的成绩;对于中、长查询,基于词对齐的翻译优化方法 TWA 明显优于其他方法。我们将每种类型的查询中,这 2 组方法里最好的 MAP 值进行了显著性检验比较,结果如表 8-23 所示。

表 8-23 翻译优化与查询扩展的 MAP 显著性检验 t-test

查询	对比的方法	P-VALUE	是否具有显著性差异
T	TWA vs. Comb-QE	0.210	否
TD	TWA vs. Post-QE	0.372	否
TDN	TWA vs. Post-QE	0.025	是*

表 8-23 的结果显示:尽管对短查询而言,查询扩展效果更好;对中查询而言,翻译优化效果更好,但它们之间都没有显著性差异。只有当查询较长的时候,翻译优化明显比查询扩展好。这也证明了如下结论:对于查询较短的情况,翻译优化与查询扩展都能有效地提高检索结果,二者几乎无差别;但对于查询较长的情况,翻译优化相比查询扩展具有显著提高。

8.5.2 翻译优化与查询扩展相结合的实验结果分析

在本书的 6.3.2 节中，我们所构建的 RFIM 模型证明了翻译优化与查询扩展相结合的形式共有 3×4=12 种。在本节中，由于篇幅的关系，我们不可能对这 12 种方法——检验。上节的实验证明，在 4 种翻译优化方法中，基于词对齐的翻译优化方法 TWA 效果最好；在 3 种查询扩展方法中，翻译后查询扩展方法 Post-QE 效果最好。因此，在本节中，我们将选取这 2 种效果相对较好的方法进行结合实验研究。

首先还是用原始的 44 个英文检索主题 3 种长度的查询 T、TD、TDN 执行简单的查询翻译，然后去检索 ICE-TEA 系统中的 83 627 篇中文文档，再利用检索结果的前 20 篇文档进行基于词对齐的翻译优化，在此基础上进行翻译后查询扩展，最后得到最终检索结果。在整个过程中，我们总共进行了 2 次相关反馈，第 1 次为翻译优化，第 2 次为查询扩展。实验结果见表 8-24。

表 8-24 翻译优化与查询扩展结合的检索结果 MAP 值

评价指标 查询	MAP	Mono Baseline（%）	impr. over CLIR Baseline（%）	impr. over TWA（%）	impr. over Post-QE（%）
T	0.4748	100.19	42.33	18.94	7.54
TD	0.5905	101.51	38.91	10.58	16.24
TDN	0.5972	96.09	27.04	2.65	15.25

从表 8-24 可以看出，翻译优化与查询扩展的结合取得了非常好的效果，不仅大大超过了跨语言检索基准，还超过了未结合前的 TWA 翻译优化方法和 Post-QE 查询扩展方法本身，甚至取得了与单语言检索基准差不多的结果，其中短、中查询甚至超过了单语言检索的结果。

我们对于这些提高都进行了统计显著性检验，结果如表 8-25 所示。

表 8-25 翻译优化与查询扩展结合的 MAP 显著性检验 t-test

查询	对比的方法	P-VALUE	是否具有显著性差异
T	TWA+Post-QE vs. CLIR BASELINE	0.000	是**
	TWA+POST-QE vs. TWA	0.000	是**
	TWA+POST-QE vs. POST-QE	0.250	否
TD	TWA+POST-QE vs. CLIR BASELINE	0.000	是**
	TWA+POST-QE vs. TWA	0.000	是**
	TWA+POST-QE vs. POST-QE	0.014	是*
TDN	TWA+POST-QE vs. CLIR BASELINE	0.001	是**
	TWA+POST-QE vs. TWA	0.192	否
	TWA+PSOT-QE vs. POST-QE	0.005	是**

与跨语言检索基准比较，3种长度的查询在结合后的值均有显著性提高；与TWA本身比较，除了长查询，其余的都有显著性差异；与Post-QE本身比较，除了短查询，其余的都有显著性差异。这是让人非常振奋的结果，证明这2种方法不仅可以结合，而且结合之后效果更好的这一结论是成立的。

另一个有趣的现象是翻译优化与查询扩展结合后，发挥出了比较稳定的作用，即结合后无论查询的长度如何，检索主题的特征如何，这一结合的效果都比较好，这与之前二者各自针对不同类型的查询效果更好的情况不同。

8.6 实验结论

通过自动相关反馈实验的结果分析，我们得到如下结论：

（1）RFIM模型的方法技术层提出了19种相关反馈方法，我们对其中的全部4种翻译优化方法、3种查询扩展方法，以及1种翻译优化与查询扩展的结合方法，总共8种方法进行了自动相关反馈实验。实验结果显示，全部4种翻译优化方法都能够提高检索结果的精度，其中基于词对齐的翻译方法TWA相对更优越；全部3种查询扩展方法也都能够提高检索结果的精度，其中翻译后查询扩展方法Post-QE相对更优越；翻译优化与查询扩展的结合方法也能够提高检索结果的精度，并且提高幅度很大，已经与单语言检索水平相当，比两种方法结合前各自的效果也都有显著的提高。

（2）RFIM模型的影响因子层提出了3个集合，我们对其中的"与查询相关的因素集合"这一集合进行了实验，其中包括查询的长度和检索主题的特征。实验结果显示，这2个因素的确对不同的相关反馈方法产生着不同程度的影响，具体结论见表8-26。

表8-26 与查询相关的因素对相关反馈方法的影响

影响因素 相关反馈方法		查询的长度	检索主题的特征
翻译优化	TWA	适合各种长度的查询，都有效果	各种类型的主题都适合
	KAT	各种长度的查询的效果都不明显	对于含有未登录词且未登录词是比较重要的关键词的检索主题，没有解决办法
	K1T	更适合短、中查询	同上
	KFT	更适合长查询	同上
查询扩展	PRE-QE	适合短查询，不适合长查询	对于大量命名实体无法翻译或错误翻译的检索主题，没有解决办法
	POST-QE	适合各种长度的查询，都有效果	同上
	COMB-QE	更适合短、中查询	同上
二者结合	TWA+POST-QE	适合各种长度的查询，都有非常显著的效果	各种类型的主题都适合

8.7 本章小结

在这一章中,我们基于前一章建立的实验评价系统,进行了英汉跨语言信息检索的自动相关反馈实验,实验结果验证了 RFIM 模型的方法技术层与影响因子层的各要素。实验主要对比了翻译优化的 4 种方法:基于词对齐的翻译方法 TWA、保留所有翻译的方法 KAT、保留最好翻译的方法 K1T、保留最高频率翻译的方法 KFT,其中基于词对齐的翻译方法 TWA 相对更优越。实验还对比了查询扩展的 3 种方法:翻译前查询扩展方法 Pre-QE、翻译后查询扩展方法 Post-QE、混合式查询扩展方法 Comb-QE,其中翻译后查询扩展方法 Post-QE 相对更优越。此外,实验还将这些翻译优化与查询扩展方法进行综合对比,实验结果显示,对短查询而言,查询扩展效果更好;对中查询而言,翻译优化效果更好;当查询较长的时候,翻译优化明显比查询扩展好。同时,我们还选取 2 种效果相对较好的基于词对齐的翻译方法 TWA 和翻译后查询扩展方法 Post-QE 进行结合实验研究,实验结果显示翻译优化与查询扩展结合后,发挥出了比较稳定的作用,即结合后无论查询的长度如何,检索主题的特征如何,这一结合的效果都比较好。最后,本章对所有实验结果进行了详细分析,特别是对查询的长度和检索主题的特征这两个因素对不同的相关反馈方法产生的影响进行了剖析。

第 9 章 基于用户相关反馈的翻译优化实验

前面章节探讨了跨语言信息检索相关反馈的理论模型框架,实现了一个基于相关反馈的英汉跨语言信息检索系统 ICE-TEA,并建立了一个实验评价体系。在这一章中,我们将在这个实验体系上进行用户参与的用户相关反馈实验,目的是检验 RFIM 模型中,用户行为层中各种影响因素如何影响不同的方法技术。

9.1 实验设计

9.1.1 实验目标

用户相关反馈也称为交互式相关反馈(Interactive Relevance Feedback,简称 IRF),用户会参与检索和结果相关性判断的整个过程。由用户判断的文档的相关性应该比伪相关反馈更准确。但是,这种方法所需的实验成本较高,一方面不容易找到合适的用户;另一方面整个实验的过程所需时间较长。因此,在实验中,我们不可能继续检验 RFIM 模型的方法技术层的所有相关反馈方法,而是选择翻译优化技术中的一种方法和查询扩展技术中的一种方法来进行实验。因为考虑到翻译优化是我们提出来的一种新的跨语言相关反馈方法,所以需要对它在各种检索环境下进行检验;而查询扩展尽管并不是一种新的方法,而且已经得到过一些研究者的验证,但为了与翻译优化方法进行比较和融合,我们也对其进行了用户相关反馈实验。另外,对于 RFIM 模型的用户行为层,我们也要在该实验中进行检验。实验的具体目标如下:

(1)检验 RFIM 模型的方法技术层:主要是翻译优化技术其中的基于词对齐的翻译方法 TWA,及其与翻译后查询扩展方法 Post-QE 的结合。

(2)检验 RFIM 模型的用户行为层:个体差异因素和交互式界面因素对相关反馈的影响。

9.1.2 实验内容

该实验主要包括如下内容:

(1)用户调查:通过对用户进行问卷调查和屏幕跟踪,收集并分析用户的个体差异信息,以及用户对交互式检索系统的评价。

(2)用户相关性标注实验:采用与自动相关反馈实验相同的短查询,以及基于词对齐的相关反馈方法 TWA 进行相关反馈实验。但是查询是自动送入系统,用户只是采用多级相关性判断的方法来判断文档的相关性,我们利用用户判断的结果进行翻译优化实验。

(3)用户全程参与的翻译优化实验:用户参与从查询的构造、查询的输入、检索、相关反馈(翻译优化、查询扩展,或二者的结合)、反馈后再次检索、检索结果的判断、检索结果的选择等全部信息检索过程。在最真实的环境中进行交互式跨语言信息检索实验。

9.2 英汉跨语言信息检索用户相关性标注实验

在本实验中,用户仅仅参与信息检索结果的相关性标注过程,即用户对初次信息检索结果进行多级相关性判断,其他过程均由系统自动完成。因此,本实验是半自动半用户参与的实验,可以看做是用户相关反馈实验的预备实验,一方面便于与自动相关反馈实验进行比较(因为公平的比较需要相同的查询),另一方面也可将其作为下一节真正的用户相关反馈实验的过渡。

9.2.1 实验数据收集

本实验所用语料还是 ICE-TEA 系统中的语料,与自动相关反馈实验所用语料相同。

在检索主题方面,为了使本实验的结果与自动相关反馈的实验结果具有可比性,我们还是延续使用了 TDT4 和 TDT5 语料库中的英文检索主题。但是,我们做了几处改动:

(1)查询的输入方面,ICE-TEA 是一个交互式跨语言信息检索系统,能够提供用户输入查询的接口,但为了与自动相关反馈的实验结果进行比较(用相同的查询去检索相同的文档集合),我们只让用户进行检索结果的相关性判断这一环节,而没有安排用户输入查询。

(2)查询的长度方面,我们不再进行不同长度查询的比较,因为在真实的检索环境下(非自然语言检索系统),用户输入的查询通常较短,只包含几个关键词,而非一个句子。因此,我们只选择了 TDT 语料库中由检索主题的标题构成的短查询进行实验。

(3)查询的数量方面,对于自动相关反馈实验中的跨语言检索基准的结果,我们对其分析后发现:44 个检索主题(短查询 T)中,将其返回的前 20 篇文档与"标准答案(Ground-Truth)"对比后,其中有 4 个检索主题返回的前 20 篇文档中没有一篇相关文献,说明这几个检索主题的结果较差。鉴于这样的情况,让用户去判断这些结果是毫无意义的,因此,我们只保留了剩下的 40 个检索主题的标题作为本实验的查询。实验所用检索主题见本书附录1。

(4)系统界面方面,我们单独为用户设计了标注界面,如图 9-1 所示。对于每 1 个需要用户标注的主题,我们将其检索主题的标题(也即跨语言信息检索的查询)和跨语言检索基准结果的前 20 条记录的摘要显示给用户,用以进行标注,用户点击文档号还可以显示全文。其中,查询中所包含的检索词在摘要和全文中均高亮显示。

另外,我们根据跨语言基准实验的结果选择最佳平均查准率均值 MAP 下的 CPT,选取该累积概率阈值下的跨语言检索结果作为本实验的基础,以及作为进行比较的基准。

9.2.2 实验步骤

用户相关反馈实验较自动相关反馈实验更为复杂,由于有用户的参与,会涉及到一些用户研究(User Study)方面的知识,并且要多出一些步骤。在准备好实验资源后,确定实验的步骤

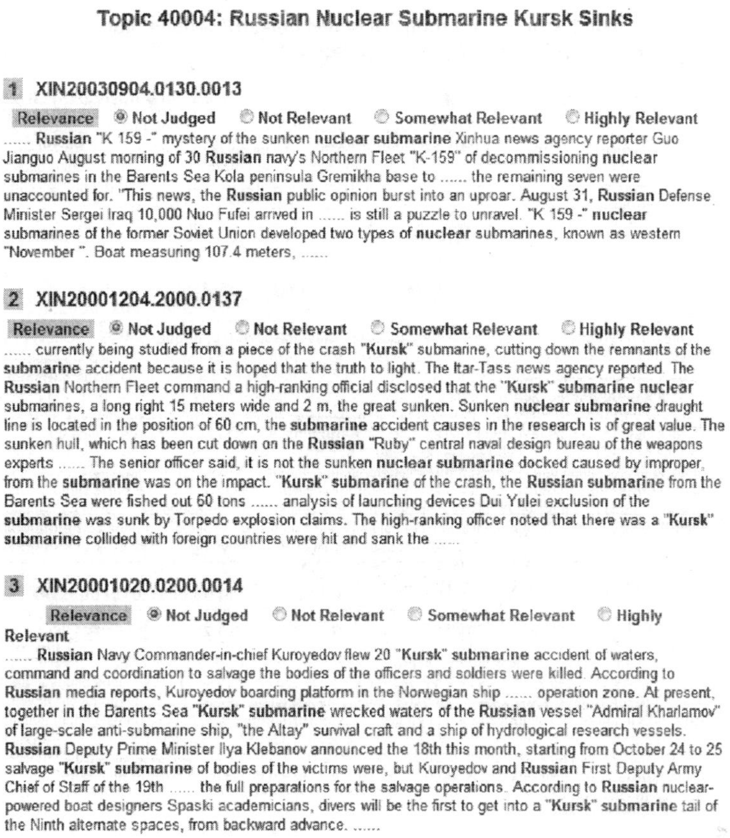

Topic 40004: Russian Nuclear Submarine Kursk Sinks

1 XIN20030904.0130.0013

Relevance ◉ Not Judged ○ Not Relevant ○ Somewhat Relevant ○ Highly Relevant

...... **Russian** "K 159 -" mystery of the sunken **nuclear submarine** Xinhua news agency reporter Guo Jianguo August morning of 30 **Russian** navy's Northern Fleet "K-159" of decommissioning **nuclear** submarines in the Barents Sea Kola peninsula Gremikha base to ...... the remaining seven were unaccounted for. "This news, the **Russian** public opinion burst into an uproar. August 31, **Russian** Defense Minister Sergei Iraq 10,000 Nuo Fufei arrived in ...... is still a puzzle to unravel. "K 159 -" **nuclear** submarines of the former Soviet Union developed two types of **nuclear** submarines, known as western "November ". Boat measuring 107.4 meters, ...

2 XIN20001204.2000.0137

Relevance ◉ Not Judged ○ Not Relevant ○ Somewhat Relevant ○ Highly Relevant

...... currently being studied from a piece of the crash "**Kursk**" submarine, cutting down the remnants of the **submarine** accident because it is hoped that the truth to light. The Itar-Tass news agency reported. The **Russian** Northern Fleet command a high-ranking official disclosed that the "**Kursk**" **submarine nuclear** submarines, a long right 15 meters wide and 2 m, the great sunken. Sunken **nuclear submarine** draught line is located in the position of 60 cm, the **submarine** accident causes in the research is of great value. The sunken hull, which has been cut down on the **Russian** "Ruby" central naval design bureau of the weapons experts ...... The senior officer said, it is not the sunken **nuclear submarine** docked caused by improper, from the **submarine** was on the impact. "**Kursk**" **submarine** of the crash, the **Russian submarine** from the Barents Sea were fished out 60 tons ...... analysis of launching devices Dui Yulei exclusion of the **submarine** was sunk by Torpedo explosion claims. The high-ranking officer noted that there was a "**Kursk**" **submarine** collided with foreign countries were hit and sank the ......

3 XIN20001020.0200.0014

Relevance ◉ Not Judged ○ Not Relevant ○ Somewhat Relevant ○ Highly Relevant

...... **Russian** Navy Commander-in-chief Kuroyedov flew 20 "**Kursk**" **submarine** accident of waters, command and coordination to salvage the bodies of the officers and soldiers were killed. According to **Russian** media reports, Kuroyedov boarding platform in the Norwegian ship ...... operation zone. At present, together in the Barents Sea "**Kursk**" **submarine** wrecked waters of the **Russian** vessel "Admiral Kharlamov" of large-scale anti-submarine ship, "the Altay" survival craft and a ship of hydrological research vessels. **Russian** Deputy Prime Minister Ilya Klebanov announced the 18th this month, starting from October 24 to 25 salvage "**Kursk**" **submarine** of bodies of the victims were, but Kuroyedov and **Russian** First Deputy Army Chief of Staff of the 19th ...... the full preparations for the salvage operations. According to **Russian** nuclear-powered boat designers Spaski academicians, divers will be the first to get into a "**Kursk**" **submarine** tail of the Ninth alternate spaces, from backward advance. ......

图 9-1　用户标注界面

如下：

1. 确定实验用户

本实验的主要工作是作者在美国匹兹堡大学访问期间完成，因此在该实验中，我们主要从匹兹堡大学信息科学学院（University of Pittsburgh，School of Information Sciences）的学生中寻找愿意参加实验的志愿者。我们通过张贴广告的方式寻找到了 8 位志愿者，均是母语为英语的美国人（Native English Speaker）。为了保证本实验的质量，我们对志愿者们采取有偿支付的方式，支付给每人 25 美金，以鼓励他们更加认真地完成本实验。这些用户的任务是对我们提供的跨语言信息检索基准的检索结果进行相关性判断。正如我们在 7.3.2 节设计的 ICE-TEA 系统的人机交互接口那样，本实验采取多级相关性判断方法，让用户对每篇文档进行如下 4 级判断：

- 高度相关（Highly Relevant）；
- 一般相关（Somewhat Relevant）；
- 不相关（Not Relevant）；
- 未判断（Not Judged）：实验开始前系统默认每篇文档都是“未判断”，若相关性判断结束后仍有未判断的文档存在，则将该文档等同于“不相关”。

2. 为用户分配任务

在本实验中,我们有 40 个检索主题,每个检索主题下有 20 篇文档需要用户判断相关性,这样,总共有 20×40=800 个文档待判断。为了尽量降低用户判断错误的风险,我们给每个用户分配了 10 个检索主题,每个检索主题 20 篇文献,即每个用户的任务是判断 20×10=200 篇文献。这样一来,每个检索主题就有 2 个用户判断,我们可以取其平均值来避免 2 人判断的不一致。具体的检索主题及其对应的判断用户的分配表见表 9-1。

表 9-1 用户及其对应的判断检索主题

用户编号	判断的检索主题编号
用户 1	40004, 40007, 40019, 40021, 40025, 40028, 40037, 40038, 40039, 40043
用户 2	40028, 40037, 40038, 40039, 40043, 40049, 41002, 41004, 41012, 41018
用户 3	40049, 41002, 41004, 41012, 41018, 41024, 41025, 41026, 41027, 41032
用户 4	41024, 41025, 41026, 41027, 41032, 41035, 55029, 55042, 55069, 55087
用户 5	41035, 55029, 55042, 55069, 55087, 55089, 55090, 55105, 55106, 55109
用户 6	55089, 55090, 55105, 55106, 55109, 55117, 55127, 55128, 55139, 55155
用户 7	55117, 55127, 55128, 55139, 55155, 55179, 55180, 55181, 55200, 55217
用户 8	55179, 55180, 55181, 55200, 55217, 40004, 40007, 40019, 40021, 40025

3. 用户进行相关性判断

准备工作做好之后,正式开始实验。每个用户在整个实验中历时 120 分钟。在用户实验过程中,我们利用一个屏幕录像软件 Techsmith Camtasia Studio 4.0.2[302]对整个实验过程进行了跟踪,为将来研究用户检索行为留下素材。

在本实验中,用户需要做的工作如下:

• 阅读实验说明——5 分钟;
• 完成一个检索前关于其背景的问卷调查表——5 分钟;
• 接受检索训练以熟悉我们的 ICE-TEA 系统——5 分钟;
• 对每个检索主题的文档进行相关性判断,包括阅读检索主题说明、阅读文献、进行判断等,每完成 1 个检索主题还需填 1 个检索后对检索任务的评价的调查问卷,中间允许休息 1 次——10 分钟/主题,5 分钟休息,共计 10×10+5=105 分钟;
• 领取实验费用。

4. 利用用户判断结果进行翻译优化

在得到用户对所有文档的相关性判断之后,我们首先利用本书 7.3.2 节提出的公式计算每篇文档的相关性权值:

$$w_k = \frac{\sum_{i \in \{high, some, none\}} N_i \times S_i}{\sum_{j \in \{high, some, none\}} N_j} \tag{9-1}$$

其中,N_{high} 是判断文档 k 为"高度相关"的用户数;N_{some} 是判断文档 k 为"一般相关"的用户数;

N_{none} 是判断文档 k 为"不相关"的用户数;S_{high} 是"高度相关"的文档的权值(本实验设为 4);S_{some} 是"一般相关"的文档的权值(本实验设为 1);S_{none} 是"不相关"的文档的权值(本实验设为 0)。

再将得到的文档相关性权值 w_k 代入本书第 5 章提出的翻译优化数学模型中。本实验采用的是基于词对齐的翻译方法 TWA,获得检索词新的翻译及其翻译概率后再进行二次检索。最后,对相关反馈的实验结果进行分析。

9.2.3 用户个体差异与相关性判断结果分析

1. 用户个体差异分析

我们在本书第 6 章提出了一个跨语言检索相关反馈综合模型 RFIM,该模型是基于相关性理论的,即认为人们对"相关性"的判断并不总是一致的,而是与用户个体行为直接相关。因此,该理论模型包含一个用户行为层,其中的一个因素定义为"个体差异",如用户特征文档、用户经验、用户知识等。其中,"用户特征文档(User Profile)"指用户的基本情况,如性别、年龄、学历、专业等;"用户经验(User Experience)"指用户对于与相关性判断相关的活动的经验,如使用电脑的熟悉程度、每天浏览新闻的时间、使用搜索引擎的偏好、判断特殊信息的能力等;"用户知识(User Knowledge)"指用户对特定领域检索主题的背景知识的掌握程度。

基于相关性理论及 RFIM 模型,我们在本实验中设计了一个关于用户个体差异信息的调查问卷,内容如图 9-2 所示。

```
User #_____

       STUDIES OF CLIR RELEVANCE FEEDBACK
                ENTRY QUESTIONNAIRE

1. Current program: _____

2. Gender:        ___Male           ___Female

3. Age: _____

4. Highest degree attained:
      ___Bachelor's       ___Master's    ___others

5. Have you taken any Information Retrieval course?
      ___Yes       ___No            ___Don't know

6. On average, the amount of time spent per day using a computer for search
      ___Less than 1 hr.
      ___1 hr – less than 2 hrs.
      ___2 hrs. – less than 3 hrs.
      ___More than 3 hrs.

7. How confident are you in your abilities to locate specific information using a search engine?
      Not at all confident                      Very Confident
          1         2         3         4         5

8. On average, how much time do you spend per day reading, listening, and watching news?
      ___Less than 1 hr.
      ___1 hr – less than 2 hrs.
      ___2 hrs. – less than 3 hrs.
      ___More than 3 hrs.
```

图 9-2 关于用户个体差异信息的问卷调查表

问卷共有 8 个问题,其中,问题 1～4 是关于 RFIM 模型的"用户特征文档"的,问题 5～8 是关于 RFIM 模型的"用户经验"的。另外,关于 RFIM 模型"用户知识"的问题我们放到了对每个检索主题的调查问卷中(见图 9-5),将在后文做讨论。

我们对 8 个用户的调查结果进行了统计,结果如下:
- 5 个用户为女性,3 个用户为男性。
- 6 个用户是硕士研究生,1 个用户是博士研究生,1 个用户是本科生。
- 8 个用户的平均年龄为 24.6 岁,均在 20～30 岁,其中最小的 21 岁,最大的 28 岁。
- 其中 5 个用户曾经上过"信息检索"课,3 个用户从未上过该课。
- 8 个用户平均每天上网的时间为 2 小时,其中 1 个用户每天上网低于 1 小时,1 个用户每天上网超过 3 小时,其余的都在 1～3 小时。
- 他们对自己准确判断信息的能力打分,平均信心值是 4(总共有 1～5 个等级,1 分为最不自信,5 分为最自信)。其中有 2 个用户给自己打了 5 分,4 个用户打的 4 分,2 个用户打的 3 分。
- 8 个用户平均每天浏览新闻的时间为 1.125 小时,其中 3 个用户看新闻低于 1 小时,5 个用户都选择的 1～2 小时。

综合分析上述结果,我们发现,这些用户间的确存在个体差异,但这个差异并不非常大。那么这些差异是否会对他们进行文献相关性判断产生影响?这就还需要继续分析他们的判断结果之后才能得出结论。

2. 用户判断结果评价

关于用户的相关性判断结果,有 2 个指标需要检验:一是用户判断的一致性检验;二是用户判断的完全率和准确率检验。

(1)一致性信度(Statistic Kappa Coefficient)检验

由于在本实验中,每篇文献都是由 2 名用户来判断,而我们又知道这些用户具有个体差异,因此,我们可以对他们相关性判断的一致性进行检验,来分析用户个体差异是否对相关性判断有影响,进而判断其是否对相关反馈有影响。我们使用统计软件 SPSS 来进行一致性信度(Kappa Coefficient)检验,样本空间为进行实验的 800 篇文献。

一致性信度检验的理论假设:进行比较的两种结论是一致的,即使有差别也是由于偶然因素造成的。Kappa 是内部一致性系数,其取值在 -1 到 1 之间,Kappa=1 表示完全一致,Kappa=0 表示没有一致性,Kappa=-1 表示完全不一致。Kappa 系数与其对应的一致性强度可以被解释成表 9-2[303]。

表 9-2 Kappa 系数及其对应的一致性强度

K 值(Value of K)	一致性强度(Strength of agreement)
<0.20	Poor
0.21～0.40	Fair
0.41～0.60	Moderate
0.61～0.80	Good
0.81～1.00	Very good

在本实验中，经过一致性信度检验后，我们得到如下表 9-3 所示的结果。

表 9-3　用户相关性判断的一致性信度检验结果

	Value	Asymp. Std. Error	Approx. T	Approx. Sig.
Measure of Agreement：Kappa	0.483	0.006	18.613	yes
N of Valid Cases	800			

从表 9-3 可见，本实验的用户相关性判断经一致性信度检验得到的 Kappa 值为 0.483，位于 0.41～0.60 这个级别，属于"一致性适中(Moderate)"。由此我们可以推断，在本实验中，用户在个体上的差异不大，因此不同用户的相关性判定虽然也具有差异，但这个差异不是非常明显，还属于基本一致。进而还可以推断，如果用户的个体差异非常大，那么他们的相关性判定的差异可能也会比较大，从而影响相关反馈技术的实施。

(2) 判断完全率(R)和判断准确率(P)检验

用户相关性判断的效果对后面相关反馈的实施影响非常大，为此，我们利用"标准答案(Ground-Truth)"对用户判断的结果进行了评价，以明确这一结果对相关反馈来说是否可靠。评价的方法采用与检索评价方法相类似的方法，即计算判断完全率(R)和判断准确率(P)。

标准答案中，文献只有"相关"与"不相关"之分，而我们进行的是多级相关性判断，相关文献还分为"非常相关"与"一般相关"。因此，为了便于计算，我们采用了 2 种方法来检验——严格相关(Strict Relevance)评价和松散相关(Loose Relevance)评价[304]。

严格相关评价指的是将"一般相关"的文献当作"不相关"的文献来计算；松散相关评价则相反，是将"一般相关"的文献当作"相关的"文献来计算。

在本实验中，判断完全率(R)的计算方法与查全率计算方法类似，判断准确率(P)的计算方法与查准率计算方法类似，公式如下：

$$P=\frac{|S_{user} \cap S_{truth}|}{|S_{user}|} \qquad R=\frac{|S_{user} \cap S_{truth}|}{|S_{truth}|} \qquad (9-2)$$

其中，S_{user} 是用户判断的相关文献集合，S_{truth} 是"标准答案"给定的相关文献集合。

利用上述公式，我们采用严格相关评价与松散相关评价 2 种方法来计算判断完全率(R)和判断准确率(P)，结果如表 9-4 所示。

表 9-4　用户相关性判断的完全率(R)和准确率(P)结果

评价方法	判断准确率(P)	判断完全率(R)
严格相关评价(Strict Relevance)	0.8411	0.7397
松散相关评价(Loose Relevance)	0.7327	0.9274

从上表可以看出，无论是严格还是松散相关评价，用户在准确率和完全率 2 项指标中均取得了较好的效果。这说明他们的相关性判断是比较可靠的，有利于我们接下来进行相关反馈。同时，也能反映相关反馈的结果是可靠的。

9.2.4　翻译优化的实验结果分析

通过对用户判断结果的分析我们发现，在 40 个检索主题中，有 3 个检索主题的检索结果没有被任何用户判断为相关,既然这3个检索主题没有相关文献,也就无法对其进行相关反馈。因此,剔除这3个检索主题,我们对剩下的37个检索主题的相关文献实施了基于词对齐的翻译优化,即TWA方法(有关方法的详细论述见本书第5章)。

1. 翻译优化的实验结果

在翻译优化方法的数学模型中存在1个λ值,它是相关文献集合中的翻译概率和词典中翻译概率的权重系数。我们对λ的值从0到1之间进行了遍历:$\lambda=\{0, 0.1, 0.2, 0.3, 0.4, 0.5, 0.6, 0.7, 0.8, 0.9, 1.0\}$,得到了11个检索结果。表9-5给出了这11个检索结果的平均查准率均值MAP。

表9-5 翻译优化在用户相关反馈环境下的平均查准率均值MAP

λ	0.0	0.1	0.2	0.3	0.4	0.5	0.6	0.7	0.8	0.9	1.0
MAP	0.4255	0.4483	0.4519	**0.4533**	0.4525	0.4519	0.4505	0.449	0.4478	0.4471	0.4474

为了将上述MAP值与相关反馈之前的初始检索结果进行比较,我们重新计算了这37个查询的初始跨语言检索结果(本书8.2.2节的跨语言基准实验结果是针对44个查询的,我们从中选择了本实验用于翻译优化的37个查询,并重新计算了其MAP值),其跨语言检索基准的MAP=0.3945。用本实验翻译优化后的结果与跨语言检索基准的结果进行比较,见图9-3。

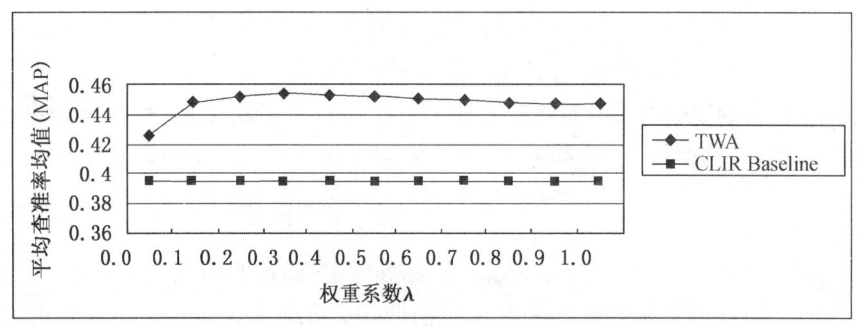

图9-3 基于用户相关反馈的翻译优化与跨语言基准比较

在上图中,翻译优化显示出了非常明显的优势,其平均查准率均值比未经相关反馈的初始检索值高出很多。但是,对于翻译优化本身而言,λ的值似乎作用不大,除了在$\lambda=0$的时候,MAP值较低外,λ从0.1到1.0的MAP值差别不大。且$\lambda=0.3$的时,MAP的值最高,为0.4533。我们用这一最佳值与跨语言检索基准进行了统计显著性检验,结果见表9-6。

表9-6 翻译优化与跨语言基准的MAP显著性检验t-test

比较项	P-VALUE	是否具有显著性差异
TWA vs. CLIR BASELINE	0.04	是*

表9-6显示,在用户相关反馈环境下,翻译优化方法的结果比跨语言检索基准具显著性提高,这也证明,在用户参与相关性判断的情况下,翻译优化方法依然非常有效。

2. 用户相关反馈的结果与自动相关反馈的结果比较

翻译优化技术已经被证明无论在用户相关反馈或自动相关反馈环境下，都具有显著的优越性。但是，我们还是希望将这 2 种相关反馈环境中的值进行比较分析。

我们从本书 8.3.1 节基于词对齐的翻译方法 TWA 的实验结果中抽出本实验用到的 37 个检索主题的 MAP 值见表 9-7。

表 9-7 翻译优化在自动相关反馈环境下的平均查准率均值 MAP

λ	0.0	0.1	0.2	0.3	0.4	0.5	0.6	0.7	0.8	0.9	1.0
MAP	0.415	0.4386	**0.4416**	0.4407	0.4387	0.4375	0.4364	0.4341	0.4321	0.431	0.4301

由表 9-7 可见，翻译优化在自动相关反馈环境下的最佳 MAP 值是在 $\lambda=0.2$ 的时候。我们将这个值与上节得到的翻译优化在用户相关反馈环境下的最佳 MAP 值，以及跨语言检索基准进行了对比，如图 9-4 所示。

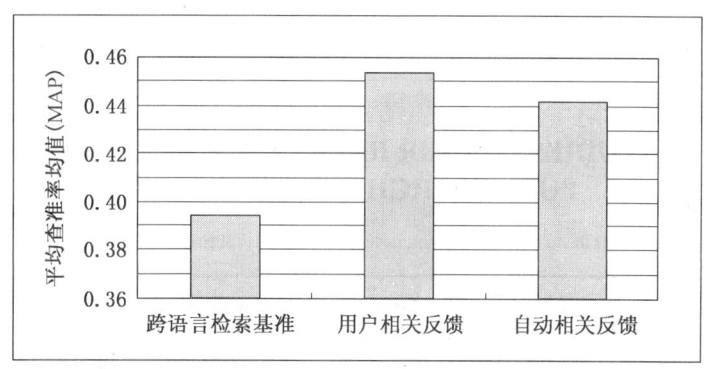

图 9-4 用户相关反馈实验与自动相关反馈实验结果比较

由图 9-4 可见，无论在用户相关反馈环境下还是自动相关反馈环境下，翻译优化都比初始的跨语言检索基准有很大提高。相比 2 种相关反馈环境，有用户参与时，翻译优化显示出了更强的优势。这一比较结果也验证了我们的假设：即由用户判断的文献相关性比假定系统前 n 篇文献为相关文献所得结果要准确得多。

但是，翻译优化技术在用户相关反馈实验中显示出的优势，是否比其在自动相关反馈实验中具有显著性差异，还需通过统计检验来说明，检验结果见表 9-8。

表 9-8 用户相关反馈与自动相关反馈结果的 MAP 显著性检验 t-test

比较项	P-VALUE	是否具有显著性差异
用户相关反馈 vs 自动相关反馈	0.067	否

从表 9-8 可以看出，尽管用户相关反馈的结果比自动相关反馈的优势并不具备显著性差异，但 p-value 的值非常接近 0.05，仍可以证明用户相关反馈效果较好。

9.2.5 用户对系统的评价分析

在跨语言检索相关反馈综合模型 RFIM 的用户行为层，除了我们在前文已经检验过的“个体差异”因素外，另外一个因素是“交互式界面”，指交互式跨语言信息检索系统的界面设计，包括查询输入、翻译选择、结果判断等因素。其中，“查询输入(Query Formulation)”指用户形成查询；“翻译选择(Translation Selection)”指系统如何帮助用户进行查询翻译的选择；“结果判断(Result Judgment)”指系统提供哪些信息帮助用户对检索结果进行判断，如提供给用户目标语言检索结果还是检索结果的译文，提供全文还是文档替代物(Surrogate)，等等。

我们让每个用户在完成每个检索主题后填写一份调查问卷(如图 9-5 所示)，共收到 10×8=80 份问卷。问卷的每个问题提供给用户 5 个等级的选择，从“一点也不(Not At All)”到“有一点地(Somewhat)”到“非常地(Extremely)”。我们对调查结果进行了仔细分析，汇总如下：

(1)大部分用户在实验前对他们要判断的检索主题并不熟悉。在 80 份问卷中，61.25%的

User #________

Topic #_______

STUDIES OF CLIR RELEVANCE FEEDBACK
POST-SEARCH QUESTIONNAIRE

Please answer the following questions, as they relate to this specific topic.

	Not at all		Somewhat		Extremely
1. Were you familiar with this topic before the search?	1	2	3	4	5
2. Were the document summaries helpful in locating useful information for this task?	1	2	3	4	5
3. Was it easy for you to read and understand the contents of the summaries / documents?	1	2	3	4	5
4. Did you rely on the highlight of keywords to make judgment?	1	2	3	4	5
5. Was it easy to assign one of the three relevance level to the documents?	1	2	3	4	5
6. Were you confident in your relevance judgment for this task?	1	2	3	4	5

Please write down any other comments. Thank you!

PLEASE STOP

图 9-5 用户对 ICE-TEA 系统及检索主题的评价调查问卷

检索主题被用户选为"一点也不(Not At All)熟悉";20%被选为"不熟悉";16.25%被选为"有一点(Somewhat)熟悉";2.5%被选为"熟悉";没有被选为"非常(Extremely)熟悉"的。据此我们推断,"用户知识"这一因素是与用户的相关性判断有关的。

(2) 摘要有助于用户判断文献的相关性。在80份问卷中,有11.25%的检索主题被用户选为"摘要完全没有助于判断";12.5%被选为"摘要没有助于判断";26.25%被选为"摘要有一点帮助判断";36.25%被选为"摘要有帮助判断";13.75%被选为"摘要非常有助于判断"。可见,大多数主题的摘要是有助于用户进行相关性判断的。

(3) 本实验提供的检索结果译文质量还可以,对用户而言基本能够理解,并能够做出相关性判断。在80份问卷中,有7.5%的检索主题被用户选为"完全不容易理解";20%被选为"不容易理解";27.5%被选为"比较容易理解";37.5%被选为"容易理解";7.5%被选为"非常容易理解"。据此我们推断,检索结果的译文质量会影响用户对文档的理解及相关性判断。

(4) 查询关键词在检索结果译文中的高亮显示有助于用户进行相关性判断。在80份问卷中,有2.5%的检索主题被用户选为"完全不是依赖高亮关键词来判断";17.5%被选为"不是依赖高亮关键词来判断";26.5%被选为"有一点依赖高亮关键词来判断";32.5%被选为"依赖高亮关键词来判断";21.5%被选为"非常依赖高亮关键词来判断"。可见,大多数主题的关键词高亮显示在用户的相关性判断过程中是起到了较大作用的。

(5) 大多数用户认可多级相关性判断。在80份问卷中,有5%的检索主题被用户选为"完全不容易分级判断";8.75%被选为"不容易分级判断";23.75%被选为"比较容易分级判断";40%被选为"容易分级判断";22.5%被选为"非常容易分级判断"。可见,大多数用户认为我们设置的4级相关性判断是合理且可操作的。

(6) 用户基本对自己做出的相关性判断的准确程度充满信心。在80份问卷中,有2.5%的检索主题被用户选为"完全没有信心";12.5%被选为"没有信心";18.75%被选为"比较有信心";40%被选为"有信心";26.25%被选为"非常有信心"。尽管我们已经对用户相关性判断的结果进行了评价,且其准确率和完全率均取得了较好的成绩,但我们仍然让用户自己评价自己的判断。结果显示,大多数用户对自己的判断是比较自信的。这也说明了我们实验结果是可靠的。

9.3 用户全程参与的英汉跨语言信息检索相关反馈实验

在本实验中,我们让用户参与了跨语言信息检索的全过程。如本书3.2.4节中论述,一个完整的交互式跨语言信息检索过程包括查询形成、查询翻译、检索、文档选择、文档查看这些步骤,除了检索由系统自动完成外,其余步骤均可以融入用户的参与。在反馈过程中,用户在查询翻译、文档选择及文档浏览完之后均可以形成新的查询;文档选择及文档浏览完后可以重新选择翻译;文档浏览完后则可以重新选择文档。本实验使用户全程参与了上述过程,因此,可以被认为是真正的用户相关反馈实验,实验结果能够非常真实地反映用户在跨语言信息检索中的问题。

9.3.1 实验资源准备

本实验所用语料还是 ICE-TEA 系统中的语料,与自动相关反馈实验和用户相关性标注实验所用的语料相同。

(1)在检索主题方面,我们还是延续使用了 TDT4 和 TDT5 语料库中的英文检索主题。我们给用户看的检索主题的格式是 TDT 语料中的原始格式,如本书图 8-1 所给示例,每个检索主题包含编号、标题、事件元素(What,Who,Where,When)、主题描述(Topic Explication)、主题解释(On Topic)。但是,在查询的数量方面,为了减轻用户的负担,我们仅从 44 个检索主题中选择了 10 个(其中 1 个用于用户培训,另外 9 个用于用户实验)。这些检索主题的选择标准是根据自动相关反馈的实验结果,从中挑选出的具有相关文献数量较多的检索主题,它们分别是附录 1 中的 40004(用于训练)、40019、41025、41035、40028、41027、40007、41018、40039、40043(详细的主题内容见本书附录 1)。

(2)在系统界面方面,我们使用的是如图 9-6 所示的 ICE-TEA 系统的界面。该系统可以让用户操作的地方包括:输入查询、选择词典的累积概率阈值 CPT、进行翻译并检索、对检索结果进行多级相关性判断、翻译优化、翻译优化后重新选择翻译、查询扩展、查询扩展后重新选择扩展词、先翻译优化再查询扩展、查看检索结果摘要及全文等。其中,查询中所包含的检索词在摘要和全文中均用蓝色高亮显示。另外,若一次检索后判断过的文档在二次检索后又出现在检索结果的前 20 条,将会被用黄色标识出来,这样用户就无需重复判断。

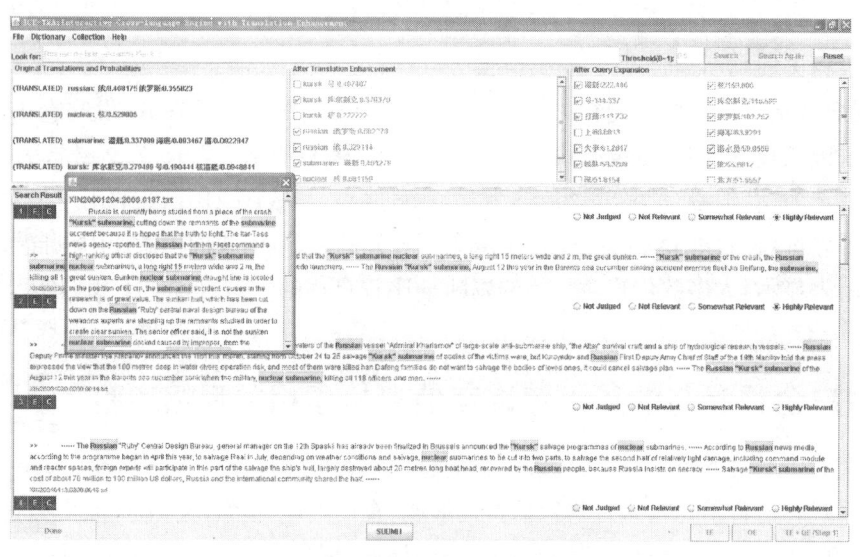

图 9-6 ICE-TEA 系统界面

(3)在参数设置方面,首先,每次查询时给用户显示的检索结果是前 20 篇相关文献;其次,为了方便用户操作,我们将词典的累积概率阈值 CPT 固定在 0.5 这个比较折中的值;再次,在翻译优化方法的数学模型中存在一个 λ 值,它是相关文献集合中的翻译概率和词典中翻译概率的权重系数,我们取 λ 值为 0.5,这是因为在本书 9.2.4 节用户相关性判断实验中我们证明

了 λ 的值对于翻译优化结果的影响不大，所以也可取一个较折中的值。

9.3.2 实验步骤

实验过程按如下步骤进行。

1. 确定实验用户

本实验的主要工作是作者在武汉大学完成的，因此在该实验中，我们主要从武汉大学信息管理学院及其他学院的学生中寻找愿意参加实验的志愿者，这些实验者均为母语是中文的中国人，但他们都有足够的英文阅读和判断能力。我们共找到了 54 位志愿者参与实验。这些用户的任务是在规定的时间范围内，对我们提供的检索主题分别用 3 种方法（基准跨语言信息检索、翻译优化、翻译优化与查询扩展的结合）进行跨语言信息检索，并对检索结果进行相关性判断。本实验与前面的用户相关性判断实验一样，采取多级相关性判断方法，让用户对每篇文档进行如下 4 级判断：

- 高度相关（Highly Relevant）；
- 一般相关（Somewhat Relevant）；
- 不相关（Not Relevant）；
- 未判断（Not Judged）：实验开始前系统默认为每篇文档都是"未判断"，若相关性判断结束后仍有未判断的文档存在，则将该文档等同于"不相关"。

2. 为用户分配任务

在本实验中，我们采用了"用户内实验设计（Within-Subject Design）"，即每个用户均用相同的 9 个检索主题进行检索，且每个用户均使用 3 种方法：Baseline，即没有任何相关反馈的基准跨语言信息检索；TE，即在基准跨语言信息检索基础上，进行翻译优化（基于词对齐的翻译方法 TWA）；Combined，即在基准跨语言信息检索的基础上，进行翻译优化（基于词对齐的翻译方法 TWA）与查询扩展（翻译后查询扩展方法 Post-QE）的结合，即 Combined＝TE＋QE。每种方法均用 3 个检索主题进行检验。

为了避免检索主题及检索方法的顺序所造成的影响，在本实验中，我们采用如表 9-9 所示的拉丁方阵（Latin Square）的方法对每个用户的检索主题、所用方法及检索顺序进行排列。9 个检索主题轮转一圈有 9 种方式，3 种方法有 6 种全排列，共有 9×6＝54 种组合。因此，54 个用户尽管所用检索主题和系统一样，但其顺序均不同。

表 9-9　用户及其对应的判断检索主题

用户编号	检索主题编号、所用方法，及检索顺序								
s1	1b	2b	3b	4t	5t	6t	7c	8c	9c
s2	1t	2t	3t	4c	5c	6c	7b	8b	9b
s3	1c	2c	3c	4b	5b	6b	7t	8t	9t
s4	2b	3b	4b	5t	6t	7t	8c	9c	1c
s5	2t	3t	4t	5c	6c	7c	8b	9b	1b
s6	2c	3c	4c	5b	6b	7b	8t	9t	1t

续表

用户编号	检索主题编号、所用方法,及检索顺序							
s7	3b	4b	5b	6t	7t	8t	9c	1c	2c
s8	3t	4t	5t	6c	7c	8c	9b	1b	2b
s9	3c	4c	5c	6b	7b	8b	9t	1t	2t
s10	4b	5b	6b	7t	8t	9t	1c	2c	3c
s11	4t	5t	6t	7c	8c	9c	1b	2b	3b
s12	4c	5c	6c	7b	8b	9b	1t	2t	3t
s13	5b	6b	7b	8t	9t	1t	2c	3c	4c
s14	5t	6t	7t	8c	9c	1c	2b	3b	4b
s15	5c	6c	7c	8b	9b	1b	2t	3t	4t
s16	6b	7b	8b	9t	1t	2t	3c	4c	5c
s17	6t	7t	8t	9c	1c	2c	3b	4b	5b
s18	6c	7c	8c	9b	1b	2b	3t	4t	5t
s19	7b	8b	9b	1t	2t	3t	4c	5c	6c
s20	7t	8t	9t	1c	2c	3c	4b	5b	6b
s21	7c	8c	9c	1b	2b	3b	4t	5t	6t
s22	8b	9b	1b	2t	3t	4t	5c	6c	7c
s23	8t	9t	1t	2c	3c	4c	5b	6b	7b
s24	8c	9c	1c	2b	3b	4b	5t	6t	7t
s25	9b	1b	2b	3t	4t	5t	6c	7c	8c
s26	9t	1t	2t	3c	4c	5c	6b	7b	8b
s27	9c	1c	2c	3b	4b	5b	6t	7t	8t
s28	1b	2b	3b	4c	5c	6c	7t	8t	9t
s29	1t	2t	3t	4b	5b	6b	7c	8c	9c
s30	1c	2c	3c	4t	5t	6t	7b	8b	9b
s31	2b	3b	4b	5c	6c	7c	9t	9t	1t
s32	2t	3t	4t	5b	6b	7b	8c	9c	1c
s33	2c	3c	4c	5t	6t	7t	8b	9b	1b
s34	3b	4b	5b	6c	7c	8c	9t	1t	2t
s35	3t	4t	5t	6b	7b	8b	9c	1c	2c
s36	3c	4c	5c	6t	7t	8t	9b	1b	2b
s37	4b	5b	6b	7c	8c	9c	1t	2t	3t
s38	4t	5t	6t	7b	8b	9b	1c	2c	3c

续表

用户编号	检索主题编号、所用方法,及检索顺序								
s39	4c	5c	6c	7t	8t	9t	1b	2b	3b
s40	5b	6b	7b	8c	9c	1c	2t	3t	4t
s41	5t	6t	7t	8b	9b	1b	2c	3c	4c
s42	5c	6c	7c	8t	9t	1t	2b	3b	4b
s43	6b	7b	8b	9c	1c	2c	3t	4t	5t
s44	6t	7t	8t	9b	1b	2b	3c	4c	5c
s45	6c	7c	8c	9t	1t	2t	3b	4b	5b
s46	7b	8b	9b	1c	2c	3c	4t	5t	6t
s47	7t	8t	9t	1b	2b	3b	4c	5c	6c
s48	7c	8c	9c	1t	2t	3t	4b	5b	6b
s49	8b	9b	1b	2c	3c	4c	5t	6t	7t
s50	8t	9t	1t	2b	3b	4b	5c	6c	7c
s51	8c	9c	1c	2t	3t	4t	5b	6b	7b
s52	9b	1b	2b	3c	4c	5c	6t	7t	8t
s53	9t	1t	2t	3b	4b	5b	6c	7c	8c
s54	9c	1c	2c	3t	4t	5t	6b	7b	8b

注:1~9代表9个检索主题,b=Baseline,t=TE,c=Combined。

3. 用户实验步骤

做好准备工作之后,正式开始实验。在用户实验过程中,我们利用后端程序对整个实验过程进行了记录,为将来研究用户检索行为建立用户日志。每个参与者的实验历时120分钟。在本实验中,参与者需要做的工作如下:

- 听取 ICE-TEA 交互式英汉跨语言信息检索系统的功能及使用方法的介绍,并填写1个关于其背景资料调查的问卷——5分钟;
- 用检索主题40004进行系统试运行——5分钟;
- 用第1种方法检索3个检索主题——每个检索主题10分钟,共30分钟;
- 填1个调查问卷,对第1种方法进行评价——5分钟;
- 用第2种方法检索3个检索主题——每个检索主题10分钟,共30分钟;
- 填1个调查问卷,对第2种方法进行评价——5分钟;
- 用第3种方法检索3个检索主题——每个检索主题10分钟,共30分钟;
- 填1个调查问卷,对第3种方法进行评价——5分钟;
- 最后对3种方法的实验结果进行比较评价,填1个调查问卷——5分钟。

9.3.3 实验结果分析

实验完成后,我们主要从用户个体差异、用户检索行为、MAP 值和 NDCG 值 4 个方面对实验结果进行分析。

1. 用户个体差异分析

本书第 6 章提出的跨语言检索相关反馈综合模型 RFIM 中包含一个用户行为层,其中的 1 个因素定义为"个体差异",又包括"用户特征文档(User Profile)"、"用户经验(User Experience)"、"用户知识(User Knowledge)"。为了检验模型的这个因素,和 9.2 节中提到的用户相关性判断实验一样,我们在本实验中也设计了 1 个关于用户个体差异信息的调查问卷(见本书附录 4 的问卷 1),在实验开始之初让参与者完成,统计结果如下:

(1) 40.7%的参与者是男性,59.3%的参与者是女性。

(2) 90.7%的参与者的专业是文科,7.4%的参与者的专业是理科,1.9%的参与者是其他专业。

(3) 3.7%的参与者年龄在 20 岁以下,79.6%的参与者年龄在 20~25 岁,13%的参与者是 26~30 岁,3.7%的参与者在 30 岁以上。

(4) 85.2%的参与者具有本科学历,7.4%的参与者是硕士,7.4%的参与者是博士。

(5) 38 名参与者通过了大学英语四级考试,37 名参与者通过了大学英语六级考试。

(6) 90.7%的参与者上过《信息检索》相关课程,9.3%的参与者未上过。

(7) 1.8%的参与者对"跨语言信息检索技术"非常了解,85.2%的参与者对该技术仅听说过但了解不深,13%的参与者完全没有听说过该技术。

(8) 7.4%的参与者每天上网时间低于 1 小时,44.4%的参与者每天上网查资料的时间为 1~2 小时,35.2%的参与者上网时间为 2~3 小时,13%的参与者每天上网时间达到 3 小时以上。

(9) 61.1%的参与者经常使用搜索引擎,并对搜索引擎非常熟悉,38.9%的参与者偶尔使用搜索引擎,并对搜索引擎比较熟悉。

(10) 37%的参与者没有使用过跨语言搜索引擎,61%的参与者使用过 Google Translated Search,2%的参与者使用过除 Google 外的其他跨语言搜索引擎。

(11) 13%的参与者认为自己对搜索引擎的检索结果能够准确判断,并非常有信心,85.2%的参与者认为自己对搜索引擎的检索结果基本能够判断,并比较有信心,1.8%的参与者认为自己对搜索引擎的检索结果不能判断,没有信心。

(12) 46.4%的参与者每天花在收听、阅读或观看新闻上的时间低于 1 小时,50%的参与者所花时间为 1~2 小时,1.8%的参与者花 2~3 小时,1.8%的参与者所花时间在 3 小时以上。

综上所述,本次实验参与者在性别上基本平衡,在专业上以文科背景用户为主,在年龄上以 20~30 岁的用户为主,在学历上以本科生为主。参与者的英语能力基本没有问题,在信息检索方面大都受到过专业培训,对跨语言信息检索技术这项专业技术基本上了解。参与者的上网时间普遍为每天 1~3 小时,可熟练使用搜索引擎,大部分用过 Google Translated Search

跨语言搜索引擎,在对检索结果的判断上比较有信心,在新闻语料上所花的时间基本为每天0~2小时。

2. 用户检索行为分析

跨语言检索相关反馈综合模型 RFIM 用户行为层中的另一个因素为"交互式界面",指交互式跨语言信息检索系统的界面设计。其中又包括 3 个因素:查询构建(Query Formulation)、翻译选择(Translation Selection)和结果判断(Result Judgment)。我们将从这 3 个方面对用户的检索行为进行分析。

(1) 用户输入的查询长度

与自动相关反馈和半自动相关反馈相比,本实验是真实的用户相关反馈实验,所有查询都是用户自己构建的。因此,我们对用户输入的查询长度进行了统计,并和自动相关反馈实验中根据 TDT 语料生成的 3 种查询长度进行比较,结果见图 9-7。

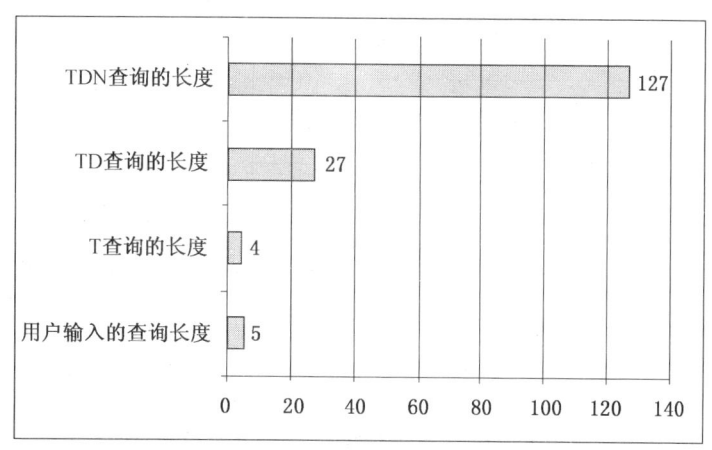

图 9-7　用户输入的查询与自动生成的查询长度的比较

用户输入的查询的平均长度为 5 个词,在 TDT 检索主题自动生成的查询中,短查询 T 的平均长度为 4 个词,中查询 TD 的平均长度为 27 个词,长查询 TDN 的平均长度为 127 个词。可见,真实用户输入的查询通常较短,与检索主题的标题长度基本一致。因此,在进行模拟用户参与的信息检索实验时,如本书 9.2 节中描述的用户相关性标注实验,用检索主题的标题来当作查询通常比较接近真实的用户检索行为。

(2) 翻译优化后用户对翻译的选择

翻译优化的作用是通过相关反馈来改进查询翻译的质量,但经过优化的翻译仍然不可避免地会存在一些噪音。因此 ICE-TEA 系统在翻译优化之后设计了一个交互过程,让用户能够对翻译优化后的查询翻译进行筛选。系统在翻译优化后的默认设计是全选所有经过优化的查询翻译,用户需要做的是把那些他认为是不正确的翻译删除。通过挖掘用户日志,我们对54 个参与者使用 TE 和 Combined 两种方法的所有查询在翻译优化后的改动幅度和强度进行了统计,结果见表 9-10。

表 9-10 翻译优化后用户对翻译的改动统计

改动幅度	查询总数	被改动的查询数	被改动查询占总查询的百分比		
	330	277	84%		
改动强度(针对被改动的277个查询)	检索主题	被删除的翻译数的平均值	被删除的翻译数的最大值	被删除的翻译数的最小值	标准差
	40007	2.9	7	1	
	40019	3.6	11	1	
	40028	4.9	14	1	
	40039	3.4	8	1	
	40043	3.3	7	2	
	41018	3.6	10	1	
	41025	2.9	6	1	
	41027	2.8	16	1	
	41035	4.4	16	1	
	平均	3.6	16	1	2.5

如表9-10所示,从参与者的改动幅度上看,在全部330个查询中,被改动的查询数为277个,占84%。可见,参与者在实验过程中对优化后的翻译仍然不够满意,并且希望用这个交互功能对优化的翻译做进一步筛选。

我们对277个被改动了的查询按照检索主题进一步进行改动强度的统计。在9个检索主题中,40028的改动强度最大,平均被删除的翻译数达到4.9个;41027的改动强度最小,平均被删除的翻译数为2.8个;其他检索主题的改动强度在这个范围之间,但也各不相同。可见,正如RFIM模型所述,检索主题(Search Topic)是影响跨语言信息检索相关反馈的一项重要因素。全部9个检索主题平均被删除的翻译数为3.6,最大值为16,最小值为1,标准差为2.5,说明参与者在对优化后的翻译进行筛选时,其改动强度是具有一定的稳定性的。

研究翻译优化后用户对翻译的选择将有助于我们根据用户的习惯来确定优化后翻译的个数。

(3)用户的相关性判断

和9.2节中提到的用户相关性判断实验的处理方法一样,我们利用"标准答案(Ground-Truth)"对用户判断的结果进行了评价。同样,由于是多级相关性判断,我们仍然采用了严格相关(Strict Relevance)评价和松散相关(Loose Relevance)评价方法。评价的指标是计算判断准确率(P)、判断完全率(R),以及F均值。判断准确率(P)和判断完全率(R)的计算公式见本书9.2.3节中的公式9-2。F均值是P和R的加权调和平均数,用于同时考虑P和R,但又可以赋予其不同的权重,计算方法见公式(9-3)。

$$F_\alpha = \frac{1}{\alpha \frac{1}{P} + (1-\alpha)\frac{1}{R}} \quad (9\text{-}3)$$

其中，α 为权重，在本实验中取值为 0.8，称为 F08。F08 更强调判断准确率 P。

实验结果见表 9-11，显示了用户对 3 种方法所得到的检索结果判断的平均准确率、完全率和 F08 值。实验结果表明，与使用基准跨语言信息检索方法的相关性判断相比，使用翻译优化方法(TE)或使用翻译优化与查询扩展相结合的方法(Combined)的用户在相同给定时间内，分别选择了更多的相关文档(因此判断完全率 R 值较高)，同时选择相关文档的准确率保持不变(因此判断准确率 P 值类似)，因此与基准跨语言信息检索(Baseline)相比，翻译优化(TE)和翻译优化与查询扩展的结合(Combined)都在 F08 上取得统计上的显著提高。对于"严格相关性判断"，同样，与使用基准跨语言信息检索方法(Baseline)的相关性判断相比，使用翻译优化方法(TE)或使用翻译优化与查询扩展相结合的方法(Combined)的用户在相同给定时间内，分别选择了更多的相关文档(因此判断完全率 R 值较高)，同时选择相关文档的准确率保持不变(因此判断准确率 P 值类似)，但是只有翻译优化与查询扩展的结合(Combined)和基准跨语言信息检索(Baseline)的 F08 值之间有差异显著，翻译优化(TE)和基准跨语言信息检索(Baseline)的值之间没有显著差异。这个结果可以说明，翻译优化方法(TE)和翻译优化与查询扩展的结合方法(Combined)使用户有更多的机会和可能性发现相关文献。

表 9-11　用户对 3 种方法所得检索结果的相关性判断

		Baseline	TE	Combined
Loose Relevance（松散相关评价）	Precision	0.7322	0.7310	0.6941
	Recall	0.2436	0.4321	0.4924
	F08	0.4675	0.5861*	0.5900*
Strict Relevance（严格相关评价）	Precision	0.8530	0.8378	0.8522
	Recall	0.1638	0.2353	0.2353
	F08	0.4019	0.4921	0.4842*

注：* 表示具有统计性显著差异。

3. 3 种方法的 MAP 值比较

前面主要是从 RFIM 模型的用户行为层进行分析，下面将从 RFIM 模型的方法技术层进行检验，主要对用户使用的 3 种方法(基准跨语言信息检索 Baseline、翻译优化 TE、翻译优化与查询扩展的结合 Combined)进行比较。评价指标用的是平均查准率均值(MAP)、前 5 个结果的查准率(P@5)均值、前 10 个结果的查准率(P@10)均值及前 20 个结果的查准率(P@20)均值。

表 9-12 显示了 3 种方法结果的比较。可以看出，TE 和 Combined 与 Baseline 相比，几乎在所有指标上都取得了显著性提高。这说明翻译优化和翻译优化与查询扩展的结合都比单纯的跨语言信息检索要优越，这一结论与前面自动相关反馈实验和半自动相关反馈实验的结论是一致的。

表 9-12　TE 和 Combined 方法与 Baseline 的比较

	TE impr. over Baseline	Combined impr. over Baseline
MAP	0.051*	0.0445*
Mean of P@5	0.0769*	0.0259
Mean of P@10	0.1289*	0.0975*
Mean of P@20	0.1114*	0.1046*

注：*表示具有统计性显著差异。

相比 TE 和 Combined 这两种方法，TE 在所有指标上都显著高于 Baseline，而 Combined 在 P@5 上却并未取得显著提高。并且，从这两种方法提高的幅度上来看，TE 比 Combined 提高的幅度要稍大，当然二者之间并未见有显著性差异，所以基本上可以认为 TE 和 Combined 在这个实验结果中是没有区别的。这一结论与自动相关反馈实验的结论是不一致的。在自动相关反馈实验中，如本书 8.5.2 节所述，Combined 比 TE 的效果要好，并且在短查询 T 和中查询 TD 上有显著性差异，在长查询 TDN 上没有。而我们在真实的用户相关反馈实验中，用户的查询为短查询，但 TE 和 Combined 之间没有显著性差异。

实验结果说明了几个非常重要的问题：首先，理论上被证明有效的相关反馈技术有可能相对复杂，尽管其优越性在自动实验的环境里得到证实，但在真实的用户检索环境下却可能不尽如人意；其次，前人的研究和我们的自动相关反馈实验都证明，随着相关反馈的次数增加，理论上应该能够得到更好的优化效果，但同时也会增加反馈技术的复杂度和用户的负担，故其效果在真实的用户检索环境下可能变得不明显；第三，实验结果充分说明了相关反馈是与用户活动密切相关的，因此对于相关反馈技术的检验仅在自动实验中验证是不够的，要结合用户研究，考虑用户的行为，在真实的用户实验中检验其实际效用。

4. NDCG 值分析

本实验用户所进行的相关性判断为多值判断，因此我们进一步采用 NDCG 值作为评价指标对各种方法进行检验。在实验中，我们对多级相关性的取值分别为："高度相关"的文档的权值设为 4；"一般相关"的文档的权值设为 1；"不相关"的文档的权值设为 0。除了 Baseline 方法外，我们对采用 TE 方法前后，各个用户在各个检索主题上获得的平均 NDCG 值和采用 Combined 方法前后，各个用户在各个检索主题上获得的平均 NDCG 值进行了计算（NDCG 的计算公式见本书 7.4.2 节）。在公式 (7-6) 中，我们取 b 的值为自然对数，i 为 20，结果见表 9-13。同时，我们还对 TE 方法前后、Combined 方法前后，以及 TE 与 Combined 方法的 NDCG 值进行了统计检验，看他们是否具有显著性差异，结果见表 9-14。

表 9-13　TE 和 Combined 方法与反馈前的 NDCG 值比较

	NDCG 均值
TE 前	0.79
TE 后	0.84**
Combined 前	0.78
Combined 后	0.84**

注：**表示相关反馈后比反馈前具有统计性显著差异，且 p-value<0.01。

表 9-14　各组 NDCG 值的统计检验

比较组	P-VALUE	是否具有显著性差异
TE 前 vs. TE 后	0.000	是**
Combined 前 vs. Combined 后	0.001	是**
TE 后 vs. Combined 后	0.806	否

从表 9-13、表 9-14 可以看出,无论是 TE 方法还是 Combined 方法,都获得了比进行相关反馈前更高的 NDCG 值,且 2 组的差异都非常显著。说明 TE 方法和 Combined 方法都是非常有效的相关反馈方法。这一结论与前面我们采用 MAP 值作为评价指标所获得的结论是完全一致的。

TE 和 Combined 这 2 种方法得到的 NDCG 值是一样的,都是 0.84,且二者之间没有显著差异。说明这 2 种方法的效果相当,几乎没有区别。这一结论正好也与采用 MAP 获得的结论一致。

我们用 MAP 和 NDCG 这两个指标对 ICE-TEA 系统的真实用户实验进行了检验,2 个指标的结果非常一致,都证明了翻译优化方法和翻译优化与查询扩展相结合的方法是非常有效的相关反馈方法,能够提高跨语言信息检索的结果。但两者之间并无显著差异,即在真实的用户检索环境中,相关反馈并非次数越多越有效。

9.3.4　用户的评价分析

为了了解用户对 3 种方法的使用感受和评价,我们通过调查问卷收集了参与者每次检索后的感受,以及实验结束后的综合意见。

1. 参与者对检索主题的分析

参与者在每种检索方法上做 3 个检索主题,每做完 1 个检索主题,我们即让他对该检索主题进行分析(见本书附录 4 中间 3 个问卷的前 3 部分)。每个检索主题上共有 3 个相同的问题:

(1)实验前对该检索主题是否熟悉?(1 分"完全不熟悉";2 分"不熟悉";3 分"一般";4 分"熟悉";5 分"非常熟悉")

(2)语言问题是否影响你对该主题检索结果的相关性判断?(1 分"完全不影响";2 分"基本不影响";3 分"还好";4 分"有一点影响";5 分"非常影响")

(3)对于该检索主题,你输入的检索词主要来源于(可多选)?(A. 所给材料的标题(Title);B. 所给材料的事件元素(WHAT,WHO,WHERE,WHEN,简称 4W);C. 所给材料的主题描述(Topic Explication);D. 所给材料的主题解释(On Topic);E. 没有基于所给材料,是自己对该主题的理解)

我们对这些问题的用户回答按照检索主题进行了统计,结果见表 9-15。

表9-15 用户对检索主题的打分

检索主题	问题1:对检索主题的熟悉度(平均分)	问题2:语言是否影响该主题判断(平均分)	问题3:检索词的来源（选项被选次数）
40007	2.37	2.85	A:41 B:34 C:34 D:23 E:2
40019	2.56	2.44	A:42 B:34 C:24 D:21 E:1
40028	2.85	2.57	A:46 B:33 C:23 D:18 E:2
40039	2.15	2.63	A:45 B:23 C:21 D:24 E:2
40043	2.51	2.60	A:42 B:33 C:18 D:23 E:1
41018	2.39	2.81	A:46 B:34 C:24 D:19 E:2
41025	2.26	2.78	A:42 B:28 C:30 D:22 E:1
41027	2.57	2.80	A:44 B:30 C:29 D:26 E:1
41035	2.57	2.63	A:47 B:30 C:23 D:23 E:2
平均	2.47	2.68	A:44 B:33 C:25 D:22 E:2

从表9-15可以看出:(1)对于问题1,9个检索主题的差别不大,基本平均得分都在2~3分这个区间,说明参与者对检索主题的熟悉程度一般,且不会由于用户对检索主题的熟悉程度的差异而影响其检索。(2)对于问题2,由于参与者的母语为中文,因此我们担心会因为语言而影响其相关性判断,但是用户的回答打消了这一顾虑。9个检索主题的平均得分都在2~3分,说明参与者对自己的英语语言能力比较自信,认为语言基本上不影响其检索和判断这些检索主题。(3)对于问题3,由于是多选题,我们计算的是每个选项被选的次数。9个检索主题的结果也非常一致:选项A,即TDT语料检索主题的标题(Title)是用户产生查询词的主要来源;选项B、C、D其次,且较均衡,即所给材料的事件元素(WHAT,WHO,WHERE,WHEN,简称4W)、主题描述(Topic Explication)和主题解释(On Topic)是用户产生查询词的有益补充;而选项E被选次数非常少,说明用户在构造查询的时候还是以所给材料为依据。

2.用户对3种方法的评价比较

用户每使用完1种检索方法,我们即让他对该方法进行评价(见本书附录4中间3个问卷的第4部分)。表9-16对3种方法的共性与个性分别给出了平均得分(1分"完全否定";2分"否定";3分"中立";4分"肯定";5分"非常肯定")。

表 9-16 3 种方法的比较（*表示与 Baseline 相比具有统计性显著差异）

	问 题	方法	平均得分
共性	从用户交互的角度来看，你认为该方法是否好用？	Baseline	3.65
		TE	3.78*
		Combined	3.85*
	你对自己判断的检索结果的相关性的准确率是否有信心？	Baseline	3.69
		TE	3.87
		Combined	3.83
	对基准实验的检索结果是否满意？ 经过翻译优化之后，新的检索结果是否更好？ 经过翻译优化与查询扩展之后，新的检索结果是否更好？	Baseline	3.63
		TE	3.94*
		Combined	4.13*
个性	你认为翻译优化(TE)之后，新的翻译是否更准确了？	TE	3.89
	你是否使用了翻译优化(TE)的选择翻译功能？ 如果否，此题不答；如果是，你认为该功能是否好用？请选择		4.02（54 人回答）
	你认为查询扩展(QE)之后，扩展的词是否大部分相关？	Combined	3.87
	你是否使用了查询扩展(QE)的选择扩展词功能？ 如果否，此题不答；如果是，你认为该功能是否好用？请选择		4.07（54 人回答）

从共性上看，(1)我们让参与者对每种方法都进行了易用性的评价，结果显示，参与者对 3 种方法的打分都在 3.5~4 分，处于基本肯定的范畴。其中，Combined 方法的易用性得分最高，其次是 TE 方法，而且这 2 种方法的得分都显著高于 Baseline。我们在 9.3.3 节中分析 3 种方法的 MAP 值的时候曾指出，相关反馈的次数增加会增加反馈技术的复杂度和用户的负担，但从参与者的打分中可以看出，他们似乎未感觉到增加负担。(2)我们让参与者对使用 3 种方法后检索结果相关性判断的准确性进行了自我估计，结果 3 种方法的平均分也是落在 3.5~4 分这个区间，同样是基本肯定的范畴。其中，参与者在 TE 方法上的信心值最高，其次是 Combined 方法，都比 Baseline 要高。这一结论与我们 9.3.3 节对用户相关性判断的实验结果基本一致，在那里我们用判断准确率(P)、判断完全率(R)，以及 F 均值对参与者的判断结果进行了检验，实验证明参与者的判断准确性不错，且确实是在 TE 和 Combined 方法上获得了比 Baseline 更高的判断准确率。(3)我们让参与者对 3 种方法的最终检索结果进行满意度评价，结果参与者对 Combined 方法的检索结果最满意，为 4 分以上，其次是 TE 方法，接近 4 分，且二者都显著高于 Baseline。这一结果与我们在 9.3.3 节中检验 3 种方法的 MAP 值的结论有部分一致，即 TE 和 Combined 与 Baseline 相比，几乎在所有指标上都取得了显著性提高；但不一致的是，尽管参与者对 Combined 的结果最满意，但事实上却是 TE 获得了最佳检索结果。

从个性上看，(1)就 TE 方法而言，参与者认为 TE 有助于提高翻译，且全部参与者都在检索过程中使用了 TE 方法，并认为该功能好用。(2)就 QE 方法而言，参与者认为 QE 有助于引入更多的相关词汇,且全部参与者都在检索过程中使用了 QE 方法,并认为该功能好用。

3. 用户对系统的综合评价

在所有检索实验做完之后,我们让用户对 ICE-TEA 系统进行了一个综合评价(见本书附录 4 的问卷 5)。表 9-17 显示了这部分问题的平均得分(1 分"完全否定";2 分"否定";3 分"中立";4 分"肯定";5 分"非常肯定")。

表 9-17　用户对系统的综合评价

No.	问　　题	平均分
1	是否依赖英文摘要来判断检索结果的相关性?	3.26
2	是否依赖英文全文来判断检索结果的相关性?	2.67
3	是否依赖中文全文来判断检索结果的相关性?	3.98
4	关键词的高亮显示是否有助于你判断检索结果的相关性?	4.33
5	高度相关、一般相关、不相关三个级别是否容易确定?	3.78

根据上表所获数据,可以得到以下 3 点启示:(1)基于表 9-17 的问题 1~3,从用户相关性判断的依据上看,目标语言文档的全文、译文摘要及译文全文都是被参与者认可的判断依据。当然,在本实验中,由于参与者的母语都是中文,因此他们更倾向于中文全文,即目标语言文档的全文。但是,在 9.2 节我们所做的用户相关性判断实验中,由于当时的参与者的母语是英文,因此对于他们而言,目标语言文档的译文摘要和全文就十分必要了。正如我们的 RFIM 模型所述,其影响因子层中包含的与语言对(Language Pair)相关的因素集合会影响跨语言信息检索。(2)基于表 9-17 的问题 4,在用户相关性判断过程中,关键词的高亮显示被参与者普遍认定有帮助。这也验证了 RFIM 模型的用户行为层中的交互式界面(Interactive Interface)因素所包含的相关因素的重要性。(3)基于表 9-17 的问题 5,多级相关性判断还没有被很广泛地用于信息检索,主要是研究者们担心给用户造成判断的不确定性。但是,多级相关性判断能够更真实地反映用户对信息的理解,为提高信息检索的效率提供更多、更详细的信息。本实验的参与者肯定了多级相关性判断的可行性。当然,对于级数的确定还需根据具体实验环境进一步研究,而并非级数越多越好。

此外,问卷中,我们还要求参与者对 3 种方法进行排序。44.44% 的参与者认为 Combined 方法最好,TE 方法其次,Baseline 第三。20.37% 的参与者认为 TE 方法最好,其次是 Combined 方法,再次是 Baseline。不过,很明显参与者更喜欢有相关反馈技术的跨语言信息检索系统。

有趣的是,从整个用户评价来看,TE 方法和 Combined 方法的所有结果间并没有太大差异,尽管它们都显著优于 Baseline。这不同于我们从第 8 章自动相关反馈实验中取得的 Combined 方法的检索效果明显高于 TE 方法的结果。这证明了使用交互式用户研究的有效性和必要性,即无论一项技术在模拟评估环境中表现得多么出色,最后结果仍然取决于用户是否会利用这项技术,及其具体的使用过程。

9.4 实验结论

通过以上用户相关反馈实验的结果分析,我们得到如下实验结论:

(1) RFIM 模型的方法技术层提出了 19 种相关反馈方法,我们对其中最具代表性的翻译优化方法 TWA、查询扩展方法 Post-QE,以及二者的结合进行了半自动的用户相关性标注实验和用户参与全程的用户相关反馈实验检验。结果显示:

在半自动的用户相关性标注实验中,翻译优化方法的结果在 MAP 值上比跨语言检索基准有显著性提高,这与自动相关反馈实验的结论是一致的,可见翻译优化方法在用户交互下依然非常有效。同时,用户相关反馈后翻译优化的结果比自动相关反馈环境下翻译优化的效果要好,但优势并不具备显著性差异,可见尽管用户的判断比自动取检索结果的前 N 篇文献要准确,但自动相关反馈技术也可以用作实际检索。

在用户参与全程的用户相关反馈实验中,翻译优化方法和翻译优化与查询扩展的结合方法无论在 MAP 或 NDCG 值上都比跨语言检索基准有显著性提高,这与自动相关反馈实验的结论是一致的,可见翻译优化方法以及翻译优化与查询扩展的结合方法在用户交互下依然非常有效。但是,这两种方法之间并无显著差异,这与自动相关反馈实验的结论不一致,说明在真实的用户检索环境中,相关反馈并非次数越多越有效,要根据用户的检索行为来确定适当的反馈次数。

(2) RFIM 模型的用户行为层提出了 2 个集合,我们对"个体差异因素集合"和"交互式界面因素集合"这 2 个集合都进行了实验。我们所进行的 2 组实验的对象分别是母语为英语的用户和母语为中文的用户。这两组用户的实验数据总结如表 9-18 所示。

表 9-18 两组实验的用户行为总结

		英文用户	中文用户
个体差异因素集合	用户特征文档	在性别上基本平衡,在专业上以文科背景用户为主,在年龄上以 20~30 岁的用户为主,在学历上以硕士研究生为主	在性别上基本平衡,在专业上以文科背景用户为主,在年龄上以 20~30 岁的用户为主,在学历上以本科生为主
	用户知识	基本不会中文,在信息检索方面受过专业培训,对跨语言信息检索技术这项专业技术基本了解,大部分用户在做实验之前对他们要判断的检索主题并不熟悉	英语能力基本没有问题,在信息检索方面受过专业培训,对跨语言信息检索技术这项专业技术基本了解,用户对所用检索主题的熟悉程度一般
	用户经验	上网时间普遍为每天 1~3 小时,对搜索引擎的使用非常熟悉,在对检索结果的判断上比较有信心,在新闻语料上所花的时间基本为每天 1~2 小时	上网时间普遍为每天 1~3 小时,对搜索引擎的使用非常熟悉,大部分用过跨语言搜索引擎 Google Translated Search,在对检索结果的判断上比较有信心,在新闻语料上所花的时间基本为每天 0~2 小时

续表

		英文用户	中文用户
交互式界面因素集合	查询构建	未检验	平均输入的查询长度为5个词，检索词主要来自检索主题的标题
	翻译选择	未检验	翻译优化后的改动幅度为84%；改动强度为平均删除3.6个翻译
	结果判断	判断的准确率和完全率均较高。目标语言文档的译文摘要、目标语言文档的译文全文都是用户认可的判断依据。关键词的高亮显示被认定有帮助。大多数用户认可多级相关性判断	判断的准确率较高。目标语言文档的全文、目标语言文档的译文摘要、目标语言文档的译文全文都是用户认可的判断依据。关键词的高亮显示被认定有帮助。大多数用户认可多级相关性判断

  实验结果显示，两组用户除了母语不同外，个体差异并不明显。两组用户对交互式界面的认识也基本一致。除了由于语言的关系，英文用户在判断结果的时候无需目标语言文档外，检索系统的人机交互式界面的其他功能都得到了用户的认同。此外，我们还在中文用户实验中了解了用户构建查询和选择翻译的一些行为特征，这都将指导交互式跨语言信息检索系统的设计。

9.5 本章小结

  在这一章中，我们在第7章建立的英汉交互式跨语言信息检索系统 ICE-TEA 的基础上，进行了基于用户相关反馈的翻译优化实验，实验结果验证了 RFIM 模型的方法技术层与用户行为层的各要素。实验分为2部分：一是以英文用户为主体的用户相关性标注实验，也可以看做是半自动化的相关反馈实验，目的是将翻译优化的结果与自动相关反馈实验中的结果进行比较；二是以中文用户为主体的用户全程参与的相关反馈实验，目的是检验在真实的用户检索时，翻译优化的效果。

  我们对2个实验的结果分别进行了分析与比较。无论是用户相关性标注实验还是用户全程参与的相关反馈实验，翻译优化技术都取得了比基准跨语言信息检索结果更显著的提高，证明了在用户交互环境下，该技术同样可以获得与自动相关反馈相同的优化效果。并且用户相关性标注实验还证明了用户相关反馈后翻译优化的结果比自动相关反馈环境下翻译优化的效果要好。此外，用户全程参与的相关反馈实验还证明了翻译优化方法，以及翻译优化与查询扩展的结合方法都有效，尽管并无显著差异，从而说明了相关反馈的研究必须与用户检索行为相联系。

  同时，我们还对两组实验中与用户行为相关的种种因素进行了调查分析，将英文用户和中文用户进行了比较，明确了哪些个体差异因素将影响用户的相关性判断，以及"交互式界面"因素如何指导交互式跨语言信息检索系统的设计。

第10章 其他优化技术的跨语言信息检索实验

除了翻译优化之外,在跨语言信息检索中还有一些方法也常被用来提高检索效果,如命名实体识别与翻译、机器翻译、数据融合等。本章将通过检索实验来检验这些优化技术的效果如何,并将其与翻译优化技术进行比较。

10.1 基于命名实体翻译的跨语言信息检索实验

10.1.1 实验概述

1. 实验目标

此实验目的在于,研究信息抽取技术获得的命名实体翻译在跨语言信息检索中应用的效果。为此,我们确定了4个研究问题:

(1) TDT 语料的检索主题中命名实体的分布是否不同于 CLEF 语料?
(2) 信息抽取组件在识别命名实体中的质量如何?
(3) 命名实体翻译在跨语言信息检索中的应用效果如何?
(4) 命名实体翻译与翻译优化方法相比,各自的优劣如何?

2. 实验设计

为了回答以上4个研究问题,我们进行了一系列跨语言信息检索实验。其实验设计为:

(1) 实验资源

为了与翻译优化技术进行比较,本实验所采用的实验资源与本书第8章基于自动相关反馈的翻译优化实验所用资源完全相同,即所用语料仍然是 TDT4 和 TDT5 的多语种新闻文本语料。使用该语料进行命名实体识别与翻译的一个优势:该语料是为主题检测与跟踪(Topic Detection and Tracking)任务而建,因此与一般语料相比可能会包含更多的命名实体。我们实验所进行的检索仍然是英文查询对中文文档的跨语言信息检索。所用检索主题还是如附录1和附录2所示的 TDT 语料中的44个检索主题,查询同样按照短查询 T、中查询 TD、长查询 TDN 来区分。所用系统仍然是 ICE-TEA 系统的基本跨语言信息检索功能。

(2) 实验步骤

实验所进行的命名实体翻译包括如下步骤:

- 使用美国纽约大学(New York University,简称 NYU)计算机科学学院开发的信息抽取组件对检索主题中包含的命名实体进行提取。

- 使用3种方法对提取的命名实体进行翻译：
  - ➢ 方法一：用美国纽约大学计算机科学学院提供的命名实体翻译词表进行翻译（该方法的具体介绍见本书10.1.2节）；
  - ➢ 方法二：在方法一的基础上，改进美国纽约大学计算机科学学院提供的命名实体翻译词表，对其翻译赋予权重（该方法的具体介绍见本书10.1.3节的第1部分）；
  - ➢ 方法三：在前2种方法的基础上，对仍未找到翻译的命名实体通过网络挖掘的方法去获取翻译（该方法的具体介绍见本书10.1.3节的第2部分）。
- 对那些无法找到翻译的命名实体，则与其他非命名实体检索词一起使用普通词典翻译。
- 由于命名实体通常较长，文档中的命名实体可能在建立索引时被中文分词器割裂。故我们对英文查询中命名实体的翻译（即中文命名实体）用同样的分词器进行分词，以保证查询中命名实体的翻译能和文档中的命名实体正确匹配。无论对命名实体或非命名实体词汇，为了减少未登录词问题，我们均采用了如本书5.2.1节所述的"后退翻译（Back-off Translation）"策略。

10.1.2 基于信息抽取的命名实体识别与翻译

本实验所使用的信息抽取组件用以提供两种功能：首先是识别查询、文档，或者查询与文档的任一部分中的命名实体，第2个功能是翻译已识别的命名实体。

1. 命名实体识别

命名实体识别使用了纽约大学的基于隐马尔科夫模型（HMM）的信息抽取组件，包括英文和中文命名实体标注器（Name Tagger）[305]。通过对ACE（Automatic Content Extraction）内容自动抽取语料库的多年训练，这个信息抽取组件能够抽取7类命名实体，分别是：人名、地理/政治实体、地名、机构名、设施名、武器名和车辆名。并在newswire测评中获得87%～90%的F值。

英文命名实体标注器能够标注上述7类命名实体的6种状态，以及非命名实体状态。这6种状态分别为：名称前方标记、单一名称标记（只有一个标记的名称）、名称首部标记、名称中部标记（既非首部也非尾部）、名称尾部标记、名称后方标记。这些不同状态使隐马尔科夫模型（HMM）捕捉到上下文信息，以及名称的内部结构信息。

中文命名实体标注器由一个HMM标注器及一系列后处理规则组成。HMM标注器一般遵循Nymble模型[306]。在每类命名实体的状态中，采用统计二元语法模型，即每种状态常用一个字表示。同时，涉及词共现、词汇特征，以及类别概率等各种概率。由于这些概率需要通过对语料库的学习来估计，因此，此命名实体标注器利用"后退模型"的若干层次来支持统计，包括用于Nymble系统的从词汇到词汇特征的回退。为了利用中文名称，标注器拓展了一种容纳更多状态的模型，共计14种。扩展的HMM能够处理名称前缀和后缀，并对音译外文名称具备单独状态。最后，应用了一系列用以纠正一些疏漏和系统错误的后处理启发式规则。

2. 命名实体翻译

构建高性能跨语言信息检索系统的瓶颈在于，许多命名实体在双语词典中找不到翻译。

因此，如果不能对命名实体作特殊处理，许多命名实体将无法翻译或被误译。我们使用的信息抽取组件利用了 NYU 名称翻译系统[307]，通过下列方法从各种资源中获取可能的翻译，形成了一个命名实体翻译词表：

从维基百科页面中提取跨语言名称标题。通过运行网络浏览器[308]，从中文维基百科页面提取标题及其相应链接的英文页面（如果链接存在）。然后，基于中文名称的结构应用启发式规则获取中英文名称对。例如，外文全名必须包含一个分隔点，中文人名必须包含 437 个常用姓氏集合中的姓氏等。

从平行语料库中提取命名实体翻译。在平行语料库的每对句子中，分别运行命名实体标注器。如果两边标注的命名实体的类型相同，就从句子中提取这对命名实体。然后，在整个语料库中计算每对命名实体的频率，并只保留频繁使用的命名实体对，命名实体对的每一方都成为另一方的翻译。这种方法使用的语料来自于 GALE 机器翻译所用的训练语料，以及 ACE07 实体翻译的训练语料。由于最新的词对齐的效果仅能达到约 60%，因此这里没有使用词对齐。

使用网络挖掘模式提取命名实体翻译。通过构建"中文名称（英文名称）"等启发模式，以提取中英文混合网页中的命名实体对。

10.1.3 命名实体翻译在跨语言信息检索中的应用

在利用信息抽取组件的基础上，我们对其进行了扩展。图 10-1 显示了整个实验过程中翻译英文查询的流程。对于英文查询，我们首先用信息抽取组件对查询中的所有英文命名实体进行标记；然后用纽约大学的命名实体翻译词表进行翻译；由于该词表的翻译是不带翻译概率的，我们提出了一些计算每项翻译权重的方法，以此给命名实体的各个翻译赋予不同的权重；对于那些命名实体翻译词表无法翻译的未登录词，我们用网络挖掘其可能的翻译；最后，对于

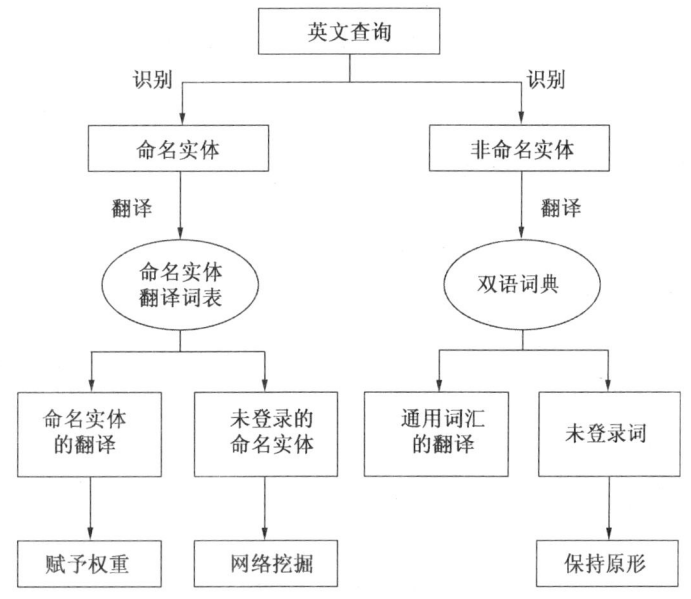

图 10-1　查询翻译的处理流程

非命名实体,则采取和前面实验一样的通过词典进行翻译的方法;若词典中找不到的检索词,则保留其原始的英文形式。

下面将介绍区分命名实体翻译权重的方法和网络挖掘命名实体翻译的方法。

1. 区分命名实体翻译的权重

不同来源、用途和偏好,尤其是不同的音译方案会导致相同的命名实体出现不同的翻译,而这时所获得的翻译一般都是正确的。例如,人名"Albright"依据不同音译方案,可以译为"奥尔布赖特"或"阿尔布赖特"。机构名"UNESCO"依据不同缩写,可以译为"联合国教科文组织"或只是"教科文组织"。对于这些翻译方案,事实上找出所有可能的翻译更重要,具有区分其重要性的权重则显得次要。但是,通过自动信息抽取过程产生的一些翻译会包含错误翻译等噪音,这时,权重就显得必不可少。如果没有翻译权重,检索系统会将正确翻译和错误翻译同等对待,进而降低检索效率。为解决这一问题,我们提出了利用流行的网络搜索引擎给命名实体翻译赋予权重的方法。

对于英文命名实体,我们使用的是搜索引擎 Google。该方法主要通过收集含有命名实体的网页数量、命名实体翻译的网页数量,以及命名实体与翻译处于同一页面的网页数量来进行统计,具体计算方法见公式(10-1):

$$weight(NE_i, tran_{i,j}) = \frac{|NE_i \cap tran_{i,j}|}{|NE_i| + |tran_{i,j}|} \tag{10-1}$$

其中,$weight(NE_i, tran_{i,j})$ 表示命名实体 NE_i 的翻译 $tran_{i,j}$ 的权重;$|NE_i \cap tran_{i,j}|$ 表示同时含有 NE_i 和 $tran_{i,j}$ 的返回页面数量;$|NE_i|$ 表示含有 NE_i 的返回页面数量;$|tran_{i,j}|$ 表示含有 $tran_{i,j}$ 的返回页面数量。

得出命名实体 NE_i 的所有翻译的权重后,需要将 $weight(NE_i, tran_{i,j})$ 的总和进行归一化处理:

$$\sum_{j=1}^{n} weight'(NE_i, tran_{i,j}) = 1 \tag{10-2}$$

其中,n 表示 NE_i 的翻译的总数,$weight'(NE_i, tran_{i,j})$ 是归一化后的权重。

2. 利用网络挖掘未登录的命名实体

正如使用普通词典进行查询翻译会出现未登录词,使用信息抽取组件生成的命名实体资源时,同样会出现找不到翻译的未登录的命名实体。为解决这一问题,我们提出了 2 种在互联网上查找英文命名实体翻译的简单模式:

英文命名实体出现在中文后的括号中:… 中文词(英文命名实体)…

英文命名实体后的括号中是中文词:… 英文命名实体(汉字)…

之所以采取这种简单的方法原因在于当引入新的命名实体时,许多中文网页提供了英文或中文翻译。我们通过使用最流行的中文搜索引擎百度来进行这种方法的网络挖掘。

10.1.4 实验结果分析

下面主要从回答 10.1.1 节提出的 4 个研究问题的角度来分析实验结果。

1. 检索主题中命名实体的分布

本实验所用语料为 TDT 语料,其检索主题中存在许多不同类型的命名实体。例如,出现了人名"Laurent Gbagbo"、"Alassane Quattara",地名"Ivory Coast",和时间"October 25, 2000"等。基于查询长度,我们对所使用的 44 个检索主题中包含的命名实体数量进行了统计,结果见表 10-1。随着主题标题(Title)到主题问题(Description)到主题描述(Narrative)信息的增多,出现了更多的命名实体。

表 10-1　44 个 TDT 检索主题中命名实体的分布

查询长度	命名实体总数	平均命名实体数	命名实体的标准差
主题标题(Title)	65	1.48	0.51
主题问题(Description)	154	3.5	1.70
主题描述(Narrative)	221	5.02	2.89

参考 Mandl 等人的研究数据[309],我们对 TDT 语料和 CLEF 语料中检索主题的命名实体分布进行了比较。Mandl 的论文中提供了 CLEF2000—2003 年的数据,在此我们仅列出 CLEF 2002 年的数据,因为在这一年其各主题中命名实体的数量最多。比较结果如表 10-2 所示,TDT 语料是为主题检测与跟踪而设置,CLEF 语料是一般的跨语言信息检索语料,因此,TDT 语料中所包含的命名实体数量更多,如 TDT 语料的检索主题几乎都包含 3 个以上的命名实体。TDT 检索主题中大量的命名实体证实了我们的假设,即事件驱动的信息检索主题包含更多的命名实体,从而对命名实体翻译的处理在事件驱动的信息检索中将更加重要。

表 10-2　TDT 和 CLEF 检索主题中命名实体的数量比较

语料	检索主题数	所有命名实体数	平均每个检索主题的命名实体数	没有命名实体的检索主题数	包含 1~2 个命名实体的检索主题数	包含 3 个以上命名实体的检索主题数
TDT 4&5	44	238	5.4	0	3	41
CLEF 2002	50	86	1.7	14	21	15

2. 命名实体识别评价

命名实体的翻译基于正确识别查询中的命名实体,因此,了解命名实体识别的效率在 TDT 检索主题中十分重要。我们利用人工判断对实验中用的信息抽取组件所识别的 44 个检索主题中的命名实体进行了评价,采用识别准确率与识别完全率作为评价指标,计算方法如下:

$$\text{Precision} = \frac{NE_m \cap NE_k}{NE_m} \tag{10-3}$$

$$\text{Recall} = \frac{NE_m \cap NE_k}{NE_k} \tag{10-4}$$

其中,NE_m 表示信息抽取组件识别的命名实体的数量,NE_k 表示人工标注的命名实体数量。

表 10-3 显示了评价结果,我们的信息抽取组件识别的命名实体准确性很高,所有情况下

都在80%以上,完全性除了主题问题(Description)外,也都在80%以上。这增强了我们使用该信息抽取组件的信心。

表10-3 检索主题中命名实体识别评价

	主题标题(Title)	主题问题(Description)	主题描述(Narrative)
Precision	0.98	0.81	0.87
Recall	0.81	0.68	0.82

3. 3种命名实体翻译方法的比较

为了检验通过我们的信息抽取组件获取的命名实体翻译在跨语言信息检索中的应用效果,我们应用本章10.1.1节提到的3种命名实体翻译方法到跨语言检索:直接用命名实体翻译词表进行翻译,记为NE-1;对翻译词表中的翻译赋予权重,记为NE-2;网络挖掘未登录命名实体,记为NE-3。

同时,为了与单语言检索和跨语言检索基准进行比较,我们从本书8.2节中的表8-1取了单语言检索基准值,记为MONO-BASE;从表8-3取了跨语言检索基准的最佳值,记为CLIR-BASE。

为评估性能,我们采用了平均查准率均值(MAP)作为主要指标,因为它既考虑了各个检索主题,也考虑了检索的查准率和查全率。此外,我们还查看了前10篇文档的查准率(P@10),以检验多少相关文档位于检索结果列表的前面。

Darwish等人[310]表示,一旦使用了概率结构化查询方法来利用每项翻译的概率,就无需再对跨语言信息检索系统的累积概率阈值(CPT)进行调整。如本书8.2.2节所示,基本上所有查询长度条件下(如T,TD,TDN查询),跨语言检索基准都是当CPT为0.5时,检索结果达到一个小峰值,并且需处理的查询翻译干扰较少。因此,我们将本实验中所有跨语言信息检索的CPT固定为0.5。

表10-4显示了基于3种命名实体翻译方法的检索结果。3种方法相比,无论在哪种长度的查询上,还是看MAP和P@10指标,NE-3都比其他2种方法要好,而NE-2则在大部分指标上都优于NE-1。由于NE-2是在NE-1的基础上做出了改进的,而NE-3又是在NE-2的基础上做出了改进,实验结果证明,我们所做的这些改进都取得了明显的预期效果。通过进一步仔细分析发现,NE-2中查询翻译后,44个检索主题中共有25个未登录命名实体。NE-3中,对这25个未登录命名实体进行网络挖掘,并为其中14个找到了翻译。正是这14项翻译,使NE-3的效果在NE-2的基础上得到了进一步的改善。

表10-4 命名实体翻译后的跨语言检索结果

Run ID	T		TD		TDN	
	MAP	P@10	MAP	P@10	MAP	P@10
NE-1	0.3931	0.5477	0.4880	0.6682	0.5515	0.7091
NE-2	0.3934	0.5500	0.4887	0.6659	0.5522	0.7114
NE-3	0.3934	0.5500	0.5034	0.6773	0.5563	0.7182

表 10-5 提供了这 3 种命名实体翻译方法与单语言检索基准和跨语言检索基准的比较。在所有查询长度上,与跨语言检索基准相比,这 3 种命名实体翻译方法都显著地改善了跨语言信息检索。因此,通过更好地处理命名实体的翻译,能够提高跨语言信息检索的性能。但其 MAP 值都无法与单语言检索基准相比,几乎都在其 80%~90% 的水平。NE-2 优于 NE-1,NE-3 优于 NE-2 的事实证明了计算命名实体翻译的权重与使用网络解决未登录命名实体的效用。

表 10-5 命名实体翻译与基准检索的 MAP 值比较

Run ID	T		TD		TDN	
	of MONO-BASE (%)	Impr. over CLIR-BASE	of MONO-BASE (%)	Impr. over CLIR-BASE	of MONO-BASE (%)	Impr. over CLIR-BASE
MONO-BASE	—	42.06	—	36.84	—	32.21
CLIR-BASE	70.39	—	73.08	—	75.2	—
NE-1	82.95	17.84**	83.89	14.8**	88.74	17.32**
NE-2	83.01	17.93**	84.01	14.96**	88.85	17.46**
NE-3	83.01	17.93**	86.54	18.42**	89.51	18.34**

注:** 表示 p-value<0.01,具有统计性显著差异。

此外,由于标题字段命名实体较少,通常认为该字段命名实体翻译效果较小。然而,我们的结果显示,3 种查询条件下所有检索的表现相对稳定。这表明,命名实体与非命名实体的相对比率,而非命名实体的绝对数量,是影响解决命名实体甚至未登录词问题的重要因素。

4. 命名实体翻译与翻译优化方法的比较

我们将命名实体翻译方法与翻译优化方法进行对比。翻译优化方法的取值为本书 8.3.5 节中经过比较后被认为是最有效的 TWA 方法,其在 3 种查询长度下的 MAP 最佳值分别为:0.3992(T)、0.5340(TD) 和 0.5818(TDN)。如图 10-2 所示,无论在哪种查询长度下,翻译优化方法(TE)都比 3 种命名实体翻译方法(NE)的 MAP 值要高,说明翻译优化方法的效果更好。

但是,我们进一步对翻译优化方法和命名实体翻译方法进行了统计检验(见表 10-6),在

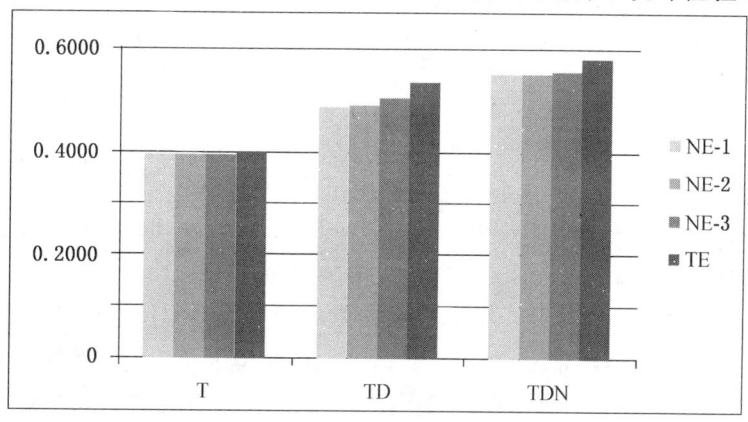

图 10-2 TE 与 NE 的比较

三种查询长度下,TE 与 NE-1、NE-2 和 NE-3 相比都没有获得显著性提高。目前,本实验所用的这种带翻译概率的词典加上各种命名实体翻译方法在跨语言信息检索中是比较先进和常用的方法。与这类方法相比,翻译优化获得了统计上相当的效果,甚至绝对数值更高,再次证明了翻译优化在跨语言检索中的有效性。具体比较这 2 种方法的适用范围发现,命名实体翻译和翻译优化都是既可以提高翻译的质量又能解决未登录词问题的方法。但是,命名实体翻译是专门针对提高命名实体的翻译和解决未登录的命名实体的,而翻译优化则是针对提高更广泛的查询词汇的翻译和解决各种词汇的未登录词问题的,如本书 3.1.3 节指出,命名实体只是未登录词的一种。因此,如果把语料换成 CLEF 等包含命名实体数量不如 TDT 多的语料时,翻译优化的效果应该比命名实体翻译更明显。

表 10-6　命名实体翻译与翻译优化的 MAP 值统计检验

比较组		P-VALUE	是否具有显著性差异
T	NE-1 vs. TE	0.827	否
	NE-2 vs. TE	0.836	否
	NE-3 vs. TE	0.836	否
TD	NE-1 vs. TE	0.092	否
	NE-2 vs. TE	0.098	否
	NE-3 vs. TE	0.327	否
TDN	NE-1 vs. TE	0.211	否
	NE-2 vs. TE	0.223	否
	NE-3 vs. TE	0.310	否

10.2　基于机器翻译的跨语言信息检索实验

10.2.1　机器翻译用于查询翻译

如本书 3.1.1 节所述,在跨语言信息检索中,查询翻译策略是最受关注的方法。原因在于查询翻译凸显跨语言信息检索和单语言信息检索的不同。其向用户揭示了检索中翻译的过程,故而用户能够通过自己的感受对检索过程建立更多的控制。此外,如果广大用户要进行跨语言信息检索,也是和查询翻译交互最多。因此,在这一节中,我们特别关注机器翻译在查询翻译中的应用。但这并不意味着机器翻译在文档翻译中的应用问题不重要。事实上,机器翻译在文档翻译中还有许多重要的有待解决的问题。例如,统计机器翻译系统可以产生多项可能的词汇翻译,而且这些多项翻译在基于文档翻译的跨语言信息检索系统中对处理翻译歧义有帮助,但当前统计机器翻译系统在对文档进行翻译时仍然是一个词只生成一个翻译。

如本书 3.1.2 节所述,在跨语言信息检索中常用的翻译资源包括机读词典(MRD)、平行或可比语料库,以及机器翻译系统(MT)。机读词典可能是翻译查询实验中最经常用的工具。然而,考虑到 Google、Yahoo! 等多家公司正在积极推广其网络多语种机器翻译服务,对常用的语言对而言,机器翻译可能是上述 3 种翻译资源中最易从网上获取的。因此,研究机器翻译在跨语言信息检索中的使用十分重要。

在跨语言信息检索研究初期，机器翻译常被应用于文档翻译，因为传统上，人们常将机器翻译作为一种能翻译大量文档，并具有一定准确性和速度的资源。随着统计机器翻译系统生成的翻译质量的极大提高，基于文档翻译的跨语言信息检索也同时取得了与单语种检索类似的检索性能。

基于查询翻译的跨语言信息检索的核心步骤是查询翻译。作为一种翻译资源，机器翻译也能整合到翻译查询中。然而，与基于词典的方法相比，在以往研究中，对使用机器翻译系统来翻译查询的评价并不明确。一方面，基于词典翻译查询的跨语言信息检索技术常被研究者证明优于那些使用当时的商业机器翻译的技术[311]。另一方面，Oard[312]发现，早期基于规则的机器翻译系统用于翻译查询时，能够产生与基于词典的方法类似或更好的跨语言信息检索结果。其他研究人员还发现，基于机器翻译的查询翻译能够取得适当的效果[313]，并优于使用词典中所有翻译的方法[314]。

近年来，机器翻译和跨语言信息检索均经历了采用基于统计的语言模型和大量语料资源与其翻译算法的结合。统计机器翻译已经成为机器翻译中最先进的技术，甚至一些商业机器翻译系统如 Google Translate，也是基于统计的机器翻译系统。翻译概率能用于处理翻译歧义，而且其作为跨语言信息检索统计语言建模的一部分，被广泛应用于跨语言信息检索中[315-317]。总结翻译概率在跨语言信息检索的使用，人们得到一项重要的认识，即通过概率选择多种翻译要比仅仅选择单一最佳翻译更好。这种认识一定程度上指出了目前只含一项最佳翻译的机器翻译输出的不足之处。同时，词对齐作为机器翻译技术的一部分，也被应用于平行语料库上以产生具有翻译概率的高质量词典。应用这样的词典极大地提高了基于词典的查询翻译的跨语言信息检索的效果。那么，在现在的情况下，跨语言信息检索中的查询翻译是应该使用统计机器翻译还是概率词典？这是一个值得探讨的问题。

此外，机器翻译也被用于交互式跨语言信息检索中。研究表明，用户在文档选择和检测中使用机器翻译的输出能够取得满意的效果[318]。

在 JCDL99/SIGIR99 国际会议中召开的多语言信息发现与获取研讨会上[319]，Hovy 谈到了 3 代机器翻译与跨语言信息检索的集成。我们已经跨越了机器翻译和检索结果简单集成的第 1 代，正处于机器翻译和跨语言信息检索的功能彼此交织以相互促进的第 2 代。然而，这与设想的、边界不易分辨的跨语言信息检索和机器翻译的全面集成的第 3 代仍相距甚远。我们认为对跨语言信息检索而言，机器翻译是一种相对独立却又与其密切相关的技术，既可被视为跨语言信息检索的一个组成部分，也可被视为跨语言信息检索一种主要的翻译资源，这就促使我们进一步研究机器翻译在跨语言信息检索中的应用。在本节中，我们关注机器翻译在跨语言信息检索，尤其是在查询翻译中的应用。

10.2.2 实验概述

1. 实验目标

本实验的目标是研究机器翻译在跨语言信息检索查询翻译中的影响。我们专注于使用现成商业机器翻译系统完成此项任务。动机之一，如果我们能够证明商业机器翻译系统在翻译查询中的功能,那么用户在进行跨语言信息检索时不一定非要获取包含高质量翻译概率的词典,也可以利用在线机器翻译系统。为此,我们确定了3个研究问题:

(1)当不集成其他技术时,基于机器翻译的跨语言检索查询翻译能否与单语言检索或基于词典的查询翻译效果相当?

(2)机器翻译与翻译优化方法相比,各自的优劣如何?

(3)如果使用了基于伪相关反馈(PRF)的查询扩展(QE)等性能强化技术,基于机器翻译的查询翻译是否仍然有效?

2. 实验设计

为了回答以上3个研究问题,我们进行了一系列跨语言信息检索实验。在此实验中,除了进行查询翻译的资源由词典换成了机器翻译系统外,其他实验环境(系统、语料、检索主题等)与本书第 8 章所述实验资源完全一样。我们选择了 Google Translate(http://translate.google.com.hk)作为机器翻译实验系统。Google Translate 是 Google 提供的一种网络多语种服务,其机器翻译是一个基于统计并能够提供高质量翻译的系统。我们没有也不能修正 Google Translate 的任何参数。在使用其机器翻译系统对查询进行翻译时,我们一次将整个查询输入机器翻译系统中翻译,没有逐一翻译检索词。

10.2.3 实验结果分析

下面对实验结果的分析主要围绕 10.2.2 节提出的 3 个研究问题。

1. 基于机器翻译与基于词典查询翻译方法的比较

为了与单语言检索和基于词典的查询翻译方法进行比较,我们从本书 8.2 节中的表 8-1 取了单语言检索基准值,记为 MONO-BASE;从表 8-3 取了基于词典的查询翻译的跨语言检索基准的最佳值,记为 MRD CLIR-BASE。而本实验通过机器翻译系统进行查询翻译后得到的跨语言信息检索结果,记为 MT CLIR-BASE。

实验揭示了一些有趣的结果。如表 10-7 所示,基于机器翻译的跨语言检索基准 MT CLIR-BASE 表现非常好。其性能值在 3 种不同查询长度下,均达到了单语言检索基准 MONO-BASE 的 94%~99%。同时,相比机器翻译与词典翻译,在所有 3 种不同长度的查询下,基于机器翻译的跨语言检索基准 MT CLIR-BASE 比基于词典翻译的跨语言检索基准 MRD CLIR-BASE 都取得了显著提高。

表 10-7 基于机器翻译和基于词典的查询翻译的跨语言检索结果 MAP 值比较

Run ID	T	TD	TDN
MONO-BASE	0.4739	0.5817	0.6215
MRD CLIR-BASE	0.3336	0.4251	0.4701
MT CLIR-BASE	0.4446*	0.5536*	0.6170*

注:* 表示 MT CLIR-BASE 与 MRD CLIR-BASE 具有统计性显著差异,且 $0.01 < p\text{-value} < 0.05$。

查询长度影响了基于机器翻译的查询翻译方法。基于机器翻译的查询翻译在长查询下表现最好，其性能达到单语言检索的 99%（MT CLIR-BASE 为 0.6170，MONO-BASE 为 0.6215）。然而，有趣地是，与 MRD CLIR-BASE 相比，随着查询长度的增加，MT 方法的优势在缩小。或许这并不意味着机器翻译方法不适于长查询，它可能只表明基于词典的查询翻译方法在长查询下表现更好。查询越长，基于词典的查询翻译方法中用以弥补翻译歧义影响的信息越多。由于实验中机器翻译方法在短查询下表现也很好，这有助于消除认为机器翻译在缺乏翻译上下文信息时不能提供高质量检索结果的忧虑。

在研究单个查询性能的基础上，我们发现，那些 MT CLIR-BASE 高于 MRD CLIR-BASE 的主题拥有一个共同点，即它们包含一个或多个命名实体。这一发现可以表明，本实验使用的机器翻译系统 Google Translate 是一种翻译未登录词的良好资源。

然而，尽管 44 个检索主题从整体上看基于机器翻译优于基于词典翻译，但仍有 10~12 个检索主题其基于词典的查询翻译运行结果优于基于机器翻译的运行结果。这可能表明，尽管机器翻译系统生成的单一最佳翻译具有一定质量，但仍会遗漏一些通过词典翻译方法产生的 N 项翻译可能捕捉到的相关文档。

2. 机器翻译与翻译优化方法的比较

我们将机器翻译方法与翻译优化方法进行了对比。翻译优化方法的取值为本书 8.3.5 节中经过比较后被认为是最有效的 TWA 方法，其在 3 种查询长度下的 MAP 最佳值分别为：0.3992(T)、0.5340(TD) 和 0.5818(TDN)，实验中记为 TE-TWA。如表 10-8 所示，无论在哪种查询长度下，翻译优化方法（TE）都不如机器翻译方法（MT）的 MAP 值，说明机器翻译方法的效果更好。但是，在短查询和中查询上，二者并无统计性显著差异；只有当查询为长查询时，机器翻译方法才比翻译优化方法获得了显著性的提高。

表 10-8 机器翻译和翻译优化的检索结果 MAP 值比较

Run ID	T	TD	TDN
TE-TWA	0.3992	0.5340	0.5818
MT CLIR-BASE	0.4446	0.5536	0.6170*

注：* 表示具有统计性显著差异，且 0.01<p-value<0.05。

这一实验结论说明，翻译优化方法尽管是基于词典翻译查询，但其获得的优化效果可以与直接使用最先进的统计机器翻译生成的查询翻译相媲美。同时也说明，机器翻译系统，尽管是最先进的统计机器翻译系统，仍然是在具有较多上下文的情况下才能显示出其优势。在翻译较短的查询时，尽管统计机器翻译能够获得比词典翻译更好的结果，但若在词典翻译基础上加入其他优化技术，也是可以获得与统计机器翻译相同或相近的效果的。

3. 结合了查询扩展的机器翻译方法的效果

从以往的文献研究中我们了解到，查询扩展方法通常有助于基于词典和基于机器翻译的跨语言信息检索。在本书 8.4 节中，通过实验，我们证明了查询扩展能提高基于词典的查询翻译的跨语言信息检索结果。在这里，我们用相同的 3 种查询扩展方法，即翻译前查询扩展方法 Pre-QE、翻译后查询扩展方法 Post-QE，以及混合式查询扩展方法 Comb-QE 对基于机器翻的跨语言信息检索进行了实验,分别记为 MT Pre-QE、MT Post-QE 和 MT Comb-QE。

如表 10-9 所示,实验结果证实了查询扩展有助于基于机器翻译的查询翻译跨语言信息检索。有了查询扩展,基于机器翻译的方法达到了单语言检索基准至少 90% 的性能。一些查询扩展方法甚至帮助基于机器翻译方法取得了单语言检索基准 100% 以上的性能。例如在所有短查询上,3 种查询扩展方法的结果都超过了单语言检索基准。特别是,在短查询上的翻译后查询扩展和混合式查询扩展方法,得到的检索结果比单语言检索基准有显著性提高。因此,借助于一种简单的查询扩展技术,大多数基于机器翻译的跨语言信息检索实际上都接近或优于相应的单语言检索。

表 10-9 基于机器翻译的跨语言信息检索中 3 种查询扩展方法的 MAP 值及比较

	Run ID	MAP	Perc. of MONO-BASE (%)	Impr. over MT CLIR-BASE (%)
T	MT Pre-QE	0.4922	103.86	10.71*
	MT Post-QE	0.5284	111.50*	18.85*
	MT Comb-QE	0.5604	118.25*	26.05*
TD	MT Pre-QE	0.5443	93.57	−1.68
	MT Post-QE	0.6031	103.68	8.94*
	MT Comb-QE	0.5833	100.28	5.36
TDN	MT Pre-QE	0.5580	89.78*	−9.56*
	MT Post-QE	0.6292	101.24	1.98
	MT Comb-QE	0.6001	96.56	−2.74

注:* 表示统计上的差异显著,且 $0.01 < p\text{-value} < 0.05$。

然而,更有趣的是,查询长度影响了基于机器翻译的查询翻译中查询扩展的性能。如表 10-9 所示,与基于词典的跨语言信息检索类似,翻译后查询扩展 Post-QE 或者混合式查询扩展 Comb-QE 往往是 3 种跨语言查询扩展方法中较好的。事实上,无论查询长度如何,翻译后查询扩展(MT Post-QE)都对无相关反馈的机器翻译有所助益;而翻译前查询扩展(MT Pre-QE)则仅适于短查询,在中查询和长查询时反而比无反馈时有所下降,尤其是长查询时的降低还是显著统计;混合式查询扩展(MT Comb-QE)则不适于长查询,但在短查询上的效果非常好。

综合上述分析,查询愈长,基于机器翻译的查询扩展反而愈不起作用。其原因可能是统计机器翻译本身的翻译资源已经非常好(无相关反馈时 MT CLIR-BASE 条件下已经具有较高的性能),从而不再需要查询扩展技术。

基于机器翻译的查询翻译中,各种查询扩展方法取得的不同效果促使我们提出了一种将基于机器翻译的查询翻译和查询扩展结合的有趣观点。由于用机器翻译系统翻译查询之前,翻译前查询扩展已经增加了许多词汇,尽管其中一些词确实相关,增加的词仍然扰乱了句子结构,进而可能有损机器翻译的质量。这个问题在初始查询已经含有许多检索词时(如在 TD 和 TDN 查询中)表现的尤其突出。因此,如果查询翻译中将机器翻译与查询扩展集成,最好在机器翻译之后再实施查询扩展。当然，我们的结论是基于查询是纯文本的事实。如果结构化查询允许具有不同权重的检索词，这一结论可能会改变。但是，这种情况下，结构化查询可能不能直接用作机器翻译系统的输入。

实验表明，不论查询长度如何，以及是否使用了查询扩展，统计机器翻译不仅是跨语言信息检索中一种合理的查询翻译方法，也是一种比基于词典更好的查询翻译工具。

10.3 基于数据融合的跨语言信息检索实验

文档翻译和查询翻译都是有效的跨语言信息检索方法。当具有足够的语言和翻译资源时，它们都能取得与单语言检索相当的检索结果。同时，它们又是不同的。文档翻译中，无论是使用机器翻译或较少使用的词典翻译文档，匹配都在源语言一方，因此基于文档翻译的跨语言信息检索中对查询的含义没有歧义。歧义来自于翻译文档。但是，查询翻译中，翻译的是查询，检索性能可能因查询翻译中引入的翻译歧义受到影响。因此，将跨语言信息检索中查询翻译和文档翻译相结合是一个值得研究的课题。数据融合是这种结合的一个有效方法。

如本书 3.5 节介绍，数据融合主要有 2 种方式——查询的融合和检索结果的融合。在本节中我们研究查询翻译和文档翻译的结合，使用的是检索结果的融合方法，即对基于查询翻译的跨语言信息检索结果与基于文档翻译的跨语言信息检索结果进行融合。

10.3.1 实验概述

1. 实验目标

事实上，机器翻译除了作用在查询翻译上外，更直接的是作用在文档翻译上，检索任务可以直接在文档的机器翻译输出上进行，而成为一项基于文档翻译的跨语言信息检索任务。然而，基于查询翻译的跨语言信息检索向用户提供了更多对检索过程的认识。所以，一个有趣的研究问题是在机器翻译输出上进行基于文档翻译的跨语言信息检索，然后使用数据融合方法将其结果与基于查询翻译的跨语言信息检索结果进行整合，这种方法是否能够进一步提高跨语言信息检索？此外，另一个研究问题是数据融合方法是否可以与翻译优化方法结合使用？

2. 实验设计

本实验中，所有实验环境（系统、语料、检索主题等）与本书第 8 章实验所用资源完全一样。在文档翻译这边，如本书 7.2.4 节中提到，ICE-TEA 系统用美国南加州大学（University of Southern California）信息科学研究所（Information Sciences Institute，ISI）开发的机器翻译系统，事先将全部 TDT4&5 的中文文档集合 83 627 篇文献进行了线下翻译处理，得到其英文译文。我们用此机器翻译输出进行了 44 个英文检索主题的单语言信息检索，构成了进行数据融合所需要的基于文档翻译的跨语言信息检索结果。

在查询翻译这边，本书 8.5.2 节的实验证明，翻译优化与查询扩展的结合取得了非常好的效果，不仅大大超过了跨语言检索基准，还超过了未结合前的 TWA 翻译优化方法和 Post-QE 查询扩展方法本身，甚至取得了与单语言检索基准差不多的结果。鉴于此，我们直接选用该实验的翻译优化与查询扩展结合的检索结果，作为进行数据融合的基于查询翻译的跨语言信息检索结果。

我们使用的数据融合方法是检索后数据融合,其对返回的检索结果列表进行了融合。如本书 3.5.2 节论述,CombMNZ 融合方法在检索 TREC 文档中效果表现最好。CombMNZ 同时考虑了结果列表中的某文档的得分,以及待融合的结果列表中该文档出现的次数。因此,本实验采用 CombMNZ 数据融合方法,融合上述分别来自文档翻译和查询翻译的 2 组检索结果。

10.3.2 实验结果分析

我们对机器翻译译文进行了基于文档翻译的跨语言信息检索,结果见表 10-10 中的 "DT";基于查询翻译的跨语言信息检索结果取的是本书表 8-24 中翻译优化与查询扩展相结合的结果,记为 TE+QE;上述 2 组检索结果的数据融合后的结果记为 DATA FUSION;单语言检索基准记为 MONO-BASE。

如表 10-10 所示,不论查询类型如何,数据融合的结果(DATA FUSION)都超过了相应的单语言检索基准(MONO-BASE),以及融合前 2 组各自的结果(TE+QE 和 DT)。相比融合前的两组结果,统计测试表明,在短查询 T 下,数据融合后的结果都没有显著性提高;在中查询 TD 下,融合后比文档翻译有了显著性提高;而在长查询 TDN 下,融合后比翻译优化与查询扩展的结合有明显改进。

这一结果表明,数据融合是一种有效的提高检索结果的方法。跨语言信息检索中可获取的机器翻译输出,是进一步提高跨语言信息检索性能的有用信息。而且翻译优化能够作为基于查询翻译的跨语言信息检索的一种数据融合的依据。多种方法(翻译优化、机器翻译、数据融合等)的综合应用能获得极佳的效果。这一结果与早期的研究结论[320-321](结合不同的翻译方法是一种更好的策略)是一致的。

表 10-10 数据融合的结果

	Run ID	MAP	Perc. of MONO-BASE(%)	Impr. over TE+QE(%)	Impr. over DT(%)
T	MONO-BASE	0.4739	—	—	—
	DT	0.4711	—	—	—
	DATA FUSION	0.4953	104.52	4.32	5.14
TD	MONO-BASE	0.5817	—	—	—
	DT	0.5796	—	—	—
	DATA FUSION	0.6217	106.88	5.28	7.26*
TDN	MONO-BASE	0.6215	—	—	—
	DT	0.6226	—	—	—
	DATA FUSION	0.6389	102.80	6.98*	2.62

注:* 表示统计上的差异显著,且 $0.01 < p\text{-value} < 0.05$。

10.4 实验结论

通过对以上3种优化技术的跨语言信息检索实验,及其与翻译优化技术的比较与结合,我们得到如下实验结论:

(1) 命名实体翻译。通过检验事件驱动的信息探索主题中命名实体的数量、研究使用信息抽取组件对命名实体进行抽取以及应用高质量的命名实体翻译方法进行命名实体翻译,我们证实了命名实体是跨语言信息检索查询中的重要信息,而且其在事件驱动的信息探索中存在更加普遍。我们所使用的信息抽取组件能够较好地从文本中识别命名实体。我们所提出的集成方法(即赋予命名实体翻译不同权重,网络挖掘获取未登录命名实体等)可以获得更高质量的命名实体的翻译,且能显著提高跨语言信息检索的性能。相比于翻译优化技术,虽然二者都可以减少未登录词的影响,但是在实验中翻译优化的效果比命名实体翻译要好,尽管没有显著性差异。

(2) 机器翻译。由于能在网上方便获取的商业机器翻译系统可以提供许多主要语言对间的翻译服务,集成商业机器翻译系统成为了一种构建跨语言信息检索系统的简单方法。通过一系列实验,我们证实了机器翻译,尤其是统计机器翻译非常有助于基于查询翻译的跨语言信息检索,是一种显著优于基于概率词典进行查询翻译的方法。如果在此基础上应用了查询扩展等相关反馈技术,最后结果将接近甚至超过对应的单语言检索。但是,与词典翻译方法不同的是,查询扩展在机器翻译方法中,只有翻译后查询扩展方法较为有效。比较机器翻译与翻译优化技术,尽管统计机器翻译对一般领域词汇的覆盖范围相对全面,但只在上下文较多的长查询下,机器翻译才比能显示出明显优势,其余条件下二者作用相当,并无显著性差异。

(3) 数据融合。如果信息检索的目标是获得尽可能好的检索结果,那么在数据融合的框架下应用所有优化方法不失为一种有效的策略。我们的实验表明,通过数据融合方法结合文档翻译(用机器翻译系统翻译文档)和查询翻译(翻译优化与查询扩展的结合)的检索结果后,跨语言信息检索的性能得到进一步提高。这一方法用在文档翻译时,由于机器翻译方法的融合而使结果更好;用在查询翻译时,由于翻译优化与查询扩展等各种相关反馈方法的融合而使结果增强。实验结果表明融合结果明显优于单语言检索,说明各种优化方法的结合是有效地改进跨语言信息检索结果的手段。

10.5 本章小结

在这一章中,我们采用与第8章相同的实验环境进行了3种优化技术的跨语言信息检索实验,它们分别是命名实体翻译、机器翻译和数据融合,并将这3种技术的检索结果与翻译优化技术的结果进行比较与结合。

在命名实体翻译实验中,我们进行了如下验证:(1)检索主题中命名实体在 TDT 语料与 CLEF 语料的的分布比较;(2)信息抽取组件在命名实体识别中的质量;(3)命名实体翻译在跨语言信息检索中的应用效果;(4)命名实体翻译与翻译优化方法的比较研究。

在机器翻译实验中,我们进行了如下验证:(1)当不集成其他技术时,基于机器翻译的查询翻译与基于词典的查询翻译在跨语言检索中的比较;(2)机器翻译与翻译优化方法的比较;(3)

当使用基于伪相关反馈(PRF)的查询扩展(QE)等性能强化技术时,基于机器翻译的查询翻译的效果。

在数据融合实验中,我们进行了如下验证:(1)当有基于机器翻译输出进行的文档翻译的跨语言信息检索结果和基于查询翻译的跨语言信息检索结果时,利用数据融合方法在跨语言信息检索中将2个结果融合的效果;(2)数据融合方法与翻译优化方法结合使用的效果。

综合各项实验结果可知,翻译优化技术与命名实体翻译、机器翻译等技术都可优化跨语言信息检索,其效果基本相当,而通过数据融合方法结合各种技术获得的检索结果,还能更进一步地提高跨语言信息检索的性能。

第 11 章　结论与展望

本书的前面各章主要围绕相关反馈技术和跨语言信息检索的结合进行了研究,提出了一种基于相关反馈的翻译优化技术,构建了一个跨语言检索相关反馈综合理论模型框架——RFIM 模型,实现了一个基于相关反馈的英汉跨语言信息检索系统——ICE-TEA 系统,并通过自动相关反馈与用户相关反馈两组实验,进一步验证翻译优化技术的有效性与 RFIM 模型的合理性。此外,还对其他优化技术与翻译优化技术进行了比较与结合实验。本章主要对上述已完成的工作加以总结,归纳研究结论,并进行领域展望。

11.1　研究结论

本书的研究重点是如何通过相关反馈来提高英汉跨语言信息检索的准确性,主要侧重于研究翻译优化技术。基于一系列具体研究和实验后,我们得到以下主要成果和结论:

(1)将相关反馈技术融入跨语言检索系统中是一个值得探讨的、具有创新意义的研究课题。经过对跨语言信息检索的理论与技术的全面综述研究,本书认为,过去几十年来,尽管跨语言信息检索在理论和实践上都取得了很大成就,但中文研究成果鲜见具有创新的理论突破和实用技术。我国急需在跨语言信息检索领域的理论方法及具体实验系统中研究模式的创新。

(2)对整个跨语言相关反馈的各种方法及其适用范围应该有一个通用模型进行统一描述。通过对相关反馈技术与跨语言信息检索的结合研究分析,本书认为,在跨语言信息检索中,查询扩展应该不是唯一的相关反馈方法,而且还有很多影响跨语言查询扩展的因素需要探讨,比如查询的长度、新的翻译资源(如互联网上的在线翻译工具)等。尽管在用户角度的相关性研究中最困难的是用户行为的量化问题,但相关反馈过程,特别是交互式相关反馈却必须考虑用户因素。

(3)我们提出的基于相关反馈的翻译优化技术(Translation Enhancement,简称 TE)是一个有效的跨语言相关反馈技术。翻译优化借助用户反馈的相关文献及其翻译文档,从相关文献对中抽取检索词及其翻译,进而利用这一翻译关系优化查询的翻译。我们在句子对齐的基础上,讨论了在有词对齐和无词对齐情况下的翻译关系抽取方案;并提出了一套利用翻译关系来优化初始查询翻译的方案。其中,针对如何估计检索词在相关文献对中的翻译概率,我们提出了 4 种不同的算法:TWA、KAT、K1T、KFT。在此基础上,我们对翻译优化技术的处理过程进行了数学建模,形成了一个完整的翻译优化数学模型。

(4) 我们提出的跨语言信息检索的相关反馈综合模型 (RFIM) 全方位归纳总结了跨语言检索的相关反馈技术的各个层次。RFIM 模型是一个理论模型框架,被划分为用户行为层、方法技术层和影响因子层。我们深入分析了各层包含的要素,将用户行为层 UB 定义为个体差异 (Individual Differences) 和交互式界面 (Interactive Interface) 两个因素的集合;将方法技术层 AT 定义为 19 种跨语言相关反馈方法的集合,包括翻译优化、查询扩展,以及二者的结合;将影响因子层 IF 定义为与翻译资源 (Translation Resource) 相关的因素集合、与检索主题 (Search Topic) 相关的因素集合、与语言种类 (Language Pair) 相关的因素集合。

(5) 我们实现了一个英汉交互式跨语言信息检索系统,命名为 ICE-TEA,还设计了一个系统评价体系。ICE-TEA 实验系统的主要功能包括:用户辅助查询翻译、英汉跨语言信息检索、多级用户相关性判断、翻译优化、查询扩展,以及二者的结合等相关反馈功能。我们对系统各个模块每一步的具体实现算法进行了详细描述,并设计了一个人机交互接口。我们的系统评价体系包括评价模型、评价指标的选取,以及统计显著性检验等。

(6) 我们进行的英汉跨语言信息检索的自动相关反馈实验与用户相关反馈实验验证了翻译优化的有效性,翻译优化和查询扩展 2 种方法结合的可行性以及 RFIM 模型的合理性。实验结果还证明了翻译优化方法在真实的检索环境中效果更好。此外,实验结论还进一步说明了与查询相关的两个因素对相关反馈方法的影响,以及与用户行为相关的种种因素如何影响用户的相关性判断,从而在实验中验证了 RFIM 模型中设立方法技术层、影响因子层与用户行为层的合理性。

(7) 翻译优化技术与命名实体翻译、机器翻译等技术效果基本相当,都可以有效提高跨语言信息检索结果,但适用范围不同,而数据融合方法则可以将翻译优化与其他技术的检索结果有效结合。除了翻译优化实验,我们还在同一实验环境下,采用另外 3 种优化技术——命名实体翻译、机器翻译,以及数据融合,分别进行了跨语言信息检索实验,并将实验结果与翻译优化的实验结果进行比较与结合而得到以上结论。

11.2 研究展望

跨语言信息检索是一个概念较多、研究过程较复杂的领域,尽管本书取得了一些初步的成果和结论,仍然有如下一些问题有待进一步研究和验证:

(1) 翻译优化理论与技术还需完善。翻译优化这项技术的优势在于检索结果的准确度高,缺点在于时间效率较低,资源开销较大。我们在研究中认识到,从相关文献对中抽取的翻译关系的质量对于翻译优化技术非常关键。就目前我们讨论的 4 种方法 TWA、KAT、K1T、KFT 的效果来看,利用词对齐工具获得的翻译关系的质量最好。但 TWA 方法需要句子对齐、词对齐、机器翻译系统等额外资源与工具,且时间效率较差。因此,为了让翻译优化这项技术具有更广泛的应用前景,还需要对其进一步改进和优化。

(2) RFIM 模型有待扩充与进一步检验。跨语言检索相关反馈综合模型 RFIM 模型目前有 3 个层次。各层要素的完备性等方面还有一定的局限性,特别是影响跨语言相关反馈的因子还有很多,目前本书主要是在实验中检验了查询式的长度和检索主题的特征 2 个主要因素。在以后的研究中,可对该模型进行不断的扩充和完善,并对其他因子逐一验证。尤其是在用户层方面,用户行为是影响系统开发的重要因素,因此有必要按照不同类型的用户,通过更详细的实验,来验证用户的特征、使用行为等对系统的影响。

(3)跨语言信息检索中语言对的延伸。目前我们的实验研究针对的是从英语到汉语的跨语言信息检索,尽管翻译优化技术从理论上说是与语言无关的,不受语种限制,但实际上国内需求更大的是汉英跨语言信息检索,所以仍然有一些问题需要考虑,需要我们今后进行反向汉英跨语言检索实验。在反向的过程中,诸如对齐问题、汉英词典的构建、中文分词等都是需要完成的工作。此外,本研究与机器翻译质量的好坏密切联系,因此,英汉与汉英机器翻译的质量会影响翻译优化技术。然而,英汉与汉英机器翻译的水平是不一样的,汉语到英语的查询翻译歧义的复杂程度和难度应该比英汉要大,汉语的语法功能性词多,无上下文的情况下歧义性更大。因此,这些都是在今后汉英跨语言信息检索研究中需要着重解决的问题。同时,今后还可以扩大语言范围,逐步开展中文与其他语言之间的跨语言检索实验研究等。

(4)翻译优化技术与其他技术的融合。本书的研究重点是翻译优化理论与技术。我们研究了翻译优化与查询扩展技术的结合,以及通过数据融合将翻译优化技术与其他技术进行结合,实验结果也证实了这些结合都能有效地提高跨语言信息检索结果,但还需要在理论上通过恰当的方法,把优化技术都统一到一个大的框架下,从而实现无缝连接和同时使用。

(5)原型系统的应用。本书所构建的跨语言信息检索系统还是一个小型的原型系统,在以后的研究中,我们将不断进行扩充与完善。目前在实验中,我们使用的是新闻语料,今后可以考虑使用更具规模的实验数据集进行测试,例如增加特定学科、特定技术群的专业语料,增加用户样本等。同时,探索该系统在具体领域的应用,如数字图书馆、专利检索、图像检索、电子商务等。考虑到将基于相关反馈的翻译优化技术应用于大型工程项目中还有很多实际问题需要解决,我们将具体问题具体分析,重点考虑具体应用领域的资源特点、用户群特点、降低系统总开销的方法,以及系统的时间效率、用户接口、技术间的兼容及大规模数据的处理等问题。

附录1 相关反馈实验的英文检索主题(标题)

#40028. Zhu Rongji State Visit to Japan
40038. Earthquake hits India's Gujarat State
40049. Gao Xingjian Wins Nobel Prize
#40039. UK Establishes Diplomatic Relations with North Korea
#40043. Madeline Albright Visits North Korea
#40007. Presidential Power Struggle in Yugoslavia
*40059. Attack on the USS Cole
#40004. Russian Nuclear Submarine *Kursk* Sinks
*40024. Chinese Census
40037. Australian Open Tennis Championship
#40019. Taiwanese Premier Tang Fei Resigns
40021. Earthquake in El Salvador
40025. Japanese Food Safety
41026. Crash of Singapore Airlines Flight SQ006
41032. APEC 2000 Conference
#41018. Arab League Summit meeting in Cairo
#41027. Gloria Arroyo Sworn in As 10th President of the Philippines
#41025. End of the Line for Peruvian President Alberto Fujimori
41012. Trouble in the Ivory Coast
41002. The 2000 Nobel Peace Prize
41004. Murder of the Palestinian Child Mohammed El Dorra
41024. Congolese President Laurent Kabila Feared Dead
#41035. Clinton Visits Vietnam
55089. Liberian former president arrives in exile
55042. Singapore VP stops over in Hawaii
55105. UN official killed in attack
55200. Iraqi Museum Looting
55069. Earthquake in Algeria
55106. Bombing in Riyadh, Saudi Arabia
55029. Swedish Foreign Minister killed
*55107. Casablanca bombs
55090. Blackout in US and Canada
55109. Israel withdraws troops from Gaza
55217. Wildfire in Portugal
55117. Cambodian Elections
55139. Earthquake in Japan
55179. Guinea-Bissau military stages coup
55087. Earthquake in Turkey
55155. Chinese Submarine Accident
55128. Mad cow disease in North America
55127. Guinea-Bissau President resigns
55180. Schroeder demands ap*olog*y from Berlusconi
*55098. Bush and Blair Summit
55181. Palestine: Ahmed Qureia tapped as next prime minister

注:
(1)所有主题均用于自动相关反馈实验;
(2)*表示这些检索主题未用于用户相关性标注实验(见本书9.2节);
(3)#表示这些检索主题用于用户全程参与的英汉跨语言信息检索相关反馈实验(见本书9.3节)。

附录2 相关反馈实验的中文检索主题(标题)

♯40028. 朱镕基对日本的国事访问
40038. 地震袭击印度古吉拉特州
40049. 高行健赢得诺贝尔奖
♯40039. 英国与朝鲜建立外交关系
♯40043. 马德琳·奥尔布赖特访问朝鲜
♯40007. 南斯拉夫的总统权利之争
*40059. 美国"科尔"号军舰受到袭击
♯40004. 俄罗斯"库尔斯克"号核潜艇沉入海底
*40024. 中国人口普查
40037. 澳大利亚网球公开锦标赛
♯40019. 台湾地区行政院长唐飞辞职
40021. 萨尔瓦多发生地震
40025. 日本食品安全
41026. 新加坡航空公司 SQ006 航班坠毁
41032. 2000年亚太经济合作组织会议
♯41018. 阿拉伯联盟首脑会议在开罗举行
♯41027. 格洛丽亚·马卡帕加尔·阿罗约宣誓就职为菲律宾共和国第10任总统
♯41025. 秘鲁总统阿尔韦托·藤森辞职
41012. 科特迪瓦风波
41002. 2000年诺贝尔和平奖
41004. 巴勒斯坦儿童穆罕默德·安道尔被杀害
41024. 刚果总统洛朗·卡比拉可能已经死亡

♯41035. 克林顿访问越南
55089. 利比里亚前总统开始流亡生活
55042. 新加坡副总统过境夏威夷
55105. 联合国官员遭袭身亡
55200. 伊拉克博物馆遭掠
55069. 阿尔及利亚地震
55106. 沙特阿拉伯利雅得发生爆炸
55029. 瑞典外交大臣遇害
*55107. 卡萨布兰卡爆炸案
55090. 美国和加拿大停电事件
55109. 以色列军队撤出加沙
55217. 葡萄牙的野火
55117. 柬埔寨选举
55139. 日本地震
55179. 几内亚比绍军方策划政变
55087. 土耳其地震
55155. 中国潜艇事故
55128. 疯牛病在北美
55127. 几内亚比绍总统辞职
55180. 施罗德要求贝鲁斯科尼道歉
*55098. 布什和布莱尔的高峰会
55181. 巴勒斯坦：库赖·艾哈迈德作为下届首相

注：
(1)所有主题均用于自动相关反馈实验；
(2)*表示这些检索主题未用于用户相关性标注实验(见本书9.2节)；
(3)♯表示这些检索主题用于用户全程参与的英汉跨语言信息检索相关反馈实验(见本书9.3节)。

附录3 四种翻译优化方法的平均查准率均值 MAP

表1 TWA 方法的平均查准率均值 MAP(短查询式 T)

λ\CPT	0.0	0.1	0.2	0.3	0.4	0.5	0.6	0.7	0.8	0.9	1.0
0.0	0.3447	0.365	0.3665	0.3647	0.364	0.3621	0.3596	0.3583	0.3571	0.3561	0.3547
0.1	0.3447	0.3637	0.3659	0.3643	0.3637	0.3617	0.3595	0.3581	0.357	0.3558	0.3543
0.2	0.3668	0.3864	0.3882	0.3877	0.3871	0.3852	0.3831	0.3819	0.3809	0.3791	0.3781
0.3	0.3688	0.3877	0.388	0.3862	0.3846	0.3828	0.3807	0.379	0.3779	0.3766	0.3763
0.4	0.3658	0.3844	0.3853	0.3834	0.3818	0.3803	0.3797	0.3784	0.3768	0.3761	0.3755
0.5	0.3656	0.3846	0.3862	0.3849	0.3832	0.3819	0.381	0.3789	0.3773	0.3764	0.3756
0.6	0.3737	0.3886	0.3923	0.3917	0.3903	0.39	0.3892	0.3877	0.3864	0.3846	0.3837
0.7	0.3641	0.3903	0.3921	0.3945	0.3928	0.3924	0.3918	0.3902	0.3885	0.3873	0.3853
0.8	0.371	0.3897	0.3942	0.3945	0.3938	0.3928	0.3924	0.3906	0.3895	0.3877	0.3854
0.9	0.3722	0.3948	**0.3992**	0.3987	0.3984	0.3973	0.3968	0.395	0.3938	0.3919	0.3893
1.0	0.3722	0.3934	0.3981	0.3988	0.399	0.3976	0.3973	0.3954	0.3935	0.3918	0.3896

表2 TWA 方法的平均查准率均值 MAP(中查询式 TD)

λ\CPT	0.0	0.1	0.2	0.3	0.4	0.5	0.6	0.7	0.8	0.9	1.0
0.0	0.4729	0.5099	0.5116	0.5131	0.5131	0.5132	0.5134	0.514	0.5139	0.5147	0.5141
0.1	0.4745	0.5105	0.5117	0.5132	0.5133	0.5138	0.5136	0.5144	0.5145	0.5151	0.5149
0.2	0.4727	0.5089	0.5103	0.5114	0.5117	0.5118	0.512	0.5134	0.5134	0.5139	0.5136
0.3	0.4735	0.5212	0.5241	0.5247	0.5258	0.5269	0.5281	0.5289	0.5289	0.5296	0.5293
0.4	0.4773	0.5247	0.5293	0.5303	0.5309	0.5322	0.5331	0.533	0.5337	0.5337	**0.534**
0.5	0.4446	0.4838	0.4881	0.4898	0.4903	0.4908	0.4913	0.4916	0.4914	0.4913	0.4909
0.6	0.4545	0.488	0.4915	0.4927	0.4927	0.4927	0.493	0.4928	0.493	0.4925	0.492
0.7	0.452	0.4937	0.4985	0.4999	0.5004	0.4994	0.4998	0.4993	0.4988	0.4984	0.498
0.8	0.4561	0.5022	0.5056	0.5063	0.5064	0.5062	0.5062	0.5062	0.5063	0.5052	0.5046
0.9	0.4718	0.5153	0.5174	0.519	0.5189	0.5188	0.5183	0.5176	0.5176	0.5171	0.5167
1.0	0.4771	0.5167	0.5183	0.5194	0.519	0.5184	0.5181	0.5174	0.5168	0.5167	0.516

附录3 四种翻译优化方法的平均查准率均值MAP

表3 TWA方法的平均查准率均值MAP(长查询式TDN)

CPT\λ	0.0	0.1	0.2	0.3	0.4	0.5	0.6	0.7	0.8	0.9	1.0
0.0	0.503	0.5741	0.575	0.5754	0.5754	0.5754	0.5756	0.5758	0.5757	0.5752	0.5749
0.1	0.5012	0.5729	0.5729	0.5731	0.5731	0.5729	0.5727	0.5723	0.5724	0.5713	0.5708
0.2	0.5105	0.5751	0.5774	0.5793	0.5801	0.5803	0.5809	0.5811	0.5811	0.5817	**0.5818**
0.3	0.5139	0.5698	0.5735	0.5746	0.576	0.5766	0.5761	0.5756	0.5753	0.5748	0.5748
0.4	0.5149	0.5682	0.5722	0.5741	0.5752	0.5754	0.5759	0.576	0.5755	0.5762	0.576
0.5	0.5205	0.5715	0.5738	0.5737	0.5746	0.5747	0.5748	0.5743	0.5733	0.5728	0.5727
0.6	0.5146	0.572	0.5761	0.5777	0.578	0.5798	0.5795	0.5791	0.5791	0.5786	0.5779
0.7	0.5062	0.5536	0.5556	0.5554	0.5563	0.5566	0.5558	0.5552	0.5547	0.5541	0.5537
0.8	0.5031	0.5516	0.5535	0.5532	0.5546	0.5546	0.554	0.5533	0.5525	0.5523	0.5517
0.9	0.5043	0.5557	0.5572	0.5584	0.5593	0.5593	0.5596	0.559	0.5586	0.5588	0.5589
1.0	0.5078	0.5685	0.5705	0.57	0.5712	0.5716	0.5711	0.5701	0.5695	0.5691	0.5686

表4 KAT方法的平均查准率均值MAP(短查询式T)

CPT\λ	0.0	0.1	0.2	0.3	0.4	0.5	0.6	0.7	0.8	0.9	1.0
0.0	0.2974	0.2974	0.2974	0.2974	0.2974	0.2974	0.2974	0.2974	0.2974	0.2974	0.2974
0.1	0.2957	0.2954	0.2952	0.2951	0.2951	0.295	0.295	0.295	0.295	0.295	0.295
0.2	0.2957	0.2959	0.296	0.296	0.296	0.296	0.2961	0.2961	0.2961	0.2961	0.2962
0.3	0.3288	0.3306	0.3311	0.3316	0.3316	0.3318	0.3319	0.332	0.3321	0.3322	0.3322
0.4	0.3305	0.3313	0.3321	0.3327	0.3332	0.3337	0.334	0.3342	0.3342	0.3344	0.3345
0.5	0.3431	0.3453	0.3466	0.3478	0.3488	0.3493	0.3498	0.3501	0.3502	0.3501	0.3502
0.6	0.3454	0.3471	0.3483	0.3493	0.3502	0.3504	0.3505	0.3509	**0.351**	0.3508	0.3506
0.7	0.3375	0.3343	0.3321	0.33	0.3284	0.3272	0.3252	0.3241	0.3236	0.3221	0.321
0.8	0.3248	0.3127	0.3043	0.299	0.295	0.2909	0.288	0.2867	0.2845	0.2821	0.2803
0.9	0.3286	0.3111	0.3009	0.2944	0.289	0.2838	0.2789	0.2755	0.2725	0.2692	0.2668
1.0	0.3391	0.321	0.3081	0.2967	0.2874	0.2793	0.2711	0.2642	0.2567	0.2509	0.2451

表5 KAT方法的平均查准率均值MAP(中查询式TD)

CPT\λ	0.0	0.1	0.2	0.3	0.4	0.5	0.6	0.7	0.8	0.9	1.0
0.0	0.4076	0.4077	0.4077	0.4077	0.4076	0.4076	0.4076	0.4077	0.4077	0.4077	0.4077
0.1	0.4086	0.4086	0.4086	0.4086	0.4086	0.4086	0.4086	0.4086	0.4087	0.4087	0.4087
0.2	0.4147	0.4154	0.4158	0.416	0.4161	0.4163	0.4166	0.4167	0.4168	0.4169	0.417
0.3	0.4299	0.432	0.4331	0.434	0.4347	0.4355	0.4364	0.4369	0.4373	0.4376	0.4379

续表

CPT\λ	0.0	0.1	0.2	0.3	0.4	0.5	0.6	0.7	0.8	0.9	1.0
0.4	0.432	0.4327	0.4333	0.4336	0.4342	0.4342	0.4339	0.4339	0.4342	0.4345	0.4343
0.5	0.4353	0.4349	0.4359	0.4363	0.437	0.4372	0.4371	0.4368	0.4368	0.4371	0.4368
0.6	0.4372	0.4346	0.4335	0.4328	0.432	0.4314	0.4313	0.4312	0.4309	0.4308	0.4311
0.7	0.4398	0.4354	0.4338	0.4312	0.4301	0.4288	0.4274	0.4262	0.4255	0.4255	0.4245
0.8	0.4317	0.423	0.4189	0.4147	0.4119	0.4105	0.4095	0.4081	0.4072	0.4059	0.4051
0.9	0.4322	0.4214	0.4138	0.4103	0.4067	0.4022	0.3979	0.3949	0.3924	0.3905	0.3883
1.0	**0.441**	0.4186	0.4051	0.3946	0.3844	0.3777	0.3714	0.3647	0.3586	0.3535	0.3485

表6 KAT方法的平均查准率均值MAP(长查询式TDN)

CPT\λ	0.0	0.1	0.2	0.3	0.4	0.5	0.6	0.7	0.8	0.9	1.0
0.0	0.4385	0.4387	0.439	0.4393	0.4398	0.4399	0.4404	0.4407	0.441	0.4412	0.4417
0.1	0.4394	0.4397	0.4401	0.4406	0.441	0.4413	0.4419	0.4422	0.4425	0.4428	0.4435
0.2	0.4488	0.4497	0.4498	0.4504	0.4508	0.451	0.4514	0.4517	0.4517	0.452	0.4524
0.3	0.4513	0.4524	0.4529	0.4537	0.4543	0.4548	0.4552	0.4559	0.4563	0.4567	0.4572
0.4	0.4586	0.459	0.4585	0.4586	0.4581	0.458	0.4582	0.4583	0.4587	0.4589	0.4592
0.5	0.4859	0.487	0.4876	0.4879	0.4878	0.4881	**0.4885**	0.4883	0.4882	0.4882	0.4883
0.6	0.4862	0.4848	0.4849	0.4843	0.4842	0.4843	0.4845	0.4844	0.4842	0.484	0.4838
0.7	0.4828	0.4797	0.479	0.4785	0.4783	0.4779	0.4769	0.4763	0.4757	0.4752	0.4748
0.8	0.4822	0.4741	0.4714	0.4687	0.4669	0.4655	0.4642	0.4629	0.4621	0.4612	0.4601
0.9	0.4766	0.4626	0.4548	0.4514	0.4468	0.4431	0.4403	0.437	0.4347	0.4322	0.4304
1.0	0.4797	0.4487	0.4352	0.4245	0.4168	0.41	0.404	0.399	0.3933	0.3885	0.3846

表7 K1T方法的平均查准率均值MAP(短查询式T)

CPT\λ	0.0	0.1	0.2	0.3	0.4	0.5	0.6	0.7	0.8	0.9	1.0
0.0	0.2974	0.2974	0.2974	0.2974	0.2974	0.2974	0.2974	0.2974	0.2974	0.2974	0.2974
0.1	0.2957	0.2954	0.2952	0.2951	0.2951	0.295	0.295	0.295	0.295	0.295	0.295
0.2	0.2958	0.296	0.296	0.2961	0.2961	0.2961	0.2962	0.2962	0.2963	0.2962	0.2962
0.3	0.3289	0.3307	0.3313	0.3318	0.3321	0.3324	0.3328	0.3331	0.3334	0.3338	0.3339
0.4	0.3331	0.3349	0.336	0.337	0.3375	0.3382	0.3389	0.3394	0.3399	0.3405	0.3406
0.5	0.3423	0.3448	0.3468	0.3483	0.3497	0.3507	0.3517	0.3523	0.3529	0.3534	0.3536
0.6	0.3521	0.3532	0.354	0.355	0.3559	0.3564	0.3572	0.3576	0.358	0.3584	0.3586
0.7	0.3449	0.3475	0.3497	0.3507	0.3518	0.3521	0.3526	0.353	0.3536	0.3543	0.3542

附录3 四种翻译优化方法的平均查准率均值MAP

续表

CPT\λ	0.0	0.1	0.2	0.3	0.4	0.5	0.6	0.7	0.8	0.9	1.0
0.8	0.339	0.3391	0.3394	0.3409	0.3417	0.3429	0.3442	0.3448	0.346	0.3472	0.3472
0.9	0.3456	0.3433	0.3436	0.3441	0.3449	0.3461	0.347	0.3474	0.3485	0.3487	0.3486
1.0	0.3583	0.3568	0.3568	0.3575	0.3583	0.3594	0.3598	0.3597	**0.3599**	0.3596	0.3596

表8 K1T方法的平均查准率均值MAP(中查询式TD)

CPT\λ	0.0	0.1	0.2	0.3	0.4	0.5	0.6	0.7	0.8	0.9	1.0
0.0	0.4076	0.4076	0.4077	0.4077	0.4077	0.4077	0.4077	0.4077	0.4077	0.4077	0.4077
0.1	0.4086	0.4086	0.4087	0.4087	0.4087	0.4087	0.4087	0.4087	0.4087	0.4087	0.4087
0.2	0.4144	0.4152	0.4157	0.4161	0.4164	0.4166	0.4169	0.4172	0.4173	0.4175	0.4175
0.3	0.4308	0.4329	0.4344	0.4357	0.4367	0.4375	0.4387	0.4391	0.4398	0.4403	0.4406
0.4	0.4346	0.4365	0.438	0.4392	0.4394	0.4397	0.4401	0.4405	0.4409	0.441	0.4411
0.5	0.4338	0.4357	0.4373	0.4382	0.4391	0.4396	0.4401	0.4409	0.4411	0.4418	0.442
0.6	0.4409	0.4408	0.4412	0.4427	0.4434	0.444	0.4439	0.445	0.445	0.4458	0.4456
0.7	0.437	0.4368	0.439	0.4398	0.4404	0.4418	0.4425	0.4437	0.4446	0.4452	0.4459
0.8	0.4359	0.4353	0.4372	0.4381	0.4387	0.4398	0.4406	0.4414	0.4421	0.4429	0.443
0.9	0.4426	0.4453	0.4438	0.4444	0.4455	0.4471	0.4475	0.4478	0.4488	0.4496	0.4497
1.0	0.4573	0.4552	0.4556	0.4568	0.4584	0.4592	0.4596	0.4597	0.4598	0.4599	**0.4602**

表9 K1T方法的平均查准率均值MAP(长查询式TDN)

CPT\λ	0.0	0.1	0.2	0.3	0.4	0.5	0.6	0.7	0.8	0.9	1.0
0.0	0.4385	0.4387	0.439	0.4393	0.4396	0.4398	0.4401	0.4402	0.4403	0.4406	0.4407
0.1	0.4393	0.4396	0.4398	0.4402	0.4405	0.4406	0.4413	0.4416	0.4417	0.4421	0.4424
0.2	0.4486	0.4496	0.45	0.4508	0.4514	0.4518	0.4524	0.4528	0.453	0.4532	0.4536
0.3	0.4532	0.4542	0.4552	0.4559	0.4568	0.4578	0.4589	0.4596	0.4602	0.4609	0.4615
0.4	0.4615	0.4628	0.4641	0.4648	0.4653	0.4659	0.4661	0.4666	0.4668	0.4672	0.4677
0.5	0.4848	0.4863	0.4879	0.4886	0.4901	0.4906	0.4909	0.4913	0.4917	0.4919	0.492
0.6	0.4878	0.489	0.4895	0.4902	0.4914	0.492	0.493	0.4937	0.4939	0.4941	0.4946
0.7	0.4851	0.4857	0.4865	0.4877	0.4886	0.4893	0.49	0.4903	0.4902	0.4905	0.491
0.8	0.4901	0.4911	0.4929	0.4942	0.4947	0.4953	0.4958	0.4964	0.4969	0.497	0.497
0.9	0.4923	0.4909	0.491	0.4903	0.4898	0.4898	0.4893	0.4883	0.4882	0.4883	0.4878
1.0	**0.5016**	0.4976	0.4949	0.4942	0.4935	0.4929	0.4926	0.4923	0.4921	0.4919	0.4918

表 10　KFT方法的平均查准率均值 MAP(短查询式 T)

CPT\λ	0.0	0.1	0.2	0.3	0.4	0.5	0.6	0.7	0.8	0.9	1.0
0.0	0.2974	0.2974	0.2974	0.2974	0.2974	0.2974	0.2974	0.2974	0.2974	0.2974	0.2974
0.1	0.2957	0.2953	0.2951	0.295	0.295	0.295	0.2949	0.2949	0.2948	0.2948	0.2947
0.2	0.2957	0.2959	0.2959	0.296	0.296	0.296	0.2961	0.2961	0.296	0.296	0.296
0.3	0.3288	0.3303	0.3308	0.3312	0.3314	0.3315	0.3316	0.3316	0.3316	0.3315	0.3314
0.4	0.3304	0.3311	0.3319	0.3325	0.3332	0.3335	0.3339	0.3342	0.3342	0.3344	0.3344
0.5	0.3456	0.3465	0.3472	0.3479	0.3482	0.3487	0.3489	0.349	0.349	0.3491	0.349
0.6	0.3541	0.3544	0.3543	0.3547	0.3551	**0.3552**	0.3551	0.3551	0.3548	0.3545	0.3544
0.7	0.3446	0.3451	0.3453	0.3449	0.3451	0.3453	0.345	0.3446	0.3446	0.3448	0.3448
0.8	0.3367	0.3259	0.3202	0.3173	0.3157	0.315	0.3137	0.3137	0.3132	0.3125	0.3122
0.9	0.3425	0.3285	0.3236	0.3203	0.3183	0.3176	0.3172	0.3164	0.3157	0.3155	0.3149
1.0	0.3534	0.3386	0.3312	0.3261	0.3231	0.3203	0.318	0.3164	0.3149	0.3143	0.3134

表 11　KFT方法的平均查准率均值 MAP(中查询式 TD)

CPT\λ	0.0	0.1	0.2	0.3	0.4	0.5	0.6	0.7	0.8	0.9	1.0
0.0	0.4076	0.4076	0.4077	0.4077	0.4077	0.4077	0.4077	0.4077	0.4077	0.4077	0.4077
0.1	0.4086	0.4086	0.4086	0.4086	0.4086	0.4087	0.4086	0.4087	0.4087	0.4087	0.4088
0.2	0.4149	0.4158	0.4161	0.4163	0.4165	0.4167	0.417	0.4171	0.4172	0.4173	0.4173
0.3	0.4368	0.4372	0.4376	0.4379	0.4382	0.4384	0.4384	0.4384	0.4386	0.4386	0.4386
0.4	0.4384	0.438	0.4377	0.4372	0.4368	0.4362	0.4354	0.4353	0.4355	0.4352	0.4349
0.5	0.4384	0.4377	0.4381	0.438	0.4377	0.4373	0.4372	0.4367	0.4367	0.4367	0.4365
0.6	0.44	0.4385	0.4383	0.4375	0.437	0.4371	0.437	0.4367	0.4369	0.4368	0.4361
0.7	0.442	0.4403	0.4397	0.4394	0.4397	0.4395	0.4393	0.4389	0.4389	0.4386	0.4383
0.8	0.4428	0.4395	0.4391	0.4388	0.4383	0.4378	0.4371	0.4369	0.4365	0.4363	0.4366
0.9	0.4456	0.4437	0.4423	0.4407	0.4403	0.4398	0.4395	0.4391	0.4392	0.4396	0.4398
1.0	**0.4584**	0.4485	0.4444	0.4415	0.4387	0.4366	0.4356	0.4337	0.4324	0.4318	0.4307

表 12　KFT方法的平均查准率均值 MAP(长查询式 TDN)

CPT\λ	0.0	0.1	0.2	0.3	0.4	0.5	0.6	0.7	0.8	0.9	1.0
0.0	0.4367	0.4367	0.4367	0.4367	0.4367	0.4367	0.4367	0.4367	0.4367	0.4367	0.4367
0.1	0.4383	0.4383	0.4382	0.4382	0.4382	0.4382	0.4382	0.4382	0.4382	0.4382	0.4382
0.2	0.4447	0.4461	0.4462	0.4466	0.4468	0.4469	0.4471	0.447	0.4471	0.4471	0.4471
0.3	0.4522	0.453	0.4537	0.4541	0.4543	0.4544	0.4545	0.4544	0.4544	0.4545	0.4545

附录 3　四种翻译优化方法的平均查准率均值 MAP

续表

CPT＼λ	0.0	0.1	0.2	0.3	0.4	0.5	0.6	0.7	0.8	0.9	1.0
0.4	0.4561	0.4561	0.4562	0.4563	0.4559	0.4557	0.4552	0.4552	0.4554	0.4554	0.4552
0.5	0.482	0.4843	0.4851	0.4852	0.4856	0.4856	0.4854	0.4853	0.4855	0.4855	0.4855
0.6	0.4855	0.4854	0.4847	0.4852	0.4851	0.4852	0.4849	0.4847	0.4846	0.4846	0.4845
0.7	0.4868	0.4864	0.4866	0.4858	0.4856	0.4853	0.4851	0.4847	0.4838	0.484	0.4831
0.8	0.4868	0.4821	0.4816	0.4813	0.4814	0.4815	0.481	0.4809	0.4802	0.4795	0.4791
0.9	0.4863	0.4828	0.4805	0.4792	0.4791	0.4785	0.4778	0.4775	0.4769	0.4766	0.4761
1.0	**0.4936**	0.4764	0.4693	0.4649	0.462	0.4598	0.4581	0.4562	0.4548	0.454	0.4531

注：加粗的部分为该方法的最佳 MAP 值。

附录4 ICE-TEA系统用户研究调查问卷

问卷1 背景资料(请在相应的位置上打"√")

1. 性别：
   A. 男(   )；B. 女(   )
2. 专业：
   A. 文科(   )；B. 理科(   )；C. 工科(   )；D. 其他_____
3. 年龄：
   A. 20以下(   )；B. 20~25(   )；C. 26~30(   )；D. 30以上(   )
4. 文化程度：
   A. 大专及以下(   )；B. 本科(   )；C. 硕士(   )；D. 博士及以上(   )
5. 英语水平,请选择参加过以下哪些英语考试及分数(可多选)：
   A. 无(   )；B. 四级(   )_____；C. 六级(   )_____；D. 托福(   )_____；
   E. GRE(   )_____；F. 雅思(   )_____；G. 剑桥英语(   )_____；
   H. 其他_____
6. 是否上过《信息检索》相关课程：
   A. 是(   )；B. 否(   )
7. 对"跨语言信息检索"技术的了解程度：
   A. 非常了解(   )；B. 听过过,但了解不深(   )；C. 完全没听说过(   )
8. 平均每天上网查找资料的时间：
   A. 低于1小时(   )；B. 1~2小时(   )；C. 2~3小时(   )；D. 3小时以上(   )
9. 使用搜索引擎的熟悉程度：
   A. 经常使用,非常熟悉(   )；B. 偶尔使用,比较熟悉(   )；C. 很少使用,不熟悉(   )
10. 是否使用过以下跨语言搜索引擎(可多选)：
    A. 无(   )；B. Google Translated Search(   )；C. PanImages(   )；D. 其他_____
11. 对搜索引擎检索结果的判断能力：
    A. 能准确判断,非常有信心(   )；
    B. 基本能判断,比较有信心(   )；
    C. 不能判断,没有信心(   )
12. 每天花在收听、阅读或观看新闻上的时间：
    A. 低于1小时(   )；B. 1~2小时(   )；C. 2~3小时(   )；D. 3小时以上(   )

问卷 2 完成基准(Baseline)方法后的结果调查
（请在相应的位置上打"√"）

(一)第 1 个检索主题：_____   使用方法：___基准方法 baseline___

1. 实验前对该检索主题是否熟悉？
     1   2   3   4   5
 A. 完全不熟悉( )；B. 不熟悉( )；C. 一般( )；D. 熟悉( )；E. 非常熟悉( )

2. 语言问题是否影响你对该主题检索结果的相关性判断？
 A. 完全不影响( ) 1
 B. 基本不影响( ) 2
 C. 还好( )   3
 D. 有一点影响( ) 4
 E. 非常影响( )   5

3. 对于该检索主题，你输入的检索词主要来源于(可多选)：
 A. 所给材料的标题(Title)( )
 B. 所给材料的事件元素(WHAT,WHO,WHERE,WHEN,简称 4W)( )
 C. 所给材料的主题描述(Topic Explication)( )
 D. 所给材料的主题解释(On Topic)( )
 E. 没有基于所给材料，是自己对该主题的理解( )

(二)第 2 个检索主题：_____   使用方法：___基准方法 baseline___

1. 实验前对该检索主题是否熟悉？
     1   2   3   4   5
 A. 完全不熟悉( )；B. 不熟悉( )；C. 一般( )；D. 熟悉( )；E. 非常熟悉( )

2. 语言问题是否影响你对该主题检索结果的相关性判断？
 A. 完全不影响( ) 1
 B. 基本不影响( ) 2
 C. 还好( )   3
 D. 有一点影响( ) 4
 E. 非常影响( )   5

3. 对于该检索主题，你输入的检索词主要来源于(可多选)：
 A. 所给材料的标题(Title)( )
 B. 所给材料的事件元素(WHAT,WHO,WHERE,WHEN,简称 4W)( )
 C. 所给材料的主题描述(Topic Explication)( )
 D. 所给材料的主题解释(On Topic)( )

E. 没有基于所给材料,是自己对该主题的理解(　　)

(三)第 3 个检索主题:＿＿＿＿　　　**使用方法:**　**基准方法 baseline**

1. 实验前对该检索主题是否熟悉?:

　　　　　　　1　　　2　　　3　　　4　　　5

A. 完全不熟悉(　　);B. 不熟悉(　　);C. 一般(　　);D. 熟悉(　　);E. 非常熟悉(　　)

2. 语言问题是否影响你对该主题检索结果的相关性判断?

A. 完全不影响(　　)　　1

B. 基本不影响(　　)　　2

C. 还好(　　)　　　　　3

D. 有一点影响(　　)　　4

E. 非常影响(　　)　　　5

3. 对于该检索主题,你输入的检索词主要来源于(可多选):

A. 所给材料的标题(Title)(　　)

B. 所给材料的事件元素(WHAT,WHO,WHERE,WHEN,简称 4W)(　　)

C. 所给材料的主题描述(Topic Explication)(　　)

D. 所给材料的主题解释(On Topic)(　　)

E. 没有基于所给材料,是自己对该主题的理解(　　)

(四)对使用的方法的评价　　　　　　　　　　**使用方法:**　**基准方法 baseline**

(**1**:完全否定;**2**:否定;**3**:中立;**4**:肯定;**5**:非常肯定)

No.	问 题	1	2	3	4	5
1	对基准实验的检索结果是否满意?					
2	从用户交互的角度来看,你认为该方法是否好用?					
3	你对自己判断的检索结果的相关性的准确率是否有信心?					

问卷 3　完成翻译优化(TE)方法后的结果调查
(请在相应的位置上打"√")

(一)第 1 个检索主题:＿＿＿＿　　　**使用方法:**　**翻译优化方法 TE**

1. 实验前对该检索主题是否熟悉?

　　　　　　　1　　　2　　　3　　　4　　　5

A. 完全不熟悉(　　);B. 不熟悉(　　);C. 一般(　　);D. 熟悉(　　);E. 非常熟悉(　　)

2. 语言问题是否影响你对该主题检索结果的相关性判断?

A. 完全不影响(　　)　　1

B. 基本不影响(　　)　　2

C. 还好（　　）　　　　　　3

D. 有一点影响（　　）　　　4

E. 非常影响（　　）　　　　5

3. 对于该检索主题，你输入的检索词主要来源于(可多选)：

A. 所给材料的标题(Title)（　　）

B. 所给材料的事件元素(WHAT,WHO,WHERE,WHEN,简称 4W)（　　）

C. 所给材料的主题描述(Topic Explication)（　　）

D. 所给材料的主题解释(On Topic)（　　）

E. 没有基于所给材料，是自己对该主题的理解（　　）

(二) 第 2 个检索主题：_____　　使用方法：__翻译优化方法 TE__

1. 实验前对该检索主题是否熟悉？

　　　　　　　　1　　　　2　　　　3　　　　4　　　　5

A. 完全不熟悉（　　）；B. 不熟悉（　　）；C. 一般（　　）；D. 熟悉（　　）；E. 非常熟悉（　　）

2. 语言问题是否影响你对该主题检索结果的相关性判断？

A. 完全不影响（　　）　　1

B. 基本不影响（　　）　　2

C. 还好（　　）　　　　　　3

D. 有一点影响（　　）　　　4

E. 非常影响（　　）　　　　5

3. 对于该检索主题，你输入的检索词主要来源于(可多选)：

A. 所给材料的标题(Title)（　　）

B. 所给材料的事件元素(WHAT,WHO,WHERE,WHEN,简称 4W)（　　）

C. 所给材料的主题描述(Topic Explication)（　　）

D. 所给材料的主题解释(On Topic)（　　）

E. 没有基于所给材料，是自己对该主题的理解（　　）

(三) 第 3 个检索主题：_____　　使用方法：__翻译优化方法 TE__

1. 实验前对该检索主题是否熟悉？

　　　　　　　　1　　　　2　　　　3　　　　4　　　　5

A. 完全不熟悉（　　）；B. 不熟悉（　　）；C. 一般（　　）；D. 熟悉（　　）；E. 非常熟悉（　　）

2. 语言问题是否影响你对该主题检索结果的相关性判断？

A. 完全不影响（　　）　　1

B. 基本不影响（　　）　　2

C. 还好（　　）　　　　　　3

D. 有一点影响（　　）　　　4

E. 非常影响（　　）　　　　5

3. 对于该检索主题,你输入的检索词主要来源于(可多选):
A. 所给材料的标题(Title)(   )
B. 所给材料的事件元素(WHAT,WHO,WHERE,WHEN,简称4W)(   )
C. 所给材料的主题描述(Topic Explication)(   )
D. 所给材料的主题解释(On Topic)(   )
E. 没有基于所给材料,是自己对该主题的理解(   )

(四)对使用的方法的评价　　　　　　　　使用方法:　**翻译优化方法 TE**

(**1**:完全否定;**2**:否定;**3**:中立;**4**:肯定;**5**:非常肯定)

No.	问 题	1	2	3	4	5
1	你认为翻译优化(TE)之后,新的翻译是否更准确了?					
2	你是否使用了翻译优化(TE)的选择翻译功能? 如果否,此题不答;如果是,你认为该功能是否好用?请选择					
3	经过翻译优化之后,新的检索结果是否更好?					
4	从用户交互的角度来看,你认为该方法是否好用?					
5	你对自己判断的检索结果的相关性的准确率是否有信心?					

问卷4　完成翻译优化(TE)＋查询扩展(QE)方法后的结果调查
(请在相应的位置上打"√")

(一)第1个检索主题:　　　　　　　　使用方法:　**翻译优化 TE＋查询扩展 QE 方法**

1. 实验前对该检索主题是否熟悉?
　　　　　　　1　　　　2　　　　3　　　　4　　　　5
A. 完全不熟悉(   );B. 不熟悉(   );C. 一般(   );D. 熟悉(   );E. 非常熟悉(   )

2. 语言问题是否影响你对该主题检索结果的相关性判断?
A. 完全不影响(   )　1
B. 基本不影响(   )　2
C. 还好(   )　3
D. 有一点影响(   )　4
E. 非常影响(   )　5

3. 对于该检索主题,你输入的检索词主要来源于(可多选):
A. 所给材料的标题(Title)(   )
B. 所给材料的事件元素(WHAT,WHO,WHERE,WHEN,简称4W)(   )
C. 所给材料的主题描述(Topic Explication)(   )
D. 所给材料的主题解释(On Topic)(   )

E. 没有基于所给材料,是自己对该主题的理解(　　)

(二) 第 2 个检索主题:_____　　使用方法:___翻译优化 TE＋查询扩展 QE 方法___

1. 实验前对该检索主题是否熟悉?

　　　　　　　1　　　　2　　　　3　　　　4　　　　5

A. 完全不熟悉(　　);B. 不熟悉(　　);C. 一般(　　);D. 熟悉(　　);E. 非常熟悉(　　)

2. 语言问题是否影响你对该主题检索结果的相关性判断?

A. 完全不影响(　　)　　1

B. 基本不影响(　　)　　2

C. 还好(　　)　　　　　3

D. 有一点影响(　　)　　4

E. 非常影响(　　)　　　5

3. 对于该检索主题,你输入的检索词主要来源于(可多选):

A. 所给材料的标题(Title)(　　)

B. 所给材料的事件元素(WHAT,WHO,WHERE,WHEN,简称 4W)(　　)

C. 所给材料的主题描述(Topic Explication)(　　)

D. 所给材料的主题解释(On Topic)(　　)

E. 没有基于所给材料,是自己对该主题的理解(　　)

(三) 第 3 个检索主题:_____　　使用方法:___翻译优化 TE＋查询扩展 QE 方法___

1. 实验前对该检索主题是否熟悉?

　　　　　　　1　　　　2　　　　3　　　　4　　　　5

A. 完全不熟悉(　　);B. 不熟悉(　　);C. 一般(　　);D. 熟悉(　　);E. 非常熟悉(　　)

2. 语言问题是否影响你对该主题检索结果的相关性判断?

A. 完全不影响(　　)　　1

B. 基本不影响(　　)　　2

C. 还好(　　)　　　　　3

D. 有一点影响(　　)　　4

E. 非常影响(　　)　　　5

3. 对于该检索主题,你输入的检索词主要来源于(可多选):

A. 所给材料的标题(Title)(　　)

B. 所给材料的事件元素(WHAT,WHO,WHERE,WHEN,简称 4W)(　　)

C. 所给材料的主题描述(Topic Explication)(　　)

D. 所给材料的主题解释(On Topic)(　　)

E. 没有基于所给材料,是自己对该主题的理解(　　)

(四) 对使用的方法的评价_____　　使用方法:___翻译优化 TE＋查询扩展 QE 方法___

(**1**:完全否定;**2**:否定;**3**:中立;**4**:肯定;**5**:非常肯定)

No.	问　题	1	2	3	4	5
1	你认为查询扩展(QE)之后,扩展的词是否大部分相关?					
2	你是否使用了查询扩展(QE)的选择扩展词功能? 如果否,此题不答;如果是,你认为该功能是否好用?请选择。					
3	经过翻译优化与查询扩展之后,新的检索结果是否更好?					
4	从用户交互的角度来看,你认为该方法是否好用?					
5	你对自己判断的检索结果的相关性的准确率是否有信心?					

问卷5　对系统的总体评价(请在相应的位置上打"√")

请根据你使用三种方法后的感受,回答下列问题：
(**1**:完全否定；**2**:否定；**3**:中立；**4**:肯定；**5**:非常肯定)

No.	问　题	1	2	3	4	5
1	是否依赖英文摘要来判断检索结果的相关性?					
2	是否依赖英文全文来判断检索结果的相关性?					
3	是否依赖中文全文来判断检索结果的相关性?					
4	关键词的高亮显示是否有助于你判断检索结果的相关性?					
5	高度相关、一般相关、不相关三个级别是否容易确定?					

6. 你认为三种方法哪个最好?哪个最差?请用"1,2,3"分别代表第一、二、三给个排序：

　A. 基准方法 baseline(　　)；

　B. 翻译优化方法 TE(　　)；

　C. 翻译优化 TE+查询扩展 QE 方法(　　)。

7. 请写下任何你对本次实验的意见或建议,谢谢。

参 考 文 献

1. Mooers C. Application of random codes to the gathering of statistical information [D]. M. S. Thesis. Massachusetts Institute of Technology, 1948
2. http://cn.en.nielsen.com/site/index.shtml [EB/OL] (2011-01-31 访问)
3. http://www.internetworldstats.com/ [EB/OL] (2011-01-30 访问)
4. http://www.cnnic.net.cn/dtygg/dtgg/201101/t20110118-20250.html [EB/OL] (2011-01-31 访问)
5. Oard D W, Diekema A. Cross-language information retrieval [J]. Annual Review of Information Science and Technology. 1998, 33: 223-256
6. Salton G. Automatic processing of foreign language documents [J]. Journal of the American Society for Information Science. 1970, 21(3): 187-194
7. Salton G. Experiments in multi-lingual information retrieval [J]. Information Processing Letters. 1973, 2(1): 6-11
8. Pevzner B R. Comparative estimation of operation of Russian and English modification of Empty-Nonempty-2 system (in Russian) [J]. Nauchno-tekhnicheskaya Informatsiya. 1972, 2(6): 31-33
9. Oard D W, Diekema A. Cross-language information retrieval [J]. Annual Review of Information Science and Technology. 1998, 33: 223-256
10. Furnas G W. Deerwester S, Dumais S T, et al. Information retrieval using a singular value decomposition model of latent semantic structure [C]. In Proceedings of 11th Annual International ACM SIGIR Conference on Research and Development in Information Retrieval (SIGIR'88). Grenoble, France, 1988: 465-480
11. Radwan K, Foussier F, Fluhr C. Multilingual access to textual database [C]. In Proceedings of a Conference on Intelligent Text and Image Handling (RIAO'91). Barcelona, Spain, 1991: 475-489
12. Mateev B, Munteanu E, Sheridan P, et al. ETH TREC-6: routing, Chinese, cross-language and spoken document retrieval [C]. In Proceedings of Text Retrieval Conference (TREC'96). Gaithersburg, USA, 1996: 623-635
13. Schauble P. CLEF 2000 state-of-the art multilingual information access [C]. In Proceedings of a Conference on Cross-Language Evaluation Forum (CLEF'00). Lisbon, Portugal, 2000: 1-21
14. Carbonell J G, Yang Y, Frederking R E, et al. A realistic evaluation of translingual information retrieval methods [J]. Personal Communication. LTI, CMU, 1997: 1-8
15. Pirkola A. The effects of query structure and dictionary setups in dictionary-based cross-language information retrieval [C]. In Proceedings of the 21st Annual International ACM SIGIR Conference on Research and Development in Information Retrieval (SIGIR'98). Melbourne, Australia, 1998: 55-63
16. http://www.sigir.org/ [EB/OL] (2011-03-31 访问)
17. http://trec.nist.gov/ [EB/OL] (2011-03-31 访问)
18. http://www.aaai.org/home.html/ [EB/OL] (2007-11-30 访问)
19. http://www-nlpir.nist.gov/tides/index.html/ [EB/OL] (2007-11-30 访问)
20. http://research.nii.ac.jp/ntcir/ [EB/OL] (2011-03-31 访问)

21 http://www.clef-campaign.org/ [EB/OL] (2011-03-31 访问)

22 Larkey L S, Connell M E. Structured queries, language modeling, and relevance modeling in cross-language information retrieval [J]. Information Processing and Management. 2005, 41(3): 457-473

23 Ostenero F L, Gonzalo J, Verdejo F. UNED at iCLEF 2003: searching cross-language summaries [C]. In Proceedings of the 3rd Cross-Language Evaluation Forum (CLEF'03). Trondheim, Norway, 2003: 450-461

24 Wang J Q. Matching meaning for cross-language information retrieval [D]. Ph. D Dissertation. University of Maryland, College Park, 2005

25 Darwish K, Oard D W. Probabilistic structured query methods [C]. In Proceedings of 26th Annual International ACM SIGIR Conference on Research and Development in Information Retrieval (SIGIR'03). Toronto, Canada, 2003: 338-344

26 http://de.docs.yahoo.com/translator/ [EB/OL] (2007-11-29 访问)

27 http://fr.docs.yahoo.com/translator/ [EB/OL] (2011-03-31 访问)

28 http://translate.google.com/translate_s? hl=en/ [EB/OL] (2011-03-31 访问)

29 赛迪网. 微软亚洲研究院10大技术突破. http://it.sohu.com/67/89/article215168967.shtml [EB/OL] (2011-01-31 访问)

30 http://www.hjtek.com/Solutions/kyy.html [EB/OL] (2011-01-31 访问)

31 Grefenstette G (Eds.). Cross-language information retrieval [M]. Massachusetts: Kluwer Academic Publishers, 1998: 1-2

32 Gey F C, Kando N, Lin C Y, et al. New directions in multilingual information access: introduction to the workshop at SIGIR 2006 [C]. In Workshop Report of the 29th Annual International ACM SIGIR Conference on Research and Development in Information Retrieval (SIGIR'06). Seattle, USA, 2006: 1-2

33 Oard D W. Cross-language information retrieval (ppt) [R]. In Tutorial of the 20th Annual International ACM SIGIR Conference on Research and Development in Information Retrieval (SIGIR'97). Philadelphia, USA, 1997

34 Kazuaki K. Methods for cross-language information retrieval. In Earl F C (Eds.) Bilinguals: cognition, education and language processing [M]. New York: Nova Science Publishers, 2010: 243-286

35 Arumugam P. Cross language information retrieval for Web (ppt) [R], IKM Trainee, NCSI

36 http://www.seoconsultants.com/search-engines/ [EB/OL] (2011-01-30 访问)

37 http://tech.163.com/09/1204/19/5PN9VH6J000915BF.html [EB/OL] (2011-01-30 访问)

38 Borgman C L. Multi-media, multi-cultural, and multi-lingual digital libraries, or how do we exchange data in 400 languages [J]? D-Lib Magazine, 1997, 3(6). http://www.dlib.org/dlib/june97/06borgman.html (2011-03-30 访问)

39 Gey F C, Kando N, Lin C, Peters C. New Directions in Multilingual Information Access: Introduction to the Workshop at SIGIR 2006 [C]. In Proceedings of the 5th Workshop on Important Unresolved Matters, a Workshop of SIGIR 2006. 2006: 1-2

40 Oard D W. Serving users in many languages [J]. D-Lib Magazine. 1997, 3(12). http://www.dlib.org/dlib/december97/oard/12oard.html (2011-03-31 访问)

41 Maybury M, Griffith J, Holland R, Damianos L, Hu Q, Fish R. Virtually integrated visionary intelligence demonstration, MITRE technical papers [R]. http://www.mitre.org/work/tech_papers/tech_pa-

pers_05/05_0140/05_0140. pdf (2011-03-31 访问)

42 Chen H H. Multilingual information access in digital library [C]. In Proceedings of the International Conference on e-Education 2004: Review and New Perspectives, Macao, June 24-25, 2004

43 Liu X, Maly K, Zubair M, Hong Q, Xu C. An OAI compliant federated digital library [J]. Scientific Commons. 2008. http://en. scientificcommons. org/42412620 (2011-03-31 访问)

44 Pavani A M B. A model of multilingual digital library [EB/OL], 2001. http://www. scielo. br/scielo. php? script=sci_arttext&pid=S0100-19652001000300010 (2011-03-31 访问)

45 Bian G W, Chen H H. Cross-language information access to multilingual collections on the Internet [J]. Journal of the American Society for Information Science. 2000, 51 (3): 281-296

46 Wang J H, Teng J W, Cheng P J, Lu W H, Chien L F. Translating unknown cross-lingual queries in digital libra-ries using a web-based approach [C]. In Proceedings of the 4th ACM/IEEE-CS joint conference on Digital libraries (JCDL'04), 2004: 108-116

47 Richardson R, Fox E A. Using concept maps as a cross-language resource discovery tool for large documents in digital libraries [C]. In Proceedings of the 5th ACM/IEEE-CS Joint Conference on Digital libraries (JCDL'05). 2005: 415

48 Hutchinson H B, Rose A, Bederson B B, Weeks A C, Druin A. The international children's digital library: a case study in designing for a multi-lingual, multi-cultural, multi-generational audience [J]. Information Technology and Libraries. 2005, 24(1): 4-12

49 The European commission under the Fifth Framework Programme. http://ec. europa. eu/research/fp5. html [EB/OL] (2009-11-01 访问)

50 Andreoni A, Baldacci M B, et al. Developing a European technical reference digital library [C]. In Proceedings of the Third European Conference on Research and Advanced Technology for Digital Libraries, Springer-Verlag, 1999: 343-362

51 Kopf S, Haenselmann T, et al. Automatic generation of video summaries for historical films [C]. In Proceedings of 2004 IEEE International Conference on Multimedia and Expo (ICME '04) Taipei, Taiwan, 2004: 2067 - 2070

52 Buitelaar P, Steffen D, et al. Evaluation resources for concept-based cross-lingual information retrieval in the medical domain [C]. In Proceedings of 4th International Conference on Language Resources and Evaluation, Lisbon, Portugal, 2004: 1-4

53 The European commission under the sixth framework programme [EB/OL]. http://ec. europa. eu/research/fp6/index-en. cfm (2009-11-01 访问)

54 http://blog. sciencenet. cn/home. php? mod=space&uid=1557&do=blog&id=335545 [EB/OL] (2011-02-01 访问)

55 郑舜元,边国维. 结合线上翻译服务的跨语言专利检索系统. http://www. aclweb. org/anthology/O/O08/O08-2009. pdf [EB/OL] (2011-02-14 访问)

56 ImageCLEF 2010. http://www. imageclef. org/2010 [EB/OL] (2011-02-14 访问)

57 吴立德. 文本检索会议简介 [J]. 计算机科学,2002,29(12):89-91

58 任成梅,李春英. 汉英跨语言信息检索探讨 [J]. 图书馆理论与实践,2006(6):51-53

59 杨沐昀,刘晓月,李生. 基于汉英双语语料库的汉英辞典编撰研究 [J]. 情报学报,2003(3):310-314

60 Nie J Y, Ren FJ. Chinese information retrieval: using characters or words [J]. Information Processing

and Management, 1999, 35(4): 443-462
61 曾民族等. 知识技术及其应用 [M]. 北京:科学技术文献出版社,2005:387-388
62 Nie J Y. Cross-Language Information Retrieval [M]. USA: Morgan & Claypool Publishers. 2010
63 Porter M. An algorithm for suffix stripping [J]. Program, 1980,14(3): 130-137
64 Krovetz R. Viewing morphology as an inference process [C]. In Proceedings of 16th Annual International ACM SIGIR Conference on Research and Development in Information Retrieval (SIGIR'93). Pittsburgh, USA, 1993: 191-202
65 http://snowball.tartarus.org/ [EB/OL] (2011-03-31 访问)
66 Savoy J. Searching strategies for the Bulgarian language [J]. Information Retrieval. 2007, 10(6): 509-529
67 Moreau F, Claveau V, Sébillot P. Automatic morphological query expansion using analogy-based machine learning [C]. In Proceedings of ECIR Conference. Rome, Italy, 2007: 222-233
68 Šnajder J, Dalbelo B B, Tadic M. Automatic acquisition of inflectional lexica for morphological normalization [J]. Information Processing and Management. 2008, 44(5): 1720-1731
69 Sheridan P, Ballerini J P. Experiments in multilingual information retrieval using the SPIDER system [C]. In Proceedings of Proceedings of 19th Annual International ACM SIGIR Conference on Research and Development in Information Retrieval (SIGIR'96). Zurich, Switzerland, 1996: 58-65
70 Chen A, Gey F C. Translation term weighting and combining translation resources in cross-language retrieval [C]. In Proceedings of Text Retrieval Conference (TREC'2001). Gaithersburg, USA, 2001: 529-533
71 Braschler M, Ripplinger B. How effective is stemming and decompounding for German Text Retrieval [J]. Information Retrieval. 2004, 7(3-4): 291-316
72 Hedlund T, Keskustalo H, Pirkola A, Airio E, Järvelin K. Utaclir @ CLEF 2001-effects of compound splitting and n-gram techniques [C]. In Proceedings of a Conference on Cross-Language Evaluation Forum (CLEF'01). Darmstadt, Germany, 2001:118-136
73 Paul Mcnamee and James Mayfield. Character n-gram tokenization for European language text retrieval [J]. Information Retrieval. 2004, 7(1-2): 73-97
74 Alfonseca E, Bilac S, Pharies S. Decompounding query keywords from compounding languages [C]. In Proceedings of ACL-HLT Conference. Ohio, USA, 2008: 253-256
75 Croft W B. Knowledge-based and statistical approaches to text retrieval [J]. IEEE Expert. 1993, 8(2): 8-12
76 Baeza-Yates R, Ribeiro-Neto B. Modern Information Retrieval [M]. Massachusetts: Addison Wesley, 1999: 25-28
77 Wong S K M, Ziarko W, Wong P C N. Generalized vector space model in information retrieval [C]. In Proceedings of the 8th Annual International ACM SIGIR Conference on Research and Development in Information Retrieval (SIGIR'85). Montreal, Canada, 1985: 18-25
78 Wilkinson R, Hingston P. Using the cosine measure in a neural network for document retrieval [C]. In Proceedings of 14th Annual International ACM SIGIR Conference on Research and Development in Information Retrieval (SIGIR'91). Chicago, USA, 1991: 202-210
79 Turtle H, Croft W B. Evaluation of an inference network-based retrieval model [J]. ACM Transactions

on Information Systems. 1991, 9(3): 187-222

80 Berthier A, Ribeiro-Neto, Muntz R. A belief network model for IR [C]. In Proceedings of 19th Annual International ACM SIGIR Conference on Research and Development in Information Retrieval (SIGIR'96). Zurich, Switzerland, 1996: 253-260

81 Croft W B, Lafferty J (Eds.). Language Modeling For Information Retrieval [M]. Netherlands: Kluwer Academic Publishers, 2003: 4-6

82 Ponte J M, Croft W B. A language modeling approach to information retrieval [C]. In Proceedings of the 21st Annual International ACM SIGIR Conference on Research and Development in Information Retrieval (SIGIR'98). Melbourne, Australia, 1998: 275-281

83 Miller D R H, Leek T, Schwartz R M. A hidden markov model information retrieval system [C]. In Proceedings of the 22nd Annual International ACM SIGIR Conference on Research and Development in Information Retrieval (SIGIR'99). Berkeley, USA, 1999: 214-221

84 Berger A, Lafferty J. Information retrieval as statistical translation [C]. In Proceedings of the 22nd Annual International ACM SIGIR Conference on Research and Development in Information Retrieval (SIGIR'99). Berkeley, USA, 1999: 222-229

85 Lavrenko V, Croft W B. Relevance based language models [C]. In Proceedings of the 24th Annual International ACM SIGIR Conference on Research and Development in Information Retrieval (SIGIR'01). New Orleans, USA, 2001: 120-127

86 Furnas G W. Deerwester S, Dumais S T, et al. Information retrieval using a singular value decomposition model of latent semantic structure [C]. In Proceedings of 11th Annual International ACM SIGIR Conference on Research and Development in Information Retrieval (SIGIR'88). Grenoble, France, 1988: 465-480

87 吴丹. 本体在信息检索中的作用分析及实例研究 [J]. 情报杂志, 2006(6):72-75

88 Aronson, Alan R, Rindflesch, Thomas C. Query expansion using the UMLS metathesaurus [C]. In Proceedings of the 1997 AMIA Annual Fall Symposium. 1997: 485-489

89 Harith A, Sanghee K, David E. Millard, et al. Automatic ontology based knowledge extraction from Web documents [J]. IEEE Intelligent Systems. 2003: 1-2

90 廖乐健, 曹元大等. 基于Ontology的信息抽取 [J]. 计算机工程与应用, 2002(23):110-113

91 Cheng C K, Pan X S, Franz K. Ontology-based semantic classification of unstructured documents. http://www.stanford.edu/xpan/Cheng-Pan-Kurfess-2003.pdf [EB/OL] (2005-12-05 访问)

92 王卫东, 王英林. 基于本体的文档自动分类系统的研究 [J]. 计算机仿真, 2005(4):183-186

93 Richard Benjamins V, Fensel D, Decker S, et al. (KA)2: building otologies for the internet: a mid-term report [J]. International Journal of Human Computer Studies. 1999(51): 687-712

94 贺娇. 基于术语本体的网页标引方法 [J]. 情报杂志, 2004(3):28-29

95 Diekema A R. Translation events in cross-language information retrieval lexical ambiguity, lexical holes, vocabulary mismatch, and correct translations [D]. Ph.D Dissertation. Syracuse University, 2003

96 Pirkola A. The effects of query structure and dictionary setups in dictionary-based cross-language information retrieval [C]. In Proceedings of the 21st Annual International ACM SIGIR Conference on Research and Development in Information Retrieval (SIGIR'98). Melbourne, Australia, 1998: 55-63

97 Levow G A, Oard D W. Translingual topic tracking with PRISE [C]. In Working Notes of the Topic De-

tection and Tracking Workshop (TDT'2000). Gaithersburg, USA, 2000: 1-6

98　Oard D W, Wang J Q. NTCIR-2 ECIR experiments at Maryland: comparing structured queries and balanced translation [C]. In Proceedings of the 2nd National Institute of Informatics Test Collection Information Retrieval (NTCIR) Workshop. Tokyo, Japan, 2001: 1-7

99　Carbonell J G, Yang Y, Frederking R E, et al. A realistic evaluation of translingual information retrieval methods [R]. Personal communication. LTI, CMU, 1997: 1-8

100　Xu J X, Weischedel R, Nguyen C. Evaluating a probabilistic model for cross-lingual information retrieval [C]. In Proceedings of the 24th Annual International ACM SIGIR Conference on Research and Development in Information Retrieval (SIGIR'01). New Orleans, USA, 2001: 105-110

101　Larkey L S, Connell M E. Structured queries, language modeling, and relevance modeling in cross-language information retrieval [J]. Information Processing and Management. 2005, 41(3): 457-473

102　Xu J, Weischedel R. TREC-9 cross-lingual retrieval at BBN [C]. In Proceedings of the 9th Text Retrieval Conference (TREC-9). Gaithersburg, USA, 2001: 106-116

103　Liu X, Croft W B. Statistical language modeling for information retrieval [J]. The Annual Review of Information Science and Technology. 2004, 39: 3-31

104　Kazuaki K. Methods for cross-language information retrieval. In Earl F C (Eds.) Bilinguals: cognition, education and language processing [M]. New York: Nova Science Publishers, 2010: 243-286

105　Deerwester S, Dumais S T, Furnas G W, et al. Indexing by latent semantic analysis [J]. Journal of the American Society for Information Science. 1990, 41(6): 391-407

106　Chen H H, Lin C C, Lin W C. Building a Chinese-English WordNet for translingual applications [J]. ACM Transactions on Asian Language Information Processing. 2002, 1(2):103-122

107　Julio G, et al. Applying Euro WordNet to cross-language text retrieval [J]. Computers and the Humanities. 1998(32): 185-207

108　夏迎炬. 文本过滤关键技术研究 [D]. 复旦大学博士学位论文, 2003

109　王进等. 基于本体的跨语言信息检索模型 [D]. 中文信息学报, 2004, 18(3): 1-8, 60

110　http://www.cindorsearch.com/ [EB/OL] (2011-03-31 访问)

111　Jacques G, Saïd R, Gilles F. Ontology-Based Multilingual Information Retrieval [R]. http://cite-seerx.ist.psu.edu/viewdoc/download? doi=10.1.1.74.4666&rep=rep1&type=pdf (2011-02-05 访问)

112　http://bow.sinica.edu.tw [EB/OL] (2011-02-05 访问)

113　Nie J Y. Cross-Language Information Retrieval [M]. USA: Morgan & Claypool Publishers. 2010

114　He D Q, Wang J Q. Cross language information retrieval. In Information Retrieval: Searching in the 21st Century [M]. UK: John Wiley & Sons, Ltd, 2009

115　http://www.darpa.mil/i2o/programs/gale/images/con-figure01.jpg [EB/OL] (2011-02-05 访问)

116　Chen H H. 跨语言资讯检索导论 (ppt) [R]. Department of Computer Science and Information Engineering, National Taiwan University

117　Wu D, He D Q. A study of using out-of-box commercial MT system for query translation in CLIR [C]. In Proceedings of 2nd International ACM Workshop on Improving Non-English Web Searching (iNEWS-2008), a workshop of 17th International ACM Conference on Information and Knowledge Management (CIKM-2008). Napa Valley, California, USA, 2008: 71-76

118　Pirkola A. Dictionary-based cross-language information retrieval: problems, methods, and research findings [J]. Information Retrieval. 2001, 4(3/4): 209-230

119 吴丹. 本体驱动的跨语言信息检索研究 [J]. 现代图书情报技术, 2006(5): 22-26, 85

120 Vossen P. EuroWordNet: a multilingual database for information retrieval [C]. The DELOS Workshop on Cross-language Information Retrieval. Zurich, Switzerland, 1997: 1-10

121 http://www.illc.uva.nl/EuroWordNet/ [EB/OL] (2011-03-30 访问)

122 http://www.keenage.com/ [EB/OL] (2011-03-30 访问)

123 Loukachevitch N V. Russian language in cross-Language information retrieval: resources and tools in Russia. (ppt) [R]

124 Nie J Y, Simard M, Isabelle P, et al. Cross-language information retrieval based on parallel texts and automatic mining of parallel texts from the Web [C]. In Proceedings of the 22nd Annual International ACM SIGIR Conference on Research and Development in Information Retrieval (SIGIR'99). Berkeley, USA, 1999: 74-81

125 Hiemstra D, Kraaij W, Pohlmann R, et al. Twenty-One at CLEF-2000: Translation resources, merging strategies and relevance feedback [C]. In Proceedings of the 1st Cross-Language Evaluation Forum (CLEF'01). Darmstadt, Germany, 2001: 102-114

126 http://www.cindorsearch.com/ [EB/OL] (2011-03-28 访问)

127 Buckley C, Mitra M, Walz J, et al. Using clustering and super concepts within SMART: TREC 6 [J]. Information Processing and Management. 2000, 36(1): 109-131

128 杨沐昀, 刘晓月, 李生. 基于汉英双语语料库的汉英词典编撰研究 [J]. 情报学报, 2003(3): 310-314

129 Melamed I D. Empirical methods for MT lexicon development [C]. In Proceedings of the 3rd Conference of the Association for Machine Translation in the Americas (AMTA98). Langhorne, USA, 1998: 18-30

130 Jin H L, Wong K F. A Chinese dictionary construction algorithm for information retrieval [J]. ACM Transactions on Asian Language Information Processing. 2002, 1(4): 281-296

131 Darwish K, Oard D W. Probabilistic structured query methods [C]. In Proceedings of 26th Annual International ACM SIGIR Conference on Research and Development in Information Retrieval (SIGIR'03). Toronto, Canada, 2003: 338-344

132 Wang J Q. Maching meanings for cross-language information retrieval [D]. University of Maryland at College Park. PhD Thesis, 2005

133 Resnik P. Parallel strands: a preliminary investigation into mining the Web for bilingual text [C]. In Proceedings of the 3rd Conference of the Association for Machine Translation in the Americas on Machine Transaltion and the Information Soup. 1998: 72-82

134 Nie J Y, Simard M, Isabelle P, Durand R. Cross-language information retrieval based on parallel texts and automatic mining of parallel texts from the Web [C]. In Proceedings of 22nd Annual International ACM SIGIR Conference on Research and Development in Information Retrieval (SIGIR'99). Berkeley, USA, 1999: 74-81

135 Och F J, Ney H. A systematic comparison of various statistical alignment models [J]. Computational Linguistics. 2003, 29(1): 19-51

136 http://baike.baidu.com/view/21352.htm#3 [EB/OL] (2011-02-24 访问)

137 科技部科技基础性工作专项资金重大项目研究成果. http://cdls2.nstl.gov.cn/mt/blogs/2nd/archives/docs/CDLS-S13-02.pdf [EB/OL] (2011-02-24 访问)

138 Guidelines for Multilingual Thesauri. http://www.ifla.org/VII/s29/pubs/Draft-multilingualthesauri.pdf. [EB/OL] (2011/02/01 访问)

139 Lois M C, Marcia L Z. Ensuring interoperability among subject vocabularies and knowledge organization schemes: a methodological analysis [C]. In Proceedings of 68th IFLA Council and General Conference. Glasgow, UK, 2002(8): 18-24

140 张晶等. 基于 WordNet 和 Hownet 建设双语语义词典 [J]. 高技术通讯, 2001(12): 28-32

141 Jose J A, Alberto S. T_2O-recycling thesauri into a multilingual ontology [C]. In Proceedings of International Conference on Language Resources and Evaluation. Genova, 2006

142 Bian G W, Chen H H. Cross language information access to multilingual collection on the Internet [J]. Journal of American Society for Information Science. 2000, 51(3): 281-296

143 Diekema A R. Translation events in cross-language information retrieval lexical ambiguity, lexical holes, vocabulary mismatch, and correct translations [D]. Ph. D Dissertation. Syracuse University, 2003

144 刘伟成. 基于查询翻译的跨语言信息检索研究 [D]. 武汉大学博士论文, 2006

145 Demner-Fushman D, Oard D W. The effect of bilingual term list size on dictionary-based cross-language information retrieval [C]. In Proceedings of 36th Annual Hawaii International Conference on System Sciences (HICSS'03). Hawaii, USA, 2003: 108-118

146 Pirkola A. The effects of query structure and dictionary setups in dictionary-based cross-language information retrieval [C]. In Proceedings of the 21st Annual International ACM SIGIR Conference on Research and Development in Information Retrieval (SIGIR'98). Melbourne, Australia, 1998: 55-63

147 Darwish K, Oard D W. Probabilistic structured query methods [C]. In Proceedings of 26th Annual International ACM SIGIR Conference on Research and Development in Information Retrieval (SIGIR'03). Toronto, Canada, 2003: 338-344

148 http://www.ushmm.org/helpdocs/inquerylang.htm/ [EB/OL] (2008-01-08 访问)

149 http://sourceforge.net/projects/lemur/ [EB/OL] (2011-03-30 访问)

150 Davis M W. New experiments in cross-language text retrieval at NMSU's computing research lab [C]. In Proceedings of the 5th Text Retrieval Conference (TREC-5). Gaithersburg, USA, 1997: 447-454

151 Ballesteros L, Croft W B. Phrasal translation and query expansion techniques for cross-language information retrieval [C]. In Proceedings of the 20th Annual International ACM SIGIR Conference on Research and Development in Information Retrieval (SIGIR'97). Philadelphia, USA, 1997: 84-91

152 Ostenero F L, Gonzalo J, Penas A, et al. Interactive cross-language searching: phrases are better than terms for query formulation and refinement [C]. In Proceedings of the 2nd Cross-Language Evaluation Forum (CLEF'02). Rome, Italy, 2002: 416-429

153 陈信希. 跨语言资讯检索:理论、技术与应用, 2003: http://www.sinica.edu.tw/~ndaplib/channels/dlm-paper/search-1.pdf/ [EB/OL] (2008-03-26 访问)

154 Krovetz R, Croft W. Lexical ambiguity and information retrieval [J]. ACM Transaction on Information Systems. 1992, 10(2): 115-141

155 Yarowsky D. Word sense disambiguation using statistical models of Roget's categories trained on large corpora [C]. In Proceedings of the 14th International Conference on Computational Linguistics (Coling'92). Nantes, France, 1992: 454-460

156 Hull D A, Grefenstette G. Experiments in multi-lingual information retrieval [C]. In Proceedings of the

19th Annual International ACM SIGIR Conference on Research and Development in Information Retrieval (SIGIR'96). Zurich, Switzerland, 1996: 58-65

157 Davis M W. New experiments in cross-language text retrieval at NMSU's computing research lab [C]. In Proceedings of the 5th Text Retrieval Conference (TREC-5). Gaithersburg, USA, 1997: 447-454

158 Balleseros L A, Croft W B. Dictionary methods for cross-lingual information retrieval [C]. In Proceedings of the 7th International DEXA Conference on Database and Expert Systems. Zurich, Switzerland, 1996: 791-801

159 王妙娅, 赖茂生. 跨语言信息检索中的询问翻译方法及其研究进展 [J]. 现代图书情报技术, 2005(4): 373-415

160 Nie J Y, Simard M, Isabelle P, et al. Cross-language information retrieval based on parallel texts and automatic mining of parallel texts from the Web [C]. In Proceedings of the 22nd Annual International ACM SIGIR Conference on Research and Development in Information Retrieval (SIGIR'99). Berkeley, USA, 1999: 74-81

161 陈信希. 跨语言资讯检索: 理论、技术与应用, 2003: http://www.sinica.edu.tw/~ndaplib/channels/dlm-paper/search-1.pdf/ [EB/OL] (2008-03-26 访问)

162 张毅波. 中文结构化信息检索系统的研究与实现 [D]. 中国科学院软件研究所博士学位论文, 2001

163 Chen H H, Bian G W, Lin W C. Resolving translation ambiguity and target polysemy in cross-language information retrieval [C]. In Proceedings of 37th Annual Meeting of the Association for Computational Linguistics. Maryland, USA, 1999: 215-222

164 He D Q, Oard D W, Wang J Q, et al. Making MIRACLEs: interactive translingual search for Cebuano and Hindi [J]. ACM Transactions on Asian Language Information Processing. 2003, 2(3): 219-244

165 http://www.clef-campaign.org/ [EB/OL] (2011-03-26 访问)

166 Oard D W, He D Q, Wang J Q. User assisted query translation for interactive cross-language information retrieval [J]. Information Processing and Management. 2008, 44(1): 181-211

167 Ostenero F L, Gonzalo J, Verdejo F. UNED at iCLEF 2003: searching cross-language summaries [C]. In Proceedings of the 3rd Cross-Language Evaluation Forum (CLEF'03). Trondheim, Norway, 2003: 450-461

168 Demner-Fushman D, Oard D W. The effect of bilingual term list size on dictionary-based cross-language information retrieval [C]. In 36th Annual Hawaii International Conference on System Sciences (HICSS'03), Hawaii, USA, 2003: 108-118

169 Thomas M, Womser-Hacker C. The Effect of named entities on effectiveness in cross-language information retrieval evaluation [C]. In Proceedings of the 2005 ACM Symposium on Applied computing (SAC'05). New York, USA, 2005: 1059-1064

170 http://baike.baidu.com/view/1939292.htm [EB/OL] (2011-02-26 访问)

171 齐振宇, 赵军, 杨帆. 一种开放式中文命名实体识别的新方法. http://nlpr-web.ia.ac.cn/2009papers/gnhy/nh5.pdf [EB/OL] (2011-02-26 访问)

172 Qu Y, Grefenstette G, Evans D A. Automatic transliteration for Japanese-to-English text retrieval [C]. In Proceedings of the 26th Annual International ACM SIGIR Conference on Research and Development in Information Retrieval (SIGIR'03). Toronto, Canada, 2003: 353-360

173 Kazuaki Kishida. Methods for cross-language information retrieval. In Earl F C (Eds.) Bilinguals: Cog-

nition, Education and Language Processing [M]. New York: Nova Science Publishers, 2010: 243-286

[174] Pablo-Sanchez C D, Martinez-Fernandez J L, Martinez P. Named entity processing for cross-lingual and multilingual IR applications [C]. In Proceedings of a Conference on Cross-Language Evaluation Forum (CLEF'05). Vienna, Austria, 2005

[175] Hsin-His C, Sheng-Jie H, Yung-Wei D, Shih-Chung T. Proper name translation in cross-language information retrieval [C]. In Proceedings of the 17th International Conference on Computational Linguistics (Coling'98). Quebec, Canada, 1998: 232-236

[176] Hildebrand A S, Eck M, Vogel S, Waibel A. Adaptation of the translation model for statistical machine translation based on information retrieval [C]. In Proceedings of the European Association for Machine Translation Conference (EAMT'05). Budapest, Hungary, 2005: 133-142

[177] Kwok K L. English-Chinese cross-language retrieval based on a translation package [C]. In Proceedings of Workshop of Machine Translation for Cross Language Information Retrieval, Machine Translation Summit VII, 1999

[178] 李培. 信息检索中的信息融合模式 [J]. 图书馆工作与研究, 2007(6): 3-7

[179] Wu D, He D Q. Signal boosting for robust data fusion in document retrieval [J]. International Journal of Innovative Computing, Information and Control, 2010, 6(3): 1525-1536

[180] Saracevic T, Kantor P. A study of information seeking and retrieving Ⅲ. Searchers, searches, overlap [J]. Journal of American Society for Information Science. 1988(39): 197-216

[181] Belkin N J, Cool C, Croft W B, Callan J P. The effect of multiple query representations on information retrieval system performance [C]. In Proceedings of 16th Annual International ACM SIGIR Conference on Research and Development in Information Retrieval (SIGIR'93). Pittsburgh, USA, 1993: 339-346

[182] Turtle H, Croft W B. Evaluation of an inference network-based retrieval model [J]. ACM Transaction on Information Systems. 1991(9): 187-222

[183] Rajashekar T B, Croft W B. Combining automatic and manual index representations in probabilistic retrieval [J]. Journal of the American Society for Information Science. 1995(46): 272-283

[184] Lee J H. Analyses of multiple evidence combination [C]. In Proceedings of the 20th Annual International ACM SIGIR Conference on Research and Development in Information Retrieval (SIGIR'97). Philadelphia, USA, 1997: 267-276

[185] Fox E A, Shaw J A. Combination of multiple searches [C]. In Proceedings of the 2nd Text Retrieval Conference (TREC'94). Gaithesburgh, Maryland, 1994: 243-252

[186] Lee J H. Analyses of multiple evidence combination [C]. In Proceedings of the 20th Annual International ACM SIGIR Conference on Research and Development in Information Retrieval (SIGIR'97). Philadelphia, USA, 1997: 267-276

[187] Vogt C C, Cottrell G W. Predicting the performance of linearly combined ir systems [C]. In Proceedings of the 21st Annual International ACM SIGIR Conference on Research and Development in Information Retrieval (SIGIR'98). Melbourne, Australia, 1998: 190-196

[188] Aslam J A, Montague M. Models for metasearch [C]. In Proceedings of the 24th Annual International ACM SIGIR Conference on Research and Development in Information Retrieval (SIGIR'01). New Orleans, USA, 2001: 276-284

[189] Lillis D, Toolan F, Collier R, Dunnion J. Profuse: A probabilistic approach to data fusion [C]. In Pro-

ceedings of the 29th Annual International ACM SIGIR Conference on Research and Development in Information Retrieval (SIGIR'06). Seattle, USA, 2006: 139-146

190 Wu S, McClean S. Performance prediction of data fusion for information retrieval [J]. Information Processing & Management. 2006, 42(4): 899-915

191 Wu S. Applying statistical principles to data fusion in information retrieval [J]. Expert System Application. 2009, 36(2): 2997-3006

192 Tsikrika T, Lalmas M. Merging techniques for performing data fusion on the web [C]. In Proceedings of the 10th International Conference on Information and Knowledge Management, Atlanda, Georgia, 2001: 127-134

193 White R W, Ruthven I, Jose J M. Finding relevant documents using top ranking sentences: An evaluation of two alternative schemes [C]. In Proceedings of the 25th Annual International ACM SIGIR Conference on Research and Development in Information Retrieval (SIGIR'02). Tampere, Finland, 2002: 57-64

194 成颖,孙建军. 信息检索中的相关性研究 [J]. 情报学报, 2004(6): 689-696

195 Schamber L, Eisenberg M B, Nilan M S. A re-examination of relevance: toward a dynamic, situational definition [J]. Information Processing and Management. 1990, 26(6): 755-776

196 孙建军,成颖等. 信息检索技术 [M]. 北京:科学出版社, 2004: 352-360

197 Saracevic T. Relevance reconsidered [C]. In Proceedings of the second International Conference on Conceptions of Library and Information Science: Integration in Perspective (CoLIS'96). Copenhagen, Denmark, 1996: 201-218

198 Mizzaro S. Relevance: the whole history [J]. Journal of the American Society for Information Science. 1997, 48(9): 810-832

199 Mizzaro S. Relevance: the whole history [J]. Journal of the American Society for Information Science. 1997, 48(9): 810-832

200 Schamber L, Eisenberg M B, Nilan M S. A re-examination of relevance: toward a dynamic, situational definition [J]. Information Processing and Management. 1990, 26(6): 755-776

201 Saracevic T. Relevance reconsidered [C]. In Proceedings of the second International Conference on Conceptions of Library and Information Science: Integration in Perspective (CoLIS'96). Copenhagen, Denmark, 1996: 201-218

202 Kekalainen J, Jarvelin K. Using graded relevance assessments in IR evaluation [J]. Journal of American Society for Information Science. 2002, 53(13): 1120-1129

203 Kekäläinen J. Binary and graded relevance in IR evaluations: comparison of the effects on ranking of IR systems [J]. Information Processing and Management. 2005, 41: 1019-1033

204 Vakkari P, Sormunen E. The influence of relevance levels on the effectiveness of interactive information retrieval [J]. Journal of the American Society for Information Science and Technology. 2004, 55(11): 963-969

205 Ruthven I, Lalmas M, Rijsbergen C J. Retrieval through explanation: an abductive inference approach to relevance feedback [C]. In Proceedings of the 10th Irish Conference on Artificial Intelligence & Cognitive Science. Cork, Irish, 1999: 9-15

206 Maron M E, Kuhns J L. On relevance, probabilistic indexing and information retrieval [J]. Journal of

the Association for Computer Machinery. 1960, 7: 216-244

207 Rocchio J J. Relevance feedback in information retrieval. In Salton G. (Ed.), The SMART Retrieval System [M]. Englewood Cliffs, N. J. : Prentice-Hall, Inc. 1971: 313-323

208 Ruthven I, Lalmas M. A survey on the use of relevance feedback for information access systems [J]. The Knowledge Engineering Review. 2003, 18(2): 95-145

209 Harman D. Relevance feedback revisited [C]. In Proccedings of the 15th Annual International ACM SIGIR Conference on Research and Development in Information Retrieval (SIGIR'92). Copenhagen, Denmark, 1992: 1-10

210 Xu J, Croft W B. Query expansion using local and global document analysis [C]. In Proceedings of the 19th Annual International ACM SIGIR Conference on Research and Development in Information Retrieval (SIGIR'96). Zurich, Switzerland, 1996: 4-11

211 Dillon M, Desper J. Automatic relevance feedback in boolean retrieval system [J]. Journal of Documentation. 1980, 36: 197-208

212 Buckley C, Salton G. Optimization of relevance feedback weights [C]. In Proceedings of the 18th Annual International ACM SIGIR Conference on Research and Development in Information Retrieval (SIGIR'95). Seattle, USA, 1995: 351-357

213 Rocchio J J. Relevance feedback in information retrieval. In Salton G. (Ed.), The SMART Retrieval System [M]. Englewood Cliffs, N. J. : Prentice-Hall, Inc. 1971: 313-323

214 Ide E, Salton G. Interactive search strategies and dynamic file organization in information retrieval. In: G Salton (ed.) The Smart Retrieval System: Experiments in Automatic Document Processing [M]. Englewood Cliffs, NL: Prentice-Hall Inc. 1971: 373-393

215 Ide E. New experiments in relevance feedback. In: G Salton (ed.) The Smart Retrieval System: Experiments in Automatic Document Processing [M]. Englewood Cliffs, NL: Prentice-Hall Inc. 1971: 337-354

216 Salton G, Buckley C. Improving retrieval performance by relevance feedback [J]. Journal of the American Society for Information Science. 1990, 41(4): 288-297

217 Jones K S. Search term relevance weighting given little relevance information [J]. Journal of Documentation. 1979, 35(1): 30-48

218 Harman D. Relevance feedback revisited [C]. In Proceedings of the 15th Annual International ACM SIGIR Conference on Research and Development in Information Retrieval (SIGIR'92). Copenhagen, Denmark, 1992:1-10

219 孙建军,成颖等. 信息检索技术 [M]. 北京:科学出版社,2004:286-340

220 Greiff W. Is it the language model in language modeling [C]? In Proceedings of the Workshop on Language Modeling and Information Retrieval. Pittsburgh, USA, 2001

221 Hiemstra D, Vries A P. Relating the new language models of information retrieval to the traditional retrieval models [R]. In CTIT Technical Report TR-CTIT-00-09

222 Zhai C, Lafferty J. Two-stage language models for information retrieval [C]. In Proceedings of the 25th Annual International ACM SIGIR Conference on Research and Development in Information Retrieval (SIGIR'02). Tampere, Finland, 2002: 49-56

223 Ng K. A maximum likelihood ratio information retrieval model [C]. In Proceedings of the 8th Text Re-

trieval Conference (TREC-8). Gaithersburg, USA, 1999: 483-492

224 Lavrenko V, Croft W B. Relevance based language models [C]. In Proceedings of the 24th Annual International ACM SIGIR Conference on Research and Development in Information Retrieval (SIGIR'01). New Orleans, USA, 2001: 120-127

225 张俊林. 基于语言模型的信息检索系统研究 [D]. 中国科学院软件研究所博士学位论文, 2004: 63-64

226 汤艳莉. 基于本体的语义处理模型及其在自然语言检索中的应用研究 [D]. 北京大学博士学位论文, 2006

227 Orengo V M, Huyck C. Relevance feedback and cross-language information retrieval [J]. Information Processing and Management. 2006, 42(5): 1203-1217

228 Ballestors L A, Croft W B. Phrasal translation and query expansion techniques for cross-language information retrieval [C]. In Proceedings of the 20th Annual International ACM SIGIR Conference on Research and Development in Information Retrieval (SIGIR'97). Philadelphia, USA, 1997: 84-91

229 McNamee P, Mayfield J. Comparing cross-language query expansion techniques by degrading translation resources [C]. In Proceedings of the 25th Annual International ACM SIGIR Conference on Research and Development in Information Retrieval (SIGIR'02). Tampere, Finland, 2002, 159-166

230 Gao J F, et al. TREC-9 CLIR Experiments at MSRCN [C]. In Proceedings of the 9th Text Retrieval Conference (TREC-9). Gaithersburg, USA, 2001: 343-353

231 Ballestors L A, Croft W B. Phrasal translation and query expansion techniques for cross-language information retrieval [C]. In Proceedings of the 20th Annual International ACM SIGIR Conference on Research and Development in Information Retrieval (SIGIR'97). Philadelphia, USA, 1997: 84-91

232 Carbonell J G, Yang Y, Frederking R E, et al. Translingual information retrieval: a comparative evaluation [C]. In Proceedings of the International Joint Conference on Artificial Intelligence (IJCAI'97). Nagoya, Japan, 1997: 708-715

233 Qu Y, Eilerman A N, Jin H, et al. The effect of pseudo relevance feedback on MT-based CLIR [C]. In Proceedings of Content-based Multimedia Information Access RIAO Conference (RIAO'2000). Paris, France, 2000

234 Gey F C, Chen A. TREC-9 Cross-language information retrieval (English-Chinese) overview [C]. In Proceedings of the 9th Text Retrieval Conference (TREC-9). Gaithersburg, USA, 2001: 15-23

235 McNamee P, Mayfield J. Comparing cross-language query expansion techniques by degrading translation resources [C]. In Proceedings of the 20th Annual International ACM SIGIR Conference on Research and Development in Information Retrieval (SIGIR'02). Tampere, Finland, 2002: 159-166

236 Hiemstra D, Kraaij W, Pohlmann R, et al. Twenty-One at CLEF-2000: Translation resources, merging strategies and relevance feedback [C]. In Proceedings of the 1st Cross-Language Evaluation Forum (CLEF'00). Lisbon, Portugal, 2000

237 Orengo V M, Huyck C. Relevance feedback and cross-language information retrieval [J]. Information Processing and Management. 2006, 42(5): 1203-1217

238 Larson R R, Gey F, Chen A T. Harvesting translingual vocabulary mappings for multilingual digital libraries [C]. In Proceedings of the Joint Conference on Digital Libraries (JCDL'02). Oregon, USA, 2002: 185-190

239 Chen A, Kishida K, Jiang H, et al. Automatic construction of a Japanese-English lexicon and its appli-

cation in cross-language information retrieval [C]. In Proceedings of the Joint ACM DL/ACM SIGIR Workshop on Multilingual Information Discovery and Access (MIDAS). Berkeley, USA, 1999: 449-454

240 Tiedemann J. Extraction of translation equivalents from parallel corpora [C]. In Proceedings of the 11th Nordic Conference on Computational Linguistics. Copenhagen, Denmark, 1998: 120-128

241 Davis M W, Kunning T A. A TREC evaluation of query translation methods for multi-lingual text retrieval [C]. In Proceedings of the 4th Text Retrieval Conference (TREC-4). Gaithersburg, USA, 1996: 483-497

242 Oard D W. Adaptive vector space text filtering for monolingual and cross-language application [D]. Ph. D Dissertation. University of Maryland, College Park, 1996

243 Xu J X, Ralph Weischedel. Empirical studies on the impact of lexical resources on CLIR performance [J]. Information Processing and Management. 2005, 41(3): 475-487

244 Allan J. HARD track overview in TREC 2003 high accuracy retrieval from documents [C]. In Proceedings of the 12th Text Retrieval Conference (TREC-12). Gaithersburg, USA, 2003: 24-37

245 Brown P F, Lai J C, Mercer R L. Aligning sentences in parallel corpora [C]. In Proceedings of 29th Annual Meeting of the Association for Computational Linguistics (ACL-29). Berkeley, CA, 1991: 169-176

246 Gale W A, Church K W. A program for aligning sentences in bilingual corpora [J]. Computational Linguistics. 1993, 19(1): 75-102

247 Kay M, Roescheisen K. Text-translation alignment [J]. Computational Linguistics. 1993, 19(1): 121-142

248 Chen S F. Aligning sentences in bilingual corpora using lexical information [C]. In Proceedings of 31st Annual Meeting of the Association for Computational Linguistics (ACL-31). Ohio, USA, 1993: 9-16

249 刘非凡,赵军,徐波. 大规模非限定领域汉英双语语料库建设及句子对齐研究 [C]. 第六届全国计算语言学会会议论文集, 2003: 339-345

250 Le S, Lin D, et al. Sentence alignment of English-Chinese complex bilingual corpora [C]. In Proceedings of the Workshop of the 5th Natural Language Processing Pacific Rim Symposium (NLPRS'99). Beijing, China, 1999: 135-139

251 Wu D K. Aligning a parallel English-Chinese corpus statistically with lexical criteria [C]. In Proceedings of 32nd Annual Meeting of the Association for Computational Linguistics (ACL-32). Las Cruces, New Mexico, 1994: 80-87

252 詹卫东. 面向中文信息处理的现代汉语短语结构规则研究 [M]. 北京:清华大学出版社, 2000

253 Brown P F, Della P S, Della P V, et al. The mathematics of statistical machine translation: parameter estimation [J]. Computational Linguistics. 1993, 19(2): 263-311

254 Gale W A, Church K W. Identifying word correspondences in parallel texts [C]. In Proceedings of the 4th DARPA Speech and Natural Language Workshop. Pacific Grove, CA, 1991: 152-157

255 Vogel S, Ney H, Tillmann S. HMM-based word alignment in statistical translation [C]. In Proceedings of the 18th International Conference on Computational Linguistics (Coling'96). Copenhagen, Denmark, 1996: 836-841

256 Toutanova K, Llhan H T, Manning C. Extentions to HMM-based statistical word alignment model [C]. In Proceedings of the Conference on Empirical Methods in Natural Language Processing (EMNLP). Philadelphia, USA, 2002: 87-94

257 Fung P. A statistical view on bilingual lexicon extraction: form parallel corpora to non-parallel corpora [C]. In Proceedings of the 3rd Conference of the Association for Machine Translation in Americas (AMTA'98). Pennsylvania, USA, 1998: 1-16

258 Ker S J, Chang J S. A class-based approach to word alignment [J]. Computational Linguistics. 1997, 23(2): 313-343

259 王斌,刘群,张祥. 汉英双语库词汇对齐研究. 计算语言学文集 [M]. 北京:清华大学出版社,1999

260 Huang J X, Choi K S. Chinese-Korean word alignment based on linguistic comparison [C]. In Proceedings of the 38th Annual Meeting of the Association for Computational Linguistics. Hong Kong, 2000: 392-399

261 Sun L, Jin Y B, Du L, et al. Word alignment of English-Chinese bilingual corpus based on chunks [C]. In Proceedings of Joint SIGDAT Conference on Empirical Methods in Natural Language Processing and the 38th Annual Meeting of the Association for Computational Linguistics. 2000: 110-116

262 刘小虎,吴葳,李生等. 基于词典和统计的语料库词汇级对齐算法 [J]. 情报学报,1997,16(1):20-26

263 吕雅娟,赵铁军,李生等. 统计和词典方法相结合的双语语料库词对齐. 自然语言理解与机器翻译 [M]. 北京:清华大学出版社,2001:108-115

264 Church K W. Char align: a program for aligning parallel texts at the character level [C]. In Proceedings of the 31st Annual Meeting of the Association for Computational Linguistics. Columbus, Ohio, 1993: 1-8

265 Och F J, Ney H. A systematic comparison of various statistical alignment models [J]. Computational Linguistics. 2003, 29 (1): 19-51

266 Resnik P, Oard D, Levow G. Improved cross-language retrieval using backoff translation [C]. In Proceedings of First International Conference on Human Language Technologies. 2001: 1-3

267 Wang J Q. Matching meaning for cross-language information retrieval [D]. Ph. D Dissertation. University of Maryland, College Park, 2005

268 Brown P F, Cocke J, Pietra S A D, et al. A statistical approach to machine translation [J]. Computational Linguistics. 1990, 16 (2): 79-85

269 Brown P F, Pietra S A D, Pietra V J D, et al. The mathematics of statistical machine translation: parameter estimation [J]. Computational Linguistics. 1993, 19 (2): 263-311

270 刘群. 统计机器翻译综述: http://icl.pku.edu.cn/icl-tr/papers-2000-2003/2003/0409-73-%C1%F5%C8%BA-%CD%B3%BC%C6%BB%FA%C6%F7%B7%AD%D2%EB%D7%DB%CA%F6.pdf [EB/OL] (2008-03-30 访问)

271 王筠,田丽. 情报检索系统用户相关性判断的层次分析模型 [J]. 情报学报,2005,24(3):341-345

272 Schamber L, Eisenberg M B, Nilan M S. A re-examination of relevance: toward a dynamic, situational definition [J]. Information Processing and Management. 1990, 26(6): 755-776

273 Saracevic T. Relevance reconsidered [C]. In Proceedings of the second International Conference on Conceptions of Library and Information Science: Integration in Perspective (CoLIS'96). Copenhagen, Denmark, 1996: 201-218

274 Mizzaro S. Relevance: the whole history [J]. Journal of the American Society for Information Science. 1997, 48(9): 810-832

275 Silverstein C, Henzinger M, Marais H, et al. Analysis of a very large Alta Vista query log [R]. Technical Report note #1998-014, Digital Systems Research Center, 1998

276 Spink A, Wolfram D, Jansen M, et al. Searching on the Web: the public and their queries [J]. Journal of the American Society for Information Science and Technology. 2001, 52(3): 226-234

277 Pu H T, Chuang S L, Yang C. Subject categorization of query terms for exploring Web user's search interests [J]. Journal of the American Society for Information Science and Technology. 2002, 53(8): 617-630

278 Wu D, He D Q. ICE-TEA: an interactive cross-language search engine with translation enhancement [C]. In Proceedings of 31st Annual International ACM SIGIR Conference on Research & Development on Information Retrieval (SIGIR'08). Singapore, 2008: 882

279 He D Q, Oard D W, Wang J Q, et. al. Making MIRACLEs: interactive translingual search for Cebuano and Hindi [J]. ACM Transactions on Asian Language Information Processing. 2003, 2(3): 219-244

280 http://sourceforge. net/projects/lemur/ [EB/OL] (2011-03-30 访问)

281 http://nlp. stanford. edu/software/segmenter. shtml/ [EB/OL] (2008-03-30 访问)

282 http://tartarus. org/~martin/PorterStemmer/ [EB/OL] (2011-03-30 访问)

283 http://www-i6. informatik. rwth-aachen. de/web/Software/ [EB/OL] (2011-03-30 访问)

284 http://www. isi. edu/natural-language/projects/GAZELLE. html/ (2008-03-30 访问)

285 http://www. ldc. upenn. edu/ [EB/OL] (2011-03-30 访问)

286 Wang J Q. Matching meaning for cross-language information retrieval [D]. Ph. D Dissertation. University of Maryland, College Park, 2005

287 Resnik P, Oard D, Levow G. Improved cross-language retrieval using backoff translation [C]. In Proceedings of First International Conference on Human Language Technologies. 2001: 1-3

288 http://nlp. stanford. edu/software/segmenter. shtml/ [EB/OL] (2008-03-30 访问)

289 http://tartarus. org/~martin/PorterStemmer/ [EB/OL] (2011-03-30 访问)

290 http://www. unine. ch/info/clef/englishST. txt/ [EB/OL] (2008-03-30 访问)

291 http://bbs. ir-lab. org/cgi-bin/topic. cgi? forum=3&topic=127/ [EB/OL] (2008-03-30 访问)

292 http://sourceforge. net/projects/lemur/ [EB/OL] (2011-03-30 访问)

293 Ponte J M, Croft W B. A language modeling approach to information retrieval [C]. In Proceedings of the 21st Annual international ACM SIGIR Conference on Research and Development in information Retrieval (SIGIR'98). Melbourne, Australia, 1998: 275-281

294 Turtle H, Croft W B. Evaluation of an inference network-based retrieval model [J]. ACM Transactions on Information Systems. 1991, 9(3): 187-222

295 http://ciir. cs. umass. edu/~metzler/indriretmodel. html/ [EB/OL] (2008-03-30 访问)

296 http://www. lemurproject. org/lemur/IndriQueryLanguage. php/ [EB/OL] (2011-03-30 访问)

297 http://www. isi. edu/natural-language/projects/GAZELLE. html/ [EB/OL] (2008-03-30 访问)

298 http://www-i6. informatik. rwth-aachen. de/web/Software/ [EB/OL] (2011-03-30 访问)

299 Lavrenko V, Croft W B. Relevance-based language models [C]. In Proceedings of the 24th Annual International ACM SIGIR Conference on Research and Development in Information Retrieval (SIGIR'01). New Orleans, USA, 2001: 120-127

300 Järvelin K, Kekäläinen J. IR evaluation methods for retrieving highly relevant documents [C]. In Proceedings of the 23rd Annual International ACM SIGIR Conference on Research and Development in Information Retrieval (SIGIR'00). Athens, Greece, 2000: 41-48

301 Järvelin K, Kekäläinen J. Cumulated gain-based evaluation of IR techniques [J]. ACM Transactions on Information Systems. 2002, 20(4): 422-446

302 http://www.techsmith.com/camtasia.asp/[EB/OL] (2008-03-30 访问)

303 Altman D G. Practical statistics for medical research [M]. London: Chapman and Hall, 1991

304 He D Q, Wang J Q, Oard D W, et al. Comparing user-assisted and automatic query translation [C]. In Proceedings of the 3rd Cross-Language Evaluation Forum (CLEF'02). Rome, Italy, 2002: 400-415

305 Grishman, R, Westbrook, D. and Meyers, A. NYU's English ACE 2005 System Description [C]. In ACE 2005 Evaluation Workshop. 2005

306 Bikel D M, Miller S, Schwartz R, and Weischedel R. Nymble: a high-performance learning name-finder [C]. In Proceedings of the Fifth Conference on Applied Natural Language Processing. Washington, D. C. USA, 1997: 194-201

307 Ji H, Blume M, Freitag D, Grishman R, Khadivi S, and Zens R. NYU-Fair Isaac-RWTH Chinese to English entity translation 07 system [C]. In Proceedings of NIST ET 2007 PI/Evaluation Workshop. Washington, USA, 2007

308 Artiles J, Gonzalo J, Sekine S. The SemEval-2007 WePS evaluation: establishing a benchmark for the web people search task [C]. In Proceedings of the 4th International Workshop on Semantic Evaluations (Semeval-2007) at ACL07. Prague, Czech Republic, 2007: 64-69

309 Mandl T, Womser-Hacker C. The effect of named entities on effectiveness in cross-language information retrieval evaluation [C]. In Proceedings of the 2005 ACM Symposium on Applied computing (SAC'05). New York, USA, 2005: 1059-1064

310 Darwish K, Oard D W. Probabilistic structured query methods [C]. In Proceedings of 26th Annual International ACM SIGIR Conference on Research and Development in Information Retrieval (SIGIR'03). Toronto, Canada, 2003: 338-344

311 Ballesteros, L and Croft W B. Resolving ambiguity for cross-language retrieval [C]. In Proceedings of the 21st Annual International ACM SIGIR Conference on Research and Development in Information Retrieval (SIGIR'98). Melbourne, Australia, 1998: 64-71

312 Oard, D W. A comparative study of query and document translation for cross-language information retrieval [C]. In Proceedings of the Third Conference of the Association for Machine Translation in the Americas (AMTA). PA, USA, 1998

313 Savoy J, Dolamic L. How effective is Google's translation service in search [J]? Communication of ACM. 2009, 52(10): 139-143

314 Aljlayl M, Frieder O. Effective Arabic-English cross-language information retrieval via machine-readable dictionaries and machine translation [C]. In Proceedings of the 10th International Conference on Information And Knowledge Management. Atlanta, Georgia, USA, 2001

315 Darwish K, Oard D W. Probabilistic structured query methods [C]. In Proceedings of 26th Annual International ACM SIGIR Conference on Research and Development in Information Retrieval (SIGIR'03). Toronto, Canada, 2003: 338-344

316 Xu J, Weischedel R. A probabilistic approach to term translation for cross-lingual retrieval. In Croft W B. and Lafferty J (Editors). Language Modeling for Information Retrieval [M], New York: Springer Publishing, 2003

317 Lavrenko V, Choquette M, Croft W B. Cross-lingual relevance models [C]. In Proceedings of the 25th Annual International ACM SIGIR Conference on Research and Development in Information Retrieval (SIGIR'02). Tampere, Finland, 2002: 175-182

318 Oard D W, et al. Interactive cross-language document selection [J]. Information Retrieval. 2004, 7(1-2): 205-228

319 Oard D W, et al. Multilingual information discovery and acces [J]. D-Lib Magazine, 1999, 5(10)

320 Braschler M. Combination approaches for multilingual text retrieval [J]. Information Retrieval. 2004, 7(1-2): 183-204

321 Martinez-Santiago F, Ureny-Lopez L, and Martin-Valdivia M. A merging strategy proposal: the 2-step retrieval status value method [J]. Information Retreival. 2006, 9(1): 71-93